Grundwissen Politik

Begründet von
Ulrich von Alemann

Reihe herausgegeben von
Lars Holtkamp, Hagen, Deutschland
Viktoria Kaina, Hagen, Deutschland
Susanne Lütz, Hagen, Deutschland
Michael Stoiber, Hagen, Deutschland
Annette Elisabeth Töller, Hagen, Deutschland

Reihe herausgegeben von
Lars Holtkamp
Viktoria Kaina
Susanne Lütz
Michael Stoiber
Annette Elisabeth Töller

FernUniversität Hagen, Deutschland

Weitere Bände in der Reihe http://www.springer.com/series/12703

Martin List · Jan Niklas Rolf

Kultur in den internationalen Beziehungen

Völkerrecht – Nationalismus – Religion – Neoliberalismus

Martin List
Institut für Politikwissenschaft
FernUniversität Hagen
Hagen, Deutschland

Jan Niklas Rolf
Fakultät Gesellschaft und Ökonomie
Hochschule Rhein-Waal
Kleve, Deutschland

Grundwissen Politik
ISBN 978-3-658-20788-5   ISBN 978-3-658-20789-2   (eBook)
https://doi.org/10.1007/978-3-658-20789-2

Die Deutsche Nationalbibliothek verzeichnet diese Publikation in der Deutschen National-bibliografie; detaillierte bibliografische Daten sind im Internet über http://dnb.d-nb.de abrufbar.

Springer VS
© Springer Fachmedien Wiesbaden GmbH, ein Teil von Springer Nature 2018
Das Werk einschließlich aller seiner Teile ist urheberrechtlich geschützt. Jede Verwertung, die nicht ausdrücklich vom Urheberrechtsgesetz zugelassen ist, bedarf der vorherigen Zustimmung des Verlags. Das gilt insbesondere für Vervielfältigungen, Bearbeitungen, Übersetzungen, Mikroverfilmungen und die Einspeicherung und Verarbeitung in elektronischen Systemen.
Die Wiedergabe von Gebrauchsnamen, Handelsnamen, Warenbezeichnungen usw. in diesem Werk berechtigt auch ohne besondere Kennzeichnung nicht zu der Annahme, dass solche Namen im Sinne der Warenzeichen- und Markenschutz-Gesetzgebung als frei zu betrachten wären und daher von jedermann benutzt werden dürften.
Der Verlag, die Autoren und die Herausgeber gehen davon aus, dass die Angaben und Informa-tionen in diesem Werk zum Zeitpunkt der Veröffentlichung vollständig und korrekt sind. Weder der Verlag noch die Autoren oder die Herausgeber übernehmen, ausdrücklich oder implizit, Gewähr für den Inhalt des Werkes, etwaige Fehler oder Äußerungen. Der Verlag bleibt im Hinblick auf geografische Zuordnungen und Gebietsbezeichnungen in veröffentlichten Karten und Institutionsadressen neutral.

Gedruckt auf säurefreiem und chlorfrei gebleichtem Papier

Springer VS ist ein Imprint der eingetragenen Gesellschaft
Springer Fachmedien Wiesbaden GmbH und ist Teil von Springer Nature
Die Anschrift der Gesellschaft ist: Abraham-Lincoln-Str. 46, 65189 Wiesbaden, Germany

drei beeindruckenden Frauen
in memoriam Ilse Schröter – die nicht nur das Bauhaus gut kannte
in memoriam Dr. Ingrid Beuerlein – für gute Gespräche und manchen Obstquark
Inge W.-R. – für lebenslange Freundschaft
von Martin List

meinen engsten Verwandten, deren Zuneigung und Unterstützung über jegliche Form von Verwandtensolidarität hinausgeht
von Jan Niklas Rolf

Inhalt

Verzeichnis der Abbildungen und Übersichten IX
Vorwort der Autoren XI

1 **Theoretische Grundlagen** 1
  1.1 Die Entwicklung des zugrunde gelegten Kultur-Begriffs 2
  1.2 IB-Theorien und ihre Eignung zur Analyse der Rolle von Kultur ... 18
  1.3 Eine herrschaftskritische Perspektive 33
  1.4 Vorausschau – die behandelten Kulturelemente 35
  1.5 Resümee des Kapitels 37

2 **Völkerrecht und Menschenrechte** 41
  2.1 Völkerrecht 41
      2.1.1 Völkerrecht als internationale (politische) Kultur 41
      2.1.2 Die Englische Schule als einschlägiger Ansatz 47
      2.1.3 Völkerrecht in der internationalen Politik 51
  2.2 Internationaler Schutz der Menschenrechte 58
  2.3 Resümee des Kapitels 78

3 **Grenzüberschreitende Solidarität** 85
  3.1 Solidarität in der Theorie 87
      3.1.1 Evolutionsbiologische Erklärungsansätze 88
      3.1.2 Moralphilosophische Erklärungsansätze 92
  3.2 Solidarität in der Praxis 96
      3.2.1 Grenzüberschreitende Solidarität auf regionaler Ebene 96
      3.2.2 Grenzüberschreitende Solidarität auf globaler Ebene 105
  3.3 Resümee des Kapitels 116

4 **Nationalismus** 123
   4.1 Träger von Nationalismus 126
      4.1.1 Traditionelle Ansätze 126
      4.1.2 Moderne Ansätze 128
      4.1.3 Traditionelle und moderne Ansätze im Vergleich 130
      4.1.4 Neuere Ansätze 132
   4.2 Wirkung von Nationalismus 134
      4.2.1 Staatsbasierter Nationalismus in Westeuropa
           im 18. Jahrhundert 135
      4.2.2 Vereinigender Nationalismus in Mitteleuropa
           im 19. Jahrhundert 139
      4.2.3 Separatistischer Nationalismus in Osteuropa
           im 20. Jahrhundert 143
      4.2.4 Anti-kolonialer Nationalismus in der Peripherie
           im 20. Jahrhundert 147
   4.3 Nationalismus in etablierten Nationalstaaten
      im 21. Jahrhundert 152
   4.4 Resümee des Kapitels 156

5 **Religion** 161
   5.1 Religion als soziales Phänomen 163
   5.2 Christentum im kalten Krieg 168
   5.3 Islam und gegenwärtige internationale Politik 176
   5.4 Resümee des Kapitels 188

6 **Wachstums-Ideologie, Neoliberalismus und Konsumerismus** 195
   6.1 Kapitalismus – Phänomen und kulturelle Aspekte 196
   6.2 Wachstums-Ideologie 203
   6.3 Neoliberalismus 214
   6.4 Konsumerismus 223
   6.5 Resümee des Kapitels 230

7 **Schluss** 237
   7.1 Mechanismen der Wirksamkeit kultureller Faktoren in der
      internationalen Politik 238
   7.2 Lehren aus den Fallbeispielen 243
   7.3 (Selbst-)Kritik, normative politische Theorie der IB und
      die Rolle der Universität 249

Verzeichnis der Abbildungen und Übersichten

Abbildungen

Abb. 1.1	Ideen/gedankliche Inhalte und ihr Bezug zur sozialen Welt	4
Abb. 1.2	Wesentliche Elemente des Kultur-Begriffs	8
Abb. 1.3	*Indirekte* Mechanik des Zusammenhangs zwischen Kultur und internationaler Politik (vermittelt über Herrschaftssysteme)	13
Abb. 1.4	Mechanismus der Maximierung minimaler kultureller Differenz – Beispiel für den Machtaspekt der politischen Wirkung von Kultur	13
Abb. 1.5	Von Kultur zu Kulturen – kollektive Identität	14
Abb. 1.6	Inter*kulturelle* Beziehungen – und inter- bzw. trans*nationale* Beziehungen	15
Abb. 1.7	Kultur und Politik – drei mögliche Bezüge	16
Abb. 1.8	Der Kern des Themas	17
Abb. 1.9	Kulturelle Elemente zur Analyse ihrer Wirkung in der internationalen Politik	36

Übersichten

Übersicht 2.1	Völkerrecht (= internationales öffentliches Recht – public international law – droit international public)	46
Übersicht 2.2	Wichtige globale und weltregionale Dokumente des internationalen Menschenrechtsschutzes (Auswahl)	64
Übersicht 2.3	Menschenrechte – internationaler Schutz	74
Übersicht 3.1	Grenzüberschreitende Solidarität	117
Übersicht 4.1	Nationalismus	156

Übersicht 5.1	Religion (illustriert durch Aspekte aus dem christlichen und islamischen Bereich)	167
Übersicht 6.1	Wachstumsideologie	212
Übersicht 6.2	Neoliberalismus	221
Übersicht 6.3	Konsumerismus	228

Vorwort der Autoren

> *The challenge in an academic world that is truly wide-ranging is to glimpse and understand more than a tiny fraction of the scholarship available.*
>
> Jeremy Black (2014, xi)

Das voranstehende Zitat aus der Einleitung einer neueren Globalgeschichte des Beitrags der Information zum Aufstieg der (westlichen) Moderne umreißt auch gut Anspruch und Ansatz des vorliegenden Buches. Auch es versucht, auf der Grundlage vorhandener Forschung(sresultate) und durch eigene gedankliche Weiterentwicklung eine analytisch angemessene, auch didaktisch nützliche Perspektive auf das komplexe Thema der Rolle von Kultur in den internationalen Beziehungen[1] zu entwickeln. Gerade die fernuniversitäre Lehre, welche gehalten ist, komplexe Sachverhalte optimal klar darzulegen, bietet eine hervorragende Gelegenheit für diese Art integrierender Sekundärforschung, die Zusammenhänge in einer zunehmend spezialistisch zersplitterten Forschungslandschaft sichtbar macht. Tiefe(re)s Verständnis komplexer Zusammenhänge, wie es hier angestrebt wird, verlangt die Verortung von Fakten und Forschungsergebnissen in Netzwerken (inter-)disziplinärer Bezüge. Gleichwohl wird hier eine zwar sozialwissenschaftlich breit unterfütterte, aber entschieden der (Sub-)Disziplin der Internationalen Beziehungen zuzuordnende Perspektive auf das Thema eröffnet. Es geht darum, aus Sicht der IB den (Erklärungs-)Beitrag kultureller Faktoren angemessen zu erfassen.

---

1 Der eingeführten Konvention folgend bezeichnet Internationale Beziehungen (IB; International Relations, IR) die politikwissenschaftliche (Teil-)Disziplin der Erforschung grenzüberschreitender (politischer) Beziehungen, Kleinschreibung ihren Gegenstandsbereich.

Hierzu wird nach Klärung der begrifflichen und theoretischen Voraussetzungen in fünf inhaltlichen Kapiteln[2] der Wirksamkeit kultureller Faktoren nachgegangen. Dabei soll es analytisch vor allem darum gehen, tatsächlich die Wirkungsweise in ihrer ‚Mechanik' zu verstehen, also über rein korrelative Feststellungen hinaus ein theoretisch unterfüttertes Verständnis für die Wirk-Mechanik kultureller Faktoren zu erarbeiten. Wobei solche hier angestrebte mechanis*mi*sche Erklärung nicht mit einer mechanis*ti*schen Erklärung, einer grobschlächtigen und unangemessenen analytischen Behandlung ideeller Faktoren zu verwechseln ist (vgl. Glennan 2017). Weder ein blauäugiger Idealismus, der die Wirkung von Ideen allein aus ihrer inhaltlichen Triftigkeit erklärt, noch ein (reduktiver) Materialismus, der für die Wirksamkeit kultureller Faktoren gar keinen Raum lässt, sind angemessen – so viel sei schon vorab verraten bzw. zu unserer Positionierung angekündigt.

Das „wir" in diesem Buch, alternierend auch mit einem „ich", wo dies aufgrund der individuellen Autorenschaft angemessen ist: Kapitel 1, 2, 5 und 6 wurden von Martin List verfasst, Kapitel 3 und 4 von Jan Niklas Rolf, immer im Austausch, was insbesondere auch für die gemeinsam verantworteten einführenden und Schluss-Teile gilt, bezieht sich dabei auf das Autorengespann. Wir haben zunächst in der Zeit unserer beider Mitarbeit am Lehrstuhl für Internationale Politik der FernUniversität in Hagen zusammengefunden, und zwar auch auf Grundlage unseres beidseitig geteilten Interesses für die (normative) internationale politische Theorie, die im deutschen Sprachraum noch wenig entwickelt ist.[3] Wir sehen Bedarf, normative Fragen der inter- und transnationalen Beziehungen als solche auf argumentativ angemessene Weise zu behandeln, im Lichte dessen, was uns empirische, an Erklärung sozialer Sachverhalte orientierte Theorie zu vermitteln hat, auch wenn aus Letzterer normative Folgerungen nicht simpel hergeleitet werden können (was der sog. naturalistische Fehlschluss wäre, wie es in der philosophischen Ethik genannt wird). Gerade weil dies so ist, bedarf es der angemessenen normativen internationalen politischen Theorie. Diese kann freilich unter Berücksichtigung der Ergebnisse der empirisch orientierten Theoriebildung im Bereich der Internationalen Beziehungen (als Teildisziplin der Politikwissenschaft) besser betrieben werden. Zur (Weiter-) Entwicklung solch empirisch orientierter Theoriebildung im IB-Bereich soll der

---

2 Das zunächst geplante sechste (Teil-)Kapitel zum Exzeptionalismus bleibt aus Platzgründen unausgeführt; vgl. jedoch Anm. 23 zu Kapitel 1.
3 Vgl. aus der angelsächsischen Textbook-Literatur z. B. Brown 2015, Lang 2015 und Held/Maffettone 2016. Im deutschsprachigen Raum einschlägig sind die soeben begründeten Buchreihen „Philosophie der Interkulturalität" (herausgegeben von Harald Seubert) und „Internationale Politische Theorie" (herausgegeben von Christian Volk und Thorsten Thiel), beide Baden-Baden 2016 ff. sowie jüngst der handbuchartige Sammelband von Kreide/Niederberger 2016.

vorliegende Text als Lehr- und (auch für die Autoren) Lern-Projekt vor allem einen Beitrag leisten. Auf normative Fragen werden wir ganz an seinem Ende nochmals kurz zurückkommen.

Wenn die geistige Arbeit *mit* diesem Text für seine Leserinnen und Leser so viel Freude und Erkenntnis bringt wie uns als Autoren die Arbeit *an* dem Text, dann hat er seinen Hauptzweck erfüllt. Wir hoffen, dass dem so ist – und sind an eventuellem Echo dazu beide interessiert.

Hagen/Kleve im Dezember 2017
Martin List
Jan Niklas Rolf

Hinweis auf Lit-Tipps

In den Literaturverzeichnissen des vorliegenden Buches wird ausschließlich die tatsächlich verwendete Literatur angegeben. Über sie ist bereits erschienene weiterführende Literatur erschließbar. Nach Erscheinen des vorliegenden Buches publizierte Literatur zu seinem Themenbereich wie auch zur Analyse internationaler Politik und benachbarter sozialwissenschaftlicher Disziplinen im Allgemeinen stellt Martin List in einem ca. vierteljährlich erscheinenden Literatur-Rundbrief, den Lit-Tipps, vor. Für den kostenlosen Bezug dieser Lit-Tipps per E-Mail können Sie sich auf seiner Mitarbeiterhomepage an der FernUniversität in Hagen selbst anmelden. Dort finden Sie auch alle vorausgegangenen Ausgaben der Lit-Tipps: http://www.fernuni-hagen.de/polis/lg2/team/martin.list.shtml

Literatur

Black, Jeremy 2014: The Power of Knowledge. How Information and Technology Made the Modern World, New Haven/London.
Brown, Chris 2015: International Society, Global Polity. An Introduction to International Political Theory, Los Angeles u. a.
Glennan, Stuart 2017: The New Mechanical Philosophy, Oxford.
Held, David/Maffettone, Pietro (Hrsg.) 2016: Global Political Theory, Cambridge.
Kreide, Regina/Niederberger, Andreas (Hrsg.) 2016: Internationale Politische Theorie. Umrisse und Perspektiven eines neuen Forschungsfeldes, Stuttgart.
Lang, Anthony F. 2015: International Political Theory. An Introduction, London/New York.

Theoretische Grundlagen 1

> *It is an obvious fact that humans are cultural animals.*
> Olivier Morin (2016, 251)

> *You turn the marks on this page into ideas because [we] have informed them with design and intention, with ideas from [our] mind[s], but those ideas come from an intellectual culture active in schools and universities in which [we] participate and in which you are now participating.*
> Michael Ryan (2010, 15)

Das vorliegende Theorie-Kapitel hat grundlegende Funktion für den gesamten Text. In ihm wird

- der den weiteren Überlegungen zugrunde gelegte Kultur-Begriff entfaltet (1.1);
- die Eignung zentraler Theorien der Analyse internationaler Politik für die Untersuchung der Rolle von Kultur in ihr erörtert (1.2);
- zur Eröffnung einer herrschaftskritischen Perspektive der Begriff der strukturellen Macht eingeführt (1.3).

Abschließend werden die inhaltlichen Gebiete der internationalen Beziehungen vorgestellt, für die in den nachfolgenden Kapiteln der Rolle von Kultur nachgegangen werden soll.

1.1 Die Entwicklung des zugrunde gelegten Kultur-Begriffs

Beginnen wir im Himmel. Und zwar im sogenannten Ideen-Himmel, den der griechische Philosoph Platon (428/27–348/47 v. u. Z.) als Idee eingeführt hat. Bei diesem platonischen Ideen-Himmel handelt es sich um das Reich der (reinen) Ideen, der gedanklichen Inhalte. Dort etwa ist das ideale Dreieck anzusiedeln, von dem alle irdischen Dreiecke nur ein (unvollkommenes) Abbild sind. Ideen in diesem Sinne, als gedankliche Inhalte, sind der immaterielle Kern dessen, was auch Kultur ausmacht. Über 2000 Jahre nach Platon liefert ein weiterer Philosoph und Wissenschaftstheoretiker, Karl Popper (1902–94), eine weitere Idee, die uns zur Annäherung an unser Thema dient. Er unterscheidet ontologisch, also beim Nachdenken darüber, was es überhaupt gibt, drei ‚Welten': Welt 1 ist die der materiellen Dinge, Welt 2 die der sozialen Beziehungen und Welt 3 die der Gedanken – oder Ideen. Was wir unter Ideen zu verstehen haben, sei an ein paar willkürlichen Beispielen illustriert: die Idee des Kreises (Linie aller Punkte in einer Ebene, die von einem bestimmten Punkt, dem Kreismittelpunkt, denselben Abstand haben); die Idee des Marktes (Koordination von Angebot und Nachfrage durch freie Preisbildung); die Idee der Freiheit (in der politischen Ideengeschichte vielfach unterschiedlich verstanden – das ist nicht untypisch); usw. Ideen in diesem Sinne sind, es sei wiederholt, gedankliche *Inhalte*. Wenn diese in Welt 3 anzusiedeln sind – wie wirken sie dann in die Welten 1 und 2 hinein? Um ehrlich zu sein: wir wissen es nicht. Die von Popper bzw. seinem Ko-Autor, dem australischen Hirnforscher Eccles, vorgeschlagene Antwort, dass es in menschlichen Gehirnen ein ‚Liaisonzentrum' geben müsse, in dem Welt 3 auf Welt 1 – das physische Gehirn – einwirke, wird heute kaum mehr vertreten. Wie aber das früher als ‚Leib-Seele'-Problem bekannte, heute meist mind-body-Problem genannte Rätsel zu lösen ist – wir wissen es nicht.[1] Zum Glück brauchen wir in einem Buch, in dem es um die Rolle von Kultur in den internationalen Beziehungen geht, diese Frage nicht zu lösen, um voran zu kommen.

Gehen wir von der Welt der Philosophen zu der der Psychologen, so tut sich ein weiteres Rätsel auf. Seit den 1950er Jahren ist in der Sozialpsychologie bekannt, dass Menschen bestimmten Ideen anhängen können, bestimmte Dinge

---

1 Wie zwei ausgewiesene Experten von der einschlägigen Forschungsfront (Al-Khalili/McFadden 2014, 246) formulieren, liegt hier „the nub of the problem of consciousness, which is the puzzle of how ideas can move minds and thereby bodies." Zur mittlerweile – ohne konsensuales Ergebnis – weit entwickelten philosophischen Diskussion dieses sog. Problems der mentalen Verursachung vgl. den Überblick von Walter 2006. Die neuere psychologische Motivationsforschung liefert immerhin ein erhellendes Verständnis über die Faktoren, welche sie beeinflussen, vgl. Higgins 2014.

1.1 Die Entwicklung des zugrunde gelegten Kultur-Begriffs

für wahr halten – und doch nicht dem entsprechend handeln. Beliebtes Beispiel: viele Menschen wissen, und bestreiten auch nicht, dass Rauchen ihre Gesundheit beeinträchtigt. Und rauchen doch. Man spricht von kognitiver Dissonanz – dem Auseinanderklaffen zwischen Einstellungen und Handeln. Was zeigt: Es besteht keine Eins-zu-eins-Beziehung zwischen gedanklichen Inhalten und dem Verhalten ihrer Träger. Schon deshalb müssen wir bei der Erörterung der Rolle von Kultur, also Ideen, in den internationalen Beziehungen vorsichtig sein: aus (wie auch immer) festgestellten gedanklichen Inhalten folgt nicht zwingend das Verhalten ihrer Träger. Nicht alle Katholiken beten regelmäßig, nicht alle Anhänger der Marktwirtschaft lassen sich monopolistische Gewinne entgehen, wenn sie ihnen möglich sind, nicht alle Wissenschaftler sagen (immer) die Wahrheit … Wie das Verhältnis zwischen gedanklichen Inhalten und dem Verhalten ihrer (menschlichen) Träger *genau* aussieht – wir wissen es nicht. Für unsere Zwecke brauchen wir jedoch eine Formulierung, die dieses Verhältnis allgemein anspricht und dabei die Handelnden (Akteure) nicht als ‚reine Marionetten' der von ihnen geteilten Ideen erscheinen lässt. Wir werden im Folgenden davon sprechen, dass Akteure sich von Ideen, die sie sich zu eigen gemacht haben, in ihrem Verhalten *anleiten* lassen, ohne näher bestimmen zu können (oder, für unsere Zwecke, zu müssen), wie die ‚Wirkmechanik' dabei genau aussieht. Wichtig für unsere Belange ist: indem Ideen das Verhalten von Akteuren anleiten, treten sie aus der Popper'schen Welt 3 heraus und in die Welt 2 der sozialen Beziehungen hinein, werden dort manifest. Erst damit werden sie als Gegenstand *sozial*wissenschaftlicher, im Unterschied etwa zu rein ideengeschichtlicher, Untersuchung interessant.

Dabei können wir noch Folgendes einräumen und mit zu bedenken geben: solange Ideen nur ‚in Köpfen stecken' sind sie zwar noch nicht aufgrund sozialen Handelns manifest, sichtbar. Ihre Existenz ist auch in dieser ‚Latenzphase' jedoch bereits ein soziales Faktum. Inwiefern? Nun, Ideen, selbst originelle, entstehen nicht im sozialen Vakuum. Auch – und vielleicht gerade – die innovativsten Köpfe sind in Sinnzusammenhängen mit den Gedanken anderer verknüpft.[2] Sie nehmen auf überlieferte Gedanken Bezug – und sie artikulieren neue Gedanken in einer Symbolsprache (oder schreiben sie auf), die ihrerseits wiederum ein überliefertes Netzwerk sozialen Sinns darstellt. Dass die Silbe „Kuh" bei Ihnen das geistige Bild eines Säugetiers mit Euter, braun-weiß gescheckt (oder lila?) auslöst, ist Folge des

---

[2] Neuere Kulturtheorien vertreten diesen sog. Externalismus, der Ideen (Sinn) nicht in isolierten Hirnen entstehen und wirken sieht, sondern eben in verbundenen, vernetzten Gehirnen. Vgl. Hartley/Potts 2014, die von „linked brains" sprechen; vonseiten der mind-body-Philosophie nähert sich diesem Standpunkt Walter 1998, 266 ff. Vgl. auch Han 2017.

von uns geteilten sozialen Sinns, der konventionell dieser Silbe zugeschrieben wird. Und: gäbe es niemand mehr, der diesen Sinn zu dekodieren wüsste, hätten wir es mit einem Kultur-Bruch zu tun, mit dem Abriss historischer Überlieferung (Tradition; vgl. Morin 2016) – oder mit radikal Fremdem, das uns unverständlich ist. Beispiel: Archäologen finden im Boden etwas, was ‚wie ein Kamm aussieht'. Aber: *Ist* es ein Kamm? Oder ein antikes Schmuckstück? Oder beides? Wer weiß – das materielle Artefakt (von Menschenhand geschaffene Produkt – auch das mag fraglich sein) ist überliefert, seine sozial zugeschriebene Bedeutung, sein Sinn, nicht. Oder auch: Sind kreisförmige Spuren in Getreidefeldern in England Botschaften Außerirdischer (wie manche glauben) – oder Resultat von Jugendstreichen? Falls Ersteres zuträfe, so wüssten wir sie nicht zu deuten. Etwas weniger phantasievoll ließe sich an die – bereits realisierte – Aufgabe denken, Außerirdischen eine Botschaft über die irdische Herkunft einer Weltraumsonde (Voyager) durch Anbringen einer Plakette an der Sonde zu übermitteln. Wie, in welcher Form, sollte diese Botschaft verfasst werden? Oder, ein letztes Beispiel: Wie markieren wir Endlager radioaktiver Abfälle so, dass auch in 10.000 Jahren noch verstanden wird, dass das Eingangsschild vor Gefahren warnt? Sinn, gedankliche Inhalte, werden nur so lange transportiert, wie auch die ‚Lesefähigkeit' sozial vermittelt wird. Sinn ist also nicht *nur* gedanklicher Inhalt, sondern dieser *in Verbindung mit ‚Lese'-, Verständnis-Fähigkeit*. Schon deshalb ist gedanklicher Inhalt per se ein soziales Faktum.[3] Wir können das bisher Gesagte grafisch zusammenfassen (Abbildung 1.1).

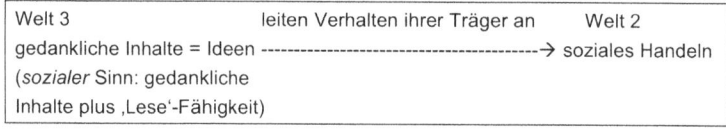

Abb. 1.1 Ideen/gedankliche Inhalte und ihr Bezug zur sozialen Welt

---

3 *Dass* wir zu solcher sozialen Sinn-Produktion in der Lage sind, ist wiederum Resultat unserer biologischen Evolution. In diesem Sinne ist Kultur ein ‚Naturprodukt'. Dies zeigt die Forschung im Grenzbereich zwischen (evolutionärer) Psychologie, Ethologie (tierischer Verhaltensforschung) und Neurowissenschaft; vgl. Boyd/Richerson 2005, Pagel 2012, den exzellenten Überblick von Olmstead/Kuhlmeier 2015, menschliche Kultur mit der von Schimpansen vergleichend Boesch 2012 und, am Beispiel der Kultur von Walen und Delfinen, Whitehead/Rendell 2015. Dafür, dass die (Weiter-)Entwicklung menschlicher Kultur selbst jedoch, im Unterschied zu deren biologischen Grundlagen, nicht im Sinne darwinistischer Evolution zu erklären ist, plädiert jüngst überzeugend Fernández-Armesto 2015, insbes. Kap. 5 und 6.

1.1 Die Entwicklung des zugrunde gelegten Kultur-Begriffs

Wir haben bisher Ideen, gedankliche Inhalte, nur in ihrer kognitiven Dimension angesprochen, als etwas, das gewusst wird. Dem ist jedoch hinzuzufügen, dass viele gedankliche Inhalte für ihre TrägerInnen auch eine evaluative (bewertende) und emotionale Dimension haben, also gefühlsmäßig besetzt sind. Dies gilt wohl nicht bei Ideen wie der des Kreises (obwohl seine Symmetrie womöglich eine ästhetisch positive Bewertung – als schöne Form – nahe legt). Es kann aber schon bei simplen Begriffen der Fall sein (etwa: „Panama", das im Kinderbuch „Oh, wie schön ist Panama" für Ferne, Exotik und Abenteuer steht; für manche Erwachsene mag „New York" ähnlich emotionale Konnotationen haben), gilt aber erst recht für komplexe Konzepte wie „Freiheit" (wohl meist positiv konnotiert) oder auch „Markt" (z. T. positiv, z. T. negativ konnotiert). Solche evaluativen Grund-Ideen werden auch als Werte bezeichnet (vgl. Bosch/Sander 2016), unter denen man z. B. ethische, ästhetische oder auch ökonomische unterscheiden kann. Die Berücksichtigung der Rolle von Kultur in den internationalen Beziehungen weist hier außerdem eine Schnittstelle zum jüngst auch vermehrt erörterten Thema der Rolle von Emotionen in der internationalen Politik auf – und das muss auf *geeignete* Weise mit bedacht werden. Das heißt z. B., um schon eine Andeutung zu machen, dass simple ‚Triebtäter'-Modelle, welche internationale Politik mittels der Emotionen des Führungspersonals erklären wollen, eher ungeeignet sind (da sie die Komplexität des Entscheidungsverhaltens, selbst in zugespitzten Krisen-Situationen, unterschätzen).

Mit ihrer Verhalten ‚anleitenden' Wirkung treten gedankliche Inhalte aus der Ideen-Welt 3 in die soziale Welt 2 ein. Sie tun das jedoch nicht nur als einmalig-individuelle Akte. Vielmehr bilden sich soziale Muster immer wiederkehrenden kulturell bestimmten Verhaltens aus. Diese wollen wir als Praktiken bezeichnen. Dazu gehören etwa religiöse und politische Rituale, also eher symbolische Praktiken (vgl. Stollberg-Rilinger 2013, Kertzer 1988), aber auch nicht rituelle, gleichwohl wiederkehrende Verhaltensweisen wie die Praxis des Wählens (etwa von Mitgliedern in nationalen Parlamenten); die Praxis des Abfassens von Studientexten (für ML ist dies der Fünfte); oder, um ein paar Beispiele der internationalen Politik zu geben, die Praxis der diplomatischen Anerkennung (eines anderen Staates), der Unterzeichnung eines (völkerrechtlichen) Vertrages oder auch die Praxis der Abschreckung durch Atomwaffen (vgl. Adler/Pouliot 2011).

Zu den kulturellen Praktiken gehören auch solche der Produktion, der Hervorbringung kultureller Objekte oder Artefakte (wörtlich: künstlich hergestellte Produkte, im Unterschied also zu Naturprodukten wie Steinen oder Früchten[4]). Sie

---

[4] Viele Früchte, die wir heute kennen, sind allerdings Resultat der langanhaltenden Praxis der Züchtung – und insofern keine ‚reinen' Naturprodukte (mehr). Dies verweist übrigens auch auf den lateinischen Wortstamm von „Kultur": colere = pflegen, bewirtschaften;

können immaterieller Natur sein, etwa die Komposition einer Melodie: sie materialisiert sich, zum einen, in schriftlicher Notation – der historisch spätere Fall –, zum andern in der Praxis ihrer (immer wiederkehrenden) Aufführung mittels Instrumenten (die historisch frühere Praxis); Instrumente sind selbst – materielle – Artefakte, Produkte der kulturellen Praxis des Instrumentenbaus. Artefakte können also auch materieller Natur sein: man denke an Häuser (Architektur und Bauwesen als kulturelle Praktiken liegen zugrunde), aber auch Straßensysteme (im Unterschied zu Radwege-Systemen; beides Ausdruck unterschiedlicher kultureller – verkehrspolitischer – Vorstellungen). Zweierlei wird daran deutlich. Zum einen, dass so verstandene kulturelle Artefakte oft prägende Wirkung für weiteres soziales Verhalten haben. Eine bestimmte Bauweise oder ein bestimmter Städtebau fördern bestimmte Verhaltensweisen (etwa die „autogerechten Innenstädte" der 1960er Jahre den Individualverkehr) und behindern andere (z. B. ein Leben nach Ladenschluss in solchen Innenstädten). Dies ist besonders für die kulturelle Alltagssoziologie von Belang. Aber auch auf der Ebene der inter- bzw. transnationalen Beziehungen finden sich solche prägenden (Infra-)Strukturen kultureller Artefakte, etwa des grenzüberschreitenden bargeldlosen Zahlungsverkehrs (für private Individuen via Kreditkarte; für Firmen und Banken via grenzüberschreitendem Datenverkehr zwischen Konten); das Internet als Informationsübertragungs-Struktur (durchaus, was oft übersehen wurde, materialisiert in z. T. wenigen Kabeln und Routern – deren physischer Standort – oft in den USA – Kontrolle und z. B. ‚lauschenden' Zugriff ermöglicht[5]); zentrale Seeverkehrswege (wie des Suez- oder des Panama-Kanals); oder Abschuss-Basen für Nuklearraketen (und natürlich diese selbst) und Flugzeugträger (unter anderem als Droh-Potenzial, das heißt nutzbar für die Praktik der ‚Kanonenboot'-Politik des 21. Jahrhunderts).

Zum andern machen die bisherigen Beispiele deutlich, dass der hier erarbeitete Kulturbegriff ein weiter, insbesondere kein wertender ist. Dieser Kulturbegriff entspricht dem der Kultur- oder Sozialanthropologie, die darunter eben nicht nur Ideen, Praktiken und Artefakte der ‚Hoch'-Kultur fasst (wie etwa Opern und Opernhäuser), sondern auch ganz Alltägliches (das Trinken brauner Brause aus Dosen; dass deren Deckel irgendwann nicht mehr abreißbar waren; und dass auf sie irgendwann Pfand erhoben wurde). Dabei zeigen gerade solche Beispiele der Populär-Kultur, dass ihnen in unterschiedlichen Gesellschaften (und damit auch: in unterschiedlichen kulturellen Kontexten) durchaus unterschiedliche Bedeutung

---

daher z. B. Agri-kultur = Landwirtschaft und Horti-kultur = Gartenbau. Zu dieser materiellen Seite von Kultur vgl. Tiley u. a. 2006.

5   Ein anderes interessantes Beispiel liefert die Geschichte des satelliten-gestützten globalen Mobilfunk-Systems Iridium, vgl. Bloom 2016.

zukommen kann: das Essen in den Filialen des schottisch klingenden Burger-Braters war im Ursprungsland USA Ausdruck der kommerziellen Orientierung am Lebensstils (und der Kaufkraft) der (relativ gut verdienenden) middle class bzw. prägte deren Lebens-, hier Essens-Stil (nämlich: Essen außer Haus) mit. In Südost-Asien verdrängt die Praxis des Burger-Essens in einschlägigen Lokalen (mit dem richtigen Franchise-Logo) nicht nur einheimische Lebens- und Essgewohnheiten; sie ist dort auch Ausdruck der neuen Mittel- bis Oberschicht, die damit demonstriert, dass sie es sich leisten kann. Dieselbe Praxis ist also einmal eher Ausdruck demokratischer middle-class-Zugehörigkeit, ein andermal dagegen nahezu elitären Neu-Reichtums.

An der Erläuterung kultureller Praktiken und dem Hinweis auf die ermöglichende bzw. einschränkende Wirkung von Artefakten anschließend lässt sich das vorletzte Element des hier entwickelten Kulturbegriffs anschließen. Wenn Praktiken nicht einfach aus wiederkehrendem Verhalten bestehen, ein bestimmtes soziales Handeln also nicht nur *regelmäßig* erfolgt, sondern *Normen und Regeln gemäß*, ihnen entsprechend und sie nutzend, so entstehen soziale Institutionen. Auch sie sind gleichsam immaterielle kulturelle Artefakte, die sich in regelgeleiteten Praktiken manifestieren und durch Überlieferung des Wissens um die Normen und immer wieder durch sie angeleitetes Handeln erhalten bleiben. Auch dieser Institutionen-Begriff der allgemeinen Sozialtheorie ist ein sehr weiter. Er umfasst etwa Sprachen (deren Regelsystem in Gestalt von Grammatiken erst aus der Praxis destilliert wurde): eine Sprache sprechen heißt, deren Regeln (und sei es im Kindesalter unbewusst) aufnehmen und eben: reden, also Sprechakte hervorbringen. Dies ermöglicht die Kommunikation nahezu beliebiger Inhalte; allerdings muss sich die/der Sprechende annähernd an die Regeln der Grammatik halten, will sie/er verstanden werden. Weitere Beispiele solcher Institutionen sind etwa Geld (als Zahlungsmittel); völkerrechtliche Verträge (deren Gültigkeit an Formen und Verfahren gebunden ist); oder auch Organisationen wie Firmen oder internationale Organisationen wie die Vereinten Nationen. Organisationen sind eine besondere Klasse von Institutionen, nämlich solche, die Regeln über Mitgliedschaft und Beschlussverfahren umfassen: sie legen fest, wer Mitglied werden kann und ist und wann ein Beschluss als gültiger der Organisation anzusehen ist. Mit einer sehr alten Metapher spricht man von solchen Organisationen auch als Körperschaften (etwa im Deutschen noch: Körperschaft des öffentlichen Rechts; im Englischen: corporation), die bestimmte ‚Organe' (etwa: der Aufsichtsrat einer Firma, der UN-Sicherheitsrat) haben. Die Körper-Metapher wird hieran deutlich. Analytisch schreiben wir solchen Organisationen aufgrund ihrer Organe und Beschlussverfahren Akteursqualität zu: wir sagen z. B., der Sicherheitsrat habe dies oder jenes beschlossen (und nicht: die im Sicherheitsrat abstimmenden Staaten haben es beschlossen). Für Institutionen, die nicht Organisationen sind, gilt diese

Akteursqualität nicht: eine Sprache spricht nicht, und ein Testament verfügt nicht (oder nur im übertragenen Sinne), sondern der Erblasser verfügt etwas mittels eines Testaments. In der internationalen Politik wird dieser Unterschied etwa deutlich im Unterschied zwischen internationalen Regimen, die Institutionen sind, aber nicht Organisationen (sie können jedoch solche als Teil umfassen, so im Falle der WTO im Rahmen des Welthandels-Regimes), und eben internationalen Organisationen. Von Letzteren sagen wir, dass sie handeln; von ersteren sagen wir, dass die Mitgliedstaaten in ihrem Rahmen handeln.

Wir können das bisher zur Definition unseres Kultur-Begriffs Gesagte wieder grafisch zwischen-resümieren (vgl. Abbildung 1.2): den immateriellen Kern von Kultur machen Ideen aus; durch diese angeleitetes soziales Handeln lässt Kultur zum Gegenstand auch der Sozialwissenschaften (im Unterschied etwa zur Ideengeschichte) werden; darüber hinaus manifestiert sich Kultur sozialwissenschaftlich gesehen in Praktiken und Institutionen.

Kultur =
Ideen (gedankliche Inhalte als soziale Fakten; kognitive und emotionale Dimension)

+ **soziales Handeln** (ihrer Träger, die durch die Ideen ‚angeleitet' werden)

+ (regelmäßige) **Praktiken** (darunter: produktive Praktiken, die **Artefakte** hervorbringen)

+ **Institutionen** (die ontologisch aus wiederkehrendem Verhalten gemäß Regeln bestehen; **Organisationen** als körperschaftlicher Sonderfall mit Akteursqualität)

Oder kurz:

$$K = I + sH + P + Inst$$

Abb. 1.2 Wesentliche Elemente des Kultur-Begriffs

Vergleichen Sie nun einmal die hier entwickelte Arbeitsdefinition mit folgender Kultur-Definition, die im Kontext der realen internationalen Politik erarbeitet worden ist, nämlich in der Präambel der Mexico City Declaration on Cultural Policies, die 1982 von der Kultur-Organisation der Vereinten Nationen, der UNESCO, angenommen wurde. Danach ist Kultur

> [T]he whole complex of distinctive spiritual, material, intellectual, and emotional features that characterize a society or social group. It includes not only the arts and

1.1 Die Entwicklung des zugrunde gelegten Kultur-Begriffs

letters, but also modes of life, the fundamental rights of the human being, value systems, traditions and belief.[6]

Zur gegebenen Arbeitsdefinition von Kultur ist noch hinzuzufügen, dass im Nachdenken über internationale Beziehungen (wie in den Sozialwissenschaften allgemein) oft Institutionen und Kultur als gesonderte (erklärende) Faktoren behandelt werden, obwohl wie hier dargelegt Institutionen kulturelle Artefakte, geronnene Kultur sind. Denn ihre Existenzweise setzt neben regelgemäßem Verhalten eben Einstellungen voraus, nämlich die, dass man sich an die institutionellen Regeln halten sollte. Im Bereich des internationalen Rechts wird dies am Völkergewohnheitsrecht deutlich: es entsteht aus geübten Praktiken in Verbindung mit dem, was Juristen opinio juris nennen, die Haltung, sich zur Befolgung der Regel verpflichtet zu sehen. Nur aus beidem *zusammen* erwächst der Praxis gewohnheitsrechtlicher – und damit institutionalisierter – Charakter. Der (Neo-)Institutionalismus in den Sozialwissenschaften seit den 1980er Jahren, der die erklärende Bedeutung von Institutionen in der sozialen Welt hervorhebt, könnte also mit Fug und Recht auch als Neo-Kulturalismus bezeichnet werden. Tatsächlich wird die Bezeichnung „Kulturalismus" jedoch meist (und dem folgen wir in diesem Buch) solchen Ansätzen vorbehalten, welche die erklärende Bedeutung kultureller Inhalte, von Einstellungen, diesseits von Institutionen betonen. Kulturalismus in diesem Sinne, in seinen, das sei vorweg genommen, zu kritisierenden (zu) *starken* Fassungen, welche kulturelle Faktoren als *die* oder auch die *deterministisch* prägenden Faktoren betrachten, wie in seinen (vertretbaren) *schwächeren* Fassungen, die ihnen Einfluss neben (und eventuell kombiniert mit) anderen Faktoren zuschreiben, wird uns noch viel beschäftigen: die adäquate Berücksichtigung dieser kulturellen Faktoren bei der Analyse inter- und transnationaler Politik ist das Kernthema des vorliegenden Buches.

Die Beschäftigung damit ist gleichsam der IB-Ausdruck[7] dessen, was in den vergangenen gut 40 Jahren als *cultural turn* im Grunde alle Sozialwissenschaften erfasst hat: allenthalben erfolgte eine Hinwendung zur Bedeutung kultureller Faktoren. Nicht immer freilich wurde dabei ein sozialwissenschaftlich unzulänglicher Idealismus, der Ideen per se, allein aufgrund ihrer gedanklichen Inhalte, für sozial wirksam hält, vermieden. Im IB-Bereich war es vor allem der theoretische Ansatz, die Großtheorie, das Paradigma (diese Begriffe seien hier weitgehend synonym gebraucht) des Konstruktivismus, der auf die Bedeutung ‚weicher Faktoren' hin-

---

6 Die Erklärung ist im Internet verfügbar unter: http://portal.unesco.org/culture/en/files/12762/11295421661mexico_en.pdf/mexico_en.pdf

7 Wir folgen der konventionellen Praxis und schreiben die politikwissenschaftliche (Teil-)Disziplin der Internationalen Beziehungen mit Großbuchstaben, bezeichnen ihren Untersuchungsgegenstand dagegen als internationale Beziehungen mit kleinem „i".

gewiesen hat. Dazu zählen etwa: Ideen, Sichtweisen (etwa: wie werden Probleme wahrgenommen und dargestellt, wie sieht, mit einem Anglizismus, ihr framing [wörtlich: ihre Rahmung; denken Sie an Bilderrahmen] aus?); Normen (und ihre handlungsanleitende Wirkung); Fremd- und Selbstbilder (etwa: Feindbilder vom ‚Gegenüber'; Vorstellungen der eigenen Auserwähltheit). Gerade Letztere führen zu einem zentralen Stichwort des Konstruktivismus und auch der Debatte um die Wirksamkeit von Kultur – bzw. Kultur*en* (im Plural!). Dies ist der letzte gedankliche Schritt, den wir im Wege der Begriffsklärung zu tun haben – bevor wir dann auf die Bezüge zwischen Kultur(en) und (internationaler) Politik als Kern unserer Thematik eingehen.

Der Übergang von der bisherigen Erörterung von Kultur (in der Einzahl) zu Kultur*en* (in der Mehrzahl) führt nämlich über die Herausbildung sozialer Identitäten, welche sich an kulturellen Merkmalen festmachen. Indem wir von sozialen (oder auch von kollektiven) Identitäten sprechen, wird unmittelbar auf die soziale Natur des Phänomens verwiesen. Zwar, das lehrt die Sozialpsychologie, bildet sich auch individuelle, personale Identität nur im Wechselspiel mit anderen Akteuren, mit dem sozialen Umfeld heraus. Das Selbstbild wird in wesentlichem Maße durch die Sicht mitbestimmt, welche (signifikante) Andere von einem haben (und von ihren dadurch angeleiteten Verhalten einem gegenüber). Wen seine Mitmenschen für arrogant halten, dem werden sie auf eine bestimmte, eher ablehnende Weise gegenübertreten. Das wird registriert und mag wahlweise vorhandene Arroganz verstärken – oder sie auch erst erzeugen: Wer so auf mich zukommt, den ignoriere ich einfach. Was vom Gegenüber dann wiederum als Bestätigung der Annahme gilt, dass ich arrogant bin. Im Prinzip greifen solche Wirkmechanismen auch auf der Ebene kollektiver Identitäten. Nur sind wir hier eben auf einer anderen ‚Aggregationsebene' der sozialen Welt. Es geht um kollektive Wir-Wahrnehmungen und -gefühle: wer gehört zu uns (und warum) – und wer nicht (also zu *denen*)?

Der Konstruktivismus, daher seine Selbstbezeichnung, weist darauf hin, dass solche Selbst- und Fremdwahrnehmungen – wie die gesamte soziale Welt – soziale Konstruktionen sind: durch Interaktion und Zuschreibung (nicht unbedingt bewusst) *geschaffene* Erscheinungen. Also Kulturprodukte. Es hafte sozialen Identitäten insbesondere nichts Natürliches an, sie seien nicht naturgegeben. Dies etwa im Unterschied zu älteren, kruden Formen des Rassismus, die Menschen aufgrund rein äußerer Erscheinungsmerkmale wie etwa Hautfarbe angeblich natürlichen Rassen zuordneten – und damit zudem oft massive Wertungen verbanden. Aber zum Beispiel auch im Hinblick auf persönliche Geschlechter-Identität wird auf deren Konstrukt-Charakter verwiesen: gender, wie es dann genannt wird, reduziert sich nicht auf sex im biologischen Sinne, und es sind mehr als nur zwei gender unterscheidbar. Dies beruht auf sozialer Zuschreibung – und insofern ist auch personale Identität sozialer Natur. Von daher ist es sinnvoll, dass wir im Folgenden, wenn es um die geteilte Identität sozialer Großgruppen geht, von *kollektiver Identität* sprechen. Auch diese wird an kulturellen Merkmalen oder, wie man mit einem Anglizismus sagt, an markern festgemacht: geteilte Sprache (oft ein Merkmal nationaler Identität), geteilter Musik- und Kleidungs-Stil (oft Merkmale sog. Sub-Kulturen). In dem Maße, wie sich solche kollektiven Identitäten und damit soziale Großgruppen herausbilden, werden kulturelle Faktoren auch für die soziale Logik von Beziehungen zwischen Gruppen belangvoll. Dies markiert zunächst das Feld der inter-*kulturellen* Beziehungen. Es sind dies die Beziehungen zwischen AnhängerInnen unterschiedlicher (Sub-)Kulturen, die sich wechselseitig als verschieden und im Binnenverhältnis als einer (bestimmten) Kultur zugehörig wahrnehmen (sehen und fühlen). Es kann sich um Beziehungen zwischen Teds und Punks handeln, zwischen Katholiken und Protestanten, zwischen dem ‚freien Westen' und der ‚Welt des Realsozialismus' usw. Im Zeitalter der Globalisierung, in dem immer mehr Organisationen (wie etwa transnationale Unternehmen, aber auch zivilgesellschaftliche Organisationen) Mitarbeitende haben, die verschiedenen Kulturen entstammen, werden interkulturelle Beziehungen weit über den Kreis des diplomatischen Personals hinaus zunehmend bedeutsam und daher auch Gegenstand der Analyse, vgl. z.B. Sadri/Flammia 2011.[8] Jedoch ist die Interkulturalität internationaler Politik nicht ihr einziges Kennzeichen; sie bleibt immer auch Politik, also strategische Interaktion. Es geht in ihr ergo zwar *auch* um interkulturelles Verständnis, aber nicht nur, sondern mindestens genauso um ein Ringen divergierender Gestaltungsvorstellungen, und zum Teil resultiert die Divergenz der Vorstellungen gerade aus kulturellen Unterschieden.

Zu den durch Außenkontakt mitbestimmten kulturellen Identitäten und den dadurch begründeten Kulturen, kulturellen Gemeinschaften oder, in der größten Ausdehnung, auch nur Kulturräumen, sei sogleich noch Folgendes angemerkt. Zur Aufrechterhaltung ihrer Identität sind sie auf beides angewiesen: Zum einen ein gewisses Maß an innerem ideellen Zusammenhalt und Mechanismen zu seiner Aufrechterhaltung. Diese wirken homogenisierend (vereinheitlichend). Genauso wichtig ist jedoch, zum andern, die Tatsache, dass in allen Kulturen auch Heterogenität (interne Unterschiede) zu verzeichnen ist (sind) – und dass dies für das Überleben der Kulturen auf Dauer genauso wichtig ist wie eine gewisse Homogenität. Warum? Das Argument für die Bedeutung interner Vielfalt für das ‚Überleben' von Kulturen

---

8 Noch eins tiefer greift die Forschung der kulturvergleichenden, inter- oder transkulturellen Psychologie, welche im interkulturellen Vergleich psychologische Unterschiede auszumachen und ggf. zu erklären versucht; vgl. etwa Berry u.a. 2011 und Smith u.a. 2013 sowie generell zur Kulturpsychologie Kitayama/Cohen 2010.

ist letztlich ein kultur-evolutionäres. So wie im Bereich biologischer Evolution Monokulturen problematisch sind, weil sie bei sich wandelnden Umweltbedingungen anfällig sind, keine (durch genetische Variation begründete) Variabilität aufweisen, so führt auch die Maximierung der kulturellen Homogenität in Kulturen zu ihrer geistigen Verarmung und macht sie unflexibel im Wandel. Zu ihrem Glück weisen die meisten Kulturen – außer wirklich totalitär vereinheitlichten – jedoch interne Varianz, Heterogenität, auf. Z. B. durch unterschiedliche ‚Lesarten' zwischen Jungen und Alten, Reichen und Armen, Männern und Frauen, Orthodoxen und Liberalen usw. Wie gesagt: wird die interne Heterogenität, Varianz der Lesarten, zu groß, mag es zu Auflösungen von Kulturen oder (Ab-)Spaltungen kommen – und deshalb finden sich meist ‚Wächter' und Institutionen der Homogenisierung (Schulen, kanonische Texte und Überlieferungen etc.). Gleichwohl ist es ein zu vermeidender Irrtum, von der (völligen) internen Homogenität von Kulturen auszugehen: Nicht *alle* X denken und tun genau dasselbe – egal wie genau wir die wesentlichen kulturellen Kennzeichen (marker) der Zugehörigkeit zu den X bestimmt haben. Und diese Bestimmung ist *selbst* ein zweites, methodisches, Problem für die Analyse der Wirksamkeit von Kulturen: Wie stellen wir fest, was dazu erforderlich ist, jemanden zu den X zu zählen? Mit beiden wichtigen Punkten: der internen Homo- versus Heterogenität von Kulturen und dem methodischen Problem der Definition der Zugehörigkeit zu einer Kultur gilt es analytisch angemessen umzugehen.

Die Problematik der Wahrung einer Balance zwischen Homogenisierung von Kulturen (um ihre Identität zu wahren) und Heterogenität (um über Varianz ihre Überlebenschancen in sich wandelnden Umwelten zu stärken) führt uns zu einer ersten wichtigen Verbindung von Kultur und Politik. Kulturen bilden Mechanismen und Institutionen zur Wahrung ihrer Homogenität aus: heilige Schriften werden kanonisiert, kulturell begründete Verhaltensweisen vorgeschrieben – und deren Einhaltung überwacht. Dies illustriert die Geschichte des Christentums ebenso wie der islamische Wächterrat im Iran – oder auch die Polit-Kommissare im einstigen realsozialistischen Ostblock (von Einrichtungen wie der Gestapo ganz zu schweigen). Die Wahrung kultureller Homogenität, nicht nur durch Argument und gelebtes Beispiel, sondern ‚notfalls' auch durch Zwang, macht aus dieser Aufgabe ein Projekt kulturell motivierter und legitimierter *Herrschaft* – wobei mit Ausbildung von Zwangsapparaten fraglich wird, ob die kulturelle Reinheit wirklich noch das Hauptmotiv ist oder nicht doch Selbstbereicherung der Herrschenden und ihres Stabes an Mitarbeitern im Zwangsapparat. Dies ist zunächst eine innenpolitische, innergesellschaftliche Mechanik der Verzahnung von Kultur und politischer (!) Herrschaft, aber sie hat oft auch Auswirkungen auf das Außenverhalten solcher Herrschaftssysteme und damit die internationale Politik. Also:

1.1 Die Entwicklung des zugrunde gelegten Kultur-Begriffs

> Homogenisierungs-‚bedarf' (Reinheit der Lehre) → Wächter/Erzwingungs-Apparat = Ausübung von Herrschaft → Auswirkungen auf internationale Beziehungen

Abb. 1.3 *Indirekte* Mechanik des Zusammenhangs zwischen Kultur und internati-onaler Politik (vermittelt über Herrschaftssysteme)

Dies ist *ein* Beispiel für die *indirekte* Mechanik der Auswirkung kultureller Faktoren auf die internationale Politik, was uns im vorliegenden Buch noch öfters begegnen wird.

Ein zweiter kultureller Mechanismus, der mit dem Verhältnis von Homo- und Heterogenität von Kulturen zu tun hat, ist der der *Maximierung minimaler Differenzen*. Damit ist Folgendes gemeint: Sowohl unter religiösen ‚Sektierern' wie unter politischen (etwa den dafür berüchtigten westdeutschen K-Gruppen der 1970er Jahre, die alle Spielarten des Kommunismus vertraten, sich jedoch untereinander spinnefeind waren) wie auch auf wissenschaftlichen Konferenzen (wo es auch, manchmal will es scheinen: vor allem um Karrierechancen geht) lässt sich beobachten, dass minimale Unterschiede in Auffassungen, Sichtweisen oder auch nur Terminologie-Gebrauch, die für alle Außenstehenden bestenfalls sekundär sind, zum Kern vehementer Auseinandersetzungen werden, mit geringer Aussicht, Differenzen argumentativ zu überbrücken oder gar beizulegen. Und dies hat wieder damit zu tun, dass hier kulturelle ‚Herrschaftsbereiche' und/oder Einflusschancen verhandelt werden. Es geht also nicht *nur* um Kultur, sondern um Kultur im Kontext gesellschaftlicher Macht – oder Macht im kulturellen Kontext.[9] In der Terminologie des französischen Soziologen Pierre Bourdieu (1987), der diese zugleich kultur- und herrschaftssoziologische Perspektive vor allem entwickelt hat, wird durch Distinktion in unterschiedlichen gesellschaftlichen Feldern kulturelles Kapital angesammelt und dadurch Herrschaft ausgeübt.[10]

> Δ min (kulturell) → Politisierung, *da* um kulturelle Herrschaftsbereiche und Einfluss gerungen wird

Abb. 1.4 Mechanismus der Maximierung minimaler kultureller Differenz – Beispiel für den Machtaspekt der politischen Wirkung von Kultur

---

9 In seiner Studie über Luther und das deutsch-jüdische Verhältnis erklärt Dietz Bering (2014) den christlichen Anti-Judaismus analog durch eine „Tragödie der Nähe" und verwendet für den zugrunde liegenden Mechanismen den Begriff der „Kontrastbetonung".

10 Für eine exzellente Anwendung dieser Bourdieu'schen Kategorien vgl. die in Kap. 6 zitierte Arbeit von Penz (2010) über Schönheitspraktiken in gegenwärtigen entwickelten kapitalistischen Gesellschaften.

Beide Formulierungen sind zutreffend, und beides verweist uns auf einen zentralen Aspekt unseres Themas: die politische Wirkung von Kultur ist ohne Berücksichtigung von Machtaspekten nicht adäquat zu verstehen. Auch hierauf kommen wir vielfach zurück.

Doch kehren wir zunächst zu den Beziehungen *zwischen* Kulturen zurück. Solche inter-kulturellen Beziehungen sind oft mit inter- oder transnationalen politischen Beziehungen verwoben – aber begrifflich sind beide Arten von Beziehungen nicht dasselbe. Was zu Interkulturalität hinzukommen muss, um zu unserem Kernthema vorzustoßen, ist die Herausbildung *politischer* Gruppen(identitäten). *Eine* Art der Großgruppenbildung ist, wie erwähnt, die Herausbildung von Einstellungen und Gefühlen der *nationalen* Zusammengehörigkeit, kurz: von Nationen. Und damit wären wir, rein begrifflich, bei inter-*nationalen* Beziehungen angelangt. Da wir diese jedoch aus spezifisch politikwissenschaftlicher Sicht in Blick nehmen wollen (und nicht aus Sicht, wenn auch durchaus vor dem gedanklichen Hintergrund der im Prinzip möglichen weltgesellschaftlichen Soziologie), gilt es als Nächstes die Spezifik unserer Thematik zu erfassen, also die Brücke zwischen Kultur und Kulturen einerseits und (internationaler) Politik andererseits zu schlagen. Zuvor jedoch ein weiteres Zwischen-Resümee (Abbildung 1.5).

Kultur (s. Abb. 1.2) liefert kulturelle Kennzeichen (marker) zur Herausbildung **kollektiver Identität**: die AnhängerInnen verschiedener (Sub-)Kulturen

- nehmen sich *im Binnenverhältnis als einer* (bestimmten) *Kultur zugehörig* wahr (obwohl alle Kulturen intern heterogen sind, was evolutionär ihr ‚Überleben' ermöglicht),
- nehmen sich *wechselseitig* jedoch *als kulturell unterschiedlich* wahr;
- dadurch kommt es zur Herausbildung kulturell bestimmter Großgruppen;
- deren Interaktion stellt inter-kulturelle Beziehungen dar.

Abb. 1.5 Von Kultur zu Kulturen – kollektive Identität

Der bisher entfaltete Kultur-Begriff ist zunächst gar nicht an politische Strukturen gebunden. Vieles, was beispielhaft angesprochen wurde, findet zwar heute in staatlich organisierten Gesellschaften statt, nicht alles davon jedoch auf gesamtgesellschaftlicher Ebene: wir hatten nicht nur von milieuspezifischen Sub-Kulturen gesprochen; wir können genauso gut noch regionale Kulturen (etwa, sprachlich, Dialekte, oder Brauchtum und regionale Küche) hinzufügen. Andere Kulturelemente haben ge-

1.1 Die Entwicklung des zugrunde gelegten Kultur-Begriffs

samtgesellschaftliche Reichweite, haben per se jedoch keinen politischen Gehalt und auch keine erkennbar politischen Folgen (etwa: Kenntnis von Rotkäppchen im ganzen deutschen Sprachraum – ja, inzwischen sogar weit darüber hinaus). Gerade das letzte, triviale Beispiel zeigt auch, dass kulturelle Elemente im Prinzip transnational diffundieren können. Welthistorisch wichtigere Beispiele sind etwa die großen Religionen und ihre grenzüberschreitende Verbreitung, wobei die ostasiatische Ausbreitung des Buddhismus (im Unterschied zur Ausbreitung von Christentum und Islam) insofern noch besonders interessant war, als sie nicht durch eine politische Machtstruktur (wie katholische Kirche oder Kalifat) propagiert wurde. Heute sind es oft Elemente der Populärkultur, die sich so, weltregional bis global, verbreiten (Rockmusik, Latin Jazz, Weltmusik etc., von ‚Ikonen' wie Micky Maus und der Cola-Flasche ganz zu schweigen). Aber auch hochkulturelle Elemente diffundieren transnational: der moderne ‚bürgerliche' Roman als literarische Form ebenso wie die Oper – oder auch die neuzeitliche Wissenschaft als Praxis. Insofern besteht zunächst kein *innerer* Zusammenhang zwischen Kultur und (internationaler) Politik (einmal abgesehen davon, dass politisches Handeln selbst, als Praxis, ein kulturelles Phänomen ist, ebenso wie politische Ideen – der Begriff der „Freiheit" wurde schon erwähnt – natürlich kulturelle Elemente sind).

Interkulturelle Beziehungen finden sich sowohl innerhalb von Staatsgrenzen, zwischen AnhängerInnen verschiedener (Sub-)Kulturen, etwa in multikulturellen Gesellschaften, als auch über Staatsgrenzen hinweg. In letzterem Falle sind die interkulturellen Beziehungen zugleich auch inter- bzw. transnationale Beziehungen. Sie können inter-personale Beziehungen sein (etwa zwischen konkreten MitarbeiterInnen transnationaler Konzerne oder im Rahmen transnationaler Konferenzen) oder, letztlich darauf aufbauend, auch solche zwischen institutionalisierten Kollektiven (zwischen Firmen, zwischen Staaten usw.). Zwischen beiden sind die Mechanismen der transnationalen Diffusion kultureller Elemente angesiedelt.

Soweit es sich bei internationaler Politik auch um interkulturelle Beziehungen handelt, spielt interkulturelles Verständnis eine wichtige Rolle. Jedoch bleibt Politik meist auch strategische Interaktion, ein Ringen um divergierende Gestaltungsvorstellungen, und die Divergenz resultiert zum Teil aus unterschiedlichen kulturellen Vorstellungen.

Abb. 1.6 Inter*kulturelle* Beziehungen – und inter- bzw. trans*nationale* Beziehungen

Im soeben Gesagten stecken aber drei mögliche Bezüge zwischen Kultur und (internationaler) Politik (vgl. Abbildung 1.7): kulturelle Elemente können politische

Folgen haben; kulturelle Elemente können (als Teil der *politischen* Kultur) selbst zur Politik gehören; und kulturelle Elemente können Gegenstand politischer Gestaltung sein. Das sei wiederum kurz mit Beispielen erläutert. Zu kulturellen Einstellungen, Praktiken und Institutionen mit politischen Folgen gehören etwa Religionen. Wie bereits angeführt sind sie z. T. unmittelbar mit politischen Herrschaftsansprüchen verbunden. Oder sie legen wertende Einstellungen nahe, die zu politischen Stellungnahmen und Handlungsweisen anleiten (etwa in Sachen Abtreibung – oder auch der Legitimität der Drohung mit Nuklearwaffen). Kultur wird politisch gestaltet, indem etwa national wie international Kulturpolitik betrieben wird, etwa im Rahmen der Bildungspolitik (Welche kulturellen Gehalte sollen nachwachsenden Generationen offiziell vermittelt werden?) oder auch der internationalen Handelspolitik (Ist der Markt auch für ausländische Medieninhalte beliebig zu öffnen, weil diese nur ein Produkt wie jedes andere sind – oder bedarf es des protektionistischen Schutzes der heimischen Kulturindustrie?). Schließlich gehört zu einer der wirkmächtigsten Elemente der heute globalisierten politischen Kultur der Nationalismus, also jene Einstellung, die besagt, dass es zwischen einem (wie auch immer) bestimmten nationalen Kulturraum und den Grenzen der politisch-staatlichen Organisation eine Deckungsgleichheit geben soll (jeder Nation ihren National-Staat). Dass diese Einstellung selbst sich global, transnational, verbreitet hat und welche Folgewirkungen das gezeigt hat, wird uns in einem eigenen Kapitel beschäftigen.

---

(1) Kultur beeinflusst Politik: **K → P**
(2) Kultur ist (als politische Kultur) selbst Politik: **K = P**
(3) Politik beeinflusst Kultur: **P → K**

Abb. 1.7   Kultur und Politik – drei mögliche Bezüge

Ganz allgemein gilt, dass wir *die sozialen Mechanismen analysieren (lernen) wollen, mittels derer kulturelle Elemente die internationale Politik beeinflussen.* Dies wird im Zentrum unserer Aufmerksamkeit stehen. Gezielte internationale Kulturpolitik, neben der erwähnten Thematisierung im Rahmen der internationalen Handelspolitik etwa im Bereich auswärtiger Kulturpolitik, wird uns nur am Rande beschäftigen. Elemente dessen, was man als *inter- bzw. transnationale politische Kultur* bezeichnen könnte und wozu man neben dem Nationalismus etwa auch das Völkerrecht zählen kann, werden ein *zweiter Fokus* des Buches sein. Auch hier wird es darum gehen, die *Mechanismen ihrer sozialen Wirksamkeit* zu verstehen.

1.1 Die Entwicklung des zugrunde gelegten Kultur-Begriffs

```
K → P
                    } theoretisch reflektierte Analyse der Wirkmechanik
K = P (international)
```

Abb. 1.8 Der Kern des Themas

Warum wird hier so sehr auf Wirkmechanik und die Wirksamkeit von Mechanismen abgehoben? Die Antwort: weil es für das tatsächliche Verständnis der sozialen Welt wichtig ist, vermeintliche, z. b. statistisch erfasste, Zusammenhänge, die auch nur Schein-Korrelationen sein könn(t)en, von tatsächlichen Wirkungszusammenhängen zu unterscheiden. Statistische Korrelation ist ein *Indiz* für Wirkzusammenhänge; Letztere erschließen sich jedoch erst aufgrund theoretischer Interpretation solcher Korrelationen und anderer Fakten. Ein Beispiel: Der berühmte Sozialpsychologe Walter Mischel (2014, 70 ff.) berichtet über seine Untersuchungen zur Fähigkeit von Kindern, in Aussicht gestellte Belohnungen aufzuschieben (und dafür *später* eine größere Belohnung zu erhalten). Dies ist die berühmte Forschung um „delayed gratification" (und Mischels Buch dazu ist absolut lesenswert!). In den Anfängen seiner Forschung arbeitete er auf Trinidad, und dort galt das kulturelle Stereotyp, dass Afrika-Stämmige „in den Tag hinein" leben, während Menschen ost-indischer Herkunft arbeits- und strebsam seien. Die Kinder beider Gruppen zeigten im Test zunächst den diesem Stereotyp entsprechenden Unterschied: die afrika-stämmigen Kinder nahmen die Belohnung sofort, die ost-indischen waren zum Aufschieben der Belohnung bereit. Bestätigt das also kulturelle Vorurteile bzw. die Wirkung kultureller Faktoren? Wie sich zeigte: Ersteres nein, Letzteres schon, aber in einem von der Wirkmechanik her theoretisch anders zu interpretierenden Sinne. Berücksichtigte man nämlich, ob die Kinder aus einem Haushalt mit abwesendem Vater stammten, verschwand der Unterschied zwischen den kulturellen (ethnischen) Gruppen. Mischel deutet dies so, dass die entscheidende Variable *Vertrauen* (trust) ist und dieses sich bei Kindern abwesender Väter nicht oder weniger entwickelt – noch dazu gegenüber dem fremden Mann, der er für die Kinder als Leiter des Experimentes war. Der kulturelle Faktor ist also nicht ethnische Zugehörigkeit, sondern mangelndes Vertrauen gegenüber dem (abwesenden) Vater bzw. dem fremden Mann. So Mischels Interpretation. Wirkzusammenhänge gilt es also durch theoretische Deutung zu erschließen und dann natürlich immer wieder kritisch zu überprüfen – in *unserem* Themenbereich freilich, anders als bei Mischel und in der Sozialpsychologie allgemein, kaum durch Experiment. Um dies zu erreichen, bedarf es also des verallgemeinernden Nachdenkens über solche Wirkzusammenhänge, mit anderen Worten: der Theorie, und zwar solcher, welche die Wirkung kultureller Elemente auf die internationale Politik zu analysieren hilft. Hierfür bietet die Theorienlandschaft der Internationalen Beziehungen eine Reihe von Anknüpfungsmöglichkeiten, die jedoch noch weiterentwickelt werden können. Beides ist unser nächster Punkt – und letztlich Anliegen des gesamten Buches.

1.2 IB-Theorien und ihre Eignung zur Analyse der Rolle von Kultur

Wenn wir uns nun also den Theorien der IB zuwenden, so erfolgt dies im Vertrauen darauf, dass Sie hier nicht zum ersten Mal mit den Großtheorien der IB konfrontiert werden. Auch werden hier Theorien weder mit Anspruch auf Vollständigkeit angesprochen noch um ihrer selbst willen. (Groß-)Theorie ist ohnehin nie Selbstzweck, sondern Mittel zum Zweck der intersubjektiv überprüfbaren Erklärung sozialer Phänomene. Sie macht Grundannahmen explizit und liefert je nach Theorie spezifische Erklärungsstrategien, welche sich auf immer neue Phänomene versuchsweise anwenden lassen, indem Hypothesen, vermutete Erklärungen, für sie formuliert und anhand geeigneter Information über die soziale Wirklichkeit überprüft, bestätigt oder widerlegt, werden. Da es uns um Wirkzusammenhänge zwischen Kultur und internationaler Politik geht, läge es nahe, sich auf hierfür einschlägige Theorien zu beschränken. Wir wollen dennoch mit einer der Großtheorien der IB beginnen, die eher nicht so einschlägig erscheint. Sie liefert jedoch eine gute Folie, vor deren Hintergrund entwickelt werden kann, was denn theoretische Einschlägigkeit für unser Thema ausmacht, um dann zu in diesem Sinne einschlägigen Theorien überzugehen.

Der Realismus, insbesondere in seiner auf Kenneth N. Waltz (1979) zurück gehenden strukturellen Variante, die als Neo-Realismus bekannt geworden ist, soll uns als Folie dienen. Diese Theorie-Variante erklärt typische Ablaufmuster internationaler Politik (wie Krieg, Wettrüsten u. dgl.) oder auch – das ist freilich selbst unter VertreterInnen der Theorie umstritten – das außenpolitische Verhalten einzelner Staaten im Rahmen des anarchischen internationalen Systems mit dessen Strukturen. Dazu zählt primär seine formal herrschaftsfreie Natur: es gibt keine übergeordnete Instanz, die für Ordnung sorgt, keinen – hierarchischen – Weltstaat. Daraus folgt aus Sicht des Neorealismus der *Zwang* zur Selbsthilfe der Staaten: sie müssen individuell oder kollektiv (etwa durch Allianzbildung) für ihre Sicherheit und ihren Selbsterhalt sorgen. Und *deshalb* wiederum streben die Staaten nach Macht, gemessen an harten Macht-Faktoren (wie Zahl der Soldaten, Größe von Bevölkerung und Territorium, ökonomische Basis für politisch-militärisches Handeln usw.). Denn

1.2 IB-Theorien und ihre Eignung zur Analyse der Rolle von Kultur

nur mittels Macht lässt sich Über-Macht anderer verhindern. Macht wird (durch Bildung von Gegenmacht) auszubalancieren versucht (balancing). Hier nun tritt jedoch eine für unseren Zusammenhang interessante Binnendifferenzierung im realistischen Forschungsprogramm auf.[11] Wird mit solcher (Gegen-)Macht-Bildung auf Machtfaktoren per se, als solche, reagiert (balance of power im engeren Sinne) – oder nur auf als bedrohlich wahrgenommene Machtmittel (balance of threat)?

Von der Wirkmechanik kann es eigentlich immer nur um *wahrgenommene* Bedrohungen gehen. Ein persönlich-anekdotisches Beispiel mag dies verdeutlichen. Eines Winters versuchte auf der frühmorgendlichen Busfahrt zur Schule ein Klassenkamerad, mich (und andere) dadurch zu erschrecken, dass er eine Plastik-Vogelspinne auf die Schulter des jeweiligen Opfers legte und leicht auf die Schulter tippte. Wer sich umdrehte, sollte sich an der Spinne erschrecken – zur Freude der Umstehenden. Ich freilich nahm im fahlen Licht der Innenbeleuchtung nur, zur Jahreszeit passend, einen (vermeintlichen) Fausthandschuh wahr – und wandte den Blick ohne Erschrecken wieder nach vorn. Das brachte mir – Ergebnis einer Fehldeutung der Umstehenden – eine Zeit lang den Ruf des ‚Ultra-Coolen' ein (auch wenn man es damals anders ausdrückte). Also: Reagiert wird nicht auf das, was objektiv da ist – sondern auf das, was bzw. als was etwas *wahrgenommen* wird. Tatsächlich hat der Realismus Raum für mindestens zweierlei wichtige observanda (wahrzunehmende Faktoren): Fähigkeiten (capabilities, c) und Absichten (intentions, i) jeweiliger Gegner. Denn erst aus deren Produkt ergibt sich die Bedrohung (threat, t): $t = c \cdot i$.

Die Wahrnehmung der capabilities erscheint RealistInnen relativ unproblematisch, insofern hard power-Ressourcen (wie Panzer und Raketen) noch – relativ – einfach zu zählen sind. Es lässt sich jedoch bestreiten, dass deren Besitz alleine als Bedrohung empfunden wird: weder fürchtet sich Deutschland vor französischen Nuklearwaffen, noch Kanada vor denen der USA. Es kommt also für die bedrohliche Wirkung darauf an, in wessen Händen sich die Machtmittel befinden – und auf dessen Absichten (intentions). Und diese sind weit schwieriger zu ‚lesen', einzuschätzen.[12] Was immer zur genauen Vorgehensweise dabei analytisch zu sagen ist, führt jedoch aus der sparsam-strukturellen Erklärungslogik des Neorealismus

---

11 Die Unterscheidung zwischen balance of power und balance of threat geht zurück auf Stephen M. Walt (1990). Dies ist tatsächlich nur *eine* von mehreren Binnendifferenzierungen im realistischen ‚Lager'. Eine weitere, für uns hier weniger wichtige, betrifft etwa die zwischen offensivem und defensivem Realismus, welche, daher die Bezeichnungen, Staaten als offensiv nach immer mehr (und tendenziell Vor-)Macht streben sehen bzw. defensiv nur nach Wahrung ihrer (relativen) Machtposition.

12 Für zwei neuere Studien zur Einschätzung von feindlichen Absichten vgl. Shore 2014 und Yarhi-Milo 2014.

hinaus (und in die Analyse bürokratischer, z. B. durch Geheimdienste praktizierter und/oder von Entscheidungsträgern angewandter ‚Heuristiken', Verfahren, zur Einschätzung der Absichten der Gegenseite). Hier können in der Tat kulturelle Faktoren wie etwa negative Zuschreibungen aufgrund historischer Vorerfahrungen oder gar Feindbilder eine Rolle spielen. Entlang dieses analytischen Weges wird freilich aus einer (vermeintlich) sparsamen strukturell-realistischen Erklärung: auf ‚objektiv' feststellbare hard power-Differenzen wird mit balancing reagiert eine durchaus komplexere, die Fein-Mechanik von Bedrohungswahrnehmungen mit einschließende Analyse, in der auch ‚weiche', kulturelle Faktoren eine Rolle spielen (können).[13]

Mit den Stichwörtern hard power und weiche Faktoren bzw. soft power ist bereits eine weitere neuere begriffliche Unterscheidung aus dem realistischen Theoriekontext angesprochen, die für unser Thema von Belang ist. Tatsächlich ist neuerdings vielfach von weicher Macht die Rede, die darauf beruhe, dass die ökonomischen und/oder politischen ‚Leistungen' eines Staates sein Umfeld, andere Staaten und deren Bevölkerungen, so beeindrucken, dass sie sich dem Vorbild anschließen oder ihm nacheifern wollen. Beides, und in der Betonung dieses Macht-Aspektes wird die Herkunft aus dem realistischen Theoriekontext deutlich, verleiht dem Vorbild Einfluss – oder eben, wie gesagt wird, soft power. Diese beruht, wie man auch sagen könnte, auf der *Folgebereitschaft*, welche ein Akteur bei anderen Akteuren auslöst. Wie wir sehen werden, wird ein ähnlicher Gedanke im Rahmen des unten vorgestellten neo-gramscianischen Theorieprogramms mit dem (gramscianischen) Hegemonie-Begriff erfasst. Halten wir hier im Hinblick auf den Realismus zunächst fest: als vorwiegend an harten Machtfaktoren interessiertes Forschungsprogramm und zumal in der strukturellen Variante des Neorealismus, der Akteursverhalten als *zwingend* aus Strukturen folgend ansieht, hat der Realismus zunächst wenig Affinität zu unserem Thema der Wirksamkeit kultureller Faktoren in der internationalen Politik. Im Hinblick auf die Bedeutung der *Wahrnehmung* von Bedrohungen bzw. durch Einführung der Kategorie der soft power öffnet sich das realistische Forschungsprogramm jedoch für die Analyse kultureller Faktoren.[14] Für den Realismus

---

13 Ein weiterer Bezug des realistischen Themas der Bedrohung zu dem der Kultur ergibt sich daraus, dass diese selbst bzw. kulturelle Artefakte Objekt der Bedrohung sein können, z. B. im Kontext gewaltsam ausgetragener Konflikte, in denen es zu Kunstraub und bewusster Zerstörung kultureller Güter kommen kann – das Thema lautet dann kulturelle Sicherheit (Nemeth 2015).

14 Zwei weitere dem sicherheitspolitischen Fokus des Realismus nahe stehende Thematiken mit Kultur-Bezug verbinden sich daher mit den Stichwörtern der „strategic culture" bzw. der „nationalen sicherheitspolitischen Kultur". Ersteres bezieht sich eher auf die Analyse kultureller Einstellungsmuster militärischer Entscheidungsträger für den

1.2 IB-Theorien und ihre Eignung zur Analyse der Rolle von Kultur

typisch (und durchaus nicht unwichtig) werden diese ‚weichen' Faktoren jedoch im Kontext von (zwischenstaatlicher) Machtpolitik gesehen; ihre wirkmechanische Analyse führt jedoch über die im Realismus vorgesehene Erklärungsstrategie hinaus. Nur wahrgenommene Bedrohungen wirken sich auf zwischenstaatliche Machtverhältnisse aus und nur ausgelöste Folgebereitschaft verleiht soft power. Aber: Wie kommen diese Wahrnehmungen bzw. die Folgebereitschaft jeweils zustande? Um dies zu verstehen, braucht es mehr an Analysepotenzial als der Realismus allein, in all seinen Spielarten, zur Verfügung stellt.

Eine zweite der Großtheorien der IB, der Institutionalismus, scheint für unser Thema einschlägiger. Er ist gleichsam die IB-Version des Neo-Institutionalismus, der, wie erwähnt, die Sozialwissenschaften in den vergangenen 40 Jahren erfasst hat, und teilt mit ihm im Kern die Botschaft, dass Institutionen in ihrer Wirkung und damit als Faktoren, die soziale Phänomene, also auch internationale Politik, erklären können, ernst genommen werden müssen. In der internationalen Politik, so wird argumentiert, trägt *normgeleitetes Verhalten* im Rahmen bzw. unter Nutzung von Institutionen zur Ermöglichung und Stabilisierung internationaler Kooperation bei. Diese internationale Kooperation wird von InstitutionalistInnen also nicht nur normativ begrüßt und funktional für notwendig angesehen (z. B. angesichts der grenzüberschreitenden Natur drängender Probleme wie der Finanzmarktregulation, der Bekämpfung der Klimaerwärmung oder auch des Schutzes von Menschenrechten). Sie argumentieren, dass Institutionen zum *Zustandekommen* solcher Kooperation einen Beitrag leisten können, und zwar, indem sie durch zugrundeliegende Prinzipien Verständigung über die Natur der Probleme und Grundsätze des Umgangs mit ihnen liefern, in Gestalt von Normen und konkretisierenden Regeln Handlungsanleitung geben, über Verfahren deren Einhaltung überwach- und z. T. sogar sanktionierbar machen und damit insgesamt wechselseitige Verhaltenserwartungen (nämlich: des normkonformen Verhaltens) stabilisieren, was wiederum die Bereitschaft zu normkonformem Verhalten fördert (weil man nicht oder weniger fürchten muss, durch unkooperative Andere, die sich als Trittbrettfahrer – free rider – verhalten, ausgenutzt zu werden).

Dies wirft freilich die Anschlussfrage auf, was denn Staaten (und im Rahmen des Institutionalismus sind Staaten weiterhin die primären Urheber und Adressaten internationaler Normen; die Einbeziehung privater, nicht-staatlicher Akteure ist aber im Prinzip möglich, was hier jedoch aus Gründen der Vereinfachung

---

Ablauf militärischen Handelns (und damit auch internationaler Politik), vgl. etwa, am historischen chinesischen Beispiel, Johnston 1995 sowie Black 2012; Letzteres auf breiter basierte Einstellungen, vgl. am Beispiel der USA Koch 1998 und am europäischen etwa Biehl/Giegerich/Jonas 2013.

der Darstellung zunächst außen vor bleiben soll) zu normkonformem Verhalten veranlasst. Hierauf gibt es zwei prinzipielle Antworten. Die eine argumentiert mit (aufgeklärtem) Eigeninteresse. Die andere mit Internalisierung von Normen und dadurch ausgelöstem Verpflichtungs,gefühl'. Aufgeklärt eigennützige Gründe der Normbefolgung können zum einen in der Einsicht in die negativen Konsequenzen der Nicht-Befolgung von Normen bestehen. Wer nicht den Regeln einer Sprache gemäß redet, der wird nicht verstanden. Wer auf Straßen, auf denen Rechtsverkehr gilt, links fährt, der wird zum Geisterfahrer (und überlebt das womöglich nicht). Wie diese Beispiele zeigen, greift diese Motivation zu normkonformem Verhalten jedoch primär in Situationen, bei denen es sich, wie man spieltheoretisch sagt, um reine Koordinationsspiele handelt. Das bedeutet: niemand hat eine spezifische, besondere, Präferenz für eine der möglichen Verhaltensoptionen – es ist nur wichtig, dass alle sich auf *eine* einigen.

Allerdings sind wohl die meisten politisch zu entscheidenden Fragen nicht so einfach zu lösen. Oft bestehen vielmehr divergierende Präferenzen der Akteure hinsichtlich der anzustrebenden Lösung, der zu vereinbarenden Normen, also Interessenkonflikte. Wenn sich diese nicht, im Rahmen von Verfahren, wie sie internationale Institutionen, etwa Regime, durch Facharbeitsgruppen bereitstellen, argumentativ auflösen lassen, bleiben im Prinzip noch drei eigeninteressierte Lösungsmöglichkeiten. Tauschgeschäfte, auch Kuhhandel oder bargains genannt, sind *ein* zentraler Mechanismus nicht-konfrontativer Politik. Der Kompromiss wird hierbei dadurch erreicht, dass zwei oder mehr Sachfragen, auch solche, die in der Sache vielleicht gar nichts miteinander zu tun haben, miteinander verknüpft werden, nach dem Motto: in dieser Frage gebe ich nach – und in jener Du. Heißt: in dieser Frage gelten künftig die von mir präferierten Normen; dafür gelten in jener anderen Frage künftig die von Dir präferierten Normen. Daher Tauschgeschäft. Auch die andere Lösungsmöglichkeit, der Reputationsmechanismus, beinhaltet letztlich einen Tausch: ich gebe hier nach, bekunde mich bereit, diese Norm anzuerkennen und ihr gemäß zu handeln – und erlange dadurch den Ruf, ein guter Kooperationspartner zu sein. Auf Dauer, in anderen Zusammenhängen, kann mir dies nützen, da Andere mit mir, als ,notorisch' gutem, normtreuem Kooperationspartner, eher kooperieren werden (als mit einem notorischen Mogler und Betrüger). Soweit die, spieltheoretisch auch formalisiert nachweisbare und in Computersimulationen auch als auf Dauer stabile Strategie nachweisbare[15], eigennützige Lösung der Frage, wie normkonformes Verhalten erklärbar ist. Dieses lässt sich,

---

15 Allerdings hängt es in solchen Simulationen (wie auch im realen Leben) vom Mischungsverhältnis zwischen kooperativ und unkooperativ agierenden Akteuren ab, welche Strategie stabil ist.

als dritter eigeninteressierter Mechanismus, durch die Drohung mit Sanktionen bei nicht normkonformem Handeln (und also das eigennützige Interesse, solchen durch normkonformes Verhalten zu entgehen) weiter fördern.

Bleibt noch die nicht-eigennützige Antwort auf die Frage, wie sich Normbefolgung erklären lässt. Sie baut auf den Mechanismus der *Internalisierung* von Normen, also darauf, dass Akteure sich eine Norm *zu eigen machen* und *deshalb* normkonform handeln. Individuen tun dies dann etwa aus Gewissensgründen bzw. weil sie solches normkonformes Verhalten für *angemessen* halten (etwa: auf dem Friedhof wird nicht herumkrakelt). Solche tief verankerten Einstellungen werden in allen Gesellschaften nachwachsenden Mitgliedern zu vermitteln versucht, durch Prozesse, die man in den Sozialwissenschaften unter dem Begriff *Sozialisation* zusammenfasst. Für das normkonforme Verhalten von Staaten (oder auch etwa Firmen) taucht bei dieser Erklärung normkonformen Verhaltens jedoch ein Problem auf: als Groß-Institutionen (und Organisationen) sind sie, wie man sagen könnte, strukturell herzlos. Was soll damit gesagt sein?

Etwas stärker analytisch und weniger bildhaft formuliert ist dies der Hinweis darauf, dass Internalisierung (und Sozialisation) sich auf *Personen* bezieht: nur ihnen lässt sich analytisch sinnvoll eine Psyche oder ein Gewissen zuschreiben. Organisationen, Staaten wie Firmen, jedoch nicht. Somit lässt sich in Bezug auf diese von Internalisierung und Sozialisation allenfalls in einem *übertragenen* Sinne sprechen. Es handelt sich dann nicht mehr um (intra)psychische Vorgänge – sondern es gilt, die sozialen Wirkmechanismen für nicht egoistisch motiviertes normkonformes Verhalten von Organisationen analytisch zu rekonstruieren. Das heißt letztlich zu erklären, warum Organisationen nicht nur und immer organisierte Verantwortungslosigkeit sind – obwohl sie genau das oft sind: die Diffusion der Verantwortung Einzelner, die sich als – kleines – Rädchen im Getriebe darstellen, ist ein nur zu vertrauter Mechanismus der Schuldabwehr organisierter Übeltäter, der sich bei Schergen des Holocaust ebenso findet wie bei leitenden Mitarbeitenden umweltverschmutzender Konzerne. Dennoch sind Einzelgewissen verantwortlich (normkonform) handelnder Personen in Organisationen *ein* Wirkmechanismus, der auf nicht-egoistische Weise normkonformes Verhalten von Organisationen erklären kann.[16] Allerdings sind die Voraussetzungen hierfür hoch: es muss solche Einzelnen geben; sie müssen sich trauen, sich für normkonformes Verhalten einzusetzen; und sie müssen in der Lage sein, sich damit in der Organisation durchzusetzen. Alle drei Bedingungen gleichzeitig sind selten erfüllt. Von daher

---

16 Sog. whistleblower, Insider, die Fehlverhalten der eigenen Organisation öffentlich machen, sind eine Auffanglösung für Fälle, in denen das Kind bereits in den Brunnen gefallen ist.

verlassen sich auch kluge Organisationen nicht darauf allein. Vielmehr greifen sie auf zwei weitere Mechanismen zurück.[17] Internalisierung bei Organisationen (nochmals: denken Sie an Firmen *und* Staaten) bedeutet dann, dass innerhalb der Organisation eine eigene Einrichtung, Abteilung, Ministerium etc. geschaffen wird, deren *Aufgabe* es ist, über das normkonforme Verhalten der Organisation zu wachen. Firmen richten compliance-Abteilungen ein; Staaten beauftragen Ämter oder gar Ministerien damit, über die Einhaltung der (international vereinbarten) Normen zu wachen (und natürlich, in Rechtsstaaten, die von der Exekutive unabhängige Verwaltungs- und notfalls Verfassungsgerichtsbarkeit). Und schließlich, der dritte Mechanismus, können sich Organisationen systematisch für kritische Beurteilung ihres Verhaltens durch Externe *öffnen*: Firmen im Rahmen (ernsthaft und nicht nur zu PR-Zwecken betriebener) corporate accountability bzw. identity gegenüber staatlicher Aufsicht, kritischer Presse und Nicht-Regierungsorganisationen; Staaten ebenfalls durch Zulassung kritischer Beobachtung durch NGOs und Journalismus. Zwischen Staaten, international, kann peer control (Kontrolle durch formal Gleiche) im Wege etwa regelmäßiger Berichtsverfahren und/oder Vor-Ort-Kontrollen internationaler Gremien hinzutreten. Die zuletzt genannten Mechanismen sind intern, soweit eine – interne – Aufnahme*bereitschaft* für externe Kritik besteht; da es jedoch um externe Kritik geht, sind sie ein Grenzfall dessen, was man als organisatorische Internalisierung bezeichnen kann. Denn am Ende wirken sie z. B. wiederum aufgrund des Reputations-Mechanismus (weder Firmen noch Staaten stehen gerne am Pranger; einige können damit jedoch zumindest zeitweilig durchaus leben).

Wir haben damit, im Wege der Erläuterung des Kultur-Bezugs des Institutionalismus, nämlich seiner Bezugnahme auf *norm*konformes Handeln, die analytische Aufdröselung der tatsächlichen Wirkmechanik internationaler Normen exemplarisch schon einmal vorgeführt. Wir werden in späteren Kapiteln hierauf zurückgreifen können, setzen aber hier zunächst die Vorstellung für uns thematisch relevanter IB-Theorien fort.

Und zwar mit dem oben schon kurz angesprochenen Konstruktivismus. Sein Grundgedanke ist, daher die Bezeichnung, dass die gesamte soziale Realität nicht objektiv-äußerlich ist, sondern eben intersubjektiv konstruiert wird. Soziale Fakten bestehen also genau dadurch und solange, wie sie von den sozial Handelnden aufrechterhalten werden. Der alte Slogan der Friedensbewegung: „Stell' Dir vor es ist Krieg – und keiner geht hin!" verdeutlicht diesen Gedanken: Krieg, die Praxis des Kriegs, wäre ‚ausgestorben', würde sie niemand mehr praktizieren. Ein anderes,

---

17 Zur Problematik der Umsetzung ethischer Verantwortlichkeit in und von Organisationen am Beispiel der business ethics vgl. den exzellenten Überblick von McDonald 2015.

sehr schön anschauliches Sinnbild für den konstruktivistischen Grundgedanken liefert das Märchen „Des Kaisers neue Kleider": bekanntlich ist der Kaiser nackt, doch alle Erwachsenen bestaunen sein neues Gewand; bis ein Kind ausspricht, dass er doch nackt ist. Solange die Erwachsenen jedoch ‚mitspielten', war der Kaiser – für sie, für alle – bekleidet.

Was heißt dies im Hinblick auf die Analyse internationaler Politik und die Rolle von Kultur dabei? Das wird vor allem im Vergleich zu strukturellen Ansätzen deutlich. Einen davon, den strukturellen Neorealismus, haben wir bereits kennengelernt. Für ihn ist wie oben ausgeführt die Anarchie des internationalen Systems, seine formale Herrschaftsfreiheit, eine strukturelle Grundgegebenheit. Und zwar gewissermaßen objektiv-äußerlich im Verhältnis zu den Akteuren, die nur innerhalb der durch diese Struktur ausgelösten Handlungs*zwänge* agieren können: Selbsthilfe etc. Genau dies sieht der Konstruktivismus anders. (Soziale) Strukturen sind aus seiner Sicht *nicht* objektiv-äußerlich gegeben; vielmehr werden sie nur durch und aufgrund des sozialen Handelns der Akteure gebildet und aufrechterhalten – während sie gleichzeitig doch das Handeln der Akteure mitbestimmen. In der eher aufwendigen Fachsprache ist genau das gemeint, wenn von der Ko-Konstitution von Struktur und Akteuren bzw. deren Handeln die Rede ist. Die Konstitution der Akteure betrifft, ein drittes wesentliches Konzept des Konstruktivismus, die *Identität* der Akteure: als was sehen sie sich? Das, so die Annahme, beeinflusst ihr Handeln – und wird durch die Strukturen mitbestimmt, die zugleich dadurch konstituiert (konstruiert) und aufrechterhalten (oder auch geändert) werden. Ein IB-Beispiel: Wer sich selbst als einzige Supermacht sieht, hat ein Bild von sich, mit dem er einerseits gewisse Ansprüche an sich selbst verbindet („zur Führung verdammt" etwa, bound to lead, wie Joseph Nye es schon vor Jahren [1991] formuliert hat[18]). Andererseits verbinden auch andere Akteure faktische und normative Erwartungen mit einer solchen Identität, hier dem „einzige Supermacht"-Status (etwa: dass die einzige Supermacht sich nicht oder nur instrumentell an internationale Normen hält, aber, positiv, auch, dass von ihr Führung ausgeht). Und diese Erwartungen der Anderen wirken wieder auf die Supermacht, ihr Selbstbild und also ihre Identität zurück. Wie oben schon gesagt, ist Identität sozial mitkonstituiert.

Aus dieser konstruktivistischen Sicht ist letztlich die gesamte soziale Welt, also auch die internationale Politik selbst, ein Konstrukt. Es fließen also kulturelle Faktoren allenthalben und im wahrsten Sinne des Wortes grundlegend in die

---

18 Dabei ist Nye weder ein naiver Anhänger der Position der USA als einzige Supermacht noch ein Konstruktivist. Gerade deshalb illustriert sein Titel, unverdächtig, den hier angesprochenen konstruktivistischen Punkt, dass sich mit Selbstbildern (Identitäten) Selbstansprüche verbinden.

Konstitution (Konstruktion) internationaler Politik ein. Anarchie etwa ist, wie ein, vielleicht *der*, prominente Begründer des IB-Konstruktivismus, Alexander Wendt, formuliert hat, nicht etwas objektiv-äußerlich Gegebenes, das zu einem bestimmten Verhalten *zwingt*; vielmehr ist für Wendt Anarchie, was die Staaten daraus machen. Wie er jedoch auch, und zu Recht, betont, heißt dies aufgrund der *sozialen* Natur der Konstruktion, der Konstruktionsprozesse, nun nicht, das bestimmte Praktiken und Strukturen beliebig leicht, einfach so, geändert werden könnten, und schon gar nicht durch den Entschluss Einzelner (und seien sie noch so mächtig). Im Beispiel des Slogans der Friedensbewegung: es genügt nicht, dass Einer, oder Einzelne, nicht hingehen; es müssen ihnen viele folgen – dann können sich Praktiken und Strukturen wandeln. Diese *sind* also selbst kulturell konstruiert, sind im oben eingeführten Sinne Artefakte, und sie unterliegen insofern kulturellem Wandel. Jedoch weist Kultur auch eine ‚Eigenträgheit' auf: Einstellungsmuster etwa bleiben oft noch lange verbreitet, nachdem sich ihr Entstehungskontext längst gewandelt hat. Bestimmte religiöse Speiseverbote mögen das illustrieren: vielleicht hatte es einmal einen ernährungstechnischen Sinn, in heißen Ländern kein Schweinefleisch zu essen. Als religiöse Praxis hat sich dies jedoch längst gegenüber diesem pragmatischen Ursprung emanzipiert: das Verbot hat mittlerweile selbst hohen symbolischen Rang. Umso erstaunlicher ist es, dass sich in der internationalen Politik solcher Wandel von Einstellungen, Praktiken und damit Kulturwandel durchaus aufzeigen lässt. So ist Sklaverei *als Institution* dank einer seit dem 19. Jahrhundert betriebenen Anti-Sklaverei-Politik heute ausgestorben. Doch Achtung: sie ist als Institution ausgestorben, also als eine *als legitim angesehene und öffentlich vertretene* Praxis. Faktisch ist es leider so, dass (aufgrund der Zunahme der Weltbevölkerung insgesamt) heute wahrscheinlich mehr Menschen denn je unter Bedingungen leben müssen, wie sie für Sklaverei typisch waren: in völliger Abhängigkeit und unter rabiater Ausbeutung ihrer Arbeitskraft.[19] Zum Glück jedoch wird dies heute öffentlich als Missstand gesehen – und nicht mehr als ‚natürlicher Lauf der Dinge' oder rassisch gebotene Praxis. Hier hat ein Kulturwandel stattgefunden.

Wir können von oben kurz die vier Haupterklärungsfaktoren, die vier (Erklärungs-)Pfeile im Köcher des Konstruktivismus, rekapitulieren – und erkennen jetzt, so hoffe ich, unmittelbar deren kulturellen Charakter. Der Konstruktivismus betont die Wirksamkeit und damit analytisch die Erklärungskraft insbesondere folgender ‚weicher' Faktoren:
- *Ideen* – weil und insofern sie soziales Handeln, Praktiken anleiten, sie somit mit konstituieren: etwa die Idee der Abschreckung (dass sie notwendig und zielführend sei, um zumindest negativen Frieden zu wahren);

---

19 Siehe global Skinner 2008, auf Europa bezogen Jürgs 2014.

- *Sichtweisen* bzw. Wahrnehmung – als wer oder was wird etwas wahrgenommen: das hat Konsequenzen dafür, wie Akteure darauf reagieren (siehe oben die Bemerkungen zu Bedrohungswahrnehmungen); deshalb ist bewusste Gestaltung von Sichtweisen: framing eine wichtige kulturelle Strategie der (internationalen) Politik; die Gegner der Sklaverei führten etwa einen Diskurs, der Sklaverei systematisch *de*legitimieren sollte – und im Ergebnis delegitimiert hat: sie wird heute als schweres Unrecht angesehen;
- *Normen* sind der dritte zentrale Erklärungsfaktor des Konstruktivismus; sie können als (sub)national verbreitete Normen auf nationale (Außen-)Politik wirken oder als transnational verbreitete Normen etwa von nichtstaatlichen Akteuren in die Prozesse der inter- und transnationalen Politik eingespeist werden: etwa in Gestalt der Berufung auf vereinbarte, geltende Menschenrechte; über die Wirkmechanik von Normen als solchen hatten wir oben bereits einiges gesagt; sie im Kontext der internationalen Politik zu analysieren wird uns im weiteren Verlauf des Buches mehrfach beschäftigen; und schließlich spielen wie bereits gesagt für den Konstruktivismus;
- *Selbst- und Fremdbilder oder Identitäten* eine zentrale Rolle, wozu soeben schon Hinreichendes ausgeführt wurde; auch hierauf wird im vorliegenden Buch öfters zurückzukommen sein.

Für alle diese Faktoren weist der Konstruktivismus auf ihre kulturelle Natur, ihren Konstrukt-Charakter und ihren Beitrag zur Konstruktion (Konstitution) der sozialen Welt hin. Ein Wort noch zu der bereits mehrfach gebrauchten Unterscheidung der Begriffe Konstruktion und Konstitution: mit Ersterem wird die Prozesshaftigkeit und eben der Konstruktcharakter der Analyseobjekte des Konstruktivismus betont, die Tatsache, dass es sich nicht um objektiv-äußerlich Gegebenes handelt. Das Wort „Konstitution" verweist auf die spezifische Erklärungsart des Konstruktivismus: es geht ihm oft weniger um (äußere) Zusammenhänge zwischen unabhängigen (erklärenden) und abhängigen (zu erklärenden) Variablen. Sondern er betont den *inneren* Zusammenhang zwischen z. B. Sichtweisen und dem, was durch sie nicht so sehr *verursacht* wird, sondern eben konstituiert, gebildet. Die Wahrnehmung eines Staates als einzige Supermacht durch andere Staaten wirkt sich nicht nur auf deren Verhalten gegenüber der Supermacht aus; diese Wahrnehmung konstituiert vielmehr den Supermachtstatus erst mit: ohne diese Wahrnehmung oder, wie man auch sagen könnte, die (faktische) Anerkennung *als* Supermacht ist der Status noch nicht, zumindest nicht vollständig erreicht.[20] Er wird *durch* diese Anerkennung erst konstituiert (gebildet).

---

20 Zur Analyse internationaler Status-Politik vgl. jüngst Paul/Larson/Wohlforth 2014.

Diesen sehr wichtigen Gedanken hat bereits der Philosoph Georg Wilhelm Friedrich Hegel (1770–1831) in seiner „Phänomenologie des Geistes (1807) präsentiert, in der er im gleichnamigen Kapitel über Herrschaft und Knechtschaft reflektiert: der Herr wird erst wirklich zum Herrn dadurch, dass der Knecht für ihn – jenseits reinen Zwangs – arbeitet und ihn damit als Herrn anerkennt. Herrschaft wird also durch *Anerkennung* mitkonstituiert. Und, eine wichtige Weiterung: da dies so ist, hat auch der sonst ohnmächtige Knecht etwas, worauf es dem Herrn und für den Herrn ankommt und das der Knecht ihm vorenthalten kann: Anerkennung. Auch diese Kategorie also ist für die Analyse der kulturellen Dimension (internationaler) Politik zentral. Wir werden darauf zurückkommen.

Der Konstruktivismus weist also erkennbar eine Nähe zu unserem Leitthema: der Analyse der Rolle kultureller Faktoren in der internationalen Politik auf. Auch er jedoch lässt sich, wie jede Theorie, kritisch betrachten und auch die von ihm inspirierte Analyse-Praxis. Eine dreifache Kritik sei hier angeführt. Sie betrifft zum einen die Neigung, etwa Ideen um ihrer selbst willen, aufgrund ihrer Inhalte, für sozial wirksam zu halten. Das erscheint, in mehrfachem Sinne, als idealistische Sichtweise. In einer *idealen* Welt wäre es vielleicht (wirklich nur vielleicht) so, dass Ideen allein aufgrund ihres Gehalts *überzeugen*. Es mag sogar zu unserem humanistischen Selbstanspruch gehören, *dass* wir uns durch Gründe, Argumente, überzeugen lassen. Dass dies empirisch vorkommt, ist zweifellos ein wesentliches Merkmal unseres Mensch-Seins.[21] Es kommt jedoch, gerade auch in der (internationalen) Politik, mindestens genauso oft vor, dass wir nicht überzeugt, sondern überredet werden, z. B. emotional manipuliert; oder dass wir nicht mit sachlichen Gründen überzeugt werden, sondern durch Zwang: „Du weißt doch, dass es besser für Dich ist, wenn Du tust, was ich Dir sage …". Ideen aus sich heraus für wirksam zu halten ist zugleich Kennzeichen des philosophischen Idealismus. In der Analyse von Politik schlägt sich dies z. B. nieder in Darstellungen, welche den Siegeszug der Demokratie, *des* demokratischen Gedankens in der Geschichte nachzeichnen, etwa „From Plato to Nato" (Gress 2004). Dagegen macht eine Realgeschichte der Demokratie vielleicht darauf aufmerksam, dass ihre Verbreitung auf untere Schichten z. B. auch damit zu tun hatte, dass deren Wehrbeitrag erforderlich war. Das gilt für die Hopliten im antiken Griechenland ebenso wie für die Schwarzen in den USA im und nach dem Zweiten Weltkrieg.

Das verweist auf den zweiten Kritikpunkt am Konstruktivismus: die Vernachlässigung der materiellen Bedingungen. Für die Wirksamkeit von Ideen kommt es nicht nur auf deren Gehalt und dessen Überzeugungskraft an. Sondern auch auf die Verbreitungswege: Wer äußert sie, über welche Medien verbreitet? Schon der antike

---

21 So der Philosoph Julian Nida-Rümelin (etwa: 2005).

1.2 IB-Theorien und ihre Eignung zur Analyse der Rolle von Kultur

Rhetor überzeugte die lauschende Gemeinde nicht nur Kraft seiner Argumente, was zum Teil zum schlechten Ruf von Rhetorik bis heute beiträgt (als *Über*rede-Kunst missverstanden, wo doch *Rede*kunst gemeint ist; vgl. zur in den IB noch zu wenig berücksichtigten Rhetorik Smith 2013). Im Zeitalter der Massenmedien wird die medial transportierte Botschaft zunehmend wichtig: gerade weil sie Massen erreicht. Und sie ist nicht an Wort und Argument gebunden, wird gerne, als Bild-Politik, unter strategischem Einsatz des Visuellen propagiert. Schlachten um Einfluss im Internet unter Verwendung von Gräuel-Videos, sei es von ‚unschuldigen' Opfern der deshalb bösen Gegenseite oder von schuldigen Tätern, die sich in abschreckender Aktion selbst inszenieren, sind nur das jüngste Beispiel. Was ist die materielle Basis der Verbreitung, wer zahlt dafür, über welche Infrastruktur läuft sie? Das sind zu wichtige Fragen, um sie bei der Analyse der Wirksamkeit kultureller Faktoren in der (internationalen) Politik außen vor zu lassen.

Und damit ist auch schon der dritte Kritikpunkt am Konstruktivismus angesprochen: die Neigung zur Vernachlässigung von Macht, ein auch in der politikwissenschaftlichen Selbstkritik inzwischen öfters angesprochener, aber noch immer zu selten behobener Kritikpunkt. Macht besteht nicht nur in der Kontrolle über Verbreitungsbedingungen für kulturelle Inhalte. Macht verschafft auch, aufgrund des mit ihr verbundenen, sie mit konstituierenden Status, Gehör. Wenn Präsident Obama etwas sagt, wird es berichtet – und findet Gehör. Sagt Joe Little dasselbe, interessiert es keinen Menschen.

Wir brauchen also zur Analyse der Rolle kultureller Faktoren in der internationalen Politik einen theoretischen Ansatz, der Folgendes leistet:

- er muss der relativen Autonomie der kulturellen Welt (gegenüber der materiellen ‚Basis') gerecht werden: ja, kulturelle Inhalte *sind* wichtig, wenn auch nicht *allein* ausschlaggebend für soziale Wirksamkeit;
- er muss zugleich die materiellen Bedingungen der sozialen Wirksamkeit kultureller Elemente mit berücksichtigen;
- und er sollte dabei Machtaspekte nicht ausblenden.

Wir finden einen solchen Ansatz in jenem Theoriebereich der IB, der als Neo-Gramscianismus bezeichnet wird. Die Bezeichnung verweist auf Antonio Gramsci (1891–1937), der als Vordenker der italienischen KP eine undogmatisch-marxistische Sicht primär innenpolitischer Verhältnisse entwickelt hat. Dabei lässt er einerseits dem Staat bzw. der Politik gegenüber dem, was klassisch-marxistisch die materielle, ökonomische Basis genannt wird, eine gewisse, relative, Autonomie zukommen, und andererseits auch der Kultur. Beides macht ihn für unser Anliegen interessant. Zugleich, darin bleibt Gramsci der marxistischen Tradition verbunden, versteht er Staat und Kultur als gesellschaftliche Phänomene, und er lenkt das Augenmerk besonders auf Strukturen gesellschaftlicher Ungleichheit und die Mechanismen ihrer Aufrechterhaltung. Die Ungleichheit wird zentral in Kategorien der Klassenanalyse erfasst; die Aufrechterhaltung der Position der herrschenden Klasse gelingt ihr, nach Gramsci, insbesondere dadurch, dass sie für ihre Sicht der gesellschaftlichen Verhältnisse Folgebereitschaft bei den Beherrschten findet. Diese gedanklich begründete Vor-*Herrschaft* nennt er Hegemonie (wobei dies der Begriff im gramscianischen Sinne ist; im Unterschied zum realistischen Hegemonie-Begriff, der Vor-*Macht* im Verhältnis zwischen Staaten bezeichnet). Hegemonie wird dadurch erreicht, dass – durch sog. organische Intellektuelle, die hier auch als Vor-Denker bezeichnet werden sollen – Gedanken entwickelt und lanciert werden, welche die Interessen der Herrschenden als teilweise auch im Interesse der Beherrschten liegend aufzeigen – und gerade dadurch Folgebereitschaft auslösen. Privateigentum etwa wird als schützenswert propagiert, möglichst uneingeschränkt, und damit Folgebereitschaft gerade auch bei Kleineigentümern erzeugt – wobei bewusst über die wichtigen gesellschaftlichen Unterschiede in der Folgewirkung etwa zwischen Privateigentum an Produktivvermögen und Kapital einerseits, Kleineigentum andererseits hinweggespielt wird. Dies begünstigt letztlich diejenigen, die privat über Großeigentum – und damit gesellschaftliche Macht – verfügen.

Die Übertragung dieser Gedanken Gramscis auf die Analyse internationaler Politik, mit der er sich wie gesagt gar nicht beschäftigt hat, macht das Projekt, das Forschungsprogramm, des Neo-Gramscianismus in den Internationalen Beziehungen aus. Da es nicht um eine simple Anwendung vorgefertigter theoretischer Elemente geht, sondern eine Weiterentwicklung in einem bestimmten theoretischen ‚Geist', ist die Bezeichnung als Projekt wohl angebracht.[22] Bereits der klassische Marxismus liefert ein vor allem im Vergleich zum (Neo-)Realismus deutlich kontrastierendes Bild ‚des Internationalen'. Während für Letzteren das internationale System ein zwischen*staatliches* ist, in dem Staaten unter Anarchie nach Macht streben, um dadurch ihre nationalen Interessen zu verwirklichen, liefert der Marxismus eine ganz andere Sichtweise. Danach besteht unter Bedingungen des Kapitalismus ein transnational-gesellschaftliches Herrschaftsverhältnis: zwischen transnationalem Kapital und ausgebeuteten Massen. Die Existenz von Einzelstaaten wird natürlich nicht geleugnet. Wie sie in marxistischer Perspektive jedoch in die transnational-herrschaftskritische Theorieperspektive ‚einzubauen' sind – das blieb (und bleibt) umstritten. Die materialistische Staatstheorie hat sich hieran vor allem im ‚Binnenverhältnis', hinsichtlich der Wirkung des Staates nach innen, abgearbeitet. Unterschiedliche Imperialismustheorien dagegen thematisier(t)en die ungleichen

---

22 Vgl. dazu und zum gramscianischen Hegemonie-Begriff Opratko 2014.

1.2 IB-Theorien und ihre Eignung zur Analyse der Rolle von Kultur

Außenverhältnisse zwischen den Staaten oder, wie es vielleicht besser heißen sollte, den staatsförmig organisierten Gesellschaften. Neuere Ansätze (ten Brink 2008 a, b) versuchen dies zu einer undogmatisch-marxistischen Analyse von Geopolitik auszubauen.

Für uns ist Folgendes wichtig: Von solchen neogramscianischen Ansätzen wird die Existenz eines Staatensystems anerkannt. Wie aber schon im kritischen Welt-System-Ansatz von Immanuel Wallerstein (2004) herausgearbeitet, besteht dieses gleichsam im Rahmen des grenzüberschreitenden kapitalistischen Systems, das selbst wiederum von der Pluralität der Staatlichkeit (im Unterschied zur Existenz *eines* Weltreiches) profitiert, etwa dadurch, dass Kapital über Grenzen abwandern kann, damit drohen kann oder auch realiter im Ausland ‚Schutz' suchen kann. Die Abwanderung(sdrohung) mobilen Kapitals ist in gesellschaftlichen Auseinandersetzungen *eine* Machtressource des Kapitals. Gerade weil der Sphäre des Politischen eine relative Autonomie (gegenüber der materiellen Basis) zuerkannt wird, wird sie auch zur lohnenden Arena und zum Objekt (welt-)gesellschaftlichen politischen Ringens: die staatliche Macht zu erobern, staatliche Politik zu bestimmen, birgt hohes zusätzliches Einflusspotenzial; und die Institutionen zwischenstaatlicher Kooperation ‚zu erobern' birgt ebenso (trans-)nationale Einflusschancen. Die Eroberung staatlicher (Regierungs-)Macht *in* Staaten erfolgt nach den Bedingungen der jeweiligen politischen Systeme, also insbesondere in demokratischen Systemen (durch mehr oder minder freie Wahlen) anders als in autoritären Systemen (durch mehr oder minder unfreie Wahlen – oder gar keine). Die Eroberung von Einfluss in internationalen Institutionen zwischenstaatlicher Kooperation – denn *Regierungs*macht gibt es auf dieser Ebene ja gerade nicht – oder wie man Neudeutsch gerne sagt: in Kontexten regionaler bis globaler internationaler Governance erfordert eigene Mechanismen. In beiden Kontexten, dem nationalen wie dem internationalen, mangels formalisierter (etwa: Wahl-)Verfahren auf zwischenstaatlicher Ebene jedoch besonders, spielt für die Einflussnahme die gedankliche Vorherrschaft, also Hegemonie im gramscianischen Sinne, eine besondere Rolle: sie legitimiert (welt-)gesellschaftliche Herrschaft.

Die Vorteile eines solchen neogramscianischen Ansatzes für die Bearbeitung unserer Thematik: der Rolle von Kultur in den internationalen Beziehungen sollten auch schon aufgrund dieser kurzen Ausführungen deutlich geworden sein. Als polit-ökonomischer Ansatz denkt der Neogramscianismus von Beginn an die Wechselbezüge zwischen Politik und Ökonomie, auf einzel- wie zwischenstaatlicher Ebene, mit – und erfasst damit die beiden zentralen Machtstrukturen des neuzeitlichen und insbesondere auch des gegenwärtigen internationalen bzw. Welt-Systems. Er verknüpft diese herrschaftskritische Perspektive, unter Verwendung des gramscianischen Hegemonie-Begriffs, mit der Beachtung der – relativen

– Autonomie der ‚gedanklichen Welt', versucht deren Wirksamkeit jedoch nicht rein idealistisch, aufgrund der Inhalte der Gedanken allein, aber sehr wohl unter Berücksichtigung dieser Inhalte im (welt-)gesellschaftlichen Kontext zu analysieren. Dabei kommen Wirkmechanismen wie Hegemonie fördernde Verbreitungswege gedanklicher Inhalte ins Blickfeld und damit die materielle Basis der politischen Wirksamkeit kultureller Elemente. So weit, so gut. Doch wie jede Theorie fordert der Neogramscianismus auch Kritik heraus.

Ein erster Einwand, der sich vor allem vom neorealistischen Standpunkt aus erheben lässt, ist der der ‚mangelnden Sparsamkeit'. Der Neorealismus à la Waltz hält sich selbst besondere Sparsamkeit (parsimony) in den zugrundeliegenden Annahmen (Anarchie; Gleichheit der Staaten; Machtstreben) und im empirischen Erhebungsaufwand zugute. Im Vergleich dazu gleicht neogramscianische Analyse in ihrem Einlassen auf die Schilderung (welt-)gesellschaftlicher Verhältnisse eher einer dichten Beschreibung bzw. historischen Nacherzählung. Letzteres ist insofern richtig, als es für alle marxistischen Ansätze auf die geschichtliche Gewordenheit sozialer Realität ankommt (was neuerdings in den Sozialwissenschaften unter dem Stichwort der Pfadabhängigkeit wiederentdeckt wird), in praxeologischer Absicht auch, um die Veränder- und Gestaltbarkeit gesellschaftlicher Verhältnisse zu betonen (im Unterschied etwa zur vermeintlich überzeitlichen, ‚ewig gleichen' Anarchie im Neorealismus). Was die ‚Schilderung der gesellschaftlichen Verhältnisse' im Neogramscianismus anbelangt, so wird diese wesentlich durch den Bezug auf Klassentheorie strukturiert. Dies verleiht der Analyse zwar einerseits klare(re) theoretische Kontur. Es bedeutet jedoch auch, dass die – notorisch, auch bereits innermarxistisch – umstrittene Klassenanalyse quasi an Bord genommen werden muss. Und in der Fixierung auf markt-generierte Klassenlagen droht doch wieder ein Ökonomismus durch die Hintertür: gibt es nicht andere gesellschaftliche ‚marker', die zu relevanter Gruppenbildung und zu struktureller Ungleichheit führen? Gender- und ethnische (‚Rasse') Merkmale fallen einem hier ein. Aber auch religiöse Zuordnung kann zum Kriterium herrschaftlicher Über- und Unterordnung werden (etwa in theokratischen Staaten wie dem Iran). Muss ein für die Analyse der Wirksamkeit kultureller Faktoren in der (internationalen) Politik geeigneter Ansatz hierfür nicht offen sein, über das abstrakte Bekenntnis zur ‚relativen Autonomie' des Kulturellen hinaus? Und droht dann aber nicht erneut erst recht der Verlust an Sparsamkeit, Eindeutigkeit, wenn letztlich ‚alles irgendwie' von Belang sein kann? In der Tat: eine Theorie, die nur Letzteres behauptet, ist eine denkbar schwache Theorie. Wir werden am Ende des Buches sehen, ob es uns gelingt, aus den aufgezeigten Dilemmata zwischen analytischer Sparsamkeit (um den Preis tatsächlicher Erklärungskraft?) und Inklusivität (um den Preis der Schwächung der ‚Theorie' zur bloßen Aussage, dass alles ‚irgendwie' eine Rolle spielen kann) und zwischen analytischem Reduktionismus („Determination in letzter Instanz", z. B. durch die materielle Basis) und relativer Autonomie (was, wiederum, nicht Beliebigkeit sein sollte) einen gangbaren Ausweg zu finden. Um dies vorzubereiten, bedarf es einer letzten gedanklich-theoretischen Vorklärung: der des herrschaftskritischen Bezugs.

1.3 Eine herrschaftskritische Perspektive

When culture intersects with power, it becomes domination.
Steven M. Buechler (2014, 111)

Um einen herrschafts*kritischen* Bezug zu vermitteln, muss zunächst der Herrschafts*begriff* geklärt werden. Tatsächlich sind zwei unterschiedliche im Bereich der Sozialwissenschaften anzutreffen. Der eine geht zurück auf die Soziologie Max Webers. Herrschaft, das ist beachtenswert, definiert Weber als die *Chance*, für einen Befehl Gehör zu finden. Das ist also quasi eine probabilistische, auf Wahrscheinlichkeit beruhende Begriffsfassung (und insbesondere nicht eine, die auf bestimmte Machtressourcen abhebt oder durch sie Macht bzw. Herrschaft definiert). Und im Unterschied zu Macht im Allgemeinen definiert Weber Herrschaft als *legitime* Macht, näherhin als Macht, die als legitim angesehen wird (und, so können wir hinzufügen, daher Folgebereitschaft auslöst; die hierin liegende Ähnlichkeit zum gramscianischen Hegemonie-Begriff werden wir ausnutzen). Er unterscheidet insbesondere drei Formen der Legitimation politischer Herrschaft: charismatische (Aufgrund der Persönlichkeit des Herrschers), traditionale (Aufgrund der Überlieferung als legitim angesehene) und rationale (durch Verfahren und Rechtsförmigkeit legitimierte Herrschaft). Der zweite Herrschaftsbegriff meint nicht à la Weber formale Herrschaft als legitim geglaubte Machtausübung, sondern materielle Dominanz durch ausbeuterische Strukturen. Dieser Herrschaftsbegriff entstammt erkennbar materialistisch-marxistischem Denken und wird dort meist als Klassenherrschaft, etwa des Kapitals (der Kapitalisten) über die Arbeit(erschaft) gefasst, wobei zwischen beiden ein Ausbeutungsverhältnis (aufgrund des Zwangs zur Lohnarbeit) zugunsten Ersterer und zu Lasten Letzterer besteht. Dabei ist der Zwang zur Lohnarbeit nicht immer und nur physischer Zwang, obwohl er das in Gestalt der ‚Herrschaft im Betrieb' durchaus auch sein kann. Er ist wesentlich der ‚Zwang der stummen Verhältnisse', wie es bei Marx heißt, das heißt die Alternativlosigkeit von Lohnarbeit im Kapitalismus für alle, deren Lebensunterhalt nicht aus Kapitaleinkünften resultiert. Dass im Lauf der Entwicklung des Kapitalismus dieser Zwang (etwa durch wohlfahrtsstaatliche Politik) gemildert werden konnte, trifft zu; gleichzeitig jedoch auch, dass aufgrund neogramscianischer Hegemonie die Kapitalfreiheit gedanklich gerechtfertigt wird – und damit Folgebereitschaft erwirkt wird.

Aufgrund der Ähnlichkeiten beider Herrschaftsbegriffe wollen wir sie hier unter dem Begriff der *strukturellen Macht* zusammenfassen. Strukturelle Macht, im Unterschied zur in konkreten Akteursbeziehungen intentional (absichtlich) eingesetzten Macht zur Durchsetzung des Willens von A gegen B, bezeichnet ein Machtverhältnis, das ungleiche (Einfluss- und Lebens-)Chancen durch Rückkopplungsmechanismen auf Dauer stellt. *Ein* solcher Mechanismus ist Legitimität, also erzeugter Legitimitätsglaube, der Folgebereitschaft auslöst. Dies ist im Bereich staatlich-öffentlicher Herrschaft (und Ungleichheit) Legitimität im Weber'schen Sinne; und im Bereich privater kapitalistischer Ökonomie gramscianische Hegemonie durch anerkannte (Ver-)Führung, also etwa die neoliberale Ideologie, dass Märkte allein der beste gesellschaftliche Koordinationsmechanismus sind, bei deren Funktionieren ‚für alle' das Meiste abfällt, weshalb von (politischen) Kontrollversuchen abzusehen sei. Wirtschaftseliten sollen führen, die Massen sollen folgen (und werden durch Konsum ver-führt, bei der Stange gehalten). Dreierlei ist für die damit skizzierte Perspektive, die wir dem vorliegenden Buch zugrunde legen werden, wichtig:

- die kritische Perspektive auf strukturelle Macht, welche Ungleichheit an Einfluss- und Lebenschancen auf Dauer stellt;
- die Beachtung der Wechselwirkung zwischen Eliten (im nicht wertenden Sinne) und breiter Bevölkerung (was bei Bedarf klassenanalytisch erfasst werden kann, aber nicht unbedingt muss);
- die Hervorhebung weicher, kultureller (!) Faktoren für die Legitimierung (und damit Auf-Dauer-Stellung) solch struktureller Macht.

Genau im (welt-)gesellschaftlichen Ringen um so verstandene strukturelle Macht nämlich sehen wir ein wesentliches Merkmal von Politik: in ihr geht es immer *auch* um Macht, jedoch nicht (das wäre ein ‚triebtäterisches' Missverständnis, das freilich im Ausnahmefall realiter auf konkrete PolitikerInnen zutreffen mag) um ihrer selbst willen, sondern weil sie Möglichkeiten zur Gestaltung gesellschaftlicher Verhältnisse gemäß der jeweils eigenen Vorstellungen und Interessen bietet. Dies gilt innerhalb von Staaten wie auf der inter- und transnationalen Ebene. Dort wird um die Legitimität von gesellschaftlichen Gestaltungsvorstellungen und um Gestaltungschancen gerungen – und gerade hierin besteht das zentrale ‚Einfallstor' für die Bedeutung kultureller Faktoren in die (internationale) Politik: sie liefern solche – divergierenden – Vorstellungen und tragen zur (De-)Legitimierung ihrer Durchsetzungschancen bei.

1.4 Vorausschau – die behandelten Kulturelemente

Wir werden im Rahmen des vorliegenden Buches also die Wirksamkeit kultureller Elemente auf die internationale Politik untersuchen vor dem Hintergrund der Unterscheidung zwischen Inhaber(inne)n struktureller Macht(positionen) und der breiten Bevölkerung, die dieser Macht ausgesetzt ist, sie aber im Grunde auch erst ermöglicht (indem sie an machterhaltenden Rückkopplungsmechanismen mitwirkt). Dies liefert *ein* Einteilungskriterium für unsere Fall-Auswahl: Handelt es sich beim jeweiligen kulturellen Element um ein eher von Eliten oder eher von breiten Bevölkerungskreisen getragenes? Dies lässt sich freilich oft nur in erster Näherung feststellen, denn wie wir sehen werden, entfalten sich kulturelle Elemente oft auch im Wechselspiel *zwischen* Eliten und Bevölkerung. Das zweite Kriterium liefert uns die vermutete Wirkung des jeweiligen kulturellen Elements auf die Qualität der internationalen Beziehungen: ist diese Wirkung integrativ/kooperationsfördernd oder dissoziativ/konfliktfördernd – oder ambivalent (mal das Eine, mal das Andere)? Diese Dreiteilung liefert, gekreuzt mit der Unterscheidung zwischen Eliten und Bevölkerung als Kultur-Träger, eine Sechs-Felder-Tafel, die wir (bis auf das unausgeführte [Teil-]Kapitel zum Exzeptionalismus, also zu Vorstellungen weltgeschichtlicher Auserwähltheit[23]) in jeweils einem (Teil-)Kapitel umsetzen,

---

23 In unterschiedlichen Gesellschaften herrscht phasenweise oder andauernd die Vorstellung von der eigenen ‚Auserwähltheit' bzw. der besonderen eigenen Rolle in der Menschheitsgeschichte, also von einer quasi-religiös oder geschichtsphilosophisch begründeten Sonderstellung (Exzeptionalismus). Solche Ideen bestimmen die Außenbeziehungen dieser Gesellschaften mit. Nazi-Deutschlands biologistische Überlegenheits-Ideologie (Chapoutot 2016) ist ein besonders drastisches Beispiel. Aber auch gegenwärtig ringen US-Exzeptionalismus (mit einem Selbstverständnis als ‚neues Jerusalem') und chinesische Vorstellungen vom ‚Reich der Mitte' miteinander: „similarly to the United States, some proponents of the Chinese view of world order equate its own interest with the global public interest, propelled by notions of supreme Chinese virtue/morality and harmony" schreibt etwa Terhalle (2015, 39). Das lässt sich ergänzen durch neuerdings reaktivierte Gedanken von Russland als „Drittes Rom", wobei dieser Fall – wie auch der Chinas – zugleich zeigt, dass Vorstellungen der Auserwähltheit besonders virulent werden, wenn sie mit solchen der historischen Kränkung einhergehen. Vgl. zu den USA: Restad 2017, Tyrell 2015; zu China: Rozman 2012, Ford 2015; zu Russland: Østbø 2016, Carleton 2017. Auch kollektive Auserwähltheitsvorstellungen sind möglich, etwa

in dem der Wirkung des jeweiligen kulturellen Elementes in der internationalen Politik nachgegangen wird (Abbildung 1.9).

Wirkung Träger	integrativ/ kooperationsfördernd	dissoziativ/koop.- hindernd/konflikt- fördernd	ambivalent
breite (Kreise der) Bevölkerung	Solidarität (3) Menschenrechte (2.2)	Nationalismus (4)	Religion (5); Konsumerismus (6.4)
Eliten	Völkerrecht (2.1)	Exzeptionalismus (nicht behandelt)	Neo-Liberalismus (6.3)

Abb. 1.9 Kulturelle Elemente zur Analyse ihrer Wirkung in der internationalen Politik

Aus dem breiten Spektrum möglicher kultureller Elemente, deren Wirkung in der internationalen Politik nachgegangen werden könnte, muss eine sinnvolle Auswahl getroffen werden. Dabei gehen wir zunächst von im engeren Sinne politischen kulturellen Phänomenen aus. In Kapitel 2 wird dazu zählend das *Völkerrecht* als internationale politische Kultur interpretiert und der Umgang ausgewählter internationaler Akteure mit ihm analysiert. Im zweiten Teil des Kapitels wird mit dem Thema der *Menschenrechte* jener Teilbereich des Völkerrechts angesprochen, in dem Individuen eine besondere Rolle zukommt – als Träger der Kultur wie als Begünstigte.

In Kapitel 3 schließt sich daran die Analyse inter- und transnationaler *Solidarität* an, die im Prinzip zwischen Innen- und Außengruppen-Interessen vermitteln bzw. gar diese Unterscheidung überwinden soll. Die Bedingungen hierfür sind freilich, wie sich zeigt, nicht leicht zu erfüllen.

Genau mit dieser Grenzziehung zwischen Innen und Außen befasst sich dann Kapitel 4, das dem *Nationalismus* gewidmet ist, dessen historisch wandelbare Form und Funktion erörtert wird. Die spezielle Form des Kollektivbewusstseins, welche die eigene Gruppe (Nation) als (welthistorisch) besonders herausgehoben versteht, also der Exzeptionalismus (etwa Chinas als ‚Reich der Mitte' oder Russlands als ‚Drittes Rom' oder der USA als ‚einzige Supermacht'), bleibt aus Platzgründen

---

im klassischen Kolonialismus die von der mission civilisatrice bzw. der white man's burden (der angeblichen westlichen Aufgabe und schweren Last der Zivilisierung der kolonisierten Gesellschaften); auch heutige EU-Selbstbilder als „normative power Europe" (Whitman 2011; kritisch Wallerstein 2006) erinnern zuweilen unangenehm hieran – und sind für den Ablauf internationaler Politik folgenreich.

hier unbehandelt – was auch als Einladung gesehen werden kann, sich damit im Rahmen studentischer Arbeiten zu befassen.

In Kapitel 5 wenden wir uns erstmals einem primär nicht politischen Kulturphänomen zu: der Religion. Wie sich zeigt, haben unterschiedliche Lesarten unterschiedlicher Religionen jedoch sehr wohl politische Wirkungen, und Religion lässt sich auch politisch-taktisch nutzen.

Mit Kapitel 6 nehmen wir ergänzend eine polit-ökonomische Perspektive auf, indem nach den Wirkungen der Wachstumsideologie, des Neoliberalismus und des Konsumerismus gefragt wird. Dabei wird am Beispiel der Ideologie-Kritik auch in die Perspektive kritischer Sozialwissenschaft eingeführt.

Im Schluss-Kapitel 7 wird zunächst abstrakt resümiert, was über die Wirkungsbedingungen der behandelten kulturellen Elemente in der internationalen Politik herausgefunden wurde; im zweiten Teil heben wir noch einmal für einzelne Kapitel und damit Kulturelemente zentrale Befunde hervor; das letzte Teilkapitel kommt auf die Rolle von (Selbst-)Kritik, der normativen politischen Theorie der internationalen Beziehungen und der Universität zu sprechen.

1.5 Resümee des Kapitels

In diesem Kapitel haben wir

- den breiten, kulturanthropologischen Kulturbegriff entwickelt, welcher den weiteren Untersuchungen zugrunde gelegt wird, und zugleich die biologischen Grundlagen der menschlichen Kulturfähigkeit betont; dabei wurden insbesondere vier kulturellen Elemente unterschieden: Ideen, durch sie angeleitetes soziales Handeln, eingespielte Praktiken und Institutionen; internationale Politik ist in diesem Sinne auch als interkulturelle Beziehungen zu verstehen – sie bleibt jedoch immer Politik, ein Ringen um divergierende (welt-)gesellschaftliche Gestaltungsvorstellungen;
- für vier der Großtheorien/Paradigmen/Forschungsprogramme der Internationalen Beziehungen ihre – unterschiedliche – Eignung für die Analyse der Wirksamkeit kultureller Faktoren in der internationalen Politik erörtert, wobei insbesondere eine sog. neogramscianische Perspektive als geeignet erschien, welche einerseits Kultur und Politik eine relative Autonomie zuerkennt, andererseits jedoch die materiellen Bedingungen ihrer Wirksamkeit mitbedenkt;
- abschließend den Begriff der strukturellen Macht eingeführt, welche aufgrund von Rückkoppelungsmechanismen auf Dauer gestellt ist und politische Herrschaft

(im Sinne Max Webers) ebenso umfasst wie gesellschaftliche Vor-Herrschaft (etwa von Klassen); beide Herrschaftsformen, so die vorgeschlagene herrschafts-kritische Perspektive, bestimmen die (Über-)Lebenschancen von Menschen mit und sind daher legitimationsbedürftig.

Literaturhinweise zu Kapitel 1

Henrich, Joseph 2016: The Secret of Our Success. How Culture Is Driving Human Evolution, Domesticating Our Species, and Making Us Smarter, Princeton (TB-Ausgabe 2017).
In diesem anregenden Band vermittelt der kanadische Kulturanthropologe und Kognitionsforscher Henrich einen gut lesbaren interdisziplinären Überblick über neuere Forschung zur Rolle von Kultur in der menschlichen Entwicklung.

Ryan, Michael 2010: Cultural Studies. A Practical Introduction, Malden/Oxford.
Der US-amerikanische Film- und Medienwissenschaftler Ryan gibt hier einen anschaulichen Überblick über die neuere Kulturwissenschaft (cultural studies).

Mahbubani, Kishore/Sng, Jeffrey 2017: The ASEAN Miracle. A Catalyst for Peace, Singapur.
Die beiden Südostasien-Kenner Mahbubani und Sng führen die Besonderheit der Verständigungs-Kultur, welche auch den Erfolg der ASEAN-Staatengruppe erkläre, auf die langfristige inter-kulturelle Geschichte der Region zurück (insbesondere in Kapitel 1: „The Four Waves" des Buches). Nicht nur ein anregendes Beispiel für die (langfristige) Wirksamkeit kultureller Faktoren in der internationalen Politik, sondern auch eine Verbindung zwischen dem vorliegenden Buch und dem vorausgegangenen von Martin List (Weltregionen im globalen Zeitalter, Hagen 2014).

Literatur zu Kapitel 1

Adler, Emanuel/Pouliot, Vincent (Hrsg.) 2011: International Practices, Cambridge.
Al-Khalili, Jim/McFadden, Johnjoe 2014: Life on the Edge. The Coming of Age of Quantum Biology, London u. a.
Bering, Dietz 2014: War Luther Antisemit? Das deutsch-jüdische Verhältnis als Tragödie der Nähe, Berlin.
Berry, John W./Poortinga, Ype H./Breugelmans, Seger M./Chasiotis, Athanasios/Sam, David L. 2011: Cross-Cultural Psychology. Research and Applications, 3rd ed., Cambridge.
Biehl, Heiko/Giegerich, Bastian/Jonas, Alexandra (Hrsg.) 2013: Strategic Cultures in Europe. Security and Defence Policies Across the Continent, Wiesbaden.
Black, Jeremy 2012: War and the Cultural Turn, Cambridge/Malden.
Bloom, John 2016: Eccentric Orbit. The Iridium Story, London.

Boesch, Christophe 2012: Wild Cultures. A Comparison Between Chimpanzee and Human Cultures, Cambridge.
Bosch, Tobias/Sander, David (Hrsg.) 2016: Handbook of Value. Perspectives from Economics, Neuroscience, Philosophy, Psychology, and Sociology, Oxford.
Boyd, Robert/Richerson, Peter J. 2005: The Origin and Evolution of Cultures, Oxford/New York.
Buechler, Steven M. 2014: Critical Sociology, 2nd. Ed., Boulder.
Carleton, Gregory 2017: Russia. The Story of War, Cambridge, Mass./London.
Chapoutot, Johann 2016: Das Gesetz des Blutes. Von der NS-Weltanschauung zum Vernichtungskrieg, Darmstadt.
Fernández-Armesto, Felipe 2015: A Foot in the River. Why Our Lives Change – and the Limits of Evolution, Oxford.
Ford, Christopher A. 2015: The Mind of Empire. China's History and Modern Foreign Relations, Lexington.
Gress, David 2004: From Plato to Nato. The Idea of the West and Its Opponents, New York.
Han, Shihui 2017: The Sociocultural Brain. A Cultural Neuroscience Approach to Human Nature, Oxford.
Hartley, John/Potts, Jason 2014: Cultural Science. A Natural History of Stories, Demes, Knowledge and Innovation, London/New York.
Higgins, E. Tory 2014: Beyond Pleasure and Pain. How Motivation Works, Oxford/New York.
Johnston, Alastair Iain 1995: Cultural Realism. Strategic Culture and Grand Strategy in Chinese History, Princeton.
Jürgs, Michael 2014: Sklavenmarkt Europa. Das Milliardengeschäft mit der Ware Mensch, München.
Kitayama, Shinobu/Cohen, Dov (Hrsg.) 2010: Handbook of Cultural Psychology, New York.
Kertzer, David I. 1988: Ritual, Politics and Power, New Haven/London.
Koch, Jutta 1998: Zur sicherheitspolitischen Kultur der Vereinigten Staaten von Amerika. Eckpunkte, Möglichkeiten, Grenzen, Baden-Baden.
McDonald, Gael 2015: Business Ethics. A contemporary approach, Cambridge.
Mischel, Walter 2014: The Marshmallow Test. Understanding self-control and how to master it, London u. a.
Morin, Olivier 2016: How Traditions Live and Die, Oxford/New York.
Nemeth, Erik 2015: Cultural Security. Evaluating the Power of Culture in International Affairs, London.
Nida-Rümelin, Julian 2005: Über menschliche Freiheit, Stuttgart.
Nye, Joseph S. 1991: Bound to Lead. The Changing Nature of American Power, New York.
Olmstead, Mary C./Kuhlmeier, Valerie A. 2015: Comparative Cognition, Cambridge.
Opratko, Benjamin 2014: Hegemonie, 2. überarb. Aufl., Münster.
Østbø, Jardar 2016: The New Third Rome. Readings of a Russian Nationalist Myth, Stuttgart.
Pagel, Mark 2012: Wired for Culture. The Natural History of Human Cooperation, New York.
Paul, T. V./Larson, Deborah Welch/Wohlforth, William C. (Hrsg.) 2014: Status in World Politics, New York.
Restad, Hilde Eliassen 2017: American Exceptionalism. An Idea That Made a Nation and Remade the World, London/New York.
Rozman, Gilbert 2012: East Asian National Identities. Common Roots and Chinese Exceptionalism, Stanford.
Ryan, Michael 2010: Cultural Studies. A Practical Introduction, Malden/Oxford.

Sadri, Houman A./Flammia, Madelyn 2011: Intercultural Communication. A New Approach to International Relations and Global Challenges, New York/London.
Shore, Zachary 2014: A Sense of the Enemy. The High-Stakes History of Reading Your Rival's Mind, Oxford/New York.
Skinner, E. Benjamin 2008: Menschenhandel. Sklaverei im 21. Jahrhundert, Bergisch Gladbach.
Smith, Craig R. 2013: Rhetoric and Human Consciousness, 4th ed., Long Grove.
Smith, Peter B./Fischer, Ronald/Vignoles, Vivian L./Bond, Michael Harris 2013: Understanding Social Psychology Across Cultures. Engaging with Others in a Changing World, 2nd ed., Los Angeles u. a.
Stollberg-Rilinger, Barbara 2013: Rituale, Frankfurt a. M.
tenBrink, Tobias 2008a: Geopolitik. Geschichte und Gegenwart kapitalistischer Staatenkonkurrenz, Münster.
tenBrink, Tobias 2008b: Staatenkonflikte. Zur Analyse von Geopolitik und Imperialismus – ein Überblick, Stuttgart.
Terhalle, Maximilian 2015: The Transition of Global Order. Legitimacy and Contestation, Basingstoke/New York.
Tilley, Chris/Keane, Webb/Küchler, Susanne/Rowlands, Mike und Spyer, Patricia (Hrsg.) 2006: Handbook of Material Culture, Los Angeles u. a.
Tyrell, Ian 2015: Transnational Nation. United States History in Global Perspective since 1789, 2nd ed., London/New York.
Wallerstein, Immanuel 2004: World-Systems Analysis. An Introduction, Durham, NC.
Wallerstein, Immanuel 2006: European Universalism. The Rhetoric of Power, New York.
Walt, Stephen M. 1990: The Origins of Alliances, New York.
Walter, Henrik 1998: Neurophilosophie der Willensfreiheit. Von libertarischen Illusionen zum Konzept natürlicher Autonomie, Paderborn u. a.
Walter, Sven 2006: Mentale Verursachung. Eine Einführung, Paderborn.
Waltz, Kenneth N. 1979/2000: Theory of International Politics, Long Grove.
Whitehead, Hal/Rendell, Luke 2015: The Cultural Lives of Whales and Dolphins, Chicago.
Whitman, Richard G. (Hrsg.) 2011: Normative Power Europe. Empirical and Theoretical Perspectives, Basingstoke/New York.
Yarhi-Milo, Keren 2014: Knowing the Adversary. Leaders, Intelligence, and Assessment of Intentions in International Relations, Princeton/Oxford.

Völkerrecht und Menschenrechte 2

Mit dem vorliegenden zweiten Kapitel beginnen wir die Erörterung der Wirksamkeit unterschiedlicher kultureller Faktoren in den internationalen Beziehungen und der Analyse dieser Wirkungsweisen. Den Anfang macht

- das für die internationalen Beziehungen konstitutiv-grundlegende Völkerrecht (2.1); es wird als rechtspolitische globale Kultur vorgestellt (2.2.1); dabei wird als weiterer IB-Ansatz die sog. Englische Schule eingeführt (2.1.2); schließlich wird der internationale politische Umgang mit dem Völkerrecht behandelt (2.1.3).
- Im zweiten Teil des Kapitels wird mit der Thematik des internationalen Menschenrechtsschutzes jener Teilbereich der gegenwärtigen Völkerrechtsordnung angesprochen, in dem nichtstaatliche Akteure sowohl rechtlich besonders begünstigt sind als auch in ihrem sozialen Handeln auf völkerrechtliche Normen besonders Bezug nehmen und damit zu deren Umsetzung und Wirksamkeit beitragen.

2.1 Völkerrecht

2.1.1 Völkerrecht als internationale (politische) Kultur

Das Völkerrecht, wie es im internationalen Vergleich leicht antiquiert auf Deutsch meist noch genannt wird, ist eigentlich gerade das nicht: ein Recht zwischen „Völkern", ja traditionell nicht einmal für Völker (oder doch nur indirekt). International ist daher auch meist, fachlich zutreffender, von internationalem öffentlichem Recht (international public law; droit international public; derecho publico internacional) die Rede. In seinem öffentlichen Charakter, als ein (weitgehend) von Staaten geschaffenes Recht, ist das Völkerrecht dem innerstaatlichen öffentlichen Recht ähnlich. Anders als dieses ist es jedoch (weitgehend) kein hierarchisch, von ‚oben', gesetztes

Recht. Sondern das Völkerrecht ist eine horizontale Rechtsordnung, die zwischen formal gleichen, sich wechselseitig als formal gleiche *anerkennenden* Staaten durch Aushandlung und Abschluss völkerrechtlicher Verträge geschaffen wird. Hierin ist das Völkerrecht dem nationalen Privatrecht ähnlich: rechtliche Verpflichtungen entstehen durch freiwillige Übernahme für die jeweils Beteiligten. Es gibt also keine internationalen Gesetze, sondern internationale Verträge (auch als Übereinkommen, Abkommen, Konventionen bezeichnet) als primäre Quelle des Völkerrechts.[24] Allerdings wurde – auf vertragsrechtlicher Grundlage – durch mittlerweile 28 (und nach erfolgtem britischen Brexit noch 27) europäische Staaten die supranationale Europäische Gemeinschaft (im Rahmen der Europäischen Union) geschaffen, in der es – das ist gerade *ein* Kennzeichen ihrer Supranationalität – inzwischen auch so bezeichnete übernationale Gesetzgebung gibt. International ist das einmalig. Und zugleich ein Beispiel dafür, wie mittels Völkerrecht neues Recht geschaffen werden kann.

Völkerrecht ist also primär ein Recht zwischen Staaten – und für Staaten (eine wichtige Ausnahme, die zeigt, dass heute auch nichtstaatliche Akteure, konkret: Menschen ganz allgemein, durch Völkerrecht begünstigt und geschützt werden, wird uns im zweiten Teil dieses Kapitels beschäftigen: der internationale Schutz von Menschenrechten). Dass Völkerrecht eigentlich Staatenrecht ist, hat zweierlei Weiterungen. Zum einen sind es zunächst staatliche Rollenträger, welche im Wege der Diplomatie Völkerrecht aushandeln. Und es sind (fast immer juristisch ausgebildete) Mitarbeiter einschlägiger Ministerien (z. B. des Außen- und Verteidigungsministeriums; vgl. Scharf/Williams 2010; im Zuge der internationalen Verrechtlichung[25] immer weiterer inhaltlicher Bereiche kommt jedoch kein Mi-

---

24 Die beiden anderen Quellen des Völkerrechts sind mittlerweile selbst völkervertragsrechtlich festgelegt, im Rahmen des Art. 38 des Statuts des Internationalen Gerichtshofs. Danach sind Quellen des Völkerrechts neben Verträgen das Völkergewohnheitsrecht (das eine regelmäßige Praxis von Staaten sowie deren Überzeugung, dass sie zu dieser rechtlich verpflichtet sind, die sog. opinio iuris, voraussetzt; der Nachweis beider Bedingungen ist für Berufung auf Völkergewohnheitsrecht erforderlich) sowie „die von den Kulturvölkern (sic) anerkannten allgemeinen Rechtsgrundsätze", ein nicht nur in der Formulierung weitgehend obsolet gewordener Passus; als allgemeiner Rechtsgrundsatz ließe sich etwa ansehen: pacta sunt servanda (Verträge sind einzuhalten). Zur allgemeinen Information über das Völkerrecht lässt sich auf zahlreiche deutschsprachige und internationale Lehrbücher verweisen; speziell auch für Nicht-Juristen geschrieben ist die bewährte Darstellung von Hobe 2014; einführend und ganz kurz auf Englisch Lowe 2015; ergänzend zu Entwicklung und Theorie des Völkerrechts sei auf die zahlreichen informativen Beiträge der beiden Handbücher von Fassbender/Peters 2012 und Orford/Hoffmann 2016 verwiesen.

25 Zu deren politikwissenschaftlicher Analyse vgl. List/Zangl 2003 sowie Zangl/Zürn 2004, zur juristisch-sozialwissenschaftlichen Reflexion Herdegen 2016.

2.1 Völkerrecht

nisterium ohne eine Rechtsabteilung aus, die sich auch um den Stand des jeweils einschlägigen Völkerrechts kümmert, etwa des internationalen Seerechts im Verkehrsministeriums usw.), die es alltäglich handhaben. Dazu kommen (oft selbst inter- bzw. transnational agierende) Anwaltskanzleien und „law firms" (Rechtsberatungs-Firmen), in denen oft hoch spezialisierte Juristen gegen entsprechende Vergütung ihre Dienste auch privaten Auftraggebern anbieten, die dieser bedürfen, etwa Firmen im internationalen Investitions(schutz)-Recht (vgl. dazu Miles 2013), das selbst auf bi- und multilateralen Investitionsschutz-Abkommen beruht (wie etwa im Rahmen der geplanten Transatlantic Trade and Investment Partnership, TTIP [sprich: ti-tipp], in der für Streitigkeiten zwischen privaten Investoren und Staaten nicht etwa eine [zwischen]staatliche Gerichtsbarkeit, sondern die Anrufung privater internationaler Schiedsgerichtsbarkeit vorgesehen ist). Schließlich finden sich in den Stäben internationaler Organisationen und natürlich in internationalen Gerichtshöfen einschlägig juristisch vorgebildete Völkerrechts-Anwender. Schon aufgrund des hohen erforderlichen Ausbildungsstandes, aber auch aufgrund ihrer jeweiligen Rollen, sind sie alle Teil einer globalen transnationalen Elite, die aufgrund ihrer Ausbildung ins ‚Spiel des Völkerrechts' hinein-sozialisiert wird und das Spiel aufgrund ihrer geübten Praktiken weiter aufrechterhält.[26] Schließlich aber beruht der gute Ruf des internationalen Rechts selbst, seine Reputation, auf einer transnational-weltgesellschaftlich geteilten Vorstellung, dass durch Recht auch Gerechtigkeit verwirklicht oder zumindest ungerechtfertigte Herrschaft problematisiert und gerechtfertigte limitiert werden kann, weshalb es auch aus den Kreisen der transnationalen Zivilgesellschaft heraus mit zu beeinflussen versucht wird (vgl. de Sousa Santos/Rodríguez-Garavito 2005).

In seinen grundlegenden Normbeständen (im Unterschied zu den soeben erwähnten spezialisierten Teilbereichen wie internationales See- oder Handelsrecht) ist das Völkerrecht ein Ko-Existenzrecht und zunehmend auch ein Kooperationsrecht von Staaten. Das allgemeine Gewaltverbot[27] ist Ausdruck dieses Koexistenz-Rechts, inzwischen sehr viele internationale Übereinkommen, die institutionalisierter

---

26 Zum Zusammenhang der Berufsethik dieser Völkerrechtsanwender und der international rule of law vgl. Popovski 2014.

27 Art.2 Nr. 4 der Charta der Vereinten Nationen, also jenes völkerrechtlichen Vertrages, der heute bildhaft oft als ‚Verfassung' des internationalen Systems angesprochen wird, schreibt verbindlich vor: „Alle Mitglieder [der Vereinten Nationen; also praktisch alle Staaten, ML] unterlassen … Androhung oder Anwendung von Gewalt" – eine beachtliche rechts-kulturelle (!) Errungenschaft, selbst wenn sich nicht alle Staaten immer daran halten, wie nur zu offensichtlich ist; vgl. die analoge Argumentation von Hathaway/Shapiro 2017 in Bezug auf den Briand-Kellog-Pakt von 1928, durch den erstmals in der Menschheitsgeschichte zwischenstaatlicher Krieg für unrechtmäßig erklärt wurde.

Kooperation zwischen Staaten, sog. internationalen Regimen, zugrunde liegen, sind Ausdruck des kooperationsrechtlichen Charakters des Völkerrechts (etwa das Allgemeine Zoll- und Handelsabkommen, englisch GATT, als völkerrechtliche Grundlage des internationalen Handels-Regimes).

Das Gewalt-Verbot ist Kern der darüber hinaus gehenden friedensrechtlichen Funktion des Völkerrechts. Es soll, als Ko-Existenzrecht, zunächst einmal das (möglichst friedliche) Zusammenleben formal unabhängiger Staaten ermöglichen. Hierin liegt eine zentrale Kultur-Leistung des Völkerrechts, das durchaus selbst als eine internationale rechtspolitische Kultur angesehen werden kann.[28] Sie wird von der erwähnten transnationalen Juristenschaft gehandhabt, gepflegt und (weiter) entwickelt, und darüber hinaus durch staatliche Entscheidungsträger, wenn und soweit sie sich in ihrem internationalen Verhalten am Völkerrecht orientieren. Dass sie es zuweilen nicht tun, machen gravierende Völkerrechtsverstöße nur zu deutlich; dass sie es im ‚alltäglichen Geschäft' aber doch oft tun, ist ebenso zutreffend[29], und die wirkursächliche Erklärung hierfür wurde oben in Kap.1 bei der Vorstellung des Institutionalismus als IB-Theorie schon erörtert: aufgeklärtes Eigeninteresse (wie Erhalt von Reputation und Kooperationschancen) einerseits, ernsthafte Sozialisation zu Normtreue (was, es sei erinnert, nicht nur als intrapsychischer Vorgang bei Entscheidungsträgern zu verstehen ist, sondern sich auch institutionell niederschlägt; vgl. die erwähnten Passagen in Kap.1 oben) andererseits liegen dem zugrunde.

Damit ermöglicht Völkerrecht nicht nur inter*nationale* Ko-Existenz. Sondern auch inter-*kulturelle*. Denken Sie zurück in die Zeit des Ost-West-Konfliktes. Dieser ist zwar auch, ganz realistisch, als internationaler Macht-Konflikt (zwischen den USA und der Sowjetunion bzw. dem Westen und dem Ostblock, in zeitgenössischer Terminologie) zu verstehen. Er war aber darüber hinaus auch ein Konflikt zwischen zwei sehr unterschiedlichen politischen Kulturen, also Einstellungen dazu bzw. Auffassungen darüber, wie Gesellschaften polit-ökonomisch am besten zu organisieren seien: liberal-demokratisch und kapitalistisch versus realsozialistisch (oder kommunistisch)[30] – auch wenn wir die selbstgefälligen Selbstbezeichnungen als „freie Welt" bzw. „sozialistisches Friedenslager" nicht unbesehen übernehmen wollen.

---

28 Das universelle Völkerrecht kann als eine heute globale internationale Rechtskultur verstanden werden. Daneben lassen sich weltregionale rechtskulturelle Räume unterscheiden. So spricht man aufgrund des besonders entwickelten Standes des europäischen Menschenrechtsschutzes (vgl. Kap.2.2 unten) auch von einem ius publicum Europaeum, einer internationalen europäischen Rechtsordnung, für die etwa die Bindung der Ausübung öffentlicher Gewalt an das Recht, die Herrschaft des Rechts (rule of law), ein Kernmerkmal ist.

29 Vgl. zu den Bedingungen dieser compliance (Rechtseinhaltung) Zürn/Joerges 2005.

30 So z. B. Efinger/List 1994.

2.1 Völkerrecht

Abkommen über Rüstungskontrolle sollten und konnten dazu beitragen, zwischen ihnen zumindest negativen Frieden, die Abwesenheit von Gewaltanwendung, zu sichern. Und tatsächlich kennzeichnet diese interkulturelle Befriedungsfunktion auch jenen historischen Moment, der gemeinhin als ‚Geburtsstunde des modernen Völkerrechts' angesehen wird: den sog. Westfälischen Frieden von Münster und Osnabrück, mit dem der religiös-politische Großkonflikt des sog. 30-jährigen Krieges 1648 beendet wurde. Von daher wird das moderne internationale System auch oft als westfälisches System bezeichnet.[31]

Damit ist bereits die zweite oben angekündigte Weiterung der zwischenstaatlichen Natur des Völkerrechts angesprochen. Anders als es in der Sicht des Realismus dargestellt wird, ist das moderne internationale Staatensystem nämlich nicht einfach nur ein faktisches Macht-System, ein System von (großen) Mächten. Vielmehr liegt ihm in Gestalt des Prinzips der Souveränität ein – anerkannter – rechtlicher Status im wahrsten Sinne des Wortes zugrunde. Dass es sich beim internationalen System eben nicht um ein (einziges) Weltreich handelt, sondern um eine Mehrzahl von Herrschaftszentren, genannt Staaten, wird von Beginn an (also ab 1648) *in rechtlicher Form konstruiert*: ab damals erkennen sich die Fürsten (als damalige Vertreter der Staaten) wechselseitig als in ihrer Souveränität formal Gleiche, also von einander (und auch von der transnationalen katholischen Kirche) Unabhängige an. Souveränität ist also quasi die Grundnorm dieses in rechtlicher Form begründeten Systems, das sich über die folgenden Jahrhunderte hinweg über den ganzen Globus ausgebreitet hat. Das internationale System, es sei wiederholt, ist also zwar auch ein System faktischer Machtbeziehungen. Es wird jedoch zugleich als ein System in der Rechtsform einander formal Gleicher konstruiert. Ausdruck dieser formalen Gleichheit ist die anerkannte Souveränität, ein rechtlicher Status.

In der Alltags- und auch der IB-Fachsprache wird „Souveränität" zuweilen als Synonym zu „Autonomie" gebraucht. Die Ausführungen hier sollten verständlich machen, warum das nicht sinnvoll ist: Souveränität ist ein rechtlicher Staus, Autonomie, die Fähigkeit, das eigene Handeln selbst bestimmen zu können, ein faktischer. Autonomie ist nie vollständig – auch die mächtigsten Staaten sind hie und

---

[31] Für eine politikwissenschaftliche Analyse dieser großen neuzeitlichen Ideologie-Konflikte vgl. Owen 2010. Über den tatsächlichen Zäsur-Charakter des westfälischen Friedens ist jüngst kritisch diskutiert worden. Ein möglicher Einwand ist, dass die moderne (kapitalistische) Staatlichkeit sich nicht schon 1648, sondern erst im Verlauf des 19. Jahrhunderts herausgebildet hat. Der Hinweis ist zutreffend und für die Realgeschichte der internationalen Beziehungen, zumal aus polit-ökonomischer Sicht, auch nicht unerheblich. Für die Entwicklung der formal-juristischen Seite des internationalen Systems lässt sich jedoch an der Konvention des ‚Gründungsjahrs' 1648 festhalten. Vgl. Osiander 1994, Teschke 2009 und jüngst Buzan/Lawson 2015.

da auf die Kooperation anderer, auch schwächerer Staaten angewiesen. Souveränität dagegen wurde im klassischen Völkerrecht als vollständige juristische Unabhängigkeit konstruiert, die auch uneingeschränkt war.[32] Das hat sich im modernen Völkerrecht gewandelt: Aus dem uneingeschränkten Recht der Souveränität ist ein Bündel von Rechten (z. B. auf territoriale Unversehrtheit) und Pflichten (z. B. zum Gewaltverzicht – oder, wenn auch noch nicht ganz als völkerrechtlich verbindlich anerkannt, auch zur Wahrnehmung der sog. Schutzverantwortung, responsibility to protect [R2P], also der Pflicht, massive Menschenrechtsverletzungen gegen die eigene Bevölkerung zu unterlassen bzw. zu unterbinden; vgl. unten 2.2) geworden.

Übersicht 2.1 Völkerrecht (= internationales öffentliches Recht – public international law – droit international public)

Ideen
Bindung der Ausübung staatlicher Herrschaftsgewalt auch im *zwischenstaatlichen* Verkehr an das Recht. (vgl. innerstaatlich: Rechtsstaatlichkeit = Bindung der Ausübung *inner*staatlicher Herrschaftsgewalt an das Recht = rule of law).
Recht ist im VR zwar primär das, was als solches von den Staaten jeweils für sich anerkannt wird (sog. positivistische Sicht des VR).
Aber: Der ‚gute Klang', den das VR hat, und die Reputation, die vr-konformes Verhalten erbringt, profitieren von einer außerrechtlichen Einstellung in der Weltgesellschaft (unter der Weltbevölkerung), die mit „Recht" auch Gerechtigkeit assoziiert (wie enttäuschend die VR-Anwendung oft auch sein mag). Die Idee des (Völker-)Rechts profitiert also von einer über das positive Recht hinausweisenden ethischen Dimension (vgl. rule of law = Herrschaft des Rechts).
VR als internationales – und inter-kulturelles – Ko-Existenzrecht, weiterentwickelt zum Kooperationsrecht.

soziales Handeln
Ist im Bereich des VR primär staatliches Handeln. Dieses lässt sich zuweilen von vr Bestimmungen anleiten (zu den zugrundeliegenden Mechanismen vgl. Kap.1.2, Erläuterungen zur Wirksamkeit von Normen iRd Vorstellung des Institutionalismus); oft, insbesondere im Falle des Konflikts des VR mit gewichtigen (‚nationalen') Eigeninteressen, jedoch auch nicht. Darüber hinaus nehmen Staaten auch politisch-taktisch auf das VR Bezug (etwa, um Gegner im schlechten Licht der VR-Missachtung dastehen zu lassen) und Einfluss auf seine Entstehung (z. B.: USA unterstellen sich nicht internationaler Strafgerichtsbarkeit und opponieren gegen deren Entstehung).

---

32 Zur Souveränität und ihrer Entwicklung vgl. Bartelson 2014; speziell für die Sicht der demokratischen BRICS-Staaten (Brasilien, Indien, Südafrika) Plagemann 2015.

Praktiken

Wichtigste VRs-Praktik zur Schaffung neuen VRs ist der völkerrechtliche Vertrag. Dies entspricht der horizontalen Natur der VR-Ordnung (im Unterschied zur nationalen vertikalen Rechtsordnung; die Unterscheidung ist analog zur IB-theoretischen zwischen anarchischem internationalen System und hierarchischen nationalen politischen Systemen). Durch vr Verträge geschaffene Normen gelten fast immer nur zwischen den Vertragspartnern (keine Verpflichtung Dritter; Ausnahme: sog. zwingendes VR [ius cogens] – Normen, denen aufgrund ihres fundamentalen Charakters Unabdingbarkeit zugesprochen wird; oder vr Gehalte, die über den Kreis der sie ursprünglich begründenden Staaten hinaus völker*gewohnheitsrechtliche* Geltung erlangen).
Internationale Gerichtsbarkeit zwischen Staaten (Internationaler Gerichtshof, IGH); internationale Menschenrechts-Gerichtsbarkeit (s. u. Übersicht 2.2); internationale Strafgerichtsbarkeit (vor der Einzelne, Personen, nicht Staaten, zur Verantwortung gezogen werden können).

Institutionen

Charta der Vereinten Nationen als ‚Verfassung' des heutigen internationalen Systems.
VN als universelle internationale Organisation und System kollektiver Sicherheit.
Vr Gerichte (s. o.).
Regionale internationale völkerrechtliche Teil-Ordnungen (bis hin zur supranationalen Integration: EU).
Bereichsspezifische Abkommen als vr Grundlage internationaler Regime (z. B.: GATT als Grundlage des internationalen Handelsregimes [vgl. Narlikar 2005]; Seerechtsübereinkommen als Grundlage eines Regime-Komplexes zur Regelung maritimer und mariner Fragen [vgl. Zacharias 2014]).
Souveränität (als Rechtsstatus zu unterscheiden von Autonomie) ist Grundnorm des VR. Sie entwickelt sich vom klassischen Verständnis als unbeschränktes Recht zum Bündel von Rechten und Pflichten (z. B. Gewaltverzicht; R2P – wenn sie wirklich völkerrechtlich verbindlich wird).

2.1.2 Die Englische Schule als einschlägiger Ansatz

Die hier betonte ‚Doppelnatur' des internationalen Systems als nicht nur rein macht-faktisch, sondern auch auf der Grundlage geteilter Ideen und Normen formal, nämlich völkerrechtlich, konstituiertes und konstruiertes, wurde unter den Ansätzen zur Analyse internationaler Politik erstmals in den 1960er Jahren von den Vertretern der sog. Englischen Schule (nach dem Herkunfts- oder beruflichen Wirkungs-Land der zentralen Vertreter: Martin Wight, Hedley Bull, Adam Watson u. a.) hervorgehoben.[33] Aus Sicht der ES bildet das moderne internationale System zugleich eine internationale Gesellschaft (international society). Die im Rahmen

---

33 Einführend zur ES jüngst: Buzan 2014.

des (Neo-)Realismus hervorgehobene anarchische, formal herrschaftsfreie Natur dieses Systems wird nicht bestritten, soweit bleibt die Englische Schule realistischer Sichtweise treu, und dies erklärt auch den Titel des ES-Grundlagenwerkes von Hedley Bull (1977): „The Anarchical Society". Die ES weist jedoch auf die normative – und damit, wenn man so will, kulturelle – Ko-Konstitution des Staatensystems hin und macht es sich zur Aufgabe, die Grund-Institutionen solcher internationaler Systeme zu identifizieren. Neben der historischen Abfolge internationaler Gesellschaften wird neuerdings im Geiste der Englischen Schule auch an der Erfassung weltregional ausdifferenzierter internationaler Teil-Systeme und -Gesellschaften gearbeitet.[34]

Schon die (fach-)historische Aufrichtigkeit – wenn auch, anders als bei manchen britischen Autoren, nicht der fachliche Patriotismus – gebietet diesen Hinweis auf die Englische Schule als jenem Ansatz, der die kulturellen Grundlagen, die kulturelle Konstruktionsweise des modernen Staatensystems vielleicht zuerst systematisch hervorgehoben hat. Auf die gerade in jüngster Zeit erfolgende Neu-Entdeckung des Ansatzes und seine Anwendung zur Identifikation weltregionaler internationaler (Sub-)Gesellschaften wurde auch bereits hingewiesen; sie geht einher mit Bestrebungen, das Verhältnis von internationaler Gesellschaft und Weltgesellschaft zu klären (Buzan 2010). Genau hier jedoch setzt auch meine Kritik an der Englischen Schule an. Sie beginnt bei der Bezeichnung „international society", die nahelegt, dass eine besondere Qualität der Beziehungen zwischen Staaten, welche über rein faktische Machtbeziehungen hinaus geht und einen gedanklich-normativen Minimal-Konsens erfordert, damit adäquat bezeichnet ist. Nun sind fachliche Bezeichnungen tendenziell beliebig, und nachdem die ES-Terminologie eingeführt ist, wird sie kaum mehr änderbar sein. Dennoch scheinen mir zwei Hinweise sinnvoll. Zum einen gibt es in der Soziologie, zurückgehend vor allem auf das Werk „Gemeinschaft und Gesellschaft" (1887) von Ferdinand Tönnies (1855–1936), einem der Gründerväter der Disziplin, die eingeführte Unterscheidung zwischen „Gesellschaft" als Netzwerk faktischer, eher ‚mechanischer' sozialer Beziehungen und „Gemeinschaft", womit eine eher gefühlsmäßige (Ver-)Bindung bezeichnet wird. Dies hätte nahelegen können, statt von einer „international society" von einer „international community" zu sprechen, wenn auf geteilte normative Grundlagen hingewiesen werden soll. Tatsächlich geschieht dies im international-politischen Raum immer dann, wenn die „internationale Gemeinschaft" beschworen wird (die selbst kein etablierter völkerrechtlicher Begriff ist; vgl. Paulus 2001). Dem lässt sich jedoch die eher kalt-juristisch-fachliche Konstruktionsweise der international society entgegenhalten, die im Sinne Tönnies' vielleicht doch eher eine gesellschaftliche ist.

---

34 Vgl. Buzan/Gonzalez-Pelaez 2009 und Buzan/Zhang 2014; sowie zum Überblick List 2014.

2.1 Völkerrecht

Damit freilich stellt sich das Problem, wie das Verhältnis von internationaler (zwischen-staatlicher) Gesellschaft (im Sinne Bulls und der Englischen Schule) und der heute ansatzweise realisierten globalen oder Weltgesellschaft zu denken ist. Diese ist sinnvoller Weise als transnationales Beziehungsnetzwerk zu verstehen, das, so würde ich sagen, die Beziehungsnetzwerke zwischen Staaten, genauer: staatlichen Rollenträgern zwar mit umfasst, daneben aber auch die zwischen nichtstaatlichen Akteuren – also das, was fachlich als transnationale Beziehungen bezeichnet wird (etwa zwischen Firmen, NGOs etc.). Es ist Spezifikum der (in Kap.1 unter den kritischen Ansätzen kurz eingeführten) Welt-System-Analyse Immanuel Wallersteins, auf die Einbettung des internationalen Staatensystems in eine transnationale kapitalistische Ökonomie hinzuweisen. Dies lässt sich nun, aus ES-Perspektive, ergänzen durch den Hinweis darauf, dass genau die dieser Unterscheidung, zwischen Staat und privater Wirtschaft, zugrunde liegende Trennung selbst eben in rechtlicher Form konstruiert wird: als Trennung zwischen Privatrecht und öffentlichem Recht. Dies ist die kulturell-rechtliche Form, in der die für die bürgerliche Gesellschaft (und damit für das heute globale polit-ökonomische System der Weltgesellschaft) typische Trennung von privat und öffentlich erfolgt. Die (in der ES-Terminologie) als internationale Gesellschaft erfolgende rechtsförmige Konstruktion des (in der Welt-System-Terminologie Wallersteins) modernen Welt-Systems erfolgt also genau auf dieser transnationalen, heute global verbreiteten kulturellen Grundlage: Öffentliches von Privatem, insbesondere also Staatlichkeit von wirtschaftlicher Privatautonomie zu trennen. Die Gesamtheit der globalen Beziehungen, welche die Weltgesellschaft konstituieren und ausmachen, basieren auf der Interaktion und wechselseitigen Beeinflussung dieser formal-juristisch getrennten, staatlichen und nicht-staatlichen, Akteure.

Über diese begriffliche Klärung hinaus lässt sich in Bezug auf die ES jedoch kritisch nach ihrem Erklärungsgehalt fragen. Dies im Unterschied zur beschreibenden Terminologie zur Erfassung historisch und/oder weltregional verschiedener internationaler Gesellschaften. Eine solche Terminologie liefert die ES zweifellos, auch wenn hierbei über Einzelheiten kritisch diskutiert werden kann und muss. So wird Krieg in der ES oft als eine Institution der jeweiligen Staatengesellschaft bezeichnet. Dies scheint mir allenfalls für bestimmte ritualisierte oder eben wirklich institutionalisierte, auf regel*geleitetem* Verhalten der Akteure basierenden Formen des Krieges, etwa den sog. klassischen Kabinetts-Krieg, zutreffend zu sein. Und selbst für ihn wird oft gelten, dass das Ausmaß, in dem das Verhalten der Krieg Führenden *regelgeleitet* ist, begrenzt ist. Zwar ist selbst in der modernen Kriegsführung (wiederum auf Basis des Eigeninteresses) die Einhaltung des Kriegsvölkerrechts, z. B. des Verbots des Einsatzes von Massenvernichtungswaffen, zu beobachten (vgl. Morrow 2014; er bezeichnet denn auch, zutreffend, das Kriegs*recht*, nicht Krieg selbst, als internationale Institution). Doch deckt sich hierbei eben faktisches Eigeninteresse auf Grundlage funktionierender wechselseitiger Abschreckung mit dem normativ-völkerrechtlich Gebotenen, so dass der eigenständige Erklärungsanteil des Letzteren fraglich erscheinen mag. Und ansonsten erscheint mir, und sei es aufgrund der Unvorhersehbarkeit, also dessen, was der Kriegstheoretiker Clausewitz als „Friktion" bezeichnet hat, Krieg als so wenig Regeln gemäß, dass er, selbst wenn er regelmäßig vorkommt, doch allenfalls als (wiederkehrende) soziale Praxis oder eben schlicht als agonisches (kämpfendes) soziales Handeln analytisch sinnvoll zu erfassen ist, nicht als Institution (vgl. den in Kap.1 entfalteten Institutionen-Begriff und die dort getroffene Unterscheidung zwischen regelmäßigem und Regeln gemäßem, durch sie angeleitetem, Verhalten). Die gewichtigere kritische Anfrage an die ES betrifft ihren *Erklärungs*beitrag.

Was den eigenständigen Beitrag der ES zur Erklärung internationaler Politik anbelangt, so scheint mir das in ihr z. T. eher implizit enthaltene Erklärungspotenzial inzwischen durch die nachfolgende fachliche Entwicklung vor allem in zwei anderen Forschungsprogrammen aufgehoben zu sein: im Institutionalismus, soweit die ES auf die Wirksamkeit von Institutionen als Merkmal bestimmter internationaler Gesellschaften hinweist. So stellt es z. B. tatsächlich einen nicht unerheblichen Unterschied des heutigen internationalen Systems im Vergleich zum frühneuzeitlichen internationalen System (und allen vorangegangenen) dar, dass in ihm zwischenstaatliche Kooperation in Gestalt z. T. autonom handlungsfähiger internationaler Organisationen (wie etwa UNO, WTO u. a.) institutionalisiert ist. Dies *macht* tatsächlich für den Ablauf internationaler Politik einen Unterschied, selbst wenn etwa die UNO nicht lehrbuchhaft bzw. wie in der Charta vorgesehen funktioniert. Und soweit die ES auf (transnational verbreitete) Einstellungen als Grundlage und erklärenden Wirkmechanismus für internationale Politik abhebt, so scheint dies im Gefolge der Herausbildung des Konstruktivismus als IB-Theorie dort traktiert zu werden. Wenn wir etwa feststellen können, dass dem heute global in juristischer, völkerrechtlicher Form organisierten internationalen System nicht nur die Praktiken der (trans-)nationalen juristischen Elite zugrunde liegen, sondern auch eine darüber hinaus verbreitete, außer-juristische, Einstellung, dass es vorteilhaft, anstrebenswert oder geboten ist, die internationalen Beziehungen in rechtlicher Form und entsprechend geltendem Völkerrecht zu betreiben (vgl. Brunnée/Toope 2010), so ist die Wirkungsweise dieser Einstellung z. T. konstruktivistisch zu erklären: *weil* viele Mitglieder der Weltgesellschaft, Bürgerinnen und Bürger der heutigen Welt, dies so sehen, handelt es sich um ein Faktum, das selbst Völkerrechts-Verächter in Rechnung stellen müssen (etwa: den drohenden Reputationsverlust gegen egoistische Gewinne abwägen müssen – etwas, so könnte man argumentieren, das die US-Administration unter Bush jr. im Falle des [3.]

Irakkriegs; die NATO im Falle des Kriegs gegen Serbien; und jüngst Putin im Fall der Annexion der Krim nicht ausreichend getan haben). Ob und wieweit die ES über diese institutionalistischen und konstruktivistischen Erklärungsstrategien hinaus ein durch diese nicht erfasstes, eigenständiges Erklärungspotenzial bietet, erscheint fraglich.

2.1.3 Völkerrecht in der internationalen Politik

Während mittels der institutionalistischen und der konstruktivistischen Erklärungsstrategie also z. B. völkerrechtlichen Regeln folgendes Verhalten und damit dessen Bedeutung für den Ablauf internationaler Politik erklärt werden können, verweisen die zuletzt erwähnten Beispiele schon auf den politischen Umgang mit Völkerrecht. Insbesondere der klassische Realismus macht gegenüber der Wirksamkeit des Völkerrechts – nicht unbedingt deren Wünschbarkeit, schließlich war Morgenthau, der Begründer des klassischen Realismus, selbst Jurist – Vorbehalte geltend. Wenn gewichtige (nationale) Interessen handlungsmächtiger Staaten auf dem Spiel stehen, sei nicht davon auszugehen, dass diese sich ans Völkerrecht halten würden. Und daher biete das Völkerrecht als solches den Schwachen auch keinen wirklichen Schutz. Die zitierten Fälle scheinen dies zunächst zu bestätigen: die NATO mandatierte sich 1999 im Kosovo-Krieg selbst zu ihrem gewaltsamen Vorgehen gegen Serbien (und hatte dafür kein Mandat des UN-Sicherheitsrates – gegen Russlands Veto wäre das nicht zu erreichen gewesen); sie betonte zwar, dass damit kein Präzedenzfall geschaffen werden solle – aber Kontrolle darüber, wann sich wer später auf dieses Vorgehen berufen würde, hatte sie natürlich nicht. 2003 schritten die USA unter Führung Präsident Georg W. Bushs zum Krieg gegen das Regime Saddam Husseins im Irak – auch dies, anders als im vorausgegangenen Irakkrieg 1990 anlässlich der irakischen Besetzung Kuwaits, ohne Mandat des Sicherheitsrates. Und 2014 erklärte Russland die Krim als der Russischen Föderation zugehörig, was vielfach als rechtswidrige Annexion beurteilt wird. Dass solche Vorgehensweisen in der globalen veröffentlichten Meinung als völkerrechtswidrig kritisiert werden, zeigt, dass auch Großmächte sich heute dem Anspruch stellen müssen, völkerrechtskonform zu handeln. Dass die Urteile dabei oft einseitig und parteiisch ausfallen, zeigt freilich auch die politische Natur des Streites darum.

Um zu verstehen, dass und wie Völkerrecht jedoch das Verhalten selbst von Großmächten beeinflussen kann, und selbst im sicherheitspolitischen Bereich, bedarf es allerdings eines wesentlich genaueren Blicks auf interne Entscheidungsabläufe. Und ein solcher Einblick ist wiederum an politische Bedingungen gebunden, darunter die Offenheit eines politischen Systems für sozialwissenschaftliche

Erforschung. Was einerseits eine rechtliche Voraussetzung ist; zum andern eine faktische: Beteiligte etwa müssen bereit sein, sich befragen zu lassen. Und der methodische Aufwand für einschlägig Forschende ist hoch. Alle drei Bedingungen erklären, warum solche Studien nicht allzu zahlreich sind. Travers McLeod (2015; daraus die folgenden Zitate) hat unlängst eine solche Studie zur Ausarbeitung des jüngsten Counterinsugency-Manuals, also des Handbuchs zur Vorgehensweise bei der Bekämpfung Aufständischer, der US-Army vorgelegt. Es wurde 2006 als FM 3–24 herausgebracht und 2014 überarbeitet.[35] Wohl nicht zuletzt im Lichte des Reputationsverlustes, den die USA im Gefolge der Enthüllungen über Praktiken der Verschleppung („rendition") Gefangener und deren Misshandlung (im irakischen Gefängnis Abu Ghuraib 2004 während der US-Besatzung des Landes bzw. im Gefangenenlager von Guantanamo) erlebt hatten, kam es zu einer inhaltlichen Umorientierung bei ihrer Counterinsurgency-Strategie: „Reversing reliance on overwhelming firepower was a key goal in FM 3–24" (121). Stattdessen galt es, mittels einer politischen Strategie die „hearts and minds" der Bevölkerung zu gewinnen. Und eine Orientierung der eigenen Vorgehensweise bei der Aufstandsbekämpfung am geltenden (Völker-)Recht war ein zentrales Element davon. Auf der Basis eines einzigartigen Zugangs zu Dokumenten aus dem Beratungsprozess des Textes des Field Manuals wie von Interviews mit Beteiligten rekonstruiert McLoed drei Pfade, über die das Völkerrecht diesen Prozess der strategischen Umorientierung der Supermacht mit beeinflusst hat: den „ideational pull", wie er es nennt, der rule of law – was wir mit innerem Zueigen-Machen der Orientierung an Rechtsstaatlichkeit bei zentralen Beteiligten übersetzen können; die Fähigkeit des Völkerrechts, Legitimität zu verleihen; und schließlich, der dritte Pfad, dadurch, dass die Einhaltung völkerrechtlicher Bestimmungen durch nationales (US-)Recht verbindlich gemacht wurde (etwa durch den Detainee Treatment Act von 2005). Die ‚Beweis'-Führung für McLeods Interpretation ist, wie gesagt, aufwendig und kann hier aus Platzgründen nicht reproduziert werden. Sein Ergebnis jedoch lässt für unsere Zwecke folgende Schlüsse zu: 1. Damit Völkerrecht wirksam wird, bedarf es einschlägig platzierter Individuen, die sich seine Perspektive zueigen machen; ‚das' Völkerrecht wirkt nicht wirklich selbst (obwohl diese Ausdrucksweise gängig und wohl auch unvermeidlich ist), sondern es wird von konkreten Akteuren *zur Wirkung gebracht*. 2. Neben die intrinsische, durch Rechtsüberzeugung selbst

---

35 Die Vorgeschichte des Counterinsurgency Field Manual und wie das ihm zugrunde liegende neue Denken im Rahmen der US-Armee organisationsintern mikropolitisch durchgesetzt wurde war bereits zuvor Gegenstand einer der besten derartigen Analysen solch interner Vorgänge durch den Journalisten Fred Kaplan (vgl. seine lesenswerte Studie aus dem Jahr 2013).

2.1 Völkerrecht

bewirkte, Motivation treten hierbei zwei weitere Motive: die Wahrung (oder, im konkreten US-Fall, Wiederherstellung) einer Reputation als völkerrechtstreu bzw. der Legitimität, welche der Eindruck von Völkerrechtstreue vermitteln kann. Und diese Reputation bzw. diese Legitimität, darin bestand im konkreten Fall der Propagierung der neuen Counterinsurgency-Strategie die zusätzliche extrinsische Motivation, wurden als zentral für die Erreichung des Ziels der Strategie, nämlich die Gewinnung von „hearts and mind", angesehen. 3. schließlich bringt die Verpflichtung (zur Einhaltung des Kriegsvölkerrechts) durch nationale Normen die weitere extrinsische Motivation, sich nicht eventuell Sanktionen nach nationalem Recht auszusetzen. Selbst mit dieser komplexen, aufwendig zu rekonstruierenden, Motivlage zu normkonformem Verhalten, ist dessen Umsetzung in die Praxis, durch den ‚gemeinen Gefreiten' am Boden (der kein Volljurist ist – und sein kann) natürlich nicht garantiert. Es bedarf dazu weiterer interner Maßnahmen (wie der Schulung von Soldaten und der Spezifikation der sog. rules of engagement, also der konkreten Verhaltensvorschriften im Einsatz). Politikwissenschaftlich, für den Bereich der IB-Theorien, hat McLeod damit eine doppelte Herausforderung etabliert: „The case for realists to take international law more seriously and for constructivists to take on questions of causality more rigorously" (239); Letzteres haben wir hier mit dem mechanismischen Hinweis auf unterschiedliche Motivations-Faktoren wiedergegeben.

Dies mag genügen als Behandlung des ‚harten Falls' der Wirksamkeit des Völkerrechts: im sicherheitspolitischen Bereich auch auf das Verhalten von Großmächten (zu ergänzen wäre wohl: wenn sie intern politisch so verfasst sind, dass die Wirkmechanismen, aufgrund derer Völkerrecht Wirkung entfalten kann, auch greifen können; m. a. W.: in Diktaturen eher nicht). Zwei weitere Aspekte zur Wirkungsweise des Völkerrechts seien hier noch angesprochen. Wie bereits erwähnt, kann staatliche Souveränität, als völkerrechtlicher Status, als Grundprinzip des Völkerrechts angesehen werden. Dass dieses Prinzip dem Wandel unterliegt, vom absoluten Recht zum Bündel von Rechten und Pflichten, wurde auch bereits angeführt. Wichtige Teilkomponente der Souveränität ist die Zuweisung territorial begrenzter Regelungskompetenz: nicht nur ist faktische Kontrolle eines (Staats-)Gebiets Voraussetzung der Anerkennung als Staat. Jedem Staat wird auch territorial begrenzte Regelungskompetenz zugewiesen. Besonders deutlich wird dies an den seewärtigen Grenzen. Seewärts zählt nur das sog. Küstenmeer zum Staatsgebiet. Gemäß dem 3. Seerechtsübereinkommen (3. SRÜ), der heutigen meeresrechtlichen ‚Verfassung', können die Küstengewässer maximal bis zu 12 Seemeilen ausgedehnt werden. Die Durchfahrt durch sie unterliegt etwa der Zustimmung des Küstenstaates, der über seine Küstengewässer volle Souveränität genießt. Jenseits dieser tun sich abgestufte Zonen (küsten-)staatlicher Regelungskompetenz auf, darunter die ans Küstenmeer anschließende sog. ausschließliche Wirtschaftszone, die sich 200 sm seewärts ausdehnt. Erforschung und Ausbeutung lebender und nicht lebender Ressourcen ist in ihr souveränes Recht des Küstenstaates. Jenseits dieser Zone jedoch beginnt die Hohe See, die – wie die Antarktis und der Weltraum – zu den sog. Staatengemeinschaftsräumen zählt. M. a. W.: sie ist frei von Gebiets-, jedoch nicht von Rechtshoheit. Vielmehr wird das Verhalten auf und gegenüber der Hohen See (und dem darunter liegenden Tiefseeboden) durch komplexe international-rechtliche Regime des Seerechts geregelt – und Streitigkeiten vom zuständigen Internationalen Seegerichtshof (mit Sitz in Hamburg) geregelt.

Während die Antarktis, unter ihrem Eis verborgen, tatsächlich durch einen sechsten Kontinent ausgemacht wird, dessen einzelstaatliche Gebietsansprüche durch den Antarktis-Vertrag von 1959 (in Kraft seit 1961) quasi eingefroren sind, sind es am anderen Ende der Welt, in der Arktis, die klimabedingten Tau-Prozesse, die neuerdings das Gebiet als neuen Konfliktraum erscheinen lassen – um Gebietsgrenzen, Nutzungsrechte, Durchfahrtsrechte u. a. (vgl. Huebert/Shadian 2015; Dodds/Nuttall 2016). Wie der in Kanada im Grenzgebiet zwischen internationalem Recht und internationaler Politik forschende und lehrende Michael Byers (2013) in seinem preisgekrönten Überblick zum Recht der Arktis zeigen konnte, ist der dabei oft erweckte Eindruck, dass arktische Konflikte rechtlich ungeregelt oder unregelbar seien, jedoch ein falscher. Tatsächlich konnten alle territorialen Fragen bis auf die Kleinigkeit der Hans Inseln (umstritten zwischen Dänemark und Kanada) gelöst werden; die seewärtigen Grenzen sind bis auf die zwischen den USA und Kanada in der Beaufortsee geklärt. Besonders bedeutsam ist auch die durch Vertrag zwischen Norwegen und Russland 2010 erfolgte Klärung des Grenzverlaufs in der Barentssee – hier hatten Oslo und Moskau drei Jahrzehnte lang heftig um 50.000 nautische Quadratmeilen gerungen. Dies zeigt einerseits, dass unter Anwendung des Völkerrechts auch in gespannten Beziehungen Gebietsfragen klärbar sind; es zeigt jedoch auch, was an Kooperationschancen durch eine neue Ost-West-Konfrontation verloren zu gehen droht. In einem – in des Wortes doppelter Bedeutung – sich aufheizenden Klima können symbolische Akte wie die 2007 erfolgte Verankerung einer Titanflagge im Meeresboden unter dem Nordpol durch Russland im Kontext der noch ungeklärten Ansprüche hinsichtlich des erweiterten Festlandssockels leicht provokativ wirken. Andererseits sind es, wie Byers einräumt, westliche *und* östliche Politiker „who are sometimes guilty of grandstanding on Arctic issues for domestic political purposes" (5). Die weitere faktische und rechtliche Entwicklung in der Arktis, wo es erhebliche Kooperationschancen im Bereich der Seefahrt ebenso wie des Umweltschutzes gibt, bleibt also spannend. Bei gutem Willen ist kaum ersichtlich, dass sich Streitigkeiten nicht durch das existierende diplomatische und seerechtliche Instrumentarium, darunter insbesondere das 3. SRÜ und der Seegerichtshof, klären lassen sollten.

Ein drittes Beispiel zum Thema politischer Umgang mit Völkerrecht spielt sich vor dem Hintergrund zunehmender internationaler Verrechtlichung ab. Durch sie ergeben sich, wie vielfach festgestellt wurde, Konflikte zwischen Regelungsbeständen einzelner Teilregime (etwa zwischen Handels- und Umweltrecht). Jedoch, und diese Feststellung ist für unser Thema gewichtiger: solche Konflikte ergeben sich nicht einfach nur. Wie Surabhi Ranganathan (2014) in ihrer vorzüglichen rechtswissenschaftlichen Doktorarbeit, die jedoch über weite Teile auch politikwissenschaftlich argumentiert und nutzbar ist, dargelegt hat, werden solche Regime-Konflikte auch bewusst herbeigeführt. Nicht nur ist die Wahl des jeweiligen internationalen Verhandlungsforums zur Aushandlung neuen (Vertrags-)Rechts ein Politikum. Man spricht fachlich vom sog. forum (s)hopping, also eben der politisch-taktischen (Aus-) Wahl des (Verhandlungs-)Forums. Dies zeigte sich etwa am Konflikt zwischen den USA und Frankreich, als es um den Schutz kultureller Güter ging (vgl. Kozymka 2014, Kap. 3 und 4): Sollten sie, so die US-Präferenz, als kulturelle Güter im Rahmen der WTO reguliert werden (z. B. als grenzüberschreitende Dienstleistung oder im Hinblick auf den Schutz geistigen Eigentums) oder sollte im Rahmen der UNESCO, als für Kultur zuständiger UN-Sonderorganisation, nationales Kulturgut (z.B: auch vor verdrängender auswärtiger Konkurrenz) geschützt werden (so Frankreichs Haltung)? Da beide Staaten in diesem Konflikt relativ stark waren, erfolgte letztlich beides. Ranganatan zeigt nun, dass auch bewusst politisch-taktisch konkurrierende Rechtsbestände geschaffen werden. Freilich steht diese Option wiederum nur eher mächtigen Staaten zur Verfügung, auf deren Mitwirkung bei der Rechtserzeugung es besonders ankommt bzw. die auch außerhalb multilateraler Regelungen bilaterale Abkommen als Alternative durchsetzen können.

Ranganathan führt hierfür drei Beispiele an.[36] Das erste betrifft erneut das Seerecht, näherin das im 3. SRÜ enthaltene Tiefseeboden-Regime. Ausgehandelt in den späten 1970er und frühen 1980er Jahren, als im Kontext des virulenten Nord-Süd-Konflikts von den südlichen Staaten u. a. die Forderung nach einer „neuen Weltwirtschaftsordnung" erhoben wurde, erklärt das SRÜ den Tiefseeboden, ein innovativer Schritt, zum gemeinsamen Erbe der Menschheit. Für die Nutzung der dort befindlichen Bodenschätze wurde konsequenterweise ein umfangreiches Regime statuiert, das unter anderem Nord-Süd-Ausgleichspflichten etabliert (wie die Benennung jeweils zweier Gebiete zur kommerziellen Ausbeutung, deren ei-

---

36 Für ein viertes Beispiel, den schon erwähnten internationalen Regime-Konflikt zwischen dem GATT-basierten Handelsregime und der UNESCO-Konvention zum Schutz kultureller Vielfalt in Fragen des Handels mit Kulturgütern, vgl. Pulkowski 2014.

nes jeweils als Gemeingut von einem zu gründenden Enterprise im Interesse aller genutzt werden sollte). Die einschlägig (aufgrund technologischer und finanzieller Möglichkeiten) Interessierten und mächtigen westlichen Staaten (USA, UK, Frankreich, Italien, Niederlande, Belgien, BR Deutschland und Japan) haben sich dieser Verpflichtung durch Erlass jeweils nationaler Meeresbergbaugesetze weitgehend entzogen. Auch durch diese Vorgehensweise haben sie den damaligen Nord-Süd-Konflikt zu ihren Gunsten entschieden (neben der Bedeutung des Triumphs des Neoliberalismus im Gefolge des Zusammenbruchs der einstmals östlichen Systeme; auch erwies sich der Tiefseeboden-Bergbau über lange Zeit als weit weniger lukrativ denn gedacht). Der Widerstand der USA gegen die Errichtung des Internationalen Strafgerichtshofs, Ranganathans zweites Beispiel, nahm unter anderem die Form von über 100 bilateralen Immunitätsabkommen an, welche sie z. T. unter Androhung der Entziehung ökonomischer oder militärischer Unterstützung abhängigen Staaten abnötigten. Sie sahen die Nicht-Auslieferung von US-Bürgern an den Gerichtshof und die Verweigerung von Kooperation mit diesem vor. Im Ergebnis ist hier freilich festzustellen, dass dies die Entstehung und auch das Tätigwerden des IStrGH nicht verhindern konnte – und im Fall der raschen Überweisung des Falls Libyen unter Gaddafi durch den UN-Sicherheitsrat an den IStrGH 2011 erfolgte dies sogar unter Zustimmung der USA. Sie hatten ihr Interesse an der Einrichtung im konkreten Fall offenbar erkannt. Schließlich führt Ranganathan das indisch-US-amerikanische Nuklear-Kooperationsabkommen von 2008 an, das vielfach als Unterminierung des Nichtverbreitungs-Regimes auf Basis des Nichtverbreitungs-Vertrags von 1968 gesehen wurde. Hier ist bemerkenswert, wie beide Seiten sich bemühten, diesen Eindruck zu vermeiden und durch Regelungen im Detail Schritte auf das NPT-Regime zu machen.

Insgesamt können wir also feststellen:

- Völkerrechtliche Institute wie der Status der Souveränität sind konstitutiv für das neuzeitliche internationale System;
- die Schaffung internationalen (Vertrags-)Rechts ist ebenso wenig wie nationale Gesetzgebung ein unpolitischer Vorgang; vielmehr gehen Macht und Interessen der beteiligten Staaten, interpretiert durch ihre jeweils herrschenden Eliten, in den Prozess mit ein;
- gleichwohl bietet das Völkerrecht nicht nur ein Instrumentarium zur ‚zivilisierten' Konflikt-Bearbeitung; es wird, motiviert durch Eigeninteressen (wie das an Reputation) und auch durch seine ‚normative Zugkraft', wo sie aufgrund nationaler Rechtskultur und des Einsatzes entsprechend motivierter Rechts-Anwender unterstützt wird, auch angewandt und befolgt.

2.1 Völkerrecht

Auf dieser Basis ist es zu einer zunehmenden globalen Verrechtlichung gekommen. Zum Teil ist gar von einer Konstitutionalisierung die Rede, etwa im Bereich des internationalen Handelsrechts (im Rahmen des GATT-Abkommens und der Welthandelsorganisation/WTO). Damit ist die Herausbildung eines (im Verhältnis zu nationalem Recht bzw. einfachem Völkervertragsrecht) höherrangigen Rechts gemeint. Diese wird insbesondere von (wirtschafts-)liberalen Interpreten ausdrücklich begrüßt, läuft sie doch auf vertieften und z. T. überhaupt erstmaligen internationalen Schutz von Eigentumsrechten hinaus – diese waren traditionell immer nur im Rahmen nationalen Rechts gewährleistet und geschützt (vgl. umfassend Sprankling 2014). Freilich lässt sich diese Entwicklung auch kritisch(er) sehen, indem etwa aus institutionalistisch-völkerrechtlicher Perspektive (vgl. Klabbers/Peters/Ulfstein 2011) nach der (Un-)Gleichheit weltgesellschaftlicher Akteure hinsichtlich der Beteiligung an diesem Vorgang gefragt wird. Und aus kritisch-politökonomischer Sicht wird, insbesondere im ökonomischen Bereich, darin eher eine durch Verlagerung auf die internationale Ebene erfolgende Festschreibung kapitalistischer Ungleichheit gegenüber ‚progressiv-nationalen Alleingängen' gesehen (vgl. Gill/Cutler 2014).

Letztlich spiegelt sich darin die Ambivalenz wider, die schon am Beginn der neuzeitlich-bürgerlichen Gesellschaftsordnung im Eigentumsbegriff des John Locke zum Ausdruck kam: er fasste darunter, weit verstanden, das Recht auf „life, liberty and property". Während der internationale Schutz der ersten beiden heute klar in den Bereich des Menschenrechtsschutzes gehört, ist Eigentumsrechten ihr menschenrechtlicher Charakter zwar ebenfalls nicht abzusprechen. Es ist jedoch kritisch auch zu fragen, wessen Eigentumsrechte in der gegenwärtigen internationalen Ordnung primär geschützt werden – und die Antwort ganz allgemein muss wohl lauten: die der weltgesellschaftlich Mächtigen. Aus den Zusammenhängen faktischer Ungleichheit (an Einfluss) führt also internationale Verrechtlichung ebenso wenig heraus wie sie zum Verschwinden konfligierender Interessen führt. Sie bleibt ein Politikum – und hoffentlich ein Mechanismus, mit Konflikten weniger gewaltsam umzugehen. Dazu jedoch bedarf eine internationale Rechtsordnung weltgesellschaftlicher Glaubwürdigkeit und darauf gestützter Legitimität. Nicht zuletzt in deren Erlangung und Erhalt liegt der Auftrag des liberalen Projekts globaler Verrechtlichung, das sich daher auch kritische Anfragen gefallen lassen muss, wie sie etwa in der Feststellung des Journalisten Thomas Assheuer[37] zum Ausdruck kommen, der einmal formuliert hat:

> Im Zweifelsfall ist eine Kiste mit chinesischen Bohnen durch die ‚Lex Mercatoria', das eng geknüpfte Netz internationaler Rechtsbeziehungen, besser geschützt als ein Schiff

---

37 Rechtlos im Niemandsland, in: Die Zeit Nr.7 (07.02.) 2002, 29.

mit Flüchtlingen, das aus den schwarzen Löchern der Weltgesellschaft auftaucht und ‚nach Fremdeinwirkung' auf hoher See für immer verschwindet.

Womit wir beim Gegenstand des zweiten Teils dieses Kapitels angelangt sind.

2.2 Internationaler Schutz der Menschenrechte

> *[W]e never entirely shake ourselves free of emotional ties to particular sacred forms. Perhaps we should not seek such freedom, for, if we are unable to feel anything to be sacred, then we may have cut our moorings to society and the possibility of a life with moral depth.*
> Gordon Lynch (2012, 3)

> *Die Würde des Menschen ist unantastbar.**
> *Solange der Vorrat reicht.*
> Tobias Mann, Kabarettist (2016)

> *One of the most important challenges in our globalized world involves the sucessful promotion of human rights across political and cultural boundaries.*
> Peter N. Stearns (2012, xi)

Im vorausgegangenen Teil dieses Kapitels wurde das Völkerrecht als primär an Staaten und internationale Organisationen, vertreten durch staatliche und internationale Funktionseliten (Staats- und Regierungschefs, [Außen-] Minister, diplomatischer Dienst, Parlamentarier, Mitarbeitende in internationalen Organisationen), gerichtetes und von diesen sowie sekundär auch von der zum Teil an deren Ausbildung beteiligten (Völker-)Rechtswissenschaft getragenes kulturelles System vorgestellt. Mit dem internationalen Menschenrechtsschutz[38] wenden wir

---

38 Zum Zeitpunkt der Abfassung dieses Textes gibt es keine (!) aktuelle deutschsprachige Einführung zum internationalen Menschenrechtsschutz. Wie so oft rettet Studierende die angelsächsische Welt, die zahlreiche gute (und regelmäßig aktualisierte) Einführungen aus unterschiedlichen fachlichen Perspektiven bereit hält: kurz und bündig Clapham 2015; politikwissenschaftlich: Forsythe 2017, Chong 2014, Haas 2014 (handbuchartig), Ramcharan 2015 und Goodhart 2016; soziologisch: Amaline/Glasberg/Purkayastha 2015, Frezzo 2015 und Nash 2015; und natürlich juristisch: Alston/Goodman 2013 (lehrbuchhaft umfassend), Moeckli/Shah/Sivakumaran 2014 und Smith 2016; speziell zu den wirtschaftlichen, sozialen und kulturellen Rechten Ssenyonjo 2016; handbuchartig

2.2 Internationaler Schutz der Menschenrechte

uns in diesem Teilkapitel einem besonderen Bereich des Völkerrechts zu, in dem als Begünstigte wie als Träger insbesondere auch konkrete Menschen ganz allgemein fungieren. Wie die Bezeichnung Menschenrechte schon zum Ausdruck bringt, kommen sie allen Menschen zu, im Unterschied etwa zu staatlich gewährleisteten Bürger(innen)-Rechten, welche den jeweils eigenen StaatsbürgerInnen vorbehalten sind, etwa das Wahlrecht.[39]

Die zentrale Idee, dass alle Menschen insofern *gleich* sein sollen und also auch gleich behandelt werden sollen, als ihnen allen gleichermaßen *unveräußerliche Rechte* zukommen, hat erkennbar drei Wurzeln. Zum einen ist da der historisch weiter zurückreichende Gedanke der Gleichheit aller Menschen. Er findet sich etwa bereits in der christlichen Antike in der gedanklichen Figur, dass alle Menschen als göttliche Geschöpfe gleich erschaffen sind. Was jedoch Sklaverei als wesentliches Element antiker und auch neuzeitlicher Ökonomien nicht verhindern konnte, ebenso wenig wie die Unterordnung von Frauen unter männliche Herrschaft.

Erst die bürgerlichen Revolutionen der frühen Neuzeit, etwa in Gestalt der amerikanischen Unabhängigkeitserklärung von 1776 oder der französischen Erklärung der Menschen- und Bürgerrechte von 1789, brachten den Schritt hin zur Verrechtlichung allgemeiner Menschenrechte, die im Zeichen des Konstitutionalismus auch vielfach in staatliche Verfassungen aufgenommen wurden. So formuliert die amerikanische Unabhängigkeitserklärung:

> We hold these truths to be self-evident, that all men are created equal, that they are endowed by their Creator with certain unalienable Rights

und verknüpft dabei die rechtliche Form zugleich einerseits mit der – damals faktisch nicht von allen geteilten – Behauptung, dass diese rechtliche Gleichheit selbst-evident sei (wiederum: ungeachtet der Praxis der Sklaverei in den entstehenden USA), und andererseits mit der Feststellung, diese Rechte seien unveräußerlich.

Der letztere Gedanke wurde nicht zuletzt im Lichte der schrecklichen Erfahrungen des 20. Jahrhunderts dann nach 1945 explizit in den Begriff der Menschenwürde gefasst (zur Entwicklung dieses Konzepts vgl. v. d. Pfordten 2016). So etwa in der Allgemeinen Erklärung der Menschenrechte, welche die Generalversammlung der Vereinten Nationen am 10. Dezember 1948 verkündete. In der Präambel die-

---

Shelton 2013; zum Nachschlagen knapp de la Vega 2013 und umfassend enzyklopädisch Forsythe 2009 (5 Bände).

39 Mit der bekannten Ausnahme des EU-weiten *kommunalen* Wahlrechts für EU-BürgerInnen, vgl. Art. 20 Abs. 2 des Vertrags über die Arbeitsweise der Europäischen Union (AEUV) sowie Art. 40 der EU-Grundrechtecharta.

ser Erklärung ist von der „Anerkennung der allen Mitgliedern der menschlichen Familie innewohnenden Würde" die Rede, und in ihrem Artikel 1 formuliert sie:

> Alle Menschen sind frei und gleich an Würde und Rechten geboren.

Besonders gelungen und gleichsam international Schule machend war sodann die Formulierung in Artikel 1 des Grundgesetzes der Bundesrepublik Deutschland:

> Die Würde des Menschen ist unantastbar.

Sie wurde wortwörtlich in Artikel 1 der EU-Grundrechtecharta übernommen.

Bereits diese Skizze der historischen Herausbildung des Menschenrechts-Gedankens macht Dreierlei deutlich: den besonderen, herausgehobenen Charakter von Menschenwürde und Menschenrechten; ihre Entstehung aus einer Problemgeschichte; und zwar als zunächst moralisch-politische Forderung, die erst nach und nach auch formal-rechtliche Gestalt annimmt. Alle drei Punkte seien kurz erläutert.

Dass Menschenrechte, auch massenhaft, verletz*bar* sind und dass auch die Menschenwürde oft missachtet wird, gehört zu den schrecklichen Erfahrungen insbesondere des 20. Jahrhunderts (mit zwei Weltkriegen und dem Holocaust) und leider auch noch des beginnenden 21. Jahrhunderts. Gerade deshalb und kontrafaktisch wird normativ die Unantastbarkeit der Menschenwürde postuliert. Menschenwürde und -rechte gelten also mit einem polynesischen Lehnwort als tabu; wo sie verletzt werden, liegt ein Tabu-Bruch vor. Eine andere Formulierung wäre, dass Menschenwürde und -rechte sakro-sankt sind, ein lateinisches Kompositum, das mit geheiligte Unverletzbarkeit wiedergegeben werden könnte. Es ist also offenbar so, dass auch die neuzeitlichen Gesellschaften einen Bedarf sehen, die Heiligkeit der Menschenwürde hervorzuheben, und zwar in einem nicht-religiösen Sinne, denn einerseits herrschte (vgl. Kap. 5) in diesen Gesellschaften lange Zeit ein Trend der abnehmenden Bedeutung von Religion; andererseits taten und tun sich gerade auch heute noch Religionen zuweilen mit dem neuzeitlichen Gedanken nicht-religiös fundierter Menschenrechte schwer. Zumal im globalen Zusammenhang, in dem mit einem größtmöglichen Pluralismus religiöser, einschließlich a-religiöser, Grundeinstellungen zu rechnen ist, ist es also von Bedeutung, dass man sich, grenzüberschreitend, auf unveräußerliche Grundrechte und als deren Kern eine unantastbare Menschenwürde einigen kann, auch wenn die begründenden ‚Erzählungen' dafür kulturell unterschiedlich sind und bleiben mögen.[40] Die Be-

---

40 Zu unterschiedlichen Begründungsstrategien der Menschenrechte vgl. Cruft/Liao/Renzo 2015.

2.2 Internationaler Schutz der Menschenrechte

deutung einer so beschworenen trans-religiösen und trans-kulturellen Heiligkeit wird so recht erst deutlich, wenn wir uns eine (Welt-)Gesellschaft vorstellen, der, wie man gelegentlich sagt, nichts mehr heilig ist. Das Eingangs-Zitat von Gordon Lynch (2012; vgl. auch König 2002 und Joas 2017), der sich soziologisch mit Formen solcher weltlichen Heiligkeit befasst hat, mag die Problematik andeuten – und die (in Kapitel 6 unten noch kritisch in Blick genommene) heute global dominante Wirtschaftsideologie der kapitalistischen Verwertbarkeit zeigt in ihren Schatten-, schatten-ökonomischen, Seiten (wie Menschen-, Organ-, Drogen- und Waffen-Handel [zu diesem Erickson 2015]), wo konkrete Probleme einer Gesellschaft liegen, der nichts mehr heilig ist, die keine moralische Bindung mehr kennt. Gleichwohl ist, ganz im Sinne des Konstruktivismus, einzuräumen, dass die Unveräußerlichkeit der Menschenrechte und die Unantastbarkeit der Menschenwürde nicht ein empirisches Faktum, sondern ein kontrafaktisch erhobenes moralisches Postulat – und inzwischen auch verfassungs- und völkerrechtliche Verpflichtung – sind. Wer erhebt diese Forderung und warum?

Im Grunde lässt sich die Entwicklung des Menschenrechtsgedankens vor allem als moralische Reaktion auf eine reale Problem-Geschichte verstehen (vgl. in diesem Sinne auch Joas 2015): angesichts immer neuer – und auch immer wiederkehrender – Problemlagen reagieren jeweils zunächst Einzelne mit dem Entwurf des Gedankens, dass durch Menschen und vor allem durch handlungsmächtige menschliche Institutionen verursachte soziale Übel geächtet und als Verletzung von (zunächst moralischen) Rechten gebrandmarkt werden sollten, in der Hoffnung, dass dies zur Minderung solcher Übel beiträgt.[41] Zu den sozial handlungsmächtigsten Institutionen gehörten und gehören immer noch Staaten. Und gegen sie und gewisse ihrer Praktiken richteten sich konsequenter Weise zunächst auch menschenrechtliche Forderungen. So ist die Forderung nach einem Verbot von Folter (die lange Zeit anerkanntes Beweisverfahren in kirchlichen und staatlichen Prozessen war) als einer der Ursprünge neuzeitlich-menschenrechtlichen Denkens hervorgehoben worden (Hunt 2008). Die Forderung nach Religionsfreiheit resultierte aus religiös motivierter Unterdrückung. Die Freiheit von Meinung(säußerung) erweitert dies auf die (nicht-private) Kundgebung von Meinungen jeglicher Art. Die Forderung nach Gleichheit und Nicht-Diskriminierung (nach Rasse, Geschlecht, Religion) ist eine andere Ausweitung des Gedankens und wendet sich nicht nur gegen staatlich zugelassene Sklaverei und rassische Diskriminierung, sondern im Verlauf des 20. Jahrhunderts zielt sie auch zunehmend auf aktive Politik zur Beseitigung

---

41 Zur Geschichte der Menschenrechte vgl. auch Stearns 2012, Ishay 2004, Iriye/Goedde/Hitchcock 2012, Moyn 2012 (mit Betonung auf 1968 und den Folgen) und 2014; speziell zum Aufschwung der MR-Thematik in den USA ab den 1970ern Keys 2014.

diskriminierender Praktiken seitens privater Akteure. Den klassisch individualen Abwehrrechten gegen den (zu) starken Staat, die auch als erste Generation der Menschenrechte bezeichnet werden, gesellen sich damit nicht nur Forderungen an die Staaten nach wirtschaftlichen und sozialen Rechten hinzu (die zweite Generation), sondern auch die nach nur in Gruppen zu verwirklichenden Menschenrechten (der dritten Generation), etwa nach Schutz (und Unterstützung) kultureller und politischer Selbstbestimmung. Damit geraten einerseits auch Private (etwa handlungsmächtige internationale Firmen) ins Blickfeld menschenrechtlicher Forderungen, es werden andererseits die in den klassischen Abwehrrechten skeptisch eingeschränkten Staaten zur aktiven Unterstützung der Verwirklichung sozialer und ökonomischer Rechte in Pflicht genommen, was die Problematik aufwirft, wie weit sie, über die womöglich hohl bleibende Deklaration solcher Rechte hinaus, zu deren Realisierung tatsächlich in der Lage sind. Der Prozess der Herausbildung internationaler Menschenrechte ist also selbst ein politischer.[42] Er wird getragen von aktiven Einzelnen, insbesondere soweit sie, auch grenzüberschreitend, vernetzt sind, also Teil dessen, was fachlich als transnationale Zivilgesellschaft bezeichnet wird.

Als prominentes Beispiel für erfolgreich aktive Einzelne sei etwa Raphael Lemkin (1900–1959) genannt (vgl. Cooper 2008 und Sands 2016). Als Rechtsanwalt polnisch-jüdischer Abstammung konnte er vor den Nationalsozialisten letztlich in die USA fliehen, wo er sich als Rechtsberater der Regierung im noch laufenden Zweiten Weltkrieg wie als Mitarbeiter der Carnegie-Stiftung für Internationalen Frieden und schließlich nach Kriegsende als Professor in Yale für die Definition des Menschheits-Verbrechens des Völkermords (genocide) einsetzte, welchen Begriff er prägte. Seine Bemühungen mündeten 1948 in die Verabschiedung der Völkermord-Konvention durch die UN-Generalversammlung und wurden postum gekrönt mit der Einrichtung des unten noch kurz angesprochenen Internationalen Strafgerichtshofs durch das Römische Statut von 1998, der nunmehr hauptamtlich zuständigen Instanz für dieses Menschheitsverbrechen.

Doch nicht nur am international-rechtspolitischen Agenda-Setting ist die transnationale Zivilgesellschaft beteiligt. Sie spielt bzw. die sie verkörpernden transnationalen Nichtregierungs-Organisationen (non-governmental organizations, NGOs) spielen, als ‚Wachhund' (watchdog) der Einhaltung geltender internationaler Menschenrechtsbestimmungen wie Amnesty International (gegründet 1961), auch eine wichtige Rolle bei der Umsetzung dieser Rechte. Durch Appelle an Regierungen und internationales blaming and shaming, also das Anklagen

---

42 Vgl. auch am aktuellen Beispiel eines womöglich entstehenden trans-generationellen Rechts auf (historische) Wahrheit im Gefolge von Unrechtssystemen und Gewaltherrschaft die Beiträge in Brunner/Stahl 2016.

2.2 Internationaler Schutz der Menschenrechte

von Missständen und die Beschämung dafür verantwortlicher Staaten, versuchen solche transnational zivilgesellschaftlichen Akteure, die Staaten in die Pflicht der Umsetzung von Menschenrechten zu nehmen.

Die Verrechtlichung, also rechtliche Bindung bzw. Bindung an positives, also wie man sagt: geltendes Recht ist ein Mechanismus, mittels dessen diese In-Pflicht-Nahme der handlungsmächtigen Staaten zu bewirken versucht wurde. Diese, wie es auch genannt wird, Kodifikation der Menschenrechte erfolgte zunächst im Rahmen einzelstaatlicher Verfassungen, die vielfach Grundrechtskataloge enthalten oder beigestellt bekommen haben. Sie erfolgte jedoch zunehmend auch auf internationaler Ebene, beginnend mit der bereits erwähnten Allgemeinen Erklärung der Menschenrechte der Vereinten Nationen von 1948, eine zunächst rechtlich nicht bindende Resolution der Generalversammlung, deren Gehalt jedoch heute weitgehend gewohnheitsrechtlicher Charakter zuerkannt wird. Dies insbesondere, seit mit den beiden großen Pakten der Vereinten Nationen von 1966 (in Kraft getreten 1976) über bürgerliche und politische Rechte einerseits, über wirtschaftliche, soziale und kulturelle Rechte andererseits diese Rechte weitgehend auch völkervertragsrechtliche Geltung erlangt haben (zur politisch-konflikthaften Geschichte der Pakte vgl. Roberts 2015). Damit lassen sich diese nunmehr kodifizierten Rechte auch im Rahmen nationaler und zum Teil auch übernationaler Gerichtsverfahren einklagen, wobei freilich ein Unterschied besteht einerseits zwischen unmittelbar von Staaten einklagbarem Handeln bzw. Unterlassen (wie etwa von Folter) und andererseits ökonomisch und sozialen Rechten, die zwar ebenfalls als geltend anerkannt wurden, jedoch weit schwieriger (und jedenfalls nicht aufgrund von Gerichtsurteilen allein) umsetzbar sind (wie etwa das Recht auf Arbeit). Auch ist es weltregional zu eigenen völkerrechtlichen Verträgen zum Menschenrechtsschutz gekommen (vgl. Übersicht 2.2). Im Fall der Europäischen Menschenrechts-Konvention, die 1950 im Rahmen des Europarats abgeschlossen wurde, ist sogar, weltweit einmalig, aufgrund eines Zusatzprotokolls (inzwischen Nr. 14 von 2004) nach Erschöpfung des nationalen Rechtswegs eine überstaatliche Klage Einzelner gegen ihren eigenen Staat zulässig (vor dem Europäischen Gerichtshof für Menschenrechte [EuGHMR] in Straßburg; nicht zu verwechseln mit dem Europäischen Gerichtshof [EuGH] im Rahmen der EU mit Sitz in Luxemburg). Ergänzt werden diese MR-Dokumente durch eine Reihe sektoraler, auf bestimmte Themen und/oder Gruppen bezogener Abkommen zum Schutz der Menschenrechte (wie die Völkermord-Konvention von 1948 – dazu noch unten – oder die Konventionen zum Schutz von Frauen, Kindern und Behinderten). Insgesamt gibt es damit sowohl auf globaler Ebene mit universeller Geltung als auch weltregional eingespielte Einrichtungen und Verfahren zum internationalen Schutz von Menschenrechten, deren Details einschlägigen (insbesondere juristischen) Lehrbüchern zu entnehmen sind, deren Funktionieren jedoch auch politikwissenschaftlich untersucht wird, wobei das fachliche Stichwort internationale Regime (hier: des Menschenrechtsschutzes) lautet und ihren Entstehungs- und Funktionsbedingungen nachgegangen wird.

Übersicht 2.2 Wichtige globale und weltregionale Dokumente des internationalen Menschenrechtsschutzes (Auswahl)

Globale Ebene:
1948 Allgemeine Erklärung der Menschenrechte (der UN-Generalversammlung)
1966 Internationaler Pakt über bürgerliche und politische Rechte
1966 Internationaler Pakt über wirtschaftliche, soziale und kulturelle Rechte

Regionale Ebene:
1950 Europäische Menschenrechtskonvention (im Rahmen des Europarates)
1969 Amerikanische Menschenrechtskonvention
1981 Afrikanische Charta der Menschenrechte und Rechte der Völker (Banjul Charta, im Rahmen der Organisation Afrikanischer Einheit/OAU, heute der Afrikanischen Union/AU)

Sektorale Abkommen
1948 Völkermord-Konvention
1979 Frauenrechts-Konvention (CEDAW; Convention on the Elimination of All Forms of Discrimination Against Women)
1989 Kinderrechts-Konvention (CRC)
2006 Behindertenrechts-Konvention

Es ist hier nicht der Ort, diese internationalen Menschenrechtsschutz-Regime und ihre Verfahren im Einzelnen zu beschreiben. Entlang der vier Elemente der auf Stephen Krasner (1983) zurückgehenden Standard-Definition für internationale Regime lässt sich jedoch ihr prinzipieller Aufbau skizzieren. Zu ihren *Prinzipien* gehört, dass sich die beteiligten Staaten formal zur Einhaltung der Menschenrechte verpflichten und einer Art internationaler Kontrolle ihres Verhaltens insofern unterwerfen. Die zentralen *Normen* stellen die jeweiligen Grundrechtskataloge dar. Spezifischere *Regeln* betreffen vor allem die Ausgestaltung der *Verfahren*, wobei sich das Kommissions- und das Gerichtshofs-Modell[43] unterscheiden lassen. Ersteres sieht eine politische Kontrolle der MR-Einhaltung im Kreis ausgewählter Mitgliedstaaten vor, was gewisse politische Spielräume im Umgang mit konkreten Fällen vorsieht; letzteres ein stärker justizförmiges, eben Gerichts-Verfahren,

---

43 Zur Wirkung internationaler MR-Gerichtshöfe vgl. Hillebrecht 2014, speziell zum EuGHMR nach 1990 Sweeney 2013.

dessen Zugang jedoch z. T. auch politisch kontrolliert wird (wie gesagt gibt es nur im Rahmen des europäischen MR-Regimes eine Individualklage auch gegen den eigenen Staat). Aufgrund dieser Verfahrensaspekte erhofft man sich von solchen Regimen auch einen gewissen Sozialisations-Effekt, zumindest eine Hinführung der beteiligten Staaten zu einem einheitlich(er)en Verständnis der gewährten Rechte und ihrer Auslegung. Im Kreise demokratischer Rechtsstaaten lässt sich dies auch beobachten, sogar weltregionen-übergreifend nehmen die Richter von der Rechtsprechung ihrer weltregionalen KollegInnen Kenntnis. Die Berichte der Kommissionen und ihre Beurteilungen konkreter Lagen (eventuell aufgrund vor-angekündigter Vor-Ort-Besuche – z. B. in Haftanstalten, ein notorischer Ort für die Verletzung von Menschenrechten) bzw. die gerichtlichen Urteile (die im Einzelfall Schadensersatz für erlittene MR-Verletzungen aussprechen können) werden publiziert, und davon wird wiederum, durch shaming und blaming, also über den Reputations-Mechanismus (s. oben Kapitel 1, Ausführungen zum Institutionalismus), ein Sozialisationseffekt auf die menschenrechts-verletzenden Mitgliedstaaten erwartet. Allerdings war im vorausgehenden Passus mit der Eingrenzung „im Kreise demokratischer Rechtstaaten" implizit ein kritischer, auch theoretisch belangvoller Vorbehalt enthalten, den es nun offen zu legen gilt.

Ein erster Vorbehalt betrifft die Frage: Wer tritt (überhaupt) MR-Regimen bei – und warum? Die Annahme, dass einzig aufrichtige Achtung vor Menschenrechten solchen Beitritt motiviert, scheint voreilig – um nicht zu sagen: naiv. Unterstellt jedoch, dass in einem MR-Regime ausschließlich Staaten vertreten sind, welche die Menschenrechte hoch achten, die dementsprechend auch zuhause die Menschenrechte konstitutionell verankert haben sowie ein unabhängiges Gerichtswesen und in denen (im funktionalen Personal, von Richtern bis Gefängniswärtern) und nennenswerten Teilen der Bevölkerung (die zivilgesellschaftlich also ihre Wachhund-Rolle erfüllen kann) die Achtung der Menschenrechte eine verbreitete Einstellung ist, so wird die internationale Institutionalisierung des MR-Schutzes im Kreise solcher Staaten nur noch einen geringen Sozialisationseffekt haben (wie erwähnt: Vereinheitlichung z. B. des Verständnisses und der Auslegung einzelner Rechte). Wirklich zur Achtung der Menschenrechte *hingeführt* werden brauchen solche Rechtsstaaten nicht. Dagegen dürften ausgesprochene Unrechtsstaaten den Beitritt zu, zumal (in ihren Kontroll-Verfahren) effektiven, MR-Regimen scheuen – soweit sie es sich leisten können. Warum sollten sie sich öffentlichen Anklagen aussetzen? Weit besser, politisch dreist dagegenzuhalten und menschenrechtliche Anforderungen etwa als „bourgeoisen Formalkram" (so die einstige realsozialistische Propaganda) bzw. Einmischung in die inneren Angelegenheiten (so die auch unter neo-autoritären Regimen wieder gängige formal-juristische Argumentation) zurückzuweisen. Wie gesagt: wenn man es sich leisten kann. Und zwar aufgrund der politischen Macht- und Abhängigkeits-Lage. Die EU hat etwa im Rahmen ihrer Nachbarschafts- wie ihrer Entwicklungspolitik durch menschenrechtliche Auflagen (Konditionen) versucht, auf die politische Entwicklung der Zielstaaten hin zur Einhaltung von Menschenrechten Einfluss zu nehmen, indem sie für Schritte in diese Richtung ‚Belohnungen' (Beitritt oder zumindest ökonomische Unterstützung) in Aussicht gestellt hat und für den Fall anhaltender MR-Verletzungen mit Sanktionen droht. Selbst im Falle schwacher, von der EU abhängiger Staaten ist dieser Einfluss jedoch begrenzt, kann durch andere Faktoren (wie etwa das Angewiesen-Sein der EU auf Kooperation der Zielstaaten in anderen Bereichen, etwa der Migrations-Kontrolle) mehr als kompensiert werden. Auch ist zweifelhaft, wieweit durch solche ‚erzwungene' MR-Kooperation tatsächlich eine Förderung von Grundeinstellungen der Achtung von Menschenrechten erreicht werden kann. Zuweilen wohl eher eine mehr oder minder unterschwellige Abneigung gegen die Ausnutzung der eigenen Abhängigkeit oder gar die Zurückweisung kulturimperialistischer Einmischung. m. a. W.: menschenrechtliche Konditionalität ist ein zweifelhafter Wirkmechanismus zur Verbreitung einer Einstellung der Achtung von Menschenrechten. Und nur tendenziell schwachen Unrechtsstaaten gegenüber ist sie überhaupt anwendbar. Was für die Beitrittsmotivation zu MR-Regimen bedeutet: die Staaten, die es am nötigsten haben, halten sich fern; die, die aufrichtig beitreten, haben es am wenigsten nötig. In beiden Fällen ist die von *internationalen* Institutionen ausgehende Wirkung – und auf diese kommt des dem Institutionalismus der IB ja an – begrenzt.

Wenn schon die Beitrittsmotivation zu internationalen MR-Regimen also stark von heimischen Faktoren, insbesondere denen der heimischen Herrschaftsverhältnisse (demokratisch-rechtsstaatlich oder autoritär – oder gar totalitär) bestimmt wird, so natürlich auch der Sozialisationseffekt, der von der Mitgliedschaft in MR-Regimen ausgehen kann. Ja es fragt sich, ob der der Sozialpsychologie entlehnte Begriff der Sozialisation hier überhaupt passt. Er passt, wie angedeutet, insofern, als es für die Etablierung der Achtung von Menschenrechten auch darauf ankommt, v. a. einschlägigem Funktionspersonal (wieder: von Richtern über Staatsanwälten bis zu Gefängniswärtern) ein Bewusstsein für die Gefährdung von Menschenrechten und eine Einstellung zur Förderung ihrer Achtung zu vermitteln. Er passt jedoch nicht, wo es um ganze Herrschafts*systeme* geht. Denn einerseits ist es analytisch nicht sinnvoll, solchen institutionellen Strukturen Einstellungen (oder gar Gefühle) zuzuschreiben. Pointiert formuliert: Staaten sind strukturell herzlos (nur konkrete Personen können ‚ein Herz haben'). Und andererseits zeigen zahlreiche Beispiele, dass in politischen Systemen, je autoritärer – und also auch menschenrechtsgefährdender – sie sind, desto mehr, ‚der Fisch vom Kopf stinkt'. Soll heißen: die Missachtung von Menschenrechten gehört dort *systematisch* zur Klaviatur der Herrschaft (der wenigen Begünstigten oder gar des Alleinherrschers) erhaltenden Maßnahme. Auf Einhaltung der Menschenrechte zu dringen, gar von außen, heißt also, die Herrschaftsfrage zu stellen, die obwaltenden Herrschaftsverhältnisse in Frage zu stellen. Und dies zuzulassen, besteht eine stark eigeninteressierte Abneigung eben unter diesen Herrschenden. Die ganze psychologisierende Rede von internationaler Sozialisation geht an diesen Herrschaftsaspekten weitgehend vorbei. Und sie zeigen sich übrigens nicht nur in autoritären Regimen.

Im Gefolge des Global War On Terror und des Irakkriegs mussten wir zu Beginn des 21. Jahrhunderts miterleben, wie unter neokonservativer Ägide und formaler Führung durch US-Präsident G. W. Bush im Gefolge des Irakkriegs von 2003 in diesem Lande – konkret im Gefängnis von Abu Ghraib – und auch an etlichen anderen, z. T. geheimen Orten der Welt Folter zugelassen wurde, von ganz oben (etwa Verteidigungsminister Rumsfeld) relativiert[44], durch interne Rechtsgutachten, die den Folter-Begriff extrem eng und die damit zugelassenen Verhörmethoden extrem weit auslegten, gerechtfertigt und damit von oben freigegeben (vgl. Pfiffner 2010, Gordon 2014 sowie den offiziellen Bericht des US-Senats [Neskovic 2015]), was, auch das überrascht nicht, vor allem am (neo)konservativen Ende des politischen Spektrums in den USA freilich nicht so gesehen wird. Doch, weniger spektakulär, selbst in der EU, die sich angesichts der Tatsache, dass in ihrem Rahmen weiter gehend als sonst irgendwo auf der Welt tatsächlich supranational regiert wird, 2010 durch ihre Grundrechtecharta selbst an die Einhaltung der Menschenrechte gebunden hat, gibt es nunmehr seitens ihres höchsten Gerichtshofs, des EuGH, Bedenken angesichts der Bestrebungen, dass die EU ihrerseits der EMRK beitreten und sich damit der Rechtsprechung des EuGHMR unterwerfen soll. Man mag den EuGH-Richtern zubilligen, dass dies nicht nur ein Streit um Vorrang unter höchsten Richtern ist (wie zuvor schon im Verhältnis des [west-] deutschen Bundesverfassungsgerichts im Verhältnis zum EuGH), sondern auch aus Überlegungen zur Wahrung der Einheitlichkeit einer Rechtsordnung resultiert. Auch und selbst hier jedoch geht es letztlich um Fragen der Herrschaft.

Insgesamt sind es also ganz wesentlich die heimischen, innerstaatlichen und innergesellschaftlichen Bedingungen, welche die Einhaltung von Menschenrechten bestimmen. Der Einfluss internationaler Institutionen ist begrenzt und wird einerseits über menschenrechts-fördernde Einrichtungen in den einzelnen Staaten (vgl. Cardenas 2014) vermittelt und andererseits von zivilgesellschaftlichen Kräften im Rahmen ihrer Möglichkeiten aufgenommen, wofür ein sog. Spiralmodell der

---

44 Notorisch seine Randbemerkung zu einem Bericht über stundenlanges Stehen in extrem unbequemer Haltung als Mittel der Gefügigmachung von Gefangenen, er selbst stehe doch auch täglich mehrere Stunden an seinem Stehpult.

Wechselwirkung zwischen inter- und transnationalen Einflüssen und heimischen Faktoren entwickelt wurde (Risse/Ropp/Sikkink 1999 und 2013). Die zuletzt zitierten ForscherInnen-Teams schätzen dabei die transnational vermittelte ‚Sozialisations'-Wirkung (die Anführungszeichen, das dürfte nun klar sein, weil es nicht um psychologische Prozesse allein, sondern um institutionellen Wandel und auch Umbau von Machtverhältnissen geht) relativ hoch ein. Anderseits erleben wir in jüngster Zeit erhebliche Fälle des ‚Zurückgleitens' in autoritäre Verhältnisse, nicht nur in Russland (zu seinem Verhältnis zum MR-Regime des Europarats, in dem Russland Mitglied ist, List 2011, 230; zur MR-Entwicklung in Russland allgemein McAuley 2016) und der Türkei.[45] Dort ist Präsident Erdogans neue Herrschaftsstrategie offenbar weniger geneigt, Rücksicht auf ungeliebte MR-Konditionen der EU zu nehmen, zumal seine Verhandlungsposition (und damit Unabhängigkeit) durch die – ihrerseits menschenrechtlich hoch problematische[46] – Flüchtlings-(Abhalte-)Politik der EU (in der sich – s. Kapitel 3, auch die Grenzen ihrer internen wie externen Solidarität zeigen), die auf seine Kooperation angewiesen ist, gestärkt ist. Selbst unter ihren Mitgliedern muss die EU jüngst menschenrechtlich bedenkliche Entwicklungen wie die politische Kontrolle des nationalen Verfassungsgerichts in Polen erleben. Dies alles spricht dafür, dass der internationale Einfluss auf interne politische Entwicklungen zur Förderung der Menschenrechte doch begrenzter ist, als vermutet (s. Freedman 2014 und Hopgood 2015 für eine deutliche Artikulation dieses neuen Skeptizismus). Auch in anderen Weltregionen zeigt sich die Dominanz interner Faktoren bei der Erklärung menschenrechtlichen Verhaltens (vgl. für Israel Meydani 2016, für Palästina Allen 2013).

Außer der Dominanz heimisch-interner Faktoren für die politische und damit auch menschenrechtliche Entwicklung einzelner Gesellschaften sind drei weitere limitierende Faktoren für den Einfluss internationaler MR-Institutionen anzuführen: die asymmetrische Situationsstruktur, das Ausschluss-Dilemma und der politisch-instrumentelle Umgang mit ihnen durch Mitgliedstaaten. Sie seien kurz erläutert. Internationale Kooperation kommt vergleichsweise leicht auf der Grundlage von Gegenseitigkeit, Reziprozität, zustande. Beide Seiten wollen etwas von einander und tauschen ihre Leistungen aus. Im Bereich des internationalen MR-Schutzes ist die Situationsstruktur jedoch zunächst eine asymmetrische: es geht primär darum, die Einhaltung der Menschenrechte durch einen Staat gegenüber seinen eigenen Bürgern zu fördern. Ausländer sind also zunächst faktisch nicht betroffen (daher die gern gebrauchte Ausrede der Einmischung in innere Angele-

---

45 Für aktuelle Meldungen dazu vgl. https://www.hrw.org/europe/central-asia/turkey
46 Vgl. den Vorspruch von T. Mann zu diesem Teilkapitel sowie Kingsley 2016, Luft 2016 und Costello 2016; vgl. auch weltregional vergleichend Dembour 2015.

genheiten). Das heißt jedoch auch, dass man MR-Verletzungen im Zielstaat nicht mit eigenem menschenrechtlichen Versagen ‚vergelten' kann. Tit-for-tat, wie du mir, so ich dir, greift hier also nicht. Konditionalität, das Stellen menschenrechtlicher Bedingungen, muss also erst durch die Verknüpfung mit anderen vom Zielstaat erstrebten Gütern hergestellt werden: wenn Du Dich nicht wohl verhältst, bekommst Du auch nicht X (z. B. den EU-Beitritt). Über die Grenzen der Wirksamkeit dieser Kopplungsgeschäfte wurde oben schon Hinreichendes gesagt.

Auch im Falle des backsliding, des Wieder-Zurückfallens von Mitgliedern internationaler MR-Regime in alte Muster der MR-Missachtung, ist fraglich, ob die letzte und quasi schärfste Sanktion: der Ausschluss aus dem Kreis der Regimemitglieder wirklich zielführend ist. Schließlich führt dies nicht nur zu politischen Trotzreaktionen. Es nimmt eben auch jegliche Einflussmöglichkeiten, die man aufgrund der Mitgliedschaft hat, wie den Appell, selbst übernommene Verpflichtungen doch einzuhalten. Der Europarat musste schon im Umgang mit dem griechischen Obristen-Regime ab 1967 und auch im Verhältnis zur vom Militär beherrschten Türkei der 1980er Jahre diese Lehre ziehen (vgl. List 1992).

Schließlich ist und bleibt nicht nur der Aushandlungsprozess internationaler MR-Regime, sondern natürlich auch ihre alltägliche Umsetzung in faktisches Handeln, die ja das Regime als soziales Faktum erst erzeugt, ein politischer Prozess. Dies zeigt sich auf globaler Ebene etwa im Umgang mit dem globalen Kontrollgremium des UN-Menschenrechtsrats bzw. seinen Mitgliedern, den autoritäre Staaten pflegen. Sie haben am ehesten blaming und shaming zu fürchten und schätzen es in der Tat nicht. Sie haben freilich ihre Methoden, wie sie dies zu verhindern suchen – und zwar nicht durch Einhaltung der Menschenrechte, sondern durch politische Manipulation. Rosemary Foot und Rana Siu Inboden (2016) haben etwa die Einflussnahme der VR China auf die asiatischen Mitglieder dieses Gremiums untersucht. Er konnte sich auf drei Faktoren stützen: „an alignment in beliefs, the design features of the UNHRC that were arrived at, and the general perception of China as a powerful ally helpful to the promotion and protection of Asian state interests" (ebd. 239) ließ die asiatischen Staaten im MR-Rat meist gemeinsam agieren. Freilich hatte auch dieser Einfluss seine Grenzen – in den klar artikulierten Standpunkten mächtiger westlicher Staaten (mit denen es sich zu verscherzen ein zu hoher Preis für asiatische Kleinstaaten gewesen wäre, um China durchgehend zu stützen):

> when Beijing sought to weaken the use of country-specific resolutions, China was unable to persuade other countries, including developing Asian countries, to support its position. This anomaly can best be explained by the reluctance of other states to support a controversial position clearly at odds with a number of key mainly western European countries. (Foot/Imboden 2016, 239)

Hier halten also westliche Staaten vielleicht, der vom Konstruktivismus unterstellten Logik der Angemessenheit folgend, nämlich norm-geleitet, menschenrechtliche Standards hoch – was dem ‚Spiel' insgesamt jedoch keinesfalls seinen politisch-taktischen und damit auch instrumentellen Charakter nimmt.

Skepsis wenn schon nicht gegenüber den Menschenrechten selbst und dem Bemühen um ihren internationalen Schutz, so doch hinsichtlich seiner Wirksamkeit und damit auch hinsichtlich zu naiven theoretischen Erklärungsversuchen, welche die eigentlichen politischen Aspekte wie Herrschafts- und Machtinteressen einerseits, strategisches Handeln andererseits ausblenden, ist also angebracht. Dies zeigt sich auch in drei anderen Bereichen der inter- und transnationalen Menschenrechtspolitik, die wir noch ansprechen wollen. Der erste ist die Problematik der Humanitären Intervention (HI) bzw. ihrer normativen Nachfolgerin, der sog. Schutzverantwortung (Responsibility to Protect, R2P).[47] Mit beiden verlassen wir den bisher betrachteten Bereich der gewissermaßen alltäglichen Förderung von Menschenrechten durch internationale Institutionen und wenden uns dem, ungeachtet seiner unangenehmen Häufigkeit, außergewöhnlichen Phänomen der massiven Verletzung von Menschenrechten und der Reaktion ‚der internationalen Gemeinschaft' seit 1990 darauf zu. Die Anführungszeichen indizieren bereits ein erstes Problem: die viel beschworene internationale Gemeinschaft gibt es als einheitlichen Akteur gar nicht. Vielmehr bezeichnen sich einerseits die Vereinten Nationen (bzw. abstimmende Mehrheiten in ihnen) gerne als solche (oder zumindest als ihre Repräsentantin); zum andern könnte man, eher weltgesellschafts-soziologisch, darunter diejenigen Teile – und es sind, darin liegt eine wichtige Einschränkung, nur ihre eher liberalen, bevorzugt, wenn auch nicht ausschließlich, westlichen Teile – der transnationalen Zivilgesellschaft, die sich zu Menschenrechten und Humanitarismus bekennen, verstehen. Ihnen wurde schon unter dem Eindruck des Zweiten Weltkriegs und des Holocaust der Gedanke zum Graus, dass solch schwere MR-Verletzungen wie Völkermord ungehindert (und ungestraft) von statten gehen könnten. Die Blockade der Supermächte und die ideologische Spaltung der Weltgesellschaft im Ost-West-Konflikt verhinderten jedoch die erforderliche Einigkeit (z. B. im Sicherheitsrat der Vereinten Nationen), um ein Eingreifen zu autorisieren. Stattdessen kam es zu einseitigen Interventionen der Supermächte in vielen Krisen und Konflikten rund um die Welt, welche

---

47 Die Literatur zu beiden ist sehr umfangreich, von den neueren Publikationen seien genannt zur **HI**: Bruch 2016, Menon 2016 (skeptisch-kritisch hinsichtlich der Aufrichtigkeit), Scheid 2014, Walling 2016 (zu den Entscheidungsmotiven im UN-Sicherheitsrat), Weiss 2016 (einführend); zur **R2P**: Bellamy/Dunn 2016, Ercan 2016, Etzersdorfer/Janik 2016 (gut einführend auf Deutsch), Evans 2008 und Knight/Egerton 2012; zu beiden kurz im Rahmen des Hagener Kurs-Programms Rolf 2016.

2.2 Internationaler Schutz der Menschenrechte

jedoch machtpolitisch und nicht humanitär motiviert waren, oft nach dem Motto: stützt du die eine Seite, stütze ich die Gegenseite. Erst das Ende des klassischen Ost-West-Konflikts eröffnete nach 1990 in den Vereinten Nationen Vordenkern eines humanitär motivierten Eingreifens in Konflikte, die mit massiven MR-Verletzungen einhergehen, die Chance, auch bei Entscheidungsträgern Gehör zu finden. Ein rechtlicher Weg zur Autorisierung solch humanitärer Interventionen bestand damit jedoch noch nicht. Vielmehr bildete sich, was nicht ohne Kritik blieb, im Laufe der 1990er Jahre im UN-Sicherheitsrat eine Praxis heraus, seine Zuständigkeit für die Wahrung „des Weltfriedens und der internationalen Sicherheit" weit auszulegen und darunter auch die Kompetenz zu verstehen, tief in die inneren Verhältnisse solcher Konflikt-Gesellschaften einzugreifen, auch unter Einsatz von Waffengewalt, wenn dies zum Schutz von Menschen als erforderlich angesehen wurde. Solch UN-autorisiertes Eingreifen gab es etwa 1992 in Somalia, 1994 in Haiti und Ruanda und 1999 in Ost-Timor – mit durchaus unterschiedlichem Erfolg, zunehmend auch delegiert an (welt-)regionale Organisationen (wie etwa die insofern besonders aktive Wirtschaftsgemeinschaft Westafrikanischer Staaten/ECOWAS, vgl. List 2016, 159 ff., ausführlicher Kabia 2016).

Die Ausweitung der Zuständigkeit des Sicherheitsrats im Gefolge der HI auf das, was nach klassischem völkerrechtlichen Verständnis innere Angelegenheiten waren, stellte ein Problem der HI dar – und wird in der schon wieder von weniger Großmächte-Konsens geprägten Gegenwart auch für die R2P zum Problem. Denn häufig wurde kritisch in Frage gestellt, dass erfolgende ‚humanitäre' Interventionen dies tatsächlich seien: einerseits, weil die altruistischen Motive angezweifelt wurden[48]; andererseits, weil die Unverträglichkeit der militärischen Mittel und der angeblich humanitären Zwecke angeprangert wurde. Verschärft wurden diese Probleme noch dann, wenn, wie im Falle der Kosovo-Intervention der NATO 1999, gar kein UN-Mandat zustande kam, sondern eine ‚Selbstmandatierung' erfolgte. Was die Motivlage anbelangt, so ist realistisch wohl bestenfalls von gemischten Motiven auszugehen. Anders als Private nämlich (die zum Beispiel aus humanitären Gründen ihr ganzes Hab und Gut – oder doch Teile davon – hergeben können,

---

48 Oder auch die Art, wie die Frage nach dem Ob einer HI moralisch aufgeladen wurde. So schreibt Forte (2016, 260f., Herv. ML) im Hinblick auf die Libyen-Intervention 2011: „The alleged ‚consequences of inaction' were *culturally constructed* and socially distributed, with the hope of both *spreading accountability and acquiring legitimacy*, while also *depoliticising* the intervention by turning it into a purely moral choice (…). Morality played a paramount role in *compelling and justifying military intervention* (…)", wozu eine Reihe aus dem 19. Jahrhundert vertraute Argumentationsmuster bemüht wurden (wie die Verteufelung Gaddafis oder auch das „white savior syndrome" (J. Cammarota, zitiert ebd.).

was ‚superempowered individuals', wie sie genannt wurden, etwa Bill Gates und George Soros, ja auch tun) sind Regierungen, auch wenn sie über Interventionen im Ausland entscheiden, primär ihren heimischen Wählern verantwortlich. Um diese zu überzeugen, ist über humanitäre Gründe hinaus die Argumentation mit aufgeklärtem Eigeninteresse ein probates Mittel – in der Entwicklungspolitik wie im Falle humanitärer Interventionen (vgl. auch Kapitel 3 zur grenzüberschreitenden Solidarität). Der deutsche Verteidigungsminister Struck argumentierte so, als er die deutsche Beteiligung am Afghanistan-Einsatz damit begründete, dass dadurch deutschen Sicherheitsinteressen gedient werde („Deutschland wird am Hindukusch verteidigt."). Kritische Hinterfragung der HI-Motive bleibt gleichwohl angebracht, damit Eigeninteressen der Intervenienten nicht gänzlich zu überwiegen beginnen (und damit HI womöglich zum Vorwand verkommt). Dies gilt ebenso für die Verhältnismäßigkeit militärischer Mittel.

Die schwache Legitimationsgrundlage humanitärer Interventionen, selbst und gerade UN-mandatierter, die aus dem Grundkonflikt resultiert zwischen klassischem Souveränitäts-Verständnis und daraus folgendem Verbot der Einmischung in die inneren Angelegenheiten gerade auch durch die UNO (gemäß Art 2 Nr. 7 ihrer Charta, der dies explizit verbietet) einerseits und der seit 1945 gesteigerten, auch völkerrechtlichen Bedeutung der Menschenrechte andererseits, wurde im Gefolge der HI-Praxis der 1990er Jahre durch Lancieren einer neuen Idee anzugehen versucht: eben der Schutzverantwortung. Sie soll primär den einzelnen Staaten zukommen. Sie sind zunächst selbst dafür verantwortlich, dass sie keine massiven MR-Verletzungen vornehmen und auch dafür, dass sie solche auf ihrem Territorium (z. B. durch Aufständische) nicht zulassen. Womit jedoch bereits ein neues Problem auftaucht: Was, wenn sie dies nicht wollen – oder können? Hier nun soll – verpflichtend! – die internationale Gemeinschaft einspringen, die gemäß der R2P-Vorstellung also erst in zweiter Instanz die Verantwortung trägt. Ungeachtet der Tatsache, dass die R2P 2005 im Abschlussdokument des Weltgipfels der Staats- und Regierungschefs rechtlich unverbindlich angenommen wurde und sich der UN-Sicherheitsrat 2011 im Falle der Elfenbeinküste und Libyens (dazu kritisch Hehir/Murray 2013) auf sie berief, ist sie jedoch bisher allenfalls eine „moral norm" (Ercan 2016) geblieben – und löst auch nicht wirklich die fortbestehenden Probleme.

Nach wie vor ist unklar, wen die sekundäre Schutzverantwortung trifft, wenn sie Sache der ‚internationalen Gemeinschaft' sein soll. Einigkeit im UN-Sicherheitsrat ist heute, der Fall Syriens zeigt es, schon wieder schwieriger zu erreichen als in den 1990ern.[49] Die Beteiligung selbst grundsätzlich der R2P positiv gegenüberstehender

---

49 Vom Zwang zur Einigung in internationalen Organisationen, die Interventionen autorisieren, kann durchaus ein bremsender Effekt ausgehen, der zu leichtfertig erfolgende

Staaten an entsprechenden Einsätzen ist, Deutschlands Enthaltung im Libyen-Fall zeigt es, nicht gewiss. UN-eigene Truppen, in der Charta prinzipiell vorgesehen, wird es jedoch auf absehbare Zeit nicht geben. Auch kann keineswegs davon ausgegangen werden, dass das neue Verständnis von Souveränität, das oben (2.1) angesprochen wurde und das sie als Bündel von Rechten *und* Pflichten sieht, schon allgemein in der Staatenwelt akzeptiert sei, zumindest nicht dahingehend, dass es die R2P einschließt (vgl. für gewandelte Souveränitätsauffassungen in Brasilien, Indien und Südafrika Plagemann 2015). Aus unterschiedlichen Gründen beharren vielmehr gerade auch die relevanten, weil auch militärisch handlungsfähigen, Staaten darauf, dass Entscheidungen über (auch humanitäre) militärische Auslandseinsätze im Bereich ihrer autonomen Entscheidungskompetenz bleiben. Und obwohl die R2P, durchaus konsequent im Lichte der Erfahrungen mit den z. T. ernüchternden Ergebnissen erfolgter humanitärer Interventionen, dahingehend weiter gedacht wurde, dass sie auch eine Verantwortung „to build" einschließt, dass es also nicht ausreicht, den ‚Bösen' in den Arm zu fallen und sie womöglich aus dem Amt (oder Land) zu treiben, sondern der Aufbau funktionierender staatlicher Strukturen in Nach-Konflikts-Gesellschaften erforderlich ist, so hat sich gerade dies, gelinde gesagt, als schwierig erwiesen, von der über reines ‚Staaten-Bauen' hinausgehenden Förderung von Demokratie- und Rechtstaatlichkeit (und damit der dauerhaften Befriedung von Gesellschaften) ganz zu schweigen (wie Fälle von Bosnien-Herzegowina bis Irak zeigen; vgl. Langer/Brown 2016). Die von R2P-Befürwortern im ersten Überschwang formulierte Hoffnung, „ein für alle Mal" (Evans 2008) massive MR-Verletzungen und Verbrechen gegen die Menschlichkeit aus der Welt zu schaffen, erscheint also verfrüht. Aus den Dilemmata, die mit Versuchen der Umsetzung der HI bzw. der Wahrnehmung der R2P und vor allem ihrer Aufbau-Komponente verbunden sind, scheint es in der Weltpolitik auch zu Beginn des 21. Jahrhunderts keine einfachen Auswege zu geben.

Autorisierung verhindert (so List 2014). Allerdings sollte man sich von den diesbezüglichen Argumentationen etwa unter den Mitgliedern des UN-Sicherheitsrats nicht die falsche Vorstellung eines herrschaftsfreien Ringens mit der Kraft von Argumenten allein (englisch: arguing) machen – auch hier bestimmt strategisches Handeln und Verhandeln (englisch: bargaining) die Ergebnisse mindestens gleichermaßen (vgl. Walling 2016).

Übersicht 2.3 Menschenrechte – internationaler Schutz

Ideen
Die Idee der MR umfasst drei Komponenten: 1. allen Menschen (deren Gleichheit insofern postuliert wird) werden 2. unveräußerliche 3. Rechte zuerkannt, als deren Kerngehalt die unantastbare Menschenwürde gilt. Ist dies zunächst eine moralisch-politische Forderung (in Reaktion auf historische, auch immer wiederkehrende Misshandlungen von Menschen durch Menschen), so nimmt sie im Wege der Kodifikation (verfassungs- und völker-) rechtliche Geltung an. Die (Welt-)Gesellschaft hebt damit die Bedeutung der Menschenrechte nach 1945 hervor und sakralisiert in einem weltlichen Sinne die Menschenwürde.

soziales Handeln
MR-bezogenes soziales Handeln ist ursprünglich moralisch-politischer Protest, dann rechtspolitische Forderung (nach Kodifikation), nachdem diese erreicht ist weiterhin Überwachung der Einhaltung von MR (z. B. durch Nicht-Regierungsorganisationen in ihrer ‚Wachhund'-Funktion), Skandalisierung insbesondere massiver MR-Verletzungen sowie politisches und juristisches Vorgehen gegen sie. Aufseiten der Staaten findet sich MR-konformes Umsetzungsverhalten, jedoch auch weiterhin, selbst in demokratischen Rechtsstaaten, MR-verletzendes Verhalten sowie insgesamt ein politisch-taktischer Umgang mit MR auf internationaler Ebene (zur Wahrung der eigenen Reputation wie zur Schädigung gegnerischer Staaten).

Praktiken
MR-verletzende Praktiken wie Folter konnten eingeschränkt werden, Rückfälle ereignen sich jedoch selbst in demokratischen Rechtsstaaten. Missachtung sozialer MR wie etwa durch die Ausbeutung faktisch unter sklavenartigen Bedingungen lebender Menschen betrifft heute ungeachtet der formalen Ächtung der Sklaverei mehr Menschen als je zuvor, trotz dagegen gerichteter Bemühungen von NGOs und etwa der ILO.
Global wie weltregional ist staatliche Beteiligung an den Verfahren internationaler Regime zum MR-Schutz Praxis, freilich oft taktisch, nicht immer aufrichtig. Die Anwendung gerichtlicher Verfahren unterliegt oft politisch kontrollierter Aktivierung. Ein individuelles Klagerecht auf internationaler Ebene gibt es nur im Rahmen des europäischen MR-Regimes (des Europarats).
Der Schutz vor massiven MR-Verletzungen durch Humanitäre Intervention begann in den 1990ern zu einer internationalen Praxis vor allem westlicher Staaten zu werden, ihre Dilemmata (darunter die liberal-westliche Einseitigkeit) konnten jedoch nicht überwunden werden, auch nicht durch die Nachfolge-Idee einer (sekundär internationalen) Schutzverantwortung, die angesichts einzelstaatlichen Beharrens auf Souveränität und Handlungsautonomie moralische Forderung geblieben ist.
Internationales Strafrecht und ein für seine Anwendung zuständiger Strafgerichtshof konnten etabliert werden; ihre präventive Wirkung bleibt begrenzt, ihre sonstigen Auswirkungen sind ambivalent (und reichen vom Positiven der Etablierung historischer Wahrheit bis zu z. T. damit verbundener Konflikt verschärfender Wirkung und dem Vorwurf neokolonialer Einseitigkeit bei faktisch verbleibender Unbelangbarkeit von Vertretern von Großmächten).

2.2 Internationaler Schutz der Menschenrechte

> **Institutionen**
> Globale und weltregionale internationale Regime zum Schutz der MR (vgl. Übersicht 2.2); politische und gerichtliche (MR-Gerichtshöfe) Verfahren in ihrem Rahmen; internationale Strafgerichtsbarkeit; UN-Sicherheitsrat als ambivalenter Hüter internationaler Sicherheit, die in neuer Lesart den Schutz vor massiven MR-Verletzungen durch HI und R2P einschließt.

Von daher mag eine andere neuere menschenrechts-relevante Entwicklung des Völkerrechts, die Entwicklung eines Völkerstrafrechts[50] und einer für seine Anwendung zuständigen dauerhaften Instanz, des Internationalen Strafgerichtshofs in Den Haag, realistischer erscheinen, richtet sie sich doch darauf ein, auch künftig mit den Urhebern und Tätern solcher Verbrechen umgehen zu müssen. Dabei ist zunächst der innovative Charakter dieses Unterfangens zu erläutern. Im Allgemeinen (Sie kennen jetzt die einzige Ausnahme!) können vor internationalen Gerichten nur Staaten gegen andere Staaten klagen. An diese richtet sich auch das Völkerrecht (und mithin auch völkerrechtliche Bestimmungen zum Schutz von Menschenrechten, auch wenn die Begünstigten eben Menschen sind). Im sich nunmehr entwickelnden Völkerstrafrecht ist dies anders: hier geht es, wie man juristisch sagt, um *individuelle* (statt staatlicher) Verantwortlichkeit. Damit diese rechtsstaatlich verhandelt werden kann, muss es vorgängig Straftatbestände in rechtlich geltender Form geben (denn es gilt der Grundsatz: nulla poena sine lege – keine Strafe ohne [hier: völkervertrags-]rechtliche Grundlage). Damit und durch die Unabhängigkeit der Richter unterscheidet sich das neue Völkerstrafrecht auch von historischer Siegerjustiz, unter deren Odium auch noch die Verfahren gegen die Kriegsverbrecher am Ende des Zweiten Weltkriegs (in Nürnberg und Tokio) standen. Auch die Unabhängigkeit der Anklagebehörde, um die heftig gerungen werden musste, ist ein Spezifikum der neuen internationalen Strafjustiz. Und durch seine Dauerhaftigkeit unterscheidet sich der IStrGH von den vorausgegangenen ad hoc (= lat. [nur] für diesen [Zweck]) eingerichteten Tribunalen zur Ahndung von Verbrechen gegen die Menschlichkeit im ehemaligen Jugoslawien und in Ruanda.

Die Aushandlung der völkerrechtlichen Grundlage für dieses neue internationale Strafrechtssystem in Gestalt des Römischen Statuts von 1998 wurde von transnational-zivilgesellschaftlichen Kräften (Glasius 2006) im Verbund mit einer sich dafür einsetzenden Staatengruppe (der sog. gleichgesinnten Staaten) vorangetrieben. Dazu gehörten eine ganze Reihe europäischer Staaten, unterstützt von mehreren lateinamerikanischen Staaten sowie Australien, Neuseeland und Kanada. Widerstand kam vor allem vonseiten der USA: „it publicly affirmed its general

---

50 Vgl. Schramm 2011 (einführend), Esser 2013, Guilfoyle 2016, Schabas 2016 und Werle/Jessberger 2014.

support for the project, but in reality it worked against the ICC [International Criminal Court = IStrGH] behind the scenes." (Nolte 2003) Auch Großbritannien war zunächst skeptisch, wandelte jedoch seine Haltung im Lauf der Verhandlungen. Indien dagegen blieb bei seiner Ablehnung, die vor allem in seiner Furcht begründet war, der Gerichtshof könne ein Instrument westlicher Staaten werden (Bosco 2014, 47). Deutschland dagegen wurde zu einem der eifrigsten Unterstützer des entstehenden Gerichtshofs, wobei seine eigene geschichtliche Vorerfahrung mit dem Nationalsozialismus und deren Aufarbeitung eine wesentliche Rolle spielte (Steinke 2012). Die (Hinter-)Gründe für diese unterschiedliche Positionierung auch demokratischer Staaten sind ein spannendes Thema – etwa auch für Arbeiten im Rahmen des Studiums. Die Verhandlungen konnten jedoch am 17. Juli 1998 erfolgreich abgeschlossen werden: 120 Staaten stimmten in Rom für den Text des Statuts, sieben dagegen (USA, VR China, Israel, Syrien, Irak, Kuba und Jemen). 21 Staaten, darunter Indien, enthielten sich. Nach Ratifikation durch eine ausreichende Zahl von Staaten trat das Statut 2002 in Kraft. Von 193 Staaten haben sich 121 dem IStrGH angeschlossen, 72 nicht; beide Gruppen stehen für 33 bzw. 67 Prozent der Weltbevölkerung und 27 bzw. 73 Prozent der globalen Streitkräfte (Bosco 2014, 5 ff.).

Im weiteren Verlauf der Entwicklung der Tätigkeit des IStrGH kam es auch, wie Bosco (2014) in seiner Analyse zeigt, zu einer wechselseitigen Anpassung des Gerichtshofs und seiner staatlichen Skeptiker: beide Seiten vermieden zunehmend eine Maximalstrategie (die, wie oben, 2.1, erwähnt, seitens der USA u. a. in der Stipulierung von Auslieferungsverboten für eigene Militärangehörige in zahlreichen bilateralen Abkommen bestand): „major powers and the court engaged in an interactive process of mutual accomodation." (ebd., 11) Im Libyen-Fall wie in dem des Sudan lernten sogar die USA als IStrGH-Skeptiker seine Möglichkeiten zu schätzen – und sei es aus politisch-taktischen Gründen. Die Befürworter der neuen internationalen Strafjustiz versprachen sich wie allgemein im Strafrecht von dieser neben der Bestrafung von Tätern auch eine general-präventive, also mögliche künftige Täter abschreckende Wirkung. Hier mag man freilich Zweifel haben: Staats- und Regierungschefs, die zu Verbrechen gegen die Menschlichkeit überhaupt bereit sind, lassen sich durch die Aussicht auf womöglich eines Tages erfolgende Bestrafung wohl eher nicht abschrecken. Schon bei der im Rahmen der zu führenden Prozesse erstrebten Wahrheitsfindung zeigen sich weitere Probleme: gerade die Justizförmigkeit der Verfahren kann diese im Vergleich etwa zu Wahrheitskommissionen, die auch mit Amnestien gekoppelt werden können, eher behindern. Schließlich litt die Praxis des IStrGH bzw. der Ermittlungsbehörde in den ersten Jahren auch unter einem ‚bias' dahingehend, dass insbesondere afrikanische Verhältnisse thematisiert wurden (so auch im jüngsten Urteil vom 21.3.2016 gegen den ehemaligen kongolesischen Rebellenführer Jean-Pierre Bemba; erstmals wurden hierbei Vergewaltigungen als Kriegsverbrechen anerkannt und erstmals wurde vom IStrGH auch eine Person aufgrund ihrer Befehlsgewalt verurteilt, ohne dass ihr die persönliche Umsetzung der Taten vorgeworfen bzw. nachgewiesen worden wäre[51]). Daher sind Gerichtshof und Anklage auf dem afrikanischen Kontinent vielfach mit Vorwürfen ‚anti-schwarzer' Unausgewogenheit oder gar des Neokolonialismus konfrontiert worden, was jedoch auch eigene Gerichtsbarkeit vor Ort anregen mag, zu der der IStrGH ja nur komplementär wirken soll (skeptisch insofern vor dem Hintergrund der Erfahrung in Uganda und Sudan Nouwen 2013, am Beispiel Kenias Sharma 2016). Schließlich kann es zu Konflikten zwischen den politischen Zielen der internationalen Friedensstiftung und der Strafverfolgung kommen, wenn Letztere Verhandlungspartner auf die Anklagebank bringt, die für Ersteres gebraucht werden, so ‚unappetitlich' das sein mag (vgl. Kersten 2016), auch wenn der UN-Sicherheitsrat ein Recht hat, die Überweisung eines Falls an den IStrGH für ein Jahr zurückzustellen (deferral; Art. 16 des Statuts). Auch die Effektivität der internationalen Strafgerichtsbarkeit bleibt also begrenzt (vgl. auch Meernik 2016).

Schließlich sei kurz die Problematik der Verantwortung privater Akteure für Schutz und Einhaltung der Menschenrechte bzw. deren Verantwortlichkeit für ihre Verletzung angesprochen. Wie gesagt sind völkerrechtlich zunächst Staaten als Staaten verantwortlich. Im internationalen Strafrecht etabliert sich darüber hinaus für Verbrechen gegen die Menschlichkeit auch eine individuelle Verantwortlichkeit. Diese bezieht sich auch nicht mehr nur auf staatliche Funktionsträger, sondern auf Inhaber faktischer Befehlsgewalt (wie der Fall Bemba jüngst gezeigt hat). Gleichwohl sind Rebellen und Terroristen, die auch Menschenrechte verletzen können bzw. im Falle Letzterer es definitiv tun, völkerrechtlich kaum verpflichtet – und ihre Bekämpfung ist auch weniger ein gerichtliches Problem (wohl aber, siehe die Bemerkungen oben zur Folter, mit menschenrechtlichen Risiken verbunden). Neuerdings treten jedoch in bewaffneten internationalen Konflikten vermehrt auch private militärische Dienstleistungsanbieter auf. Auch durch sie kann es zu MR-Verletzungen kommen. Hier sind einerseits die beauftragenden Staaten verantwortlich (Tonkin 2011), andererseits sind auch die Vereinten Nationen selbst, mit beauftragten staatlichen wie privaten Blauhelmen, in dieser Verantwortung (Verdirame 2011). Schließlich aber sind es vor allem transnational wirkmächtige Firmen, die in die Kritik geraten sind, MR-Verletzungen zuzulassen, bzw. die moralisch in die Pflicht zu nehmen versucht werden, dies zu verhindern. Der von den Vereinten Nationen und Unternehmen auf freiwilliger Basis seit 1999 geschlossene Global Compact[52],

---

51 Vgl. http://www.dgvn.de/meldung/jean-pierre-bemba-wegen-kriegsverbrechen-und-verbrechen-gegen-die-menschlichkeit-fuer-schuldig-gesprochen/
52 https://www.unglobalcompact.org/

der als ersten Grundsatz die Einhaltung der Menschenrechte beinhaltet, gehört in diesen Kontext – ebenso wie öffentliche Kampagnen der zivilgesellschaftlichen Kritik, die über den Reputationsmechanismus die vielfach deklarierte Corporate Social Responsibility von Firmen (dazu unten Kapitel 6, Ende) einfordern (vgl. Ruggie 2013; zu fortbestehenden Problemen dabei Deva 2012 und Simons/Macklin 2014; aus philosophischer Perspektive Karp 2014).

Insgesamt ist also hinsichtlich des internationalen Schutzes von Menschenrechten festzustellen:

- Da sich transnational-zivilgesellschaftliche Kräfte seit 1945 und verstärkt seit 1968 im Zusammenspiel mit geneigten, meist liberal-demokratischen, Staaten dafür eingesetzt haben, konnten die umfassende Kodifikation und Institutionalisierung des MR-Schutzes erreicht werden, global, weltregional und sektoral (themen- bzw. gruppen-bezogen);
- die Wirksamkeit all dieser Mechanismen bleibt jedoch begrenzt, die Zahl der – auch ungeahndeten – MR-Verletzungen und sogar Verbrechen gegen die Menschlichkeit bleibt zu hoch;
- gerade deshalb jedoch sind aufgrund der begrenzten Wirksamkeit bisheriger (Nutzung von) Mechanismen des MR-Schutzes die Anstrengungen nicht etwa einzustellen; vielmehr sind die bisherigen Grenzen ein Grund, sich verstärkt für ein Mehr an Wirksamkeit und ein Mehr an Schutz der Menschenrechte einzusetzen.

2.3 Resümee des Kapitels

In diesem Kapitel wurde

- zum einen Völkerrecht oder wie es korrekter heißen müsste: internationales öffentliches Recht als im wahrsten Sinne *grundlegend* für das neuzeitliche (,Westfälische') Staatensystem vorgestellt – es ist in (völker-)rechtlicher Form konstituiert, was fachlich zuerst von der sog. Englischen Schule betont wurde, neuerdings aus konstruktivistischer Sicht; Völkerrecht fungiert als Ko-Existenz- und zunehmend auch als Kooperations-Recht, wobei sein Geltungsanspruch auf der außerrechtlichen, weltgesellschaftlich verbreiteten Idee beruht, dass die rule of law auch auf internationaler Ebene zur Verwirklichung von Gerechtigkeit beiträgt; anhand ausgewählter Themenfelder und Studien wurde sodann gezeigt, dass Erzeugung und Einhaltung von Völkerrecht durchaus politische

2.3 Resümee des Kapitels

Prozesse sind und welchen Beitrag unterschiedliche theoretische Perspektiven zu ihrer Erklärung leisten können;
- zum andern wurde speziell auf die globalen und weltregionalen Bemühungen zum internationalen Menschenrechtsschutz eingegangen: sie basieren auf Vorstellungen wie der der Unantastbarkeit menschlicher Würde, haben durch Kodifikation inzwischen jedoch völkerrechtlichen Status erlangt und auch, in ihrer Wirksamkeit freilich begrenzte, internationale Kontroll-Institutionen hervorgebracht; auch dies lässt sich unter Heranziehung unterschiedlicher theoretischer Perspektiven erklären, sollte politisch-praktisch jedoch das Beharren auf der Forderung nach Einhaltung der Menschenrechte nicht unterminieren, zumal neuere Entwicklungen wie die des internationalen Strafrechts zeigen, dass Weiter-Entwicklung möglich ist.

Literaturhinweise zu Kapitel 2

Armstrong, David 2012: International Law and International Relations, 2nd ed., Cambridge.

In diesem bewährten Lehrbuch geben zwei ausgewiesene Kenner und eine ausgewiesene Kennerin einen soliden Überblick über das Völkerrecht und seine Entwicklung sowie unterschiedliche theoretische Perspektiven der Internationalen Beziehungen zu deren Analyse.

Scott, Shirley V. 2017: International Law in World Politics. An Introduction, 3rd rev. ed., Boulder, Col.

Die ebenfalls bewährte Einführung der australischen Kollegin Scott behandelt neben zentralen Sachbereichen des internationalen Rechts z. B. auch „Legal Argument as Political Maneuvering".

Bianchi, Andrea 2016: International Law Theories. An Inquiry into Different Ways of Thinking, Oxford.

In Ergänzung zu den stärker inhaltlich orientierten vorgenannten Einführungen gibt diese einen Überblick über unterschiedliche theoretische Ansätze des Nachdenkens über internationales Recht, von klassischen-juristischen und marxistischen bis hin zu zeitgenössisch-sozialwissenschaftlichen (u. a. New Haven und Helsinki School, Critical Legal Studies, Feminismus).

Forsythe, David P. 2017: Human Rights in International Relations, 4th ed., Cambridge.

Die beste Einführung in Recht und Politik des internationalen Menschenrechtsschutzes, auf globaler und weltregionaler Ebene, die sich abschließend auch mit „the politics of liberalism in a realist world" befasst.

Literatur zu Kapitel 2

Allen, Lori 2013: The Rise and Fall of Human Rights. Cynicism and Politics in Occupied Palestine, Stanford.
Alston, Philip/Goodman, Ryan 2013: International Human Rights. Texts and Materials, Oxford.
Armaline, William T./Glasberg, Davita Silfen/Purkayastha, Bandana 2015: The Human Rights Enterprise, Cambridge/Malden.
Bartelson, Jens 2014: Sovereignty as a Symbolic Form, Abingdon/New York.
Bellamy, Alex/Dunn, Tim (Hrsg.) 2016: The Oxford Handbook of the Responsibility to Protect, Oxford/New York.
Bosco, David 2014: Rough Justice. The International Criminal Court in a World of Power Politics, Oxford/New York.
Bruch, Elizabeth M. 2016: Human Rights and Humanitarian Intervention. Law and Practice in the Field, Abingdon/New York.
Brunnée, Jutta/Toope, Stephen J. 2010: Legitimacy and Legality in International Law. An Interactional Account, Cambridge.
Brunner, José/Stahl, Daniel (Hrsg.) 2016: Recht auf Wahrheit. Zur Genese eines neuen Menschenrechts, Göttingen.
Bull, Hedley 1977: The Anarchical Society. A Study of Order in World Politics, London (jüngste Neuausgabe: New York 2012).
Buzan, Barry 2010: From International to World Society? English School Theory and the Social Structure of Globalisation, Cambridge.
Buzan, Barry 2014: An Introduction to the English School of International Relations. The Societal Approach, Cambridge/Malden.
Buzan, Barry/Gonzalez-Pelaez, Ana (Hrsg.) 2009: International Society and the Middle East. English School Theory at the Regional Level, Basingstoke/New York.
Buzan, Barry/Lawson, Goerge 2015: The Global Transformation. History, Modernity and the Making of International Relations, Cambridge.
Buzan, Barry/Zhang, Yongjin (Hrsg.) 2014: Contesting International Society in East Asia, Cambridge.
Byers, Michael 2013: International Law and the Arctic, Cambridge.
Cardenas, Sonia 2014: Chains of Justice. The Global Rise of State Institutions for Human Rights, Philadelphia.
Chong, Daniel P. L. 2014: Debating Human Rights, Boulder/London.
Clapham, Andrew 2015: Human Rights. A Very Short Introduction, Oxford.
Cooper, John 2008: Raphael Lemkin and the Struggle for the Genocide Convention, Basingstoke/New York.
Costello, Cathryn 2016: The Human Rights of Migrants in European law, Oxford.
Cruft, Rowan/Liao, S. Matthew/Renzo, Massimo (Hrsg.) 2015: Philosophical Foundations of Human Rights, Oxford.
de la Vega, Connie 2013: Dictionary of International Human Rights Law, Cheltenham/Northampton.
Dembour, Mariebenedicte 2015: When Humans Become Migrants. Study of the European Court of Human Rights with an Inter-American Counterpoint, Oxford.
de Sousa Santos, Boaventura/Rodríguez-Garavito, César A. (Hrsg.) 2005: Law and Globalization from Below. Towards a Cosmopolitan Legality, Cambridge.

Deva, Surya 2012: Regulating Corporate Human Rights Violations. Humanizing Business, Abingdon/New York.

Dodds, Klaus/Nuttall, Mark 2016: The Scramble for the Poles, Cambridge.

Efinger, Manfred/List, Martin 1994: Stichwort „Ost-West-Beziehungen", in: Andreas Boeckh (Hrsg.), Lexikon der Politik, Bd.6: Internationale Beziehungen, München, 381–396.

Ercan, Pinar Gözen 2016: Debating the Future of the 'Responsibility to Protect'. The Evolution of a Moral Norm, London.

Erickson, Jennifer 2015: Dangerous Trade. Arms Exports, Human Rights, and International Reputation, New York/Chichester.

Esser, Robert 2013: Europäisches und internationales Strafrecht, München.

Etzersdorfer, Irene/Janik, Ralph 2016: Staat, Krieg und Schutzverantwortung, Wien.

Evans, Gareth 2008: The Responsibility to Protect. Ending Mass Atrocity Crimes Once and For All, Washington, DC.

Fassbender, Bardo/Peters, Anne (Hrsg.) 2012: The Oxford Handbook of the History of International Law, Oxford.

Foot, Rosemary/Imboden, Rana Siu 2016: China's Influence on Asian States During the Creation of the Human Rights Council: 2005–2007, in: Evelyn Goh (Hrsg.): Rising China's Influence in Developing Asia, Oxford, 237–255.

Forsythe, David P. 2017: Human Rights in International Relations, 4th ed., Cambridge.

Forsythe, David P. (Hrsg.) 2009: Encyclopedia of Human Rights, 5 Bd.e, Oxford/New York.

Forte, Maximilian C. 2016: AFRICOM, NATO and the 2011 War on Libya, in: Zak Cope/Saer Maty Ba (Hrsg.): The Palgrave Encyclopedia of Imperialism and Anti-Imperialism, Bd. 1, Basingstoke/New York, 250–267.

Freedman, Rosa 2014: Failing to Protect. The UN and the Politics of Human Rights, London.

Frezzo, Mark 2015: The Sociology of Human Rights, Cambridge/Malden.

Gill, Stephen/Cutler, A. Claire (Hrsg.) 2014: New Constitutionalism and World Order, Cambridge.

Glasius, Marlies 2006: The International Criminal Court. A global civil society achievement, Abingdon/New York.

Goodhart, Michael 2016: Human Rights. Politics and Practice, 3rd ed., Oxford.

Gordon, Rebecca 2014: Mainstreaming Torture. Ethical Approaches in the Post-9/11 United States, Oxford/New York.

Guilfoyle, Douglas 2016: International Criminal Law, Oxford.

Haas, Michael 2014: International Human Rights. A Comprehensive Introduction, 2nd ed., London/New York.

Hathaway, Oona A./Shapiro, Scott J. 2017: The Internationalists. How a Radical Plan to Outlaw War Remade the World, New York u. a.

Hehir, Aidan/Murray, Robert (Hrsg.) 2013: Libya, the Responsibility to Protect and the Future of Humanitarian Intervention, Basingstoke/New York.

Herdegen, Matthias 2016: The Dynamics of International Law in a Globalised World. Cosmopolitan Values, Constructive Consent and Diversity of Legal Cultures, Frankfurt a. M.

Hillebrecht, Courtney 2014: Domestic Politics and International Human Rights Tribunals, Cambridge.

Hobe, Stephan 2014: Einführung in das Völkerrecht, 10. überarb. u. akt. Aufl., Tübingen.

Hopgood, Stephen 2015: The Endtimes of Human Rights, Ithaca/London.

Huebert, Rob/Shadian, Jessica M. 2015: The Arctic in Global Affairs. A Region in Transformation, New York.

Hunt, Lynn 2008: Inventing Human Rights. A History, New York.

Iriye, Akira/Goedde, Petra/Hitchcock, William I. (Hrsg.) 2012: The Human Rights Revolution. An International History, Oxford/New York.
Ishay, Micheline R. 2004: The History of Human Rights. From Ancient Times to the Globalization Era, Berkeley/Los Angeles/London.
Joas, Hans 2015: Die Sakralität der Person. Eine neue Genealogie der Menschenrechte, Berlin.
Joas, Hans 2017: Die Macht des Heiligen. Eine Alternative zur Geschichte von der Entzauberung, Berlin.
Kabia, John M. 2016: Humanitarian Intervention and Conflict Resolution in West Africa. From ECOWAS to ECOMIL, Abingdon/New York.
Kaplan, Fred 2013: The Insurgents. David Petraeus and the Plot to Change the American Way of War, New York.
Karp, David Jason 2014: Responsibility for Human Rights. Transnational Corporations in Imperfect States, Cambridge.
Kersten, Mark 2016: Justice in Conflict. The International Criminal Court's Impact on Conflict, Peace, and Justice, Oxford.
Keys, Barbara J. 2014: Reclaiming American Virtue. The Human Rights Revolution of the 1970s, Cambridge, Mass.
Kingsley, Patrick 2016: The New Odyssey. The Story of Europe's Refugee Crisis, London (dt.: Die neue Odysseee, München 2016).
Klabbers, Jan/Peters, Anne/Ulfstein, Geir (Hrsg.) 2011: The Constitutionalization of International Law, Oxford.
Knight, W. Andy/Egerton, Frazer (Hrsg.) 2012: The Routledge Handbook of the Responsibility to Protect, Abingdon/New York.
König, Matthias 2002: Menschenrechte bei Durkheim und Weber. Normative Dimensionen des soziologischen Diskurses der Moderne, Frankfurt a. M.
Kozymka, Irena 2014: The Diplomacy of Culture. The Role of UNESCO in Sustaining Cultural Diversity, New York/Basingstoke.
Krasner, Stephen D. 1983: Structural Causes and Regime Consequences: Regimes as Intervening Variables, in: ders. (Hrsg.): International Regimes, Ithaca/London, 1–21.
Langer, Arnim/Brown, Graham K. (Hrsg.) 2016: Building Sustainable Peace. Timing and Sequencing of Post-Conflict Reconstruction and Peacebuilding, Oxford.
List, Martin 1992: Rechtsstaatlichkeit in (West)Europa – Eine regimeanalytische Betrachtung, in: Politische Vierteljahresschrift 13:4, 622–642.
List, Martin 2011: Governance der EU-Russland-Beziehungen, in: Georg Simonis/Helmut Elbers (Hrsg.): Externe EU-Governance, Wiesbaden, 221–238.
List, Martin 2014a: Entgrenzung oder Eingrenzung von Interventionen durch das System der internationalen Organisationen, in: Bernhard Rinke u. a. (Hrsg.): Interventionen Revisited. Friedensethik und Humanitäre Interventionen, Wiesbaden 2014, 139–151.
List, Martin 2014b: Weltregionen im globalen Zeitalter, Fernstudien-Kurs der FernUniversität in Hagen, Kursnr. 34650, Hagen.
List, Martin 2016: Weltregionen im globalen Zeitalter, Wiesbaden.
List, Martin/Zangl, Bernhard 2003: Verrechtlichung internationaler Politik, in: G. Hellmann/ K.D. Wolf/M. Zürn (Hrsg.): Die neuen Internationalen Beziehungen. Forschungsstand und Perspektiven in Deutschland, Baden-Baden, 361–399.
Luft, Stefan 2016: Die Flüchtlingskrise. Ursachen, Konflikte, Folgen, München.
Lynch, Gordon 2012: The Sacred in the Modern World. A Cultural Sociological Approach, Oxford.

McAuley, Mary 2016: Human Rights in Russia. Citizens and the State from Perestroika to Putin, London.
McLeod, Travers 2015: Rule of Law in War. International Law and United States Counterinsurgency in Iraq and Afghanistan, Oxford.
Meernik, James 2016: International Tribunals and Human Security, Lanham u.a.
Menon, Rajan 2016: The Conceit of Humanitarian Intervention, New York.
Meydani, Assaf 2016: The Anatomy of Human Rights in Israel. Constitutional Rhetoric and State Practice, Cambridge.
Miles, Kate 2013: The Origins of International Investment Law. Empire, Environment and the Safeguarding of Capital, Cambridge.
Moeckli, Daniel/Shah, Sangeeta/Sivakumaran, Sandesh (Hrsg.) 2014: International Human Rights Law, 2nd ed., Oxford.
Morrow, James D. 2014: Order within Anarchy. The Laws of War as an International Institution, Cambridge.
Moyn, Samuel 2012: The Last Utopia. Human Rights in History, Cambridge, Mass.
Moyn, Samuel 2014: Human Rights and the Uses of History, London.
Narlikar, Amrita 2005: The World Trade Organization. A very short introduction, Oxford/New York.
Nash, Kate 2015: The Political Sociology of Human Rights, Cambridge.
Neskovic, Wolfgang (Hrsg.) 2015: Der CIA Folterreport. Der offizielle Bericht des US-Senats zum Internierungs- und Verhörprogramm der CIA, Frankfurt a.M.
Nolte, Georg 2003: The United States and the International Criminal Court, in: David M. Malone/Yuen Foong Khong (Hrsg.): Unilateralism and U.S. Foreign Policy. International Perspectives, Boulder/London, 71–93.
Nouwen, Sarah M. H. 2013: Complementarity in the Line of Fire. The Catalysing Effect of the International Criminal Court in Uganda and Sudan, Cambridge.
Orford, Anne/Hoffmann, Florian (Hrsg.) 2016: The Oxford Handbook of the Theory of International Law, Oxford.
Osiander, Andreas 1994: The States System of Europe 1640–1990. Peacemaking and the Conditions of International Stability, Oxford.
Owen, John M. 2010: Clash of Ideas in World Politics. Transnational Networks, States, and Regime Change, 1510–2010, Princeton.
Paulus, Andreas L. 2001: Die internationale Gemeinschaft im Völkerrecht. Eine Untersuchung zur Entwicklung des Völkerrechts im Zeitalter der Globalisierung, München.
Pfiffner, James P. 2010: Torture as Public Policy. Restoring U.S. Credibility on the World Stage, Boulder/London.
Plagemann, Johannes 2015: Cosmopolitanism in a Multipolar World. Soft Sovereignty in Democratic Regional Powers, Basingstoke/New York.
Popovski, Vesselin (Hrsg.) 2014: International Rule of Law and Professional Ethics, Farnham/Burlington.
Pulkowski, Dirk 2014: The Law and Politics of International Regime Conflict, Oxford.
Ramcharan, Bertrand G. 2015: Contemporary Human Rights Ideas. Rethinking theory and practice, 2nd ed., London/New York.
Ranganathan, Surabhi 2014: Strategically Created Treaty Conflicts and the Politics of International Law, Cambridge.
Risse, Thomas/Ropp, Stephen C./Sikkink, Kathryn (Hrsg.) 1999: The Power of Human Rights. International Norms and Domestic Change, Cambridge.

Risse, Thomas/Ropp, Stephen C./Sikkink, Kathryn (Hrsg.) 2013: The Persistant Power of Human Rights. From Commitment to Compliance, Cambridge.

Roberts, Christopher N. J. 2015: The Contentious History of the International Bill of Human Rights, Cambridge.

Rolf, Jan-Niklas 2016: Humanitäre Intervention und R2P = Kap. 10 in: Tobias Ide u. a.: Friedens- und Konfliktforschung, Fernstudienkurs der FernUniversität in Hagen, Kursnr. 04652, Hagen, 291–315 (Buchversion i. E.: Wiesbaden).

Ruggie, John 2013: Just Business. Multinational Corporations and Human Rights, London/New York.

Sands, Philippe 2016: East West Street. On the Origins of *Genocide* and *Crimes Against Humanity*, London.

Schabas, William A. (Hrsg.) 2016: The Cambridge Companion to International Criminal Law, Cambridge.

Scharf, Michael P./Williams, Paul R. 2010: Shaping Foreign Policy in Times of Crisis. The Role of International Law and the State Department Legal Adviser, Cambridge.

Scheid, Don E. (Hrsg.) 2014: The Ethics of Humanitarian Intervention, Cambridge.

Schramm, Edward 2011: Internationales Strafrecht. Strafanwendungsrecht, Völkerstrafrecht, Europäisches Strafrecht, München.

Sharma, Serena K. 2016: The Responsibility to Protect and the International Criminal Court. Protection and Prosecution in Kenya, Abingdon/New York.

Shelton, Dinah (Hrsg.) 2013: The Oxford Handbook of International Human Rights Law, Oxford.

Simons, Penelope/Macklin, Audrey 2014: The Governance Gap. Extractive industries, human rights, and the home state advantage, Abingdon/New York.

Smith, Rhona K. M. 2016: Textbook on International Human Rights, 7th ed., Oxford.

Sprankling, John G. 2014: The International Law of Property, Oxford.

Ssenyonjo, Manisuli 2016: Economic, Social and Cultural Rights in International Law, Oxford/Portland.

Stearns, Peter N. 2012: Human Rights in World History, London/New York.

Steinke, Ronen 2012: The Politics of International Criminal Justice. German Perspectives from Nuremberg to The Hague, Oxford/Portland, OR.

Sweeney, James A. 2013: The European Court of Human Rights in the Post-Cold War Era. Universality in Transition, Abingdon/New York.

Teschke, Benno 2009: The Myth of 1648. Class, Geopolitics, and the Making of Modern International Relations, London.

Tonkin, Hanah 2011: State Control Over Private Military and Security Companies in Armed Conflict, Cambridge.

Verdirame, Guglielmo 2011: The UN and Human Rights. Who Guards the Guardians? Cambridge.

v.d. Pfordten, Dietmar 2016: Menschenwürde, München.

Walling, Carrie Booth 2016: All Necessary Measures. The United Nations and Humanitarian Intervention, Philadelphia.

Weiss, Thomas G. 2016: Humanitarian Intervention, 3rd ed., Cambridge.

Werle, Gerhard/Jessberger, Florian 2014: Principles of International Criminal Law, 3rd ed., Oxford.

Zacharias, Mark 2014: Marine Policy. An Introduction to Governance and International Law of the Oceans, Abingdon/New York.

Zangl, Bernhard/Zürn, Michael 2004: Verrechtlichung – Baustein für Global Governance? Bonn.

Zürn, Michael, Joerges, Christian (Hrsg.) 2005: Law and Governance in Postnational Europe, Cambridge.

Grenzüberschreitende Solidarität 3

Die meisten Privathaushalte teilen sich ihr Einkommen zu 100 Prozent. Bayern zahlt als derzeit finanzstärkstes Bundesland mehr als 10 Prozent seines Landeshaushaltes in den (bis ins Jahr 2020 bestehenden) Länderfinanzausgleich. Deutschland wendet etwa 1 Prozent seines Bundeshaushaltes für bilaterale Entwicklungszusammenarbeit auf. Auch wenn diese Zahlen nicht unmittelbar miteinander vergleichbar sind, so zeigen sie doch zweierlei: Zum einen, dass sich solidarisches Handeln auf allen Ebenen gesellschaftlicher Organisation – subnational, national und international – finden lässt. Zum anderen, dass die „Solidaritätsdichte" mit Größe des Sozialverbandes abnimmt.

In diesem Kapitel wollen wir den Gründen für solidarisches Verhalten nachgehen und uns die Frage stellen, ob die soeben skizzierte „Solidaritätspyramide" in Stein gemeißelt oder in Auflösung begriffen ist. Dabei werden wir uns nur am Rande mit subnationaler Solidarität beschäftigen, die Untersuchungsgegenstand einer mikrosoziologischen Analyse ist. Nationale Solidarität, die nicht nur in Umverteilungsmaßnahmen zwischen Ländern (Länderfinanzausgleich und Umsatzsteuervorwegausgleich), sondern auch zwischen Bürgern (Steuern und Sozialabgaben) und ganzen Regionen (Solidarpakt und Solidaritätszuschlag) zum Ausdruck kommt, ist Thema von Kapitel 4. Folglich richtet sich der Fokus dieses Kapitels auf internationale Solidarität, also Solidarität zwischen Staaten.[53]

Was aber genau meint Solidarität? Der Begriff der Solidarität geht auf das lateinische Adjektiv „solidus" zurück, welches so viel wie „dicht" und „fest" bedeutet, wovon heute noch das deutsche Adjektiv „solide" zeugt. Im römischen Recht wurde der Begriff auf den Zusammenhalt innerhalb einer Gemeinschaft bezogen und mit dem Haftgedanken in Verbindung gebracht, demzufolge die Mitglieder einer Gemeinschaft für denjenigen, der seine Schulden nicht zahlen kann, einstehen (Metz

---

[53] Mit Staat sind dabei die Bürger bzw. deren Repräsentanten und nicht der Staatsapparat gemeint, da nur Lebewesen zu Solidarität fähig sind (vgl. Preuß 1998, 408).

1998, 172). Solidarität übt, wer für die Verbindlichkeiten eines zahlungsunfähigen Mitgliedes aufkommt. Erst im ausgehenden 18. Jahrhundert wurde der Begriff der Solidarität aus seinem schuldenrechtlichen Kontext gelöst und auf jegliche Art von (zunächst noch gegenseitiger, später auch einseitiger) Unterstützung übertragen. In Deutschland erhielt er seine klassische Ausprägung durch die Arbeiterbewegung des 19. Jahrhunderts. Die aufkommende Arbeiterschaft erkannte relativ schnell, dass sich ihr gemeinsames Interesse an höheren Löhnen und kürzeren Arbeitszeiten besser in der Gruppe als auf individuellem Wege realisieren ließ. Solidarität übt demnach, wer sich auf die Unternehmungen der Gewerkschaft verpflichtet anstatt sich als Lohndrücker oder Streikbrecher einen persönlichen Vorteil zu sichern (die polnische Gewerkschaft Solidarność trägt Solidarität dann auch im Namen). Neben diese horizontale „Solidarität bei gleichen Interessen" tritt im Sprachgebrauch des 20. Jahrhundert die vertikale „Solidarität bei unterschiedlichen Interessen", die weniger die Güter einer bestimmten (Interessens-)Gruppe innerhalb der Gesellschaft als das Wohl der Gesellschaft als Ganzes im Blick hat (vgl. Bierhoff/Küpper 1998, 264; Engelhardt 1998, 441; Kleger/Mehlhausen 2014, 87). Es ist dieser zweite Typus, definiert als Unterstützung von Hilfsbedürftigen unter Inkaufnahme eines unmittelbaren persönlichen Nachteils (vgl. Voland 1998, 298; Stjernø 2005, 2; Copsey 2015, 103), der den nachfolgenden Betrachtungen zugrunde liegt.[54]

Das erste, theoretische Unterkapitel geht der Frage nach, wie sich solidarisches Verhalten erklären lässt. Abschnitt 3.1.1 betracht mit Verwandten-, Gruppen- und reziproker Solidarität zunächst drei Erklärungsansätze aus der Evolutionsbiologie. Da sich mit diesen Ansätzen zwar (sub)nationale, nicht aber internationale Solidarität erklären lässt, wendet sich Abschnitt 3.1.2 drei Erklärungsansätzen aus der Moralphilosophie zu. In einem zweiten, empirischen Unterkapitel werden diese Ansätze auf ihre Erklärungskraft hin untersucht. Dazu werden in Abschnitt 3.2.1 mit dem Regional- und Kohäsionsfonds der Europäischen Union (EU), den geschnürten

---

54 Zum ersten Typus siehe Derpmann 2013 und Löschke 2015. Mit dem Zusatz „unmittelbar" entgehen wir der häufig am Altruismus – verstanden „as behavior which benefits others at some cost to oneself" (Singer 1981, 8) – hervorgebrachten Kritik, altruistisches Handeln könne es gar nicht geben, da für den Handelnden immer eine „Belohnung" herausspringe – sei es in Form eines gesteigerten Selbstwertgefühls, eines Abbaus von Schuldgefühlen oder einer Gegenleistung des Hilfe-Empfängers (vgl. Thome 1998, 251). Axelrod (1990, 135) behauptet etwa, „[a]ltruism is a good name to give to the phenomenon of one person's utility being positively affected by another person's welfare". Ob es sich bei Altruismus tatsächlich um eine Interdependenz von Interessen handelt, lässt sich nicht abschließend beurteilen und ist für unsere Zwecke auch nicht von Belang. Entscheidend ist, dass eine solidarische Handlung gemäß obiger Definition zumindest kurzfristig mit einem persönlichen Nachteil einhergeht, unabhängig davon, ob dieser Nachteil mittel- bis langfristig ausgeglichen wird oder nicht.

Euro-Rettungspaketen sowie der Umsiedlung von Flüchtlingen innerhalb Europas drei Solidarakte auf regionaler Ebene diskutiert. Abschnitt 3.2.2 erörtert mit der Entwicklungshilfe, der humanitären Hilfe und der humanitären Intervention drei Solidarakte auf globaler Ebene. Das Kapitel schließt mit einem kurzen Resümee.[55]

3.1 Solidarität in der Theorie

> *As man advances in civilization, and small tribes are united into larger communities, the simplest reason would tell each individual that he ought to extend his social instincts and sympathies to all the members of the same nation, though personally unknown to him. This point being once reached, there is only an artifical barrier to prevent his sympathies extending to the men of all nations and races.*
> Charles Darwin (1874, 187–188)

Es mag zunächst befremdlich erscheinen, ein Unterkapitel in einem Buch zu „Kultur in den internationalen Beziehungen" mit dem Zitat eines Naturwissenschaftlers einzuleiten. Wie im Einführungskapitel deutlich geworden sein sollte, meint Kultur alles das, was eben nicht Natur ist. Warum nehmen wir also ausgerechnet ein Zitat von Charles Darwin, einem der größten Naturforscher aller Zeiten, zum Ausgangspunkt unserer Betrachtungen? Zum einen, weil hier die Idee eines sich erweiternden Kreises der Solidarität entwickelt wird, wie sie uns gegen Ende des Kapitels noch einmal begegnen wird. Zum anderen, weil Darwin auf unsere sozialen Instinkte verweist, also darauf, dass Solidarität eine natürliche Basis hat. Tatsächlich finden wir solidarisches Verhalten auch bei Tieren, die sich durch ihre fehlende Kultur vom Menschen unterscheiden. Allerdings ist dieses Verhalten im Vergleich zum Menschen mehr (Kuckucksbiene) oder weniger (Honigbiene) schwach ausgeprägt. Solidarität muss also auch eine kulturelle Komponente besitzen. Zu diesem Schluss kommt auch der Entwicklungspsychologe Michael Tomasello (2016), der unseren moralischen Evolutionsprozess in eine Phase der „Zusammenarbeit" und eine Phase der „Kultur" unterteilt. Während die erste Phase durch genetisch determiniertes prosoziales Verhalten gekennzeichnet ist, das sich so auch bei nichtmenschlichen

---

55 Einführend in die Thematik siehe Bayertz 1998 und Beckert et al. 2004. Für grenzüberschreitende Solidarität auf europäischer Ebene siehe Knodt/Tews 2014a und Kadelbach 2014. Für grenzüberschreitende Solidarität auf globaler Ebene siehe Bierhoff/Fetchenhauer 2001 und Harnisch/Maull/Schieder 2009.

Primaten finden lässt, zeichnet sich die zweite Phase durch kulturell konstituierte soziale Normen aus, die der menschlichen Spezies eigen sind.[56]

Dabei stehen Natur und Kultur in einem gewissen Wechselverhältnis: „Culture may intensify, soften, or perhaps under special conditions altogether suppress genetically based tendencies" (Singer 1981, 52–53). In seinem faszinierenden Buch *Wired for Culture* führt der Evolutionsbiologe Mark Pagel (2012, 134) die Musik als einen „cultural enhancer" an, der uns Menschen in unserem natürlichen Überlebenstrieb stärkt. So wissen wir von einigen Indianerstämmen, dass sie vor großen Schlachten musizierten, um sich untereinander anzutreiben und Mut anzueignen.[57] Neben solchen kulturellen Praktiken, die als „survival vehicles" (Pagel 2012, 88) aus unseren natürlichen Trieben hervorgehen, können genetische Tendenzen aber auch kulturell eingeschränkt, wenn nicht gar überwunden werden. Als Beispiel führt der Moralphilosoph Peter Singer (1981, 171–172) die Sanktionsmaßnahmen unserer Gesellschaft in Bezug auf Vergewaltiger an:

> Before there were safe methods of procuring abortions, rape would seem to have been a good way of spreading one's genes, and hence over many generations the number of rapists in a human population could be expected to increase; but if a society kills, exiles, castrates, or imprisons rapists, they will have fewer opportunities to reproduce than others, and the increase of rapists can be checked.

In der nachfolgenden Untersuchung zu den Ursachen von Solidarität sollten wir also sowohl natürliche als auch kulturelle Faktoren ins Auge fassen und dabei nicht außer Acht lassen, dass sich diese wechselseitig beeinflussen können.

3.1.1 Evolutionsbiologische Erklärungsansätze

Das Eingangszitat dieses Unterkapitels, extrahiert aus Darwins (1874) Werk *The Descent of Man and Selection in Relation to Sex*, steht in einem gewissen Widerspruch zu Darwins These des „survival of the fittest", wie er sie in seinem zuvor erschienenen

---

56 Auf ähnliche Weise unterscheidet Joshua Greene (2014) zwischen einem instinktiven „automatic mode" und einem reflektierten „manual mode" moralischen Handelns.

57 Spätestens seit Sönke Wortmanns Dokumentarfilm „Deutschland. Ein Sommermärchen" wissen wir auch, dass die deutsche Fußball-Nationalmannschaft vor wichtigen Spielen in der Kabine lautstark Musik hört, auch wenn es anschließend auf dem Platz (glücklicherweise) nicht um Leben und Tod geht. Eine ähnliche Funktion kann dem Singen der Nationalhymnen unmittelbar vor dem Spiel zugeschrieben werden.

Werk *On the Origin of Species* (Darwin 1859) formuliert.[58] Demnach begünstigt die natürliche Selektion gerade nicht solche Individuen (bzw. deren Erbanlagen), die Sympathien für andere Individuen hegen und sich ihnen gegenüber solidarisch verhalten, sondern solche, die auf ihr Eigeninteresse bedacht sind und ein egoistisches Verhalten an den Tag legen. Individuen, die sich die knappen Ressourcen einverleiben anstatt sie zu teilen, leben im Durchschnitt nicht nur länger, sondern reproduzieren sich auch öfter, weshalb sich, so die ursprüngliche Annahme, das „egoistische Gen" (Dawkins 1976) in der Evolutionsgeschichte durchsetzt. Wie ist aber dann unsere unbestrittene Fähigkeit zu Solidarität zu erklären – insbesondere im Kontext des heutigen Weltwirtschaftssystem, das auf den Prinzipien von Gier und Geiz beruht? Hier lassen sich einmal mehr künstliche Selektionsmechanismen wie etwa gesellschaftliche Sanktionsmaßnahmen anführen, die allzu egoistisches Verhalten wie Geldraub oder Steuerhinterziehung unter Freiheits- und in einigen Ländern sogar unter Todesstrafe stellen, wodurch potenzielle Täter abgeschreckt und – für den Selektionsprozess maßgeblich – tatsächliche Täter ihrer Fortpflanzungschancen beraubt werden. Viel entscheidender, als dass sich egoistisches Verhalten manchmal nicht auszahlt, ist jedoch die Tatsache, dass sich solidarisches Verhalten manchmal lohnt, und zwar in Fällen von Verwandten-, Gruppen- und reziproker Solidarität.

Verwandtensolidarität

Bekanntlich ist das Erbgut der Eltern zu jeweils 50 Prozent identisch mit dem Erbgut ihrer Kinder. Daher haben Eltern, die nur auf ihr eigenes Wohlergehen bedacht sind, eine geringere Chance ihre Gene an nachfolgende Generationen weiterzugeben, als solche, die sich aufrichtig um ihre Kinder kümmern (zumindest so lange, bis ihre Kinder nicht mehr in der Lage sind, sich ihrerseits fortzupflanzen). Dies liefert uns eine evolutionsbiologische Erklärung für die wohl ursprünglichste Form von Solidarität – die Elternliebe (Hamilton 1963; Smith 1964). Das erwartbare Ausmaß der Solidarität hängt dabei ganz entscheidend vom Verwandtschaftsgrad ab. Auf den Umstand bezugnehmend, dass sich Geschwister ebenfalls 50 Prozent, Cousins und Cousinen aber nur 12,5 Prozent ihres Erbgutes teilen, soll der Evolutionsbiologe John B. S. Haldane einmal gesagt haben: „I would jump into a river to save two brothers or eight cousins" (John B. S. Haldane; zitiert in Pagel 2012, 175). Tatsächlich spielt es aus genzentrierter Sicht keine Rolle, ob ich mein Leben verliere, wenn ich dadurch das Leben meiner beiden Brüder, meiner vier Neffen oder meiner acht Cousins rette.

---

58 Der Ausdruck „survival of the fittest" zur Kennzeichnung der natürlichen Selektion stammt von Herbert Spencer (1864–67) und wurde von Darwin (1869) ab der 5. Auflage von *On the Origin of Species* übernommen.

Indem ich einem Verwandten helfe, helfe ich auch immer einem Teil meiner selbst. Im Gegensatz zu vergangenen Zeiten beruhen Gemeinschaften heutzutage jedoch nicht mehr primär auf biologischen, sondern auf sozialen, kulturellen und politischen Gemeinsamkeiten. So wurde der noch während der französischen Revolution gebräuchliche Begriff der Brüderlichkeit (vgl. den Revolutionsausspruch „Freiheit, Gleichheit, Brüderlichkeit") alsbald durch den Begriff der Solidarität ersetzt. Wie aber, wenn nicht durch Brüderlichkeit (und Schwesterlichkeit) im wörtlichen Sinne, lässt sich Solidarität in heutigen Gemeinschaften begründen?[59]

Gruppensolidarität

Während Vertreter der Verwandtensolidarität davon ausgehen, dass Gruppensolidarität ein Relikt jener Tage sein muss, als die Menschen noch in kleinen, nepotistischen Gruppen zusammenlebten, verweisen Fürsprecher der Gruppensolidarität darauf, dass der Selektionsprozess nicht nur die am besten angepassten Individuen, sondern auch die am besten angepassten Gruppen begünstigt. Gruppen, die sich durch Arbeitsteilung und Gemeinwohlorientierung auszeichnen, sind im Wettstreit um Ressourcen erfolgreicher als Gruppen, deren Mitglieder die Kooperation verweigern und das Gruppeninteresse ihren Eigeninteressen unterordnen (Sober/Wilson 1998, Wilson 2007).[60] Auch hier belohnt und fördert die natürliche Selektion also gewisse kooperative und solidarische Tendenzen im Erbgut. Die Konkurrenzsituation zwischen den Gruppen stärkt darüber hinaus die Verbundenheit innerhalb der Gruppen, was zu internen Solidaritätszuwächsen führen kann. Wie der erste Erklärungsansatz gelangt aber auch dieser Erklärungsansatz an seine Grenzen, und zwar dort, wo es zu solidarischen Handlungen zwischen Angehörigen unterschiedlicher Gruppen kommt. Wie lässt sich diese höchste Form der Solidarität erklären?

Reziproke Solidarität

Wenn Eltern ihren Kindern helfen, dann erwarten sie in der Regel keine Gegenleistung. Anders verhält es sich bei reziproker Solidarität, die auf dem Prinzip

---

59 Das Christentum hat die biologische Begründung durch eine theologische ersetzt, derzufolge wir Kinder Gottes und damit Brüder sind, die sich brüderlich zu verhalten haben. Religion als Quelle solidarischen Handelns wird in diesem Kapitel aus zweierlei Gründen nicht nachgegangen. Zum einen, weil sich Kapitel 5 bereits mit den Wirkmechanismen von Religion auseinandersetzt. Zum anderen, weil die sogenannten Weltreligionen zwar einen universellen Anspruch, aber keine universelle Gefolgschaft haben, auf deren Grundlage sich eine globale Solidargemeinschaft errichten ließe.

60 Dies mag ein Grund dafür gewesen sein, dass der homo neanderthalensis trotz seiner physischen Überlegenheit vor über 30.000 Jahren vom homo sapiens verdrängt worden ist.

der gegenseitigen (Hilfe-)Leistung beruht (Trivers 1971). Reziprokes Handeln hat offenkundige evolutionsbiologische Vorteile: Schimpansen, die sich gegenseitig entlausen, leben länger und haben mehr Nachkommen als solche, die sich ihre Rücken nicht von krankheitserregenden Parasiten befreien. Auch hier setzt sich das „solidarische Gen" also durch. Allerdings birgt diese Form der Solidarität auch die Gefahr, dass mein solidarischer Akt nicht erwidert wird, oder dass ich, aus einer solchen Sorge heraus, erst gar nicht solidarisch handle. In den meisten Gesellschaften wirken moralische Grundsätze wie die Idee der Fairness (Rawls 2001), vertrauensbildende Maßnahmen wie die Praxis des gegenseitigen Austauschs von Weihnachtsgeschenken (Raub/Voss 1986) und sanktionsfähige Einrichtungen wie die Institution des Staates (Hobbes 1998) dieser Gefahr entgegen.[61] In den internationalen Beziehungen, in denen es nur schwach ausgeprägte Sanktionsmechanismen gibt und die aufgrund unzureichender Interaktionsmöglichkeiten von gegenseitigem Misstrauen gekennzeichnet sind, stößt aber auch reziproke Solidarität an ihre Grenzen. Zwar ist die Norm der Reziprozität von scheinbar universellem Charakter – Howard Becker (1956) hat sogar vorgeschlagen, unsere Spezies in homo reciprocus umzubenennen –, doch stellen unterschiedliche Erwartungshaltungen auch hier eine kaum zu überwindende Barriere dar:

> Many tribal societies have elaborate rituals of gift-giving, always with the understanding that the recipient must repay. Often the repayment has to be superior to the original gift. Sometimes this escalation rises to such heights that people try at all costs to avoid receiving the gift (…) . (Singer 1981, 39)

Ernüchtert stellen Boyd und Richerson (2005, 160) fest: „In general, increasing the size of interacting social groups reduces the likelihood that selection will favor reciprocating strategies."

Von den drei in Betracht gezogenen evolutionsbiologischen Erklärungsansätzen liefert Verwandtensolidarität die vielleicht überzeugendste, aber zugleich auch die beschränkteste Erklärung für solidarisches Verhalten.[62] Zwar geht Verwandtensolidarität über die unmittelbare Familie hinaus und lässt sich zur Begründung von Solidarakten in nepotistischen Gemeinschaften wie Clans, Stämmen und ethnischen Gruppen heranziehen; spätestens in multiethnischen Gruppen – also den meisten Nationen (vgl. Kap. 4 unten) – stößt dieser Erklärungsansatz jedoch an seine Grenzen. Mit Gruppensolidarität lässt sich solidarisches Handeln auf nationaler Ebene dagegen problemlos erklären. Dieser Erklärungsansatz mag auch

---

61 Alle drei sind Beispiele für „cultural enhancer" die uns in unserem natürlichen Überlebens- und Fortpflanzungstrieb stärken.
62 Für eine Kritik evolutionsbiologischer Erklärungsansätze siehe Nagel 2013.

noch auf regionaler Ebene greifen (man denke an das in letzter Zeit wieder häufiger hervorgebrachte Argument, Europa könne im globalen Wettbewerb nur bestehen, wenn es zusammenhalte); auf globaler Ebene erweist er sich jedoch als unzulänglich, da es keine Gruppensolidarität ohne Gruppenantagonismus geben kann. Reziproke Solidarität scheint demnach der einzige Erklärungsansatz zu sein, mit dem sich solidarisches Verhalten zwischen Angehörigen unterschiedlicher Gruppen erklären lässt. Allerdings – das hat der vorherige Absatz gezeigt – stellt sich reziprokes Handeln in den internationalen Beziehungen als äußerst schwierig dar, weshalb wir gut beraten sind, nicht allzu viel Hoffnung in diese Form von Solidarität zu stecken. Muss der Mensch die Natur also „betrügen", wie es der Soziobiologe Henri Bergson (1933, 53) formuliert hat, wenn er von (sub)nationaler zu internationaler Solidarität schreiten will? Dazu wollen wir uns im nächsten Abschnitt mit drei moralphilosophischen Erklärungsansätzen befassen.

3.1.2 Moralphilosophische Erklärungsansätze

In *The Moral Psychology Handbook* unterscheiden Schroeder et al. (2010) u. a. drei Formen moralischer Motivation, die sie in den Typen „instrumentalist", „sentimentalist" und „cognitivist" personifiziert sehen.[63] Diese drei Typen lassen sich mit Hilfe der folgenden Anekdote veranschaulichen: Als Thomas Hobbes, der vielleicht bekannteste Vertreter des instrumentalistischen Ansatzes, bei einem Spaziergang auf einen Bettler traf und diesem eine Münze reichte, machte ihn seine Begleitung darauf aufmerksam, dass diese Handlung in offenkundigem Widerspruch zu Hobbes' Theorie steht, gemäß derer wir unser Handeln ausschließlich nach unseren Eigeninteressen ausrichten. Daraufhin erwiderte Hobbes, dass sein solidarischer Akt sehr wohl mit seinem Eigeninteresse vereinbar sei, könne er den Anblick des Bettlers doch nicht länger ertragen. – Vermutlich hätte auch Arthur Schopenhauer, der als Vertreter des sentimentalistischen Ansatzes gelten kann, dem Bettler eine Münze gegeben; allerdings weniger um sich seines elendigen Anblicks zu entledigen, als aus einem echten Gefühl des Mitleids heraus. Dass durch das Almosen nicht nur das Leid des Bettlers verringert wird, sondern auch das eigene (Mit-)Leid, ist für Schopenhauer eine Nebenfolge, nicht der ursprüngliche Zweck des Handelns. – Sofern er praktizierte was er predigte, wäre auch Jeremy Bentham nicht einfach

---

63 Siehe auch Tiberius 2015, die zwischen „conative", „affective" und „cognitive mental states" unterscheidet. Schroeder et al. vierter Typus, „personalist", der sich durch tugendhafte Charaktereigenschaften auszeichnet, ist für die nachfolgende Untersuchung von nachrangiger Bedeutung.

an dem Bettler vorbeigegangen. Als Mitbegründer des Utilitarismus, einer Spielart des kognitivistischen Ansatzes, hätte er die Situation wohl so bewertet, dass der Bettler einen größeren Nutzen aus der Münze zieht als er selbst, und ihm diese, dem Prinzip des größtmöglichen Maßes an Glück für die größtmögliche Anzahl von Menschen folgend, gegeben.

Inwiefern der instrumentalistische, sentimentalistische und kognitivistische Ansatz eine Erklärung für internationale Solidarität liefern können, wird in Unterkapitel 3.2 anhand einiger Fallbeispiele zu untersuchen sein. Zunächst aber wollen wir die drei Ansätze – in umgekehrter Reihenfolge und unter Berücksichtigung evolutionsbiologischer Erkenntnisse – genauer betrachten.

Kognitivistischer Ansatz: Vernunft als Quelle von Solidarität

Die Evolution hat den Menschen mit einer Fähigkeit ausgestattet die – aller bisherigen Erkenntnis nach – in der Tierwelt nicht zu finden ist. Dies ist die Fähigkeit der *Vernunft*, also dem Vermögen, allgemeingültige Zusammenhänge zu erkennen, ethische Prinzipien daraus abzuleiten und sein alltägliches Handeln danach auszurichten. Auf die beiden prominentesten Prinzipien – neben dem schon erwähnten Benthamschen *Prinzip des maximalen Glücks* („Handle so, dass das größtmögliche Maß an Glück für die größtmögliche Anzahl von Menschen entsteht") Immanuel Kants *kategorischer Imperativ* („Handle nur nach derjenigen Maxime, durch die du zugleich wollen kannst, dass sie ein allgemeines Gesetz werde") – soll hier kurz eingegangen werden.[64] Wie soeben gezeigt, beurteilt Benthams *teleo*logischer (von gr. telos: Ziel, Zweck) Ansatz die Moralität einer Handlung anhand der daraus resultierenden Konsequenzen (daher auch: Konsequentialismus) und des dabei entstehenden Nutzens (engl. utility, daher auch: Utilitarismus). Ziel ist es, den – wie auch immer messbar zu machenden – Gesamtnutzen zu maximieren. Nach Kants *deonto*logischem Ansatz (von gr. deon: was zu tun ist, wozu ich verpflichtet bin) bemisst sich die Moralität einer Handlung dagegen nicht an den Folgen, sondern allein an der Verallgemeinerbarkeit der Handlungsmaxime. Der kategorische Imperativ führt zu moralischen Pflichten, die um ihrer selbst willen gelten und die in keiner Weise relativiert werden können. Teleo- und deonto*logischen* Ansätzen ist die Annahme gemein, „that there are rational principles in virtue of which our moral judgements are correct or incorrect. Rational principles are supposed to be like the principles of logic: true for all time" (Tiberius 2015, 93). Inwiefern das Streben nach logischer (und damit moralischer) Konsistenz tatsächlich zu solidarischem Handeln motivieren kann, wird in Unterkapitel 3.2 zu prüfen sein.

---

64 Vgl. sinngemäß Bentham 1996 und Kant 1956. Für eine tiefgreifendere Lektüre normativer Begründungsmuster von Solidarität siehe Singer 1972, Rawls 1973 und Beitz 1979.

Sentimentalistischer Ansatz: Empathie als Quelle von Solidarität

Singer (1981, 170–171), ein Vertreter des kognitivistisch-teleologischen Ansatzes, beklagt gegen Ende seines Buches *The Expanding Circle*, dass Spendenaufrufe, die an die Vernunft der Menschen appellieren, oftmals zu abstrakt und anonym sind, als dass sie die notwendige Hilfe generieren könnten. Um die Distanz zwischen Gebern und Nehmern zu überbrücken, schlägt er deshalb die Übernahme von Patenschaften vor. Über den persönlichen Kontakt, etwa durch den Austausch von Briefen und Fotos, ließe sich die Spendenbereitschaft der Menschen erhöhen. Damit appelliert Singer ganz explizit an eine Fähigkeit, die nicht unserem Vermögen zur kognitiven Reflexion entspringt – die Fähigkeit zur *Empathie*.[65] Arthur Schopenhauer (1977, 740) geht sogar davon aus, dass Empathie, ein emotionaler Zustand in dem wir die Gefühle anderer als die eigenen wahrnehmen, die einzige Grundlage moralischen Handelns darstellt. Mehrere empirische Studien legen nahe, dass Empathie durch das Hormon Oxytocin gefördert wird. So steigerte sich die Kooperationsbereitschaft der Probanden in einer Reihe von Versuchsanordnungen, wenn man ihnen Oxytocin in die Nase sprühte (Greene 2014, 38). Die evolutionsbiologische Funktion dieses Hormons, so wird vermutet, ist es, die elterliche Fürsorge für ihre schutzlosen Neugeborenen zu erhöhen. Entsprechend konnten sich Gene, die das Gehirn für Oxytocin sensibilisieren, evolutionsgeschichtlich durchsetzen, sodass wir – abgesehen von Psychopathen, die sich nicht „einfühlen" können – nicht nur den Schmerz unserer Kinder und engsten Verwandten als unseren eigenen empfinden, sondern unter bestimmten Bedingungen (vgl. Abschnitt 3.2.1) auch den von Fremden, auch wenn letzteres keinen evolutionsbiologischen Vorteil (aber in der Summe offensichtlich auch keinen Nachteil) birgt.[66] Angesichts der Tatsache, dass die Linderung fremden Leids nicht nur unser eigenes Leid lindert, sondern auch Glückshormone wie Dopamin in uns freisetzt, sich „gute Taten" also auch „gut anfühlen", scheint der sentimentalistische Ansatz eine plausible Erklärung für solidarisches Handeln zu liefern.

Instrumentalistischer Ansatz: Eigeninteresse als Quelle von Solidarität

Zwar mindert (mehrt) eine auf Empathie beruhende solidarische Handlung auch unser eigenes Leid (Glück); aus evolutionsbiologischer Sicht liegt der Zweck einer solchen

---

65 Empathie ist sowohl von Sympathie, der Zuneigung zu anderen, als auch von Apathie, der Gleichgültigkeit gegenüber anderen, und Antipathie, der Abneigung gegenüber anderen, zu unterscheiden. Siehe dazu Weiss/Peres 2014.

66 Tatsächlich ist unsere Fähigkeit zur Empathie so weit ausgeprägt, dass wir uns in fiktionale Charaktere in Büchern und Filmen hineinversetzen und ihr womögliches Leid nachempfinden, also buchstäblich mitleiden, können.

3.1 Solidarität in der Theorie

Handlung jedoch nicht in der Steigerung unseres persönlichen Wohlbefindens (dies ist nur das Mittel zum Zweck) sondern in der Arterhaltung, so dass die Handlung nur *mittel*bar als egoistischer Akt gewertet werden kann (Batson et al. 1981). Anders verhält es sich bei einer auf *Eigeninteresse* beruhenden solidarischen Handlung, die sich am Interesse des Handelnden (und dadurch nur indirekt an dem seiner Gene) orientiert. Der aufgeklärte Egoist – von dem Thomas Hobbes (1998) in seiner politischen Theorie ausgeht – handelt so, wie es für ihn auf lange Sicht von Vorteil ist und nimmt dafür kurzfristige Nachteile in Kauf.[67] Auch wenn sein Handeln zugunsten anderer nur ein Mittel (Instrument) zum Zweck ist, bleibt es solidarisches Handeln (vgl. Mau 2009). So wie die Sozialgesetzgebung des deutschen Reichskanzlers Otto von Bismarck ein Zugeständnis der Eliten an die Arbeiterbewegung war, welche die bestehenden Machtverhältnisse auf den Kopf zu stellen drohte, so wird Entwicklungshilfe heutzutage in zunehmendem Maße als präventive Sicherheitspolitik begriffen, welche die Wohlstandsländer vor negativen Spillover-Effekten aus den Krisenregionen dieser Welt bewahren soll. Im Gegensatz zu reziproker Solidarität fordert der Geber bei eigeninteressierter Solidarität also keine Gegenleistung des Nehmers ein (die auf internationaler Ebene, wie wir gesehen haben, nicht immer leicht zu erbringen ist), sondern versucht den Nehmer zu seinen eigenen Gunsten zu beeinflussen (was insofern erfolgsversprechender ist, als dass der Nehmer nicht aktiv werden muss: Anstatt ihn zu einer für mich positiven Tat zu veranlassen, soll er durch meine solidarische Handlung dazu bewegt werden, eine für mich negative Tat zu unterlassen). Entsprechend sollten wir aufgeklärtes Eigeninteresse als eigenständigen Erklärungsfaktor in unsere nachfolgende Betrachtung miteinbeziehen.

Die Ausbildung einer bestimmten (Verhaltens-)Eigenschaft, die unter den jeweiligen Umweltbedingungen dem Zweck der Reproduktion dient, wird in der Evolutionsbiologie als Adaptation bezeichnet. Wird diese (Verhaltens-)Eigenschaft ihrem Zweck entfremdet, spricht man in Fachkreisen von Exaptation. Während es sich bei Eigeninteresse und den in Abschnitt 3.1.1 besprochenen Formen von Solidarität um klassische Fälle von Adaptation handelt, scheint es sich bei unserem Vernunft- und Empathievermögen um Fälle von Exaptation zu handeln, insofern hier eine Zweckentfremdung stattgefunden hat. Die unserem moralischen Vernunftgebrauch entspringenden Normen und Werte wirken zwar einerseits als „cultural enhancer", indem sie gewinnbringende Kooperation (und damit unseren Fortbestand und unsere Fortpflanzung) erleichtern, andererseits aber auch als „cultural suppressor", indem sie uns zu bestimmten solidarischen

---

67 So geht Hobbes davon aus, dass jeder einzelne bereit ist, im staatlichen Zustand auf gewisse Rechte zu verzichten und sie auf einen Souverän zu übertragen, weil er dadurch ein höheres Gut gewinnt, nämlich Frieden und Sicherheit.

Handlungen verpflichten, die unseren natürlichen Interessen ganz offensichtlich widersprechen. Wenn wir von (sub)nationaler zu internationaler Solidarität schreiten, „dann brechen wir also mit einer gewissen Natur, nicht aber mit der ganzen Natur" (Bergson 1933, 54).

3.2 Solidarität in der Praxis

Nachdem wir uns in Unterkapitel 3.1 diverse Erklärungsansätze für solidarisches Handeln angeschaut haben, wollen wir nun prüfen, inwiefern sich mit diesen Ansätzen konkrete Fälle trans-, vor allem aber internationaler Solidarität (fortan: grenzüberschreitende Solidarität) erklären lassen. Dazu betrachten wir in Abschnitt 3.2.1 drei Fallbeispiele solidarischen Verhaltens auf regionaler Ebene, bevor wir uns in Abschnitt 3.2.2 drei Fallbeispielen solidarischen Verhaltens auf globaler Ebene zuwenden.

3.2.1 Grenzüberschreitende Solidarität auf regionaler Ebene

Solidarität lässt sich mit abnehmendem Organisationsgrad in institutionalisierte, inszenierte und intuitive Solidarität unterteilen (vgl. Braun 2003). Als Beispiel für institutionalisierte Solidarität untersuchen wir zunächst den dauerhaften Regional- und Kohäsionsfonds der EU. Anschließend schauen wir uns mit dem temporären Euro-Rettungsschirm und dem spontanen Entschluss der Bundeskanzlerin, unregistrierten Flüchtlingen die Einreise nach Deutschland zu gewähren, zwei aktuelle Beispiele für inszenierte bzw. intuitive Solidarität an.

Institutionalisierte Solidarität im Angesicht von wirtschaftlicher Divergenz

> *Aufgabe der Union ist es, die Beziehungen zwischen den Mitgliedstaaten sowie zwischen ihren Völkern kohärent und solidarisch zu gestalten.*
> (Vertrag über die Europäische Union 1992, Artikel A)

Obwohl der Vertrag über die Europäische Union (VEU) Kohärenz (in der englischen Fassung: Konsistenz) und Solidarität als separate Ziele ausweist, scheint insofern eine Verknüpfung vorzuliegen, als dass ein Mehr an logischer Konsistenz zu einem Mehr an grenzüberschreitender Solidarität führt. So ist die über den Regional- und Kohäsionsfonds der EU gelenkte finanzielle Unterstützung ärmerer Regionen und Länder nicht zuletzt von dem teleologischen Grundsatz geleitet, dass Gelder am

3.2 Solidarität in der Praxis

besten dort angelegt sind, wo sie – einen abnehmenden Grenznutzen vorausgesetzt – den größtmöglichen Gesamtnutzen stiften. Doch lassen sich die im Rahmen der Kohäsionspolitik geleisteten Finanzhilfen, die mit 325,1 Mrd. Euro mehr als ein Drittel des aktuellen EU-Rahmenhaushalts ausmachen, wirklich auf den moralischen Vernunftgebrauch der politischen Entscheidungsträger zurückführen? Hier lohnt sich ein Blick auf die Entstehung des Regional- und Kohäsionsfonds.

Trotz ihres erklärten Ziels, „den Abstand zwischen einzelnen Gebieten und den Rückstand weniger begünstigter Gebiete [zu] verringern" (Vertrag zur Gründung der Europäischen Wirtschaftsgemeinschaft 1957), machten die Gründungsmitglieder der Europäischen Wirtschaftsgemeinschaft (EWG) mit Ausnahme Italiens zunächst keine Anstalten, ein entsprechendes Umverteilungsinstrument zu schaffen. Erst mit der Erweiterungsrunde von 1973 fand Italien in Großbritannien, das nach einem finanziellen Ausgleich für seine hohen Nettozahlungen in die Gemeinsame Agrarpolitik (GAP) suchte, und Irland, das zusammen mit Italien die größten regionalen Disparitäten aufwies, genügend Unterstützer für die Errichtung eines solchen Instrumentariums. Nachdem Italien und Irland damit gedroht hatten, den Gipfel der Staats- und Regierungschefs der Mitgliedsländer der Europäischen Gemeinschaften (EG) von 1974 zu boykottieren, sahen sich die übrigen Mitgliedsländer dazu gezwungen, ihrer Forderung nach einem Entwicklungsfonds für Regionale Entwicklung (EFRE; umgangssprachlich: Regionalfonds) stattzugeben (George 1996, 195).[68] Dass sich dieser ursprünglich mit 257,6 Mio. EWE (Europäische Währungseinheit) ausgestattete und auf drei Jahre angelegte Fonds zu einem finanzkräftigen und dauerhaften Umverteilungsmechanismus entwickeln konnte, ist insbesondere dem Europäischen Währungssystem (EWS) geschuldet, dessen Einführung 1979 eine Abwertung nationaler Währungen zum Schutze heimischer Industrien erschwerte, und dadurch, so die Argumentation der ärmeren Mitgliedsländer, eine Kompensation durch die reicheren Mitgliedsländer erforderlich machte. Dieses Muster – eine Aufstockung des Fonds als Entschädigung für die negativen Effekte fortschreitender Integration – wiederholte sich in den 1980er Jahren, als mit dem Beitritt Griechenlands, Spaniens und Portugals die Erweiterung und mit der Ein-

---

68 Bis zu seiner Reform 1988, im Zuge derer er mit dem Europäischen Sozialfonds (ESF) und dem Europäischen Ausrichtungs- und Garantiefonds für die Landwirtschaft (EAGFL) zum Europäischen Strukturfonds zusammengefasst wurde, basierte der EFRE auf einem regelmäßig neu ausgehandelten nationalen Quotensystem, von dem insbesondere die strukturschwachen Mitgliedsländer profitierten. Heutzutage unterstützt der EFRE nicht mehr Mitgliedsländer, sondern Regionen innerhalb dieser Länder, und zwar solche mit einem Bruttoinlandsprodukt (BIP) pro Kopf von weniger als 75 % des EU-Durchschnitts, wobei diese Regionen nahezu deckungsgleich mit den strukturschwachen (mittel- und osteuropäischen) Mitgliedsländern sind.

heitlichen Europäischen Akte (EEA) die Vertiefung der EG vorangetrieben wurde. Spanien, von dessen Beitritt sich insbesondere die deutsche Exportwirtschaft satte Gewinne erhoffte, machte eine Erhöhung der Transferleistungen zum Gegenstand seiner Beitrittsverhandlungen (George 1996, 201). Auch deshalb, weil die in der EEA angestrebte Vollendung des Europäischen Binnenmarktes bis 1992, die neben der Personenfreizügigkeit den freien Kapital- und Zahlungsverkehr vorsah, das Wohlstandsgefälle innerhalb der EG zu vergrößern drohte:

> For the coalition of peripheral member states – now comprising Italy, Ireland, Greece, Spain, and Portugal – an increase in the funds that redistributed wealth from the centre to the periphery of the EC was essential if they were to have any chance of benefiting from the post-1992 free market. It was therefore a condition of their participation in the whole exercise, without which they would have blocked all progress. (George 1996, 198)

Die Bundesrepublik und ihre Finanzindustrie hatten deshalb ein ausgemachtes Interesse, dieser Forderung nachzukommen:

> The richer member-countries, especially the Federal Republic, are naturally providing this massive financial backing in their own interest. They want to set up a single market for the benefit of their industries.… [F]ailing financial assistance of this kind, the four poorest member-states would have been left with no choice but to refuse to join the single internal market. (Günther Hauser; zitiert in George 1996, 199)

So wie der 1986 gefällte Beschluss, die europäische Wirtschaftsunion bis 1992 zu vollenden, zu einer Verdopplung des Regionalfonds führte, ging auch der 1992 gefällte Beschluss, die europäische Währungsunion bis 1999 zu vollenden, mit einer Verdopplung des Fonds einher. Die Schaffung einer gemeinsamen Währung sollte mit dem Kohäsionsfonds (KF) aber noch einen zweiten redistributiven Mechanismus hervorbringen.

In der (durchaus berechtigten, wie sich zwanzig Jahre später herausstellen sollte) Sorge, dass eine zu starke wirtschaftliche Divergenz zwischen den Ländern der Eurozone das Gemeinschaftswährungsprojekt gefährden könne, waren die wohlhabenderen Länder zu weiteren finanziellen Zugeständnissen bereit. Gleichzeitig erlegten sie sich, vor allem aber den wirtschaftlich schwächeren Ländern, strenge Konvergenzkriterien auf. Daraufhin bekannte die spanische Regierung, dass sie den Euro nur einführen werde, wenn ein zusätzlicher Umverteilungsmechanismus geschaffen werde, welcher das Land für seine drastischen Einsparungen kompensiere (Bache 1998, 88). Angesichts dessen beschloss der Europäische Rat 1992 einen Kohäsionsfonds im Umfang von 16 Mrd. EWE einzurichten, mit dem bestimmte infrastrukturelle Projekte in Mitgliedsländern mit einem BIP pro Kopf von weniger

3.2 Solidarität in der Praxis

als 90 % des EG-Durchschnitts kofinanziert werden. Als die vier Empfängerländer Spanien, Portugal, Irland und Griechenland dem Euro 1999 bzw. 2001 beitraten, war der ursprüngliche Zweck des Kohäsionsfonds zwar erfüllt, doch mit Verweis auf den 1997 verabschiedeten Stabilitäts- und Wachstumspakt, der den Ländern weiterhin fiskalische Disziplin abverlangte, setzten sie sich mit ihrer Forderung nach einer Verstetigung des Fonds durch. Mit Beitritt der wirtschaftlich noch schwächeren mittel- und osteuropäischen Länder, im Zuge dessen der Kohäsionsfonds auf 63,4 Mrd. Euro aufgestockt wurde, sind aus zwei der ehemaligen Empfängerländer mittlerweile Geberländer geworden.

Die Betrachtung des Regional- und Kohäsionsfonds hat gezeigt, dass die Einführung und schrittweise Erhöhung der beiden Fonds mit horizontalen (Erweiterung) und vertikalen (Vertiefung) Integrationsprojekten zusammenhängen. Etwas plakativ gesprochen, waren die wohlhabenderen Länder bereit, ihren Wohlstand mit den ärmeren Ländern zu teilen, um ihnen die Zustimmung zu intensivierter Integration (und damit zu noch mehr Wohlstand) abzuringen. Gleichzeitig mussten sie befürchten, dass eine Wirtschafts- und Währungsunion ohne ein gewisses Maß an wirtschaftlicher Konvergenz zum Scheitern verurteilt ist. Anders als die Bekundungen in den Vertragswerken der EU vermuten lassen, sind die Transferleistungen also nicht auf moralische Grundsätze, sondern auf reziproke Solidarität und aufgeklärtes Eigeninteresse zurückzuführen.

Inszenierte Solidarität im Angesicht der Eurokrise

> *Der Rat kann auf Vorschlag der Kommission unbeschadet der sonstigen in den Verträgen vorgesehenen Verfahren im Geiste der Solidarität zwischen den Mitgliedstaaten über die der Wirtschaftslage angemessenen Maßnahmen beschließen (...) . Ist ein Mitgliedstaat (...) von Schwierigkeiten betroffen oder von gravierenden Schwierigkeiten ernstlich bedroht, so kann der Rat auf Vorschlag der Kommission beschließen, dem betreffenden Mitgliedstaat unter bestimmten Bedingungen einen finanziellen Beistand der Union zu gewähren.*
> (Vertrag über die Arbeitsweise der Europäischen Union 2010a, Artikel 122)

Die ihren Ausgang in den USA nehmende Finanz- und Wirtschaftskrise ab 2007, deren Nachwirkungen bis heute zu spüren sind, verkehrte sich schnell in eine Eurokrise, als offensichtlich wurde, dass einigen Peripherieländern, die es trotz (oder gerade wegen) der über Regional- und Kohäsionsfonds umverteilten Gelder nicht geschafft hatten, zu den Kernländern aufzuschließen, die Staatsinsolvenz drohte (weshalb es sich bei der Eurokrise auch nicht um eine Krise des Euro, sondern um eine Staatsschuldenkrise handelt).[69] Was folgte, war die größte fiskalpolitische Rettungsaktion der europäischen Nachkriegsgeschichte, im Zuge derer allein für das hochverschuldete Griechenland unter Berufung auf (den oben zitierten) Artikel 122 des Vertrages über die Arbeitsweise der Europäischen Union (AEUV) drei Rettungspakete im Gesamtumfang von 359 Mrd. Euro geschnürt wurden (Stand: 2017). Obwohl sich auch der Internationale Währungsfonds (IWF) und die EU-Mitgliedsländer im Rahmen des zeitlich befristeten Europäischen Finanzstabilisierungsmechanismus (EFSM) an den Rettungspaketen beteiligten, wurde der Großteil der Hilfszahlungen von den Ländern der Eurozone über die temporäre Europäische Finanzstabilisierungsfazilität (EFSF), einem 2010 eingerichteten und mit 440 Mrd. Euro ausgestatteten Rettungsfonds, und seinen Nachfolger, den 2012 aus der Taufe gehobenen und mit 500 Mrd. Euro ausgestatteten permanenten Europäischen Stabilitätsmechanismus (ESM), bereitgestellt.[70] Zwar handelt es sich bei den getätigten Hilfeleistungen – anders als bei den im Rahmen von Regional- und Kohäsionsfonds getätigten Transferleistungen – nicht um direkte Umverteilungsmaßnahmen, sondern um Kredite (die zu einem festgelegten Zeitpunkt zurückgezahlt werden müssen) und Bürgschaften (die zinsgünstige Anleihen am Kapitalmarkt ermöglichen). Im Falle eines Kreditausfalls sind es jedoch die Gläubiger und Bürgen, d.h. letztendlich die Steuerzahler, die für den Verlust einstehen, womit der Übergang in die Haftungsunion faktisch vollzogen und der Begriff der Solidarität auf seine ursprüngliche Bedeutung zurückgeführt wurde (Schelkle 2017).[71]

Gleichwohl sprach sich sowohl 2010, als Griechenlands, Irlands und Portugals drohende Zahlungsunfähigkeit bekannt wurde, als auch 2012, als Spanien und Zypern finanzielle Unterstützung beantragten, eine knappe Mehrheit der Deutschen dafür aus, einem in Not geratenen Mitgliedsland finanzielle Hilfe zu gewähren (Gerhards/Lengfeld 2013, 119–120). Worauf lässt sich diese Solidaritätsbereitschaft, die offensichtlich größer ist, als in der öffentlichen Debatte angenommen, zurückführen? Dazu hat das Umfrageinstitut TNS-Infratest Dimap im Auftrag des Lehrstuhls für Makrosoziologie und Politische Soziologie der Universität Hamburg im Sommer 2012 eine Umfrage unter 1000 wahlberechtigten deutschen Bürgern und Bürgerinnen durchgeführt (Lengfeld/Schmidt/Häuberer 2012). Über

---

69 Zu den Ursachen dieser Staatsschuldenkrise siehe Heinemann 2012.
70 Zusätzlich kauft die Europäische Zentralbank (EZB) seit 2012 wertlos gewordene Staatsanleihen auf.
71 Vgl. den obigen Absatz zur Begriffsgeschichte. Da die Tranchen aus den Rettungspaketen nur bei Umsetzung wirtschaftspolitischer Reformen ausgezahlt werden, die *Solidarität* der Geber also an die *Solidität* der Nehmer geknüpft ist, lässt sich auch von „konditionalisierter Solidarität" sprechen (Knodt/Tews 2014b, 14).

3.2 Solidarität in der Praxis

80 Prozent der Befragten stimmten mit der Aussage überein, dass „sich die Länder gegenseitig helfen [sollen], da jedes Land einmal Hilfe benötigen könnte". Mehr als 66 Prozent waren der Meinung, dass „[f]inanzielle Hilfe (…) wirtschaftlich auch gut für das eigene Land [ist]". Immerhin 62 Prozent konnten der Aussage zustimmen, dass es „unsere moralische Pflicht [ist,] anderen EU-Ländern in der Not zu helfen". Die Ergebnisse zeigen, dass das Motiv der reziproken Solidarität, also der Erwartung, dass derjenige, der sich solidarisch zeigt, in einem später auftretenden Krisenfall ein Anrecht auf Unterstützung hat, die mit Abstand höchste Zustimmung erfährt, was unter anderem auf Griechenlands Solidarität nach dem Zweiten Weltkrieg, als es der Bundesrepublik die Hälfte ihrer Schulden erließ, zurückgeführt werden kann. Das am zweithäufigsten genannte Motiv, aufgeklärtes Eigeninteresse, ist wenig überraschend, kam ein Großteil der Hilfszahlungen doch nicht der verarmenden griechischen Bevölkerung, sondern über den Umweg der Kredittilgung den (überwiegend deutschen) Kreditgebern zugute, die auf diese Weise einem drohenden Bankrott entgehen konnten, der bei einigen Kreditinstituten, so die Argumentation der damaligen Bundesregierung, systemische Folgen für die deutsche Volkswirtschaft gehabt hätte. Zudem hatte die Regierung wiederholt vor einer Ansteckung anderer überschuldeter Länder im Falle eines griechischen Staatsbankrotts gewarnt, die nicht nur das Ende der gemeinsamen Währung, sondern – schenkt man Angela Merkels (2011) Appell, „Scheitert der Euro, dann scheitert Europa", Glauben – auch des gemeinsamen Binnenmarktes bedeutet hätte, von dem die deutsche (Export-)Wirtschaft wie keine andere profitiert. Dagegen spielt das am dritthäufigsten genannte Motiv, moralisches Pflichtbewusstsein, laut dieser Umfrage nur eine untergeordnete Rolle. Eine andere Studie kommt jedoch zu dem Ergebnis, dass diejenigen Befragten, die die Rettungsaktionen des Bundesregierung mittrugen, dies weniger aus ihrem aufgeklärten Eigeninteresse als aus einer kosmopolitischen Grundhaltung heraus taten (Bechtel/Hainmüller/Margalit 2014). Letztendlich scheinen also sowohl Eigennutz- als auch Gemeinnutzerwägungen ausschlaggebend für die mehrheitliche Unterstützung der milliardenschweren Rettungspakete gewesen zu sein.

Intuitive Solidarität im Angesicht der Flüchtlingskrise

> *Für die unter dieses Kapitel [Kapitel 2: Politik im Bereich Grenzkontrollen, Asyl und Einwanderung] fallende Politik der Union und ihre Umsetzung gilt der Grundsatz der Solidarität und der gerechten Aufteilung der Verantwortlichkeiten unter den Mitgliedstaaten, einschließlich in finanzieller Hinsicht.*
>
> (Vertrag über die Arbeitsweise der Europäischen Union 2010b, Artikel 80)

Kurz nachdem die Eurokrise im Sommer 2015 mit Verabschiedung eines dritten Rettungspaketes (vorerst) entschärft worden war, verschärfte sich mit den vermehrten Fluchtbewegungen nach Europa die sogenannte Flüchtlingskrise (die keine Krise von Flüchtlingen, sondern eine Krise des Gemeinsamen Europäischen Asylsystems [GEAS] ist). Einmal mehr sind es die Länder der europäischen Peripherie, die aufgrund ihrer EU-Außengrenzen und der – unter deutschem Einfluss zustande gekommenen – EU-Asylzuständigkeitsregelung Dublin III, gemäß derer das Mitgliedsland für das Asylverfahren verantwortlich ist, in dem der oder die Asylsuchende zuerst eingereist ist, die finanzielle und administrative Hauptlast zu tragen haben.[72] Damit steht die Dublin-Verordnung in Widerspruch zu dem im AEUV verankerten „Grundsatz der Solidarität und der gerechten Aufteilung der Verantwortlichkeiten unter den Mitgliedstaaten". Bislang ist es den Mitgliedstaaten jedoch nicht gelungen, die Dublin-Verordnung durch ein EU-weites Quotensystem zur gerechten Verteilung von Flüchtlingen zu ersetzen. Und auch die von den EU-Innenministern beschlossene Umverteilung von knapp 100.000 in Griechenland und Italien aufgelaufenen Flüchtlingen auf andere Mitgliedstaaten muss als gescheitert angesehen werden, nachdem in dem dafür vorgesehenen Zeitraum gerade einmal 27.695 Flüchtlinge umgesiedelt worden sind (European Commission 2017). Vor diesem Hintergrund lässt sich Angela Merkels Entschluss im Spätsommer 2015, das Dublin-Verfahren für syrische Flüchtlinge auszusetzen und tausenden in Ungarn festsitzenden Flüchtlingen die Einreise nach Deutschland zu gewähren, als Zeichen der Solidarität gegenüber schutzbedürftigen Flüchtlingen, aber eben auch gegenüber überlasteten Mitgliedstaaten werten.[73]

---

72 Der in EU-Kreisen verwendete Begriff des *burden sharing* ist dahingehend problematisch, als dass eine schutzsuchende Person als Belastung per se dargestellt wird (vgl. Bast 2014, 152).

73 So beklagte der Chef der ungarischen Staatskanzlei wenige Stunden vor Merkels Entschluss: „Die EU und mehrere EU-Mitgliedstaaten fordern von uns Solidarität, während sie selbst keinerlei Solidarität mit uns zeigen" (János Lázár; zitiert in Die Zeit 2016b, 4). Am darauffolgenden Tag kritisierte der ungarische Ministerpräsident Viktor

3.2 Solidarität in der Praxis

Was aber hat die Bundeskanzlerin zu dieser folgenreichen Entscheidung, die dazu führte, dass bis Jahresende eine knappe Million Flüchtlinge nach Deutschland kamen, bewogen? Auf dem CDU-Parteitag Ende 2015 rechtfertigte Merkel ihre Entscheidung mit ihrem moralischen Pflichtbewusstsein: „Das war eine Lage, die unsere europäischen Werte auf den Prüfstand gestellt hat. Das war nicht mehr und nicht weniger als ein humanitärer Imperativ" (Angela Merkel; zitiert auf Spiegel Online 2015). Ihr Verweis auf die „europäischen Werte" wie die Menschenwürde, die den Menschen als zu schützenden Zweck an sich ansieht, und ihr Ausdruck „humanitärer Imperativ", mit dem sie ihren Entschluss in die Nähe von Kants kategorischem Imperativ rückt, zeugen von einer deontologischen Begründungsweise.[74] Andere Beobachter unterstellen der Bundeskanzlerin dagegen die Flüchtlinge als Mittel zum Zweck aufgenommen zu haben, etwa um den deutschen Fachkräftemangel zu beheben oder den demografischen Wandel abzufedern. Angesichts der akuten Notlage scheint es sich bei dem über Nacht gefällten Entschluss jedoch um keine strategische Entscheidung gehandelt zu haben. Vielmehr mag noch ein ganz anderes Motiv ausschlaggebend gewesen zu sein – das der Empathie. Musste sich die Kanzlerin aufgrund der rigiden Sparmaßnahmen, die sie dem griechischen Volk verordnete, und ihres mangelnden Einfühlungsvermögens, das sie bei einem Aufeinandertreffen mit dem von Abschiebung bedrohten palästinensischen Mädchen Reem Sahwil offenbarte, lange Zeit den Vorwurf der Empathielosigkeit gefallen lassen, wurde Merkel nach ihrem nächtlichen Entschluss vom 4. auf den 5. September 2015 eine Überdosis selbiger zur Last gelegt. Entgegen ihres Bekundens, sie „handele nicht aus Mitleid, sondern aus meinen eigenen, aus unseren gemeinsamen Werten und Interessen heraus" (Angela Merkel; zitiert in Die Zeit 2016a, 3), konnte sich wohl auch die Kanzlerin den bewegenden Fernsehbildern von „in Budapest gestrandet[en]" und „sich zu Fuß über die Autobahn nach Österreich" machenden Flüchtlingen nicht entziehen (Angela Merkel; zitiert auf Spiegel Online 2015). Und auch der Münchner Oberbürgermeister Dieter Reiter bekannte im Rückblick, dass er „angesichts der Bilder vom Budapester Bahnhof (…) in dem Moment genau so entschieden [hätte]" (Dieter Reiter; zitiert in Die Zeit 2016b, 9). Neben diesen Bildern waren es die Bilder, die tunlichst vermieden werden sollten, die die Kanzlerin dazu zwangen, die Grenzen für die gen Österreich und Deutschland marschierenden Flüchtlinge zu öffnen:

Orbán jedoch bereits, dass Merkels Solidarakt die Fluchtbewegungen nach Europa noch verstärken werde.

74   Merkels Entscheidung ließe sich aber ebenso teleologisch begründen, ergibt sich aus geschlossenen Grenzen doch kaum ein Nutzen für die Bürger, der das Leid der Flüchtlinge aufwiegen könnte.

> Man kann die Marschierer nur mit Gewalt aufhalten, davon sind Merkel und ihre Leute überzeugt, mit Wasserwerfern, Schlagstöcken, Reizgas. Es käme zu Tumulten und zu schrecklichen Bildern. Deren politische Wucht. Sie ist überzeugt, Deutschland halte solche Bilder nicht aus. Die Aufnahmen von den erbärmlichen Zuständen in dem Flüchtlingscamp in Calais, hat Merkel einmal gesagt, könne Deutschland keine drei Tage ertragen. Wie viel verheerender wären dann Bilder, auf denen Flüchtlinge niedergedroschen werden, die nach Österreich oder Deutschland wollen? Bilder von Blut, Verletzten, womöglich von Toten? (Die Zeit 2016b, 4)

Doch die tatsächlichen Bilder, darunter das des ertrunkenen syrischen Jungen Aylan Kurdi, dessen lebloser Körper am 2. September 2015 unweit der türkischen Touristenhochburg Bodrum angespült worden war, reichten bereits aus, um eine deutschlandweite Welle der Empathie auszulösen. Davon zeugt nicht zuletzt der Umstand, dass sich AfD-Politiker Alexander Gauland (2016) zu dem zynischen Aufruf genötigt sah, man dürfe sich „nicht von Kinderaugen erpressen lassen" (Alexander Gauland; zitiert auf Zeit Online 2016). Warum aber kommt der Empathie gerade in diesem Fallbeispiel und insbesondere in Deutschland eine so entscheidende Rolle zu? Empathie, so die Philosophin Hilde Landweer (2016, 47), hängt im Wesentlichen von drei Faktoren ab:

> Erstens: Die oder der andere muss ein uns ähnliches Wesen sein. Zweitens: Die Situation dessen, in den wir uns einfühlen, muss besonders anschaulich gegeben und in diesem Sinne „nah" sein. Und drittens wird Empathie besonders gefördert, wenn wir glauben, zumindest prinzipiell in dieselbe Situation geraten zu können wie die oder der andere.

Was den ersten Faktor betrifft, so stehen uns die in Ungarn gestrandeten, mehrheitlich aus dem *Nahen* Osten und Südosteuropa kommenden Flüchtlinge nicht nur in geografischer Hinsicht näher als die uns in den 1980er und zuletzt in den 2010er Jahren vermehrt erreichenden Bootsflüchtlinge aus dem *Fernen* Osten und Afrika. Ihre größere „Wesensähnlichkeit" und eine damit einhergehende größere Identifikationsfähigkeit erleichtern uns das Einfühlen. Es fällt uns aber auch leichter, Empathie mit diesen Menschen zu empfinden, weil die Medien, anders als in den vorherigen zwei Fallbeispielen, verstärkt auf konkrete Einzelschicksale wie das des palästinensischen Mädchens Reem Sahwil oder das des syrischen Jungen Aylan Kurdi fokussieren. Schließlich wecken die Bilder von Flüchtlingstrecks bei einigen Deutschen Erinnerungen an ihre eigene Flucht aus dem Osten während und nach dem Zweiten Weltkrieg, was die relativ große Empathie mit Flüchtlingen hierzulande erklären mag.

3.2.2 Grenzüberschreitende Solidarität auf globaler Ebene

Die obigen Ausführungen zur Empathie legen nahe, dass physische Distanz mit emotionaler Distanz einhergeht. Entsprechend müssen wir davon ausgehen, dass das Potenzial für Solidarität auf globaler Ebene weiter abnimmt. Dazu wollen wir in diesem Abschnitt mit der dauerhaft angelegten Entwicklungshilfe zunächst ein Beispiel für institutionalisierte Solidarität betrachten. Anschließend widmen wir uns mit der temporär angelegten humanitären Hilfe und der in akuten Notfällen auftretenden humanitären Intervention zwei Beispielen für inszenierte bzw. intuitive Solidarität.

Institutionalisierte Solidarität im Angesicht von Unterentwicklung und Armut

> *In ihren Beziehungen zur übrigen Welt schützt und fördert die Union ihre Werte und Interessen (…). Sie leistet einen Beitrag zu (…) globaler nachhaltiger Entwicklung [und] (…) zur Beseitigung der Armut (…).*
> (Vertrag über die Europäische Union 2010, Artikel 3)

Nicht nur das innere, sondern auch das äußere Handeln der EU ist laut Vertragsbestimmungen von Solidarität geprägt. Nach außen ist solidarisches Handeln vor allem in Form von öffentlicher Entwicklungshilfe (Official Development Assistance [ODA]) sichtbar, die 2015 für die 28 im Ausschuss für Entwicklungshilfe (Development Assistance Committee [DAC]) der Organisation für wirtschaftliche Zusammenarbeit und Entwicklung (Organisation for Economic Co-operation and Development [OECD]) vertretenen Geberländer bei 131,6 Mrd. US-Dollar lag. Dabei schließt ODA nur solche Leistungen ein, die aus öffentlichen Quellen stammen, die zu vergünstigten Konditionen gewährt werden (Zuschüsse oder Darlehen mit einem Zuschusselement von mindestens 25 % im Vergleich zu marktüblichen Geschäften) und die auf eine Verbesserung der Lebensbedingungen abzielen. Der Passus „schützt und fördert (…) ihre Werte und Interessen" im oben zitierten Artikel 3 des VEU lässt vermuten, dass sich die ODA-Leistungen aus dem moralischen Pflichtbewusstsein und dem aufgeklärten Eigeninteresse der Geberländer speisen. Inwiefern dies tatsächlich der Fall ist, wollen wir nachfolgend anhand der Entwicklung der kumulierten ODA-Quote unter Berücksichtigung der zeitgeschichtlichen Ereignisse betrachten.

Mit seiner Amtsantrittsrede im Jahr 1949, in der er sich für eine Ausweitung des industriellen Fortschritts auf die unterentwickelten Regionen dieser Welt aussprach, legte der US-amerikanische Präsident Harry S. Truman (1949) nicht nur den Grundstein für Entwicklungshilfe, sondern lieferte zugleich eine (eigeninteressierte) Begründung dieser: „Their poverty is a (…) threat both to them and to more prosperous areas". Im aufkommenden Kalten Krieg wurde das von Truman entworfene Bedrohungsszenario eines Aufstandes der Armen jedoch alsbald von der Truman-Doktrin als Begründungsmuster US-amerikanischer Entwicklungshilfe abgelöst:

> [I]t must be the policy of the United States to support free peoples who are resisting attempted subjugation by armed minorities or by outside pressures (...). [O]ur help should be primarily through economic and financial aid which is essential to economic stability and orderly political processes. (Truman 1947)

Fortan versuchte die kapitalistische „Erste Welt" sich das Wohlwollen der blockfreien „Dritten Welt" durch Entwicklungshilfe zu erkaufen und so eine Expansion der sozialistischen „Zweiten Welt" zu verhindern.[75] Anfang der 1960er Jahre lagen die ODA-Leistungen der Geberländer im Durchschnitt bei 0,5 Prozent ihres BIP – und damit näher am 1970 vereinbarten langfristigen Ziel von 0,7 Prozent als jemals zuvor (oder danach). Angesichts der von ihm mitinitiierten Entspannungspolitik der späten 1960er und 1970er Jahre, und einem damit einhergehenden Rückgang der ODA-Leistungen gemessen am BIP, legte Willy Brandt als Vorsitzender der Nord-Süd-Kommission dem UN-Generalsekretär im Jahr 1980 einen Bericht unter dem Leitsatz: „Ohne Entwicklung kein Frieden" vor. Wie Truman 30 Jahre zuvor erkannte auch Brandt in der wachsenden Armut eine Gefährdung des weltweiten Friedens, der nur durch einen massiven Kapitaltransfer von Norden nach Süden zu wahren sei. Zwar gelang es den Abwärtstrend in den 1980er Jahren zu stoppen und die kumulierte ODA-Quote auf einem relativ konstanten Niveau zwischen 0,32 und 0,38 Prozent zu halten; es ist jedoch fraglich, ob dies tatsächlich dem Brandt-Bericht, oder nicht vielmehr dem sich nach einer Phase der Entspannung verschärfenden Kalten Krieg geschuldet ist. Für letztere These spricht, dass die kumulierte ODA-Quote nach Ende des Kalten Krieges auf ein Rekordtief von 0,22 Prozent fiel.

In Anbetracht stetig sinkender ODA-Quoten (und Leistungen) in den 1990er Jahren räumten Experten den im September 2000 auf dem UN-Millenniumsgipfel in New York gefassten Millenniums-Entwicklungszielen (Millennium Development Goals [MDGs]), von denen das erste die Halbierung des Anteils der in extremer Armut lebenden Menschen bis 2015 vorsah, nur geringe Erfolgschancen ein. Als ein Jahr nach Verkündung der Entwicklungsziele zur gleichen Jahreszeit am gleichen Ort die Terroranschläge des 11. September verübt wurden, änderten sich die Vorzeichen schlagartig. Bundeskanzler Gerhard Schröder bekannte umgehend, dass es

---

75 Vgl. auch Hong 2015 für die innerdeutsche Hilfskonkurrenz.

3.2 Solidarität in der Praxis

keine globale Sicherheit ohne globale Gerechtigkeit geben könne und Heidemarie Wieczorek-Zeul, Bundesministerin für wirtschaftliche Zusammenarbeit und Entwicklung, versuchte der „tiefen Sinn- und Rechtfertigungskrise" (Nuscheler 2004, 12) ihres Politikfeldes dadurch entgegenzutreten, dass sie Entwicklungspolitik, ganz in der Tradition des bereits diskreditierten Brandt-Berichtes, als vorbeugende Sicherheitspolitik auswies: „Industrieländer, die sich in der Entwicklungszusammenarbeit engagieren, gewinnen auch etwas. Sie gewinnen eine friedlichere Welt und eine sicherere Zukunft" (Wieczorek-Zeul 2002, 8). Die Einsicht, dass nur eine gerechtere Welt dem internationalen Terrorismus den Nährboden entziehen könne, reichte plötzlich bis in die obersten Etagen der Weltpolitik.[76] Hoffnungsfroh stellte das Entwicklungsprogramm der Vereinten Nationen (United Nations Development Programme 2003, 1) fest: „Es gibt wohl kaum einen günstigeren Zeitpunkt, um Unterstützung für eine derartige globale Partnerschaft [gemeint sind die MDGs] zu mobilisieren." Wenige Monate nach dem 11. September 2001 beriefen die Vereinten Nationen einen Gipfel zur Entwicklungsfinanzierung ein, auf dem die Geberländer, unter dem Eindruck der Terroranschläge stehend, zu weitreichenden finanziellen Zugeständnissen bereit waren.[77] Bereits 2005 überschritt die kumulierte ODA-Quote erstmals nach Ende des Kalten Krieges wieder die 0,3 Prozentmarke, was – neben den Eigenanstrengungen der Entwicklungsländer – maßgeblich dazu beitrug, dass trotz der globalen Finanz- und Wirtschaftskrise erhebliche Fortschritte bei der Bekämpfung extremer Armut erzielt werden konnten. Das erste der im September 2015 verabschiedeten Ziele nachhaltiger Entwicklung (Sustainable Development Goals [SDGs]), welche die Millenniums-Entwicklungsziele teils ablösen, teils vollenden sollen, sieht gar eine vollständige Beendigung von extremer Armut bis 2030 vor. Ob es gelingen wird, diese ehrgeizige Zielvorgabe zu erreichen, bleibt abzuwarten. Die derzeitige Flüchtlingskrise und die aufkommende Erkenntnis, dass diese nur durch die Bekämpfung der Fluchtursachen in den Griff zu bekommen ist, könnte

---

76 So erklärte US-Präsident George W. Bush (2002): „[W]e fight against poverty because hope is an answer to terror". Ebenso vertrat sein Außenminister Colin Powell (2005) die Ansicht, dass „the United States cannot win the war on terrorism unless we confront the social and political roots of poverty. (…) We live in a world in which our own self-interest depends on advancing the interests of others. (…) By helping others, we help ourselves". Auch der britische Premierminister Tony Blair (2004) warnte, dass „[p]overty (…) leads to weak states which can become havens for terrorists and other criminals". Sein Außenminister Jack Straw (2002) erklärte deshalb: „[W]e care about Africa because it is no longer possible to neglect the world's problems without running the risk of eventually suffering the consequences".

77 Die USA sagten eine Verdopplung ihrer Entwicklungshilfe bis 2006 und die EU-Mitgliedstaaten eine Erhöhung ihrer kollektiven ODA-Quote von 0,35 auf 0,39 Prozent bis 2006 zu (was einem jährlichen Anstieg von 11 Mrd. US-Dollar gleichkommt).

den SDGs allerdings zu einem ähnlichen Bedeutungsschub verhelfen wie der Krieg gegen den Terrorismus einst den MDGs.

Wenngleich ökonomische Interessen wie die Gewinnung neuer Absatzmärkte immer mitgedacht werden müssen, sind es vor allem (sicherheits-)politische Interessen, welche die historischen Schwankungen in der kumulierten ODA-Quote erklären können: In den heißen Phasen der 1950er und 1980er Jahre diente Entwicklungshilfe den beiden ideologischen Blöcken, die blockfreien Staaten zu umwerben und so den Einfluss des jeweils anderen Blocks zurückzudrängen. In der Entspannungsphase der späten 1960er und 1970er Jahre und nach Ende des Kalten Krieges in den 1990er Jahren fiel die kumulierte ODA-Quote (die wohlgemerkt nur die geleistete Entwicklungshilfe der OECD-Staaten erfasst) entsprechend stark ab. Der erneute Anstieg zu Beginn dieses Jahrtausends ist eng mit dem Krieg gegen den Terrorismus verbunden, im Zuge dessen Entwicklungspolitik als präventive Sicherheitspolitik positioniert wurde.[78] Im Gegensatz zu diesen handfesten Interessen kommt moralischen Werten nur eine rhetorische (bzw. nur in Einzelfällen handlungsanleitende) Funktion bei der Vergabe von Entwicklungshilfe zu.[79]

Inszenierte Solidarität im Angesicht von Hungersnöten

> [W]e must act with much greater (...) solidarity to meet the needs of the 120 million people today who cannot wait for the dividends of greater investment in (...) development. The escalating humanitarian needs and the widening gap in financing were two of the pressing concerns that led me to call for the World Humanitarian Summit (...).
>
> (Ban Ki-moon 2016, 38)

Neben der langfristig angelegten Entwicklungshilfe, die darauf abzielt, eine konstant schlechte Bedarfslage, wie Unterentwicklung und Armut, nachhaltig zu verbessern, erfasst ODA auch kurzfristig angelegte humanitäre Hilfe, die darauf ausgerichtet ist, in einer sich akut verschlechternden Bedarfslage, wie im Fall von Naturkatastrophen und Hungersnöten, Nothilfe zu leisten. Heutzutage entfallen etwa 10 Prozent der ODA-Leistungen – jährlich über 10 Mrd. US-Dollar – auf humanitäre Hilfe

---

78 Dazu kritisch Duffield 2007.

79 Es ist der Umfangsbegrenzung des Kapitels geschuldet, dass keine weiteren Erklärungsansätze berücksichtigt werden konnten. So ist es beispielsweise nicht ganz unplausibel, dass Deutschlands Finanzhilfe für südeuropäische Länder und Entwicklungshilfe für afrikanische Länder zu einem gewissen Grad einem schlechten Gewissen aufgrund der krisenbegünstigenden deutschen Außenhandelsüberschüsse und armutsverschärfenden europäischen Agrarsubventionen (von der ausbeuterischen und menschenverachtenden Zeit des Kolonialismus und Nationalsozialismus ganz zu schweigen) geschuldet ist (vgl. Pogge 2002).

3.2 Solidarität in der Praxis

(Global Humanitarian Assistance 2014). Dennoch reichen die Mittel nicht aus, um den von den Vereinten Nationen ermittelten Bedarf von knapp 20 Mrd. US-Dollar zu decken, was UN-Generalsekretär Ban Ki-moon dazu veranlasste, für 2016 den ersten Weltgipfel für humanitäre Hilfe (World Humanitarian Summit [WHS]) einzuberufen. Ein Teil der geleisteten humanitären Hilfe wird in der ODA-Statistik jedoch gar nicht abgebildet, da diese nur öffentliche Leistungen erfasst. Aufgrund ihres ereignis-getriebenen Charakters ist humanitäre Hilfe in besonderem Maße in der Lage, Privatpersonen zu mobilisieren, weshalb sie zu rund einem Viertel von privater Hand getragen wird (Stirk 2014). Im Gegensatz zu den vorherigen Fallbeispielen handelt es sich bei humanitärer Hilfe also nicht nur um eine Form von *inter*nationaler, sondern auch um eine Form von *trans*nationaler Solidarität, deren Träger nicht-staatliche Akteure (Individuen, Stiftungen, Unternehmen, etc.) sind. Ihre Spenden kommen im Wesentlichen multilateralen Organisationen (wie dem UN-Welternährungsprogramm), Nichtregierungsorganisationen (wie Ärzte ohne Grenzen) und Hybridorganisationen (wie dem Internationalen Komitee vom Roten Kreuz) zugute, deren Etat sich zu unterschiedlichen Anteilen aus staatlichen Zuweisungen und privaten Spenden speist. Was aber motiviert saturierte Menschen in gut situierten Ländern, einen Teil ihres Vermögens für fremde Menschen in fernen Ländern zu spenden? Dazu wollen wir uns nach einem kurzen Blick in die (Entstehungs-)Geschiche der humanitären Hilfe im 19. Jahrhundert mit einigen Hungersnöten im 20. Jahrhundert beschäftigen.

Die Geschichte der humanitären Hilfe reicht bis ins 19. Jahrhundert zurück, als Berichte über humanitäre Notlagen am anderen Ende der Welt – der Erfindung des Telegraphen und der Verbreitung der Tageszeitung sei Dank – nicht mehr Monate später, sondern innerhalb weniger Tage in Europa eintrafen (vgl. Walker 2009, 18). Die britische Hungerhilfe für die von Ernteausfällen betroffene indische Bevölkerung 1837 gilt als Beginn *inter*nationaler humanitärer Hilfe. Neben Empathie erzeugenden Artikeln (Fotos gab es zu jener Zeit noch nicht) in britischen Tageszeitungen war es vor allem die Furcht vor einem Aufstand, die dafür sorgte, dass Großbritannien das Leid der Inder nicht länger ignorieren konnte. Letzteres gilt auch für die sich 1845 breitmachende Hungersnot in Irland, im Zuge derer die britische Regierung umfassende Hilfsgüter zur Verfügung stellte. Die Anfänge *trans*nationaler humanitärer Hilfe gehen indessen nicht auf eine Hungersnot, sondern auf einen Krieg zurück: Als der schweizerische Geschäftsmann und spätere Friedensnobelpreisträger Jean Henri Dunant 1859 Zeuge einer Schlacht zwischen Österreich und Frankreich in der Nähe der italienischen Ortschaft Solferino wurde, versorgte er unter Einbeziehung der lokalen Bevölkerung die auf dem Schlachtfeld zurückgebliebenen Verwundeten – die Geburtsstunde des Internationalen Komitees vom Roten Kreuz (IKRK), einer privaten Hilfsorganisation mit speziellem Status im Völkerrecht.

Die ersten rein privaten Hilfsorganisationen wurden erst ein Jahrhundert später, hauptsächlich in Reaktion auf die ausbleibende Hilfe der Staatengemeinschaft und das vermeintliche Versagen des IKRK während der menschengemachten Hungersnot in Biafra, gegründet. Nach Massakern am Volksstamm der Igbo hatte sich dieser 1967 für unabhängig erklärt, woraufhin für die ausgerufene Republik Biafra von nigerianischen Regierungstruppen eine Hungerblockade verhängt wurde. Die um die Welt gehenden Bilder von (ver)hungernden Kindern mit dünnen Gliedmaßen, aufgeblähten Bäuchen und großen Augen wurden zum Symbol für das postkoloniale Afrika, aber auch für die Untätigkeit der restlichen, vor allem aber westlichen Welt. Als sich Anfang der 1970er Jahre in der nördlich von Nigeria gelegenen Sahel-Zone eine Dürre breitmachte, bekam die Weltöffentlichkeit nicht nur Fotos, sondern ganze Filmsequenzen von hungerleidenden Menschen zu Gesicht. Die 1973 zunächst im britischen Fernsehen ausgestrahlte Reportage „The Unknown Famine" über die Hungersnot in Äthiopien, die 1974 unter dem Titel „The Hidden Hunger" auch in Äthiopien gezeigt wurde, führte nicht nur zur Abdankung des langjährigen äthiopischen Diktators Haile Selassie, sondern löste eine bis dahin nicht gekannte Welle der Empathie aus, im Zuge derer allein in Großbritannien 6 Mio. britische Pfund gespendet wurden (Gill 2010, 34). Dieses Spendenaufkommen wurde zehn Jahre später, als Äthiopien erneut von einer Dürreperiode erfasst wurde, nochmals übertroffen. Ein Spendenaufruf, der im Anschluss an die im Sommer 1984 ausgestrahlte TV-Dokumentation „Seeds of Despair" gestartet wurde, brachte 10 Mio. britische Pfund ein (Gill 2010, 37). Doch erst eine im Herbst 1984 über die Bildschirme flimmernde, mit äußerst drastischen Bildern unterlegte und in höchst emotionaler Sprache verfasste BBC-Reportage über den „biblical famine" im Hilfscamp Korem, „the closest thing to hell on earth",[80] führte dazu, dass auch die britische Regierung tätig wurde und 10 Mio. britische Pfund sowie 6.000 Tonnen Getreidelieferungen bereitstellte (Philo 1993, 121). Wie der Parlamentsabgeordnete Russell Johnston im britischen Unterhaus bedauerte:

> The entire aid world has been screaming from the rooftops for the last eighteen months that what has happened in Ethiopia was about to occur, yet it was only when we saw it in colour on the screens in our living rooms that the Government acted. (Russell Johnston; zitiert in Philo 1993, 92)

---

80 Siehe https://www.youtube.com/watch?v=XYOj_6OYuJc.

3.2 Solidarität in der Praxis

Die meisten Gelder konnte jedoch der irische Sänger Bob Geldof mit seiner „Band Aid"-Kampagne akquirieren. Der mit prominenten Musikern eingespielte und rechtzeitig zum Weihnachtsgeschäft 1984 veröffentlichte Benefiz-Song „Do They Know It's Christmas?" (auf den wenige Monate später der von Michael Jackson and Lionel Ritchie geschriebene Benefizsong „We Are the World" als Teil der US-amerikanischen „USA for Africa"-Kampagne folgte) brachte Geldof 5 Mio. britische Pfund an Spendengeldern und der Hungersnot in Äthiopien weltweite Aufmerksamkeit ein (Gill 2010, 12–13). Die Kampagne gipfelte 1985 in den „Live Aid"-Konzerten (die 2005, zum 20-jährigen Jubiläum, unter dem Namen „Live 8" wiederholt wurden), zwei in der Londoner Wembley Arena und im JFK Stadion in Philadelphia simultan stattfindenden, live in 120 Länder übertragenen und von geschätzten 1,6 Mrd. Menschen – einem Drittel der damaligen Weltbevölkerung – gesehenen Konzerten mit Auftritten namhafter Künstler, unterbrochen von Filmausschnitten aus der BBC-Reportage und eindringlichen Appellen an die Spendenbereitschaft der Menschen. Auf diese Weise gelang es, eine historische Summe von 140 Mio. britischen Pfund für die Hungerhilfe in Äthiopien zusammenzutragen (Walker 2009, 58). Anfang der 1990er Jahre verlagerte sich das mediale (und damit öffentliche) Interesse dann auf das östlich von Äthiopien gelegene Somalia, als es auch dort zu massiven Ernteausfällen kam. Live-Berichte aus der am meisten betroffensten Region um Mogadischu rückten das Leid der Somalis nicht nur ins öffentliche Licht, sondern auch näher an die Menschen in den Geberländern heran. Die daraufhin entsendeten Hilfsgüter wurden wiederholt geplündert, was die USA dazu veranlasste, die Hilfslieferungen militärisch abzusichern. Hierbei handelt es sich jedoch nicht mehr um humanitäre Hilfe, sondern um eine humanitäre Intervention, weshalb dieser Fall weiter unten behandelt wird.

Wie lässt sich die gesteigerte Hilfs- und Spendenbereitschaft staatlicher und nicht-staatlicher Akteure, die sich – gemessen am Umfang der insgesamt geleisteten humanitären Hilfe – zwischen 1989 und 2009 nahezu verzwanzigfacht hat (Weiss 2013, 82), erklären? Was die staatliche Hilfsbereitschaft angeht, so scheinen erhöhte (sicherheits-)politische Interessen aufgrund zunehmender Eingriffe in innerstaatliche Konflikte nach Ende des Kalten Krieges (siehe nächster Abschnitt) zumindest eine latente Rolle gespielt zu haben, befanden sich unter den Top-10 Empfängerländern von humanitärer Hilfe zwischen 1999 und 2009 mit dem Irak, Afghanistan, Bosnien-Herzegowina, Serbien und dem Kosovo doch fünf Länder, in die westliche Staaten zuvor interveniert waren und die sie nun mit humanitärer Hilfe zu befrieden suchten (Global Humanitarian Assistance 2010). Eine zunehmende Anzahl und ein zunehmendes Ausmaß an Naturkatastrophen mag die gesteigerte Hilfsbereitschaft ebenso erklären, auch wenn sich eine derartige Zunahme für den oben genannten Zeitraum nicht zweifelsfrei belegen lässt. Was definitiv zugenommen hat, ist die

Intensität medial vermittelter Evidenz. Zeitungsartikel, Fotos, TV-Reportagen und zuletzt auch Live-Berichte lassen das Leid der Menschen präsenter erscheinen und rufen Gefühle der Empathie in uns hervor. Für Geldof war es nach eigenem Bekunden dann auch der Schmerz, den er beim Ansehen der BBC-Reportage empfand, der ihn dazu veranlasste, die „Band Aid"-Kampagne ins Leben zu rufen. Aufschluss über seine Motivlage gibt auch der folgende Disput zwischen ihm und Bob Dylan, der sich am Rande des „Live Aid"-Konzertes 1985 in Philadelphia zugetragen hat: Während seines Auftrittes verlieh Dylan seiner Hoffnung Ausdruck, dass ein Teil des Spendenaufkommens verschuldeten Farmern in Amerika zur Verfügung gestellt werde. Für Geldof (zitiert in Brown 2010, 250) war das „a crass, stupid, and nationalistic thing to say":

> He [Dylan] displayed a complete lack of understanding of the issues raised by Live Aid. (...) Live Aid was about people losing their lives. There is a radical difference between losing your livelihood and losing your life.

Geldofs Kritik deutet auf eine teleogische Sichtweise hin, gemäß derer es wichtiger ist, Menschen zu helfen, deren Leben unmittelbar bedroht ist, als jenen, deren finanzielle Existenzgrundlage ungesichert ist.[81] Von verschiedenen Seiten wurde Geldof auch unterstellt, das Leid der Äthiopier inszeniert zu haben, um seiner im Niedergang begriffenen Musikkarriere neuen Auftrieb zu verleihen. Letztendlich haben wohl alle drei Motive – Empathie, Vernunft und Eigeninteresse – eine gewisse Rolle gespielt, wobei ersteres Motiv sicherlich der Auslöser für Geldofs Engagement gewesen ist.

Intuitive Solidarität im Angesicht von Menschenrechtsverletzungen

> *Where a population is suffering serious harm, as a result of internal war, insurgency, repression or state failure, and the state in question is unwilling or unable to halt or avert it, the principle of non-intervention yields to the international responsibility to protect.*
> (International Commission on Intervention and State Sovereignty 2001, xi)

Wenn eine Bevölkerung menschengemachtes Leid erfährt, dann sprechen wir heutzutage nicht mehr so sehr von einem barbarischen, martialischen oder tyrannischen Akt, als vielmehr von einer Verletzung fundamentaler Menschenrechte. Ist der betroffene Staat nicht willig oder fähig, diese *Rechte* zu wahren, so der zentrale Gedanke der oben zitierten Schutzverantwortung (Responsibility to Protect [R2P]),

---

81 Vgl. dazu Singer 1972. Für eine ausführliche – wenn auch etwas einseitige – Diskussion der Auseinandersetzung zwischen Geldof und Dylan siehe Brown 2010.

3.2 Solidarität in der Praxis

ist es die *Pflicht* der Staatengemeinschaft, der leidenden Bevölkerung, notfalls unter Anwendung von Gewalt, zu Hilfe zu kommen. Die Begriffe „Recht" und „Pflicht" deuten bereits an, dass dieser Form von grenzüberschreitender Solidarität eine deontologische Sichtweise zugrunde liegt. Zwar steht der teleologische Ansatz der Idee der Menschenrechte nicht prinzipiell entgegen; in bestimmten Situationen erfordert er jedoch eine Missachtung der Menschenrechte, beispielsweise dann, wenn die zu erwartenden (finanziellen, menschlichen, etc.) Verluste einer humanitären Intervention den Ertrag (Durchsetzung von Menschenrechten) nicht aufwiegen können.[82] Für den Deontologen sind die Menschenrechte, eine politische Spezifikation von Kants kategorischem Imperativ, hingegen unveräußerlich; alles andere würde bedeuten, den Menschen als Mittel zum Zweck zu benutzen (Donnelly 1993, 24). Folglich steht er einer humanitären Intervention, sofern sie dem Schutz der Menschenrechte dient (was im Begriff angelegt, in der Realität aber nicht immer der Fall ist), aufgeschlossen gegenüber. Welche weiteren Motive es für humanitäre Interventionen gibt, und welche Motive ausschlaggebend sind, soll nachfolgend am Beispiel einiger Interventionen der frühen 1990er Jahre untersucht werden.

Die „golden era of humanitarian intervention" (Wheeler/Bellamy 2008) begann 1991 mit dem Ersten Irakkrieg, in dessen Nachgang im Norden und Süden des Iraks eine Flugverbotszone zum Schutz der kurdischen und schiitischen Bevölkerung eingerichtet wurde. Dieser Krieg gilt zudem als die Geburtsstunde des CNN-Effekts, womit der Einfluss gemeint ist, den die Medien mit ihrer (teils 24-Stunden-Live-) Berichterstattung über die Krisenregionen dieser Welt auf die Außenpolitik von Staaten nehmen – entweder direkt, indem sie die politischen Entscheidungsträger beeinflussen, oder indirekt, indem sie die öffentliche Meinung beeinflussen, die entsprechenden Handlungsdruck auf die politischen Entscheidungsträger ausübt. Auch wenn die intensive[83] und empathische[84] Berichterstattung US-amerikanischer

---

82 Der NATO-Einsatz in Libyen 2011 wird angesichts der chaotischen Zustände, die nach dem Sturz Muammar Gaddafis in diesem Staat (einige Beobachter sprechen bereits von einem „failed state") herrschen, gelegentlich als Beispiel für eine solche humanitäre Intervention angeführt.

83 Zwischen dem 26. März und 15. April 1991 veröffentlichte die New York Times durchschnittlich sechs Artikel pro Tag über das Leid der Kurden im Nord-Irak. Im gleichen Zeitraum machte der Fernsehsender ABC die Notlage an 17 von 21 Tagen zu seiner Topmeldung (Robinson 2002, 68).

84 Siehe den folgenden Wortwechsel auf CNN. Moderator: „Good evening and welcome to Crossfire. A vast tragedy is unfolding tonight as millions of Kurds flee to the mountains to escape the murderous revenge of Saddam Hussein. Pregnant women, old men in wheelchairs, children with no shoes in a caravan 50 miles long are being strafed by helicopter gunships." Journalist: „And they're running for their lives. There's millions of refugees; there's very little food. They've had no water or electricity since the beginning

Medien über das Leid der kurdischen Bevölkerung im Nord-Irak nicht ausschlaggebend für die Entscheidung der Bush-Administration, eine Flugverbotszone einzurichten, gewesen sein mag, so zeigte sie doch die Dringlichkeit dieser Maßnahme auf, wie Paul Wolfowitz, Staatssekretär im Verteidigungsministerium, einräumte: „I do think the vividness of television images probably heightened the sense of urgency" (Paul Wolfowitz; zitiert in Robinson 2002, 69). Anders verhielt es sich im darauffolgenden Jahr, als TV-Berichte über Plünderungen von Hilfsgütern im von Bürgerkrieg und Hungersnot geplagten Somalia die Bush-Administration dazu veranlassten, Bodentruppen ans Horn von Afrika zu entsenden (vgl. Gowing 1994). Marlin Fitzwater, Pressesprecher des Weißen Hauses, erinnert sich:

> After the election [of November 1992], the media had free time and that was when the pressure started building up. (...) We heard it from every corner, that something had to be done. Finally the pressure was too great (...) TV tipped us over the top. (...) I could not stand to eat my dinner watching TV at night. It made me sick. (Marlin Fitzwater; zitiert in Gowing 1994, 68)

Nachdem er und seine Frau „those starving kids (...) in quest of a little pitiful cup of rice" im TV gesehen hätten, so US-Präsident George H. W. Bush (zitiert in Robinson 2002, 50) in einer späteren Rede, habe er Verteidigungsminister Dick Cheney angerufen und ihm mitgeteilt: „I – we – can't watch this anymore. You've got to do something." So wie der CNN-Effekt die USA 1992 in den somalischen Bürgerkrieg hineinzog, so entließ er sie ein Jahr später auch wieder, nachdem 18 US-amerikanische Soldaten in einer von US-Präsident Bill Clinton befehligten Operation getötet und einige von ihnen, von TV-Kameras eingefangen und in Echtzeit in amerikanische Wohnzimmer übertragen, durch die Straßen von Mogadischu gezogen wurden. Clinton war es auch, der 1993 die gewaltsame Durchsetzung von Schutzzonen in Bosnien anordnete, nachdem höchst emotionale Bilder von serbischen Konzentrationslagern im amerikanischen Fernsehen ausgestrahlt worden waren und sich die Bevölkerung, die eine Intervention zuvor noch mehrheitlich abgelehnt hatte, daraufhin zu 65 Prozent für ein militärisches Eingreifen aussprach. Je länger der Bosnienkrieg andauerte, desto weniger konnte sich aber auch der Präsident der „empathy-framed media coverage" (Robinson 2002, 92) entziehen. Im Februar 1994, als er die blutrünstigen Bilder vom Bombenattentat auf den unweit des Holiday Inn (das den internationalen Journalisten als Unterkunft diente) gelegenen Markale-Markt sah, wurde Clinton mit den Worten „we've got to do

---

of the bombing by the Americans, absolutely desperate. In the few weeks of the uprising they've seen the full extent of the atrocities Saddam committed against them, and they're absolutely terrified" (zitiert in Robinson 2002, 68).

3.2 Solidarität in der Praxis

something, we've got to find a way to do something" zitiert (Robinson 2002, 92). Ein zweites Bombenattentat auf den belebten Markt im Sommer 1995, das von einem öffentlichen Aufschrei begleitet wurde, führte schließlich zu US-Luftangriffen auf militärische Stellungen der bosnischen Serben.

Zwar gehen die drei besprochenen Interventionen zu Beginn der 1990er Jahre maßgeblich auf die Empathie mit der notleidenden Zivilbevölkerung zurück, allerdings dürften aufgeklärtes Eigeninteresse und moralisches Pflichtbewusstsein ebenfalls eine gewisse Rolle gespielt haben. So begründete der UN-Sicherheitsrat sein Eingreifen in allen drei Fällen mit der „Bedrohung des Weltfriedens und der internationalen Sicherheit", die von den Konfliktländern ausgehe. Zudem erforderte Bushs (1991) Vision einer „New World Order (…) where the rule of law (…) governs the conduct of nations" die Durchsetzung fundamentaler Menschenrechte. Die Interventionen seines Sohnes George W. Bush zu Beginn der 2000er Jahre in Afghanistan und im Irak sind dagegen fast ausnahmslos auf sicherheitspolitische und ökonomische Interessen zurückzuführen. Anders verhält es sich wiederum bei der in die Amtszeit von Barack Obama fallenden Intervention in Libyen zu Beginn der 2010er Jahre, die von vielen Beobachtern als erfolgreicher Anwendungsfall der oben skizzierten R2P-Norm angesehen wird (Thakur 2011, 13). Ob sich aus der zu beobachtenden Verschiebung von Handlungsmotiven in den letzten zwanzig Jahren ein allgemeiner Trend ableiten lässt, wird die Zukunft zeigen müssen.

Fortschritte in der Transport- und Kommunikationstechnologie (hier vor allem Passagierluftfahrt und soziale Medien) nähren Hoffnung auf einen sich erweiternden Kreis der Solidarität. Sie erlauben Menschen unterschiedlicher Herkunft auf direkte und indirekte Weise in Kontakt miteinander zu treten und ihre Wertekonflikte offen auszutragen. Der Moralphilosoph Peter Singer (1981, 115; 119) geht davon aus, dass unser Streben nach „logical consistency within the hierarchy of moral valuations" unsere partikularen Wertvorstellungen zugunsten einer universalen Moraltheorie auflösen wird: „Ethical reasoning, once begun, pushes against our initially limited ethical horizons, leading us always toward a more universal point of view". Der Soziobiologe Edward Westermarck (1906, 205) glaubt ebenfalls an eine „universalization of the moral rules (…) to wider and wider circles of men and finally to the whole human race", vertraut dabei aber weniger auf unser moralisches Vernunftvermögen als auf unser innerstes Bauchgefühl. Demnach ermöglichen verbesserte Transport- und Kommunikationsmöglichkeiten einzelnen Gruppen nicht nur miteinander in Kontakt zu treten, sondern auch sie subsumierende Gruppen zu bilden (auf diese Weise hat sich die Familie einst zum Stadt- und Nationalstaat erweitert), was dazu führt, dass wir immer weniger Angst und Vorurteile voreinander, und immer mehr Sympathie und Empathie füreinander haben. Entwicklungen im Transport- und Kommunikationswesen (hier vor allem Containerschifffahrt und virtuelle Handelsplätze) haben aber auch eine zunehmende ökonomische Verflechtung zur Folge. Das „expanding web of interdependence", so der Evolutionspsychologe Robert Wright (2000, 208; 326), verdichte zwar nicht das „web of affection", wohl aber das „web of tolerance": „You don't have to love the people that build your Toyota, but it's unwise to bomb them – just as it's unwise to bomb the people overseas who are buying the things you made." Es besteht also Hoffnung, dass der in Ausdehnung begriffene Kreis der Solidarität seine Endausdehnung noch nicht erreicht hat.

3.3 Resümee des Kapitels

In diesem Kapitel wurde

- untersucht, ob die in Unterkapitel 3.1 vorgestellten Ansätze aus der Evolutionsbiologie und Moralphilosophie die in Unterkapitel 3.2 diskutierten Solidarakte auf regionaler und globaler Ebene erklären können;
- festgestellt, dass sich der instrumentalistische Ansatz insbesondere zur Erklärung von institutionalisierter Solidarität eignet. Offensichtlich sind Staaten nur dann zu langfristiger Hilfe bereit, wenn sie ihren eigenen Interessen dient. Der sentimentalistische Ansatz lässt sich dagegen vor allem zur Erklärung von intuitiver Solidarität heranziehen. Kurzfristige Hilfe, das hat die Untersuchung gezeigt, wird zumeist von einem empathischen Affekt angeleitet. Der kognitivistische Ansatz, auch das hat die Untersuchung gezeigt, schwingt zwar in allen sechs Beispielen mit, ist jedoch in den seltensten Fällen ursächlich für solidarisches Handeln.
- Das ist insofern bedauerlich, als dass ethische Prinzipien, sofern sie denn unser Handeln anleiten, die zuverlässigste Quelle grenzüberschreitender Solidarität sind. Solidarität aufgrund von Eigeninteresse und Empathie setzt das Vorhandensein handfester Interessen und die unmittelbare Anschauung fremden Leids voraus und kann sich bei geänderten Interessenslagen und bei einer medialen Überflutung mit Bildern des Elends schnell erschöpfen. Dies mag erklären, warum Solidarität, trotz der diskutierten positiven Beispiele, auf regionaler, vor allem aber auf globaler Ebene noch immer schwach ausgeprägt ist.

3.3 Resümee des Kapitels

Übersicht 3.1 Grenzüberschreitende Solidarität

Ideen
Der ursprüngliche gedankliche Inhalt von Solidarität ist die gegenseitige Beistandsverpflichtung. Dieser Gedanke avancierte spätestens mit dem 2007 verabschiedeten Vertrag von Lissabon, der insgesamt 15 mal auf den Begriff der Solidarität Bezug nimmt, zu eine der Leitideen der Europäischen Union. In den Beziehungen zur Außenwelt wird Solidarität zumeist als einseitige Hilfeleistung gedacht. So berät der Menschenrechtsrat der Vereinten Nationen derzeit darüber, Individuen und Völkern ein Recht auf internationale Solidarität zu gewähren.

Soziales Handeln
Auf europäischer Ebene manifestiert sich diese doppelte Idee der Solidarität etwa in der Aufnahme von Flüchtlingen, einem solidarischen Akt gegenüber überlasteten Mitgliedstaaten (gegenseitige Beistandsverpflichtung) und schutzbedürftigen Flüchtlingen (einseitige Hilfeleistung). Auf globaler Ebene findet sie Verkörperung in der humanitären Intervention, einem Solidarakt gegenüber der schutzbedürftigen Zivilbevölkerung (einseitige Hilfeleistung) und, geht die Schutzverantwortung in diesem Fall doch auf die Staatengemeinschaft über, überlasteter Mitgliedstaaten (gegenseitige Beistandsverpflichtung).

Praktiken
Zu den Praktiken zählen das Schnüren von Rettungspaketen (Irland, Spanien, Portugal und Zypern haben jeweils eins, Griechenland insgesamt drei erhalten) und Spendenpaketen (jedes Jahr zu Weihnachten werden Millionen nach Osteuropa, Asien, Afrika und Lateinamerika verschickt). Beide Praktiken weisen eine Tendenz zur Institutionalisierung auf. Speiste sich das erste Rettungspaket für Griechenland noch hauptsächlich aus bilateralen Krediten, so wurden die Finanzhilfen des zweiten Rettungspaketes dem temporären EFSF und die des dritten Rettungspaketes dem permanenten ESM entnommen. Während Spendenpakete lange Zeit von Privatpersonen zusammengestellt und per Post verschickt wurden, wird es immer mehr zur Praxis, Geld an Hilfsorganisationen zu spenden, welche die Geldspenden in Sachspenden umwandeln und über eigene Distributionswege aushändigen.

Institutionen
Im Vergleich zu nationaler Solidarität, die ihren institutionellen Ausdruck im Sozialstaat findet, ist internationale Solidarität kaum institutionalisiert. Auf europäischer Ebene ist der in dauerhafte Strukturen überführte Regional- und Kohäsionsfonds der einzige Mechanismus mit redistributivem Charakter. Auf globaler Ebene fehlt ein solcher Mechanismus gänzlich (bei den von IWF und Weltbank vergebenen Finanzhilfen handelt es sich um Kredite und keine Transferleistungen). Entwicklungshilfe kann jedoch insofern als institutionalisiert angesehen werden, als dass die bi- und multilateralen Geber über entsprechende Ministerien und Ressorts mit ausgewiesenem Etat verfügen.

Literaturhinweise zu Kapitel 3

Bayertz, Kurt (Hrsg.) 1998: Solidarität: Begriff und Problem, Frankfurt a. M.
Gelungener Annäherungsversuch an den Begriff der Solidarität aus u. a. philosophischer, psychologischer und soziologischer Perspektive.

Knodt, Michèle/Tews, Anne 2014: Solidarität in der EU, Baden-Baden.
Ausführlicher Sammelband, der neben den hier behandelten Solidarakten weitere Formen von Solidarität auf regionaler Ebene diskutiert.

Bierhoff, Hans-Werner/Fetchenhauer, Detlef 2001: Solidarität: Konflikt, Umwelt und Dritte Welt, Opladen.
Weiterer Sammelband, der insbesondere den Ursachen für solidarisches Handeln nachgeht und sich dabei auch mit Solidarität auf globaler Ebene beschäftigt.

Literatur zu Kapitel 3

Axelrod, Robert 1990: The Evolution of Cooperation, New York.
Bache, Ian 1998: The Politics of European Union Regional Policy: Multi-level Governance or Flexible Gatekeeping?, Sheffield.
Bast, Jürgen 2014: Solidarität im Europäischen Einwanderungs- und Asylrecht, in: Knodt, Michèle/Tews, Anne (Hrsg.): Solidarität in der EU, Baden-Baden, 143–162.
Batson, C. Daniel/Duncan, Bruce D./Ackerman, Paula/Buckley, Terese/Birch, Kimerbly 1981: Is Empathic Emotion a Source of Altruism?, in: Journal of Personality and Social Psychology 40, 290–302.
Bayertz, Kurt (Hrsg.) 1998: Solidarität: Begriff und Problem, Frankfurt a. M.
Bechtel, Michael M./Hainmüller, Jens/Yotam, Margalit 2014: Preferences for International Redistribution: The Divide Over the Eurozone Bailouts, in: http://onlinelibrary.wiley.com/doi/10.1111/ajps.12079/full; 31.08.2016.
Becker, Howard 1956: Man in Reciprocity. Introductory Lectures on Culture, Society and Personality, New York.
Beckert, Jens/Eckert, Julia/Kohli, Martin/Streek, Wolfgang 2004: Transnationale Solidarität: Chancen und Grenzen, Frankfurt a. M.
Beitz, Charles 1979: Political Theory and International Relations, Princeton.
Bentham, Jeremy 1996: Introduction to the Principles of Morals and Legislation, in: Burns, James H./Hart, Herbert L. A. (Hrsg.): The Collected Works of Jeremy Bentham, Oxford.
Bergson, Henri 1933: Die beiden Quellen der Moral und der Religion, Jena.
Bierhoff, Hans-Werner/Küpper, Beate 1998: Sozialpsychologie der Solidarität, in: Bayertz, Kurt (Hrsg.): Solidarität: Begriff und Problem, Frankfurt a. M., 263–296.
Bierhoff, Hans-Werner/Fetchenhauer, Detlef 2001: Solidarität: Konflikt, Umwelt und Dritte Welt, Opladen.

Bierhoff, Hans-Werner/Fetchenhauer, Detlef 2001: Solidarität: Themen und Probleme, in: Bierhoff, Hans-Werner/Fetchenhauer, Detlef (Hrsg.): Solidarität: Konflikt, Umwelt und Dritte Welt, Opladen, 9–22.

Blair, Tony 2004: Prime Minister's Address, October 7, 2004, in: http://www.unmillenniumproject.org/reports/why5.htm; 31.08.2016.

Boyd, Robert/Richerson, Peter J. 2005: The Origin and Evolution of Cultures, Oxford.

Braun, Hans 2003: Und wer ist mein Nächster? Solidarität als Praxis und als Programm, Tübingen.

Brown, Chris 2010: Bob Dylan, Live Aid, and the Politics of Popular Cosmopolitanism, in: Brown, Chris (Hrsg.): Practical Judgment in International Political Theory: Selected Essays, Abingdon, 250–263.

Bush, George H. W. 1991: Address to the Nation Announcing Allied Military Action in the Persian Gulf, January 19, 1991, in: http://www.presidency.ucsb.edu/ws/?pid=19222; 31.08.2016.

Bush, George W. 2002: Remarks at the International Conference on Financing for Development, in: http://www.un.org/ffd/statements/usaE.htm; 31.08.2016.

Copsey, Nathaniel 2015: Rethinking the European Union, London.

Darwin, Charles 1859: On the Origin of Species, London.

Darwin, Charles 1869: On the Origin of Species, 5. Auflage, London.

Darwin, Charles 1874: The Descent of Man and Selection in Relation to Sex, London.

Dawkins, Richard 1976: The Selfish Gene, Oxford.

Derpmann, Simon 2013: Gründe der Solidarität, Münster.

Die Zeit 2016a: Mitleid ist nicht mein Motiv, 06.10.2016.

Die Zeit 2016b: Die Nacht, in der Deutschland die Kontrolle verlor, 18.08.2016.

Donnelly, Jack 1993: International Human Rights, Boulder.

Duffield, Mark 2007: Development, Security and Unending War: Governing the World of Peoples, Cambridge.

Engelhardt, H. Tristram 1998: Solidarität: Postmoderne Perspektiven, in: Bayertz, Kurt (Hrsg.): Solidarität: Begriff und Problem, Frankfurt a. M., 430–452.

European Commission 2017: Fifteenth Report on Relocation and Resettlement, in: https://ec.europa.eu/home-affairs/sites/homeaffairs/files/what-we-do/policies/european-agenda-migration/20170906_fifteenth_report_on_relocation_and_resettlement_annex_3_en.pdf; 30.11.2017.

George, Stephen 1996: Politics and Policy in the European Community, Oxford.

Gerhards, Jürgen/Lengfeld, Holger 2013: Wir, ein europäisches Volk? Sozialintegration Europas und die Idee der Gleichheit aller europäischen Bürger, Wiesbaden.

Gill, Peter 2010: Famine and Foreigners: Ethiopia Since Live Aid, Oxford.

Global Humanitarian Assistance 2010: Report 2010, in: http://www.globalhumanitarianassistance.org/report/gha-report-2010/; 31.08.2016.

Global Humanitarian Assistance 2014: Official Humanitarian Assistance as a Share of ODA From OECD DAC Donors, 2004–2013, in: http://www.globalhumanitarianassistance.org/figure-8-7-official-humanitarian-assistance-as-a-share-of-oda-from-oecd-dac-donors-2004-2013/; 31.08.2016.

Gowing, Nik 1994: Real-time Television Coverage of Conflicts and Diplomatic Crises: Does It Pressure or Distort Foreign Policy Decisions?, Harvard Working Paper, Cambridge, MA.

Greene, Joshua 2014: Moral Tribes. Emotion, Reason, and the Gap Between Us and Them, London.

Hamilton, William D. 1963: The Evolution of Altruistic Behaviour, in: American Naturalist 97: 354–356.
Harnisch, Sebastian/Maull, Hanns W./Schieder, Siegfried 2009: Solidarität und internationale Gemeinschaftsbildung. Beiträge zur Soziologie der internationalen Beziehungen, Frankfurt a. M.
Heinemann, Friedrich 2012: Die Europäische Schuldenkrise: Ursachen und Lösungsstrategien, in: Jahrbuch für Wirtschaftswissenschaften 63: 18–41.
Hobbes, Thomas 1998: Leviathan, Oxford.
Hong, Young-Sun 2015: Cold War Germany, the Third World, and the Global Humanitarian Regime, New York.
International Commission on Intervention and State Sovereignty 2001: The Responsibility to Protect: Report of the International Commission on Intervention and State Sovereignty, Ottawa.
Kadelbach, Stefan 2014: Solidarität als Europäisches Rechtsprinzip?, Baden-Baden.
Kant, Immanuel 1956: Grundlegung zur Metaphysik der Sitten, in: Weischedel, Wilhelm (Hrsg.): Immanuel Kant: Werke in zehn Bänden, Darmstadt.
Kleger, Heinz/Mehlhausen, Thomas 2014: Unstrittig und doch umstritten. Europäische Solidarität in der Eurokrise, in: Knodt, Michèle/Tews, Anne (Hrsg.): Solidarität in der EU, Baden-Baden, 83–112.
Ki-moon, Ban 2016: One Humanity: Shared Responsibility. Report of the Secretary-General for the World Humanitarian Summit, in: https://consultations.worldhumanitariansummit. org/bitcache/e49881ca33e3740b5f37162857cedc92c7c1e354?vid=569103&disposition=inline&op=view; 31.08.2016.
Knodt, Michèle/Tews, Anne 2014a: Solidarität in der EU, Baden-Baden.
Knodt, Michèle/Tews, Anne 2014b: Einleitung: Solidarität im europäischen Mehrebenensystem, in: Knodt, Michèle/Tews, Anne (Hrsg.): Solidarität in der EU, Baden-Baden, 7–18.
Landweer, Hilge 2016: Was sind die entscheidenden Faktoren dafür, dass wir Empathie mit Flüchtlingen empfinden?, in: Philosophie Magazin 2: 47.
Lengfeld, Holger/Schmidt, Sara/Häuberer, Julia 2012: Solidarität in der europäischen Fiskalkrise: Sind die EU-Bürger zu finanzieller Unterstützung von hoch verschuldeten EU-Ländern bereit? Erste Ergebnisse aus einer Umfrage in Deutschland und Portugal, in: https://www.wiso.uni-hamburg.de/fileadmin/sozialoekonomie/lengfeld/HRCS/HRCS_05_2012.pdf; 31.08.2016.
Löschke, Jörg 2015: Solidarität als moralische Arbeitsteilung, Münster.
Mau, Steffen 2009: Europäische Solidarität. Erkundung eines schwierigen Geländes, in: Harnisch, Sebastian/Maull, Hanns W./Schieder, Siegfried (Hrsg.): Solidarität und internationale Gemeinschaftsbildung. Beiträge zur Soziologie der internationalen Beziehungen, Frankfurt a. M., 63–87.
Merkel, Angela 2010: Regierungserklärung im Deutschen Bundestag vom 19.05.2010, in: https://www.bundestag.de/dokumente/textarchiv/2010/29826227_kw20_de_stabilisierungsmechanismus/201760; 31.08.2016.
Metz, Karl H. 1998: Solidarität und Geschichte. Institutionen und sozialer Begriff der Solidarität in Westeuropa im 19. Jahrhundert, in: Bayertz, Kurt (Hrsg.): Solidarität: Begriff und Problem, Frankfurt a. M., 172–194.
Nagel, Thomas 2013: Geist und Kosmos. Warum die materialistische neodarwinistische Konzeption der Natur so gut wie sicher falsch ist, Sinzheim.
Nuscheler, Franz 2004: Entwicklungspolitik, Bonn.

Pagel, Mark 2012: Wired for Culture. Origins of the Social Human Mind, New York.
Philo, Greg 1993: From Buerk to Band Aid. The Media and the 1984 Ethiopian Famine, in: Elridge, John (Hrsg.): Getting the Message. News, Truth and Power, London/New York, 104–125.
Pogge, Thomas 2002: World Poverty and Human Rights. Cosmopolitan Responsibilities and Reforms, Cambridge.
Powell, Colin 2005: No Country Left Behind, in: Foreign Policy 146: 28–35.
Preuß, Ulrich K. 1998: Nationale, supranationale und internationale Solidarität, in Bayertz, Kurt (Hrsg.): Solidarität: Begriff und Problem, Frankfurt a. M., 399–410.
Raub, Werner/Voss, Thomas 1986: Die Sozialstruktur der Kooperation rationaler Egoisten, in: Zeitschrift für Soziologie 15: 309–323.
Rawls, John 1973: A Theory of Justice, Oxford.
Rawls, John 2001: Justice as Fairness: A Restatement, London.
Robinson, Piers 2002: The CNN Effect: The Myth of News, Foreign Policy and Intervention, London/New York.
Schelkle, Waltraud 2017: The Political Economy of Monetary Solidarity. Understanding the Euro Experiment, Oxford.
Schopenhauer, Arthur 1977: Die beiden Grundprobleme der Ethik, II. Über die Grundlage der Moral, in: von Löhneysen, Wolfgang (Hrsg.): Arthur Schopenhauer: Sämtliche Werke, Darmstadt.
Schroeder, Timothy/Roskies, Adina L./Nichols, Shaun 2010: Moral Motivation, in Doris, John M. (Hrsg.): The Moral Psychology Handbook, Oxford, 72–110.
Singer, Peter 1972: Famine, Affluence and Morality, in: Philosophy and Public Affairs 1, 229–243.
Singer, Peter 1981: The Expanding Circle: Ethics and Sociobiology, Oxford.
Smith, John M. 1964: Group Selection and Kin Selection, in: Nature 201, 1145–1147.
Sober, Elliott/Wilson, David S. 1998: Unto Others: The Evolution and Psychology of Unselfish Behavior, Cambridge.
Spencer, Herbert 1864–67: Principles of Biology, London.
Spiegel Online 2015: Merkel zur Flüchtlingskrise: „Multikulti bleibt eine Lebenslüge", in: http://www.spiegel.de/politik/deutschland/fluechtlinge-angela-merkel-spricht-von-historischer-bewaehrungsprobe-fuer-europa-a-1067685.html; 31.08.2016.
Stirk, Chloe 2014: Assistance From Non-state Donors: What Is It Worth?, in: http://www.globalhumanitarianassistance.org/wp-content/uploads/2014/05/Humanitarian-assistance-from-non-state-donors-2014.pdf; 31.08.2016.
Stjernø, Steinar 2005: Solidarity in Europe. The History of an Idea, Cambridge.
Straw, Jack 2002: Africa Matters, in: The Independent on Sunday, 03.02.2002.
Thakur, Ramesh 2011: Libya and the Responsibility to Protect: Between Opportunistic Humanitarianism and Value-Free Pragmatism, in: Security Challenges 7, 13–25.
Thome, Helmut 1998: Soziologie und Solidarität: Theoretische Perspektiven für eine empirische Forschung, in: Bayertz, Kurt (Hrsg.): Solidarität: Begriff und Problem, Frankfurt a. M., 217–262.
Tiberius, Valerie 2015: Moral Psychology. A Contemporary Introduction, New York/London.
Tomasello, Michael 2016: Eine Naturgeschichte der menschlichen Moral, Berlin.
Trivers, Robert L. 1971: The Evolution of Reciprocal Altruism, in: Quarterly Review of Biology 46: 35–57.

Truman, Harry S. 1947: Address Before the Joint Session of Congress, March 12, 1947, in: http://avalon.law.yale.edu/20th_century/trudoc.asp; 31.08.2016.
Truman, Harry S. 1949: Inaugural Address, January 20, 1949, in: http://www.presidency.ucsb.edu/ws/?pid=13282; 31.08.2016.
United Nations Development Programme 2003: Bericht über die menschliche Entwicklung 2003, in: http://www.eduhi.at/dl/bericht_ueber_menschliche_entwicklung.pdf; 31.08.2016.
Vertrag zur Gründung der Europäischen Wirtschaftsgemeinschaft 1957: Präambel, in: http://www.europarl.europa.eu/brussels/website/media/Basis/Vertraege/Pdf/EWG-Vertrag.pdf; 31.08.2016.
Vertrag über die Arbeitsweise der Europäischen Union 2010a: Artikel 122, in: https://europa.eu/european-union/sites/europaeu/files/eu_citizenship/consolidated-treaties_de.pdf; 31.08.2016.
Vertrag über die Arbeitsweise der Europäischen Union 2010b: Artikel 80, in: https://europa.eu/european-union/sites/europaeu/files/eu_citizenship/consolidated-treaties_de.pdf; 31.08.2016.
Vertrag über die Europäische Union 1992: Artikel A, in: http://www.eu-info.de/static/common/files/1225/EWUMaas.pdf; 31.08.2016.
Vertrag über die Europäische Union 2010b: Artikel 3, in: https://europa.eu/european-union/sites/europaeu/files/eu_citizenship/consolidated-treaties_de.pdf; 31.08.2016.
Voland, Eckart 1998: Die Natur der Solidarität, in: Bayertz, Kurt (Hrsg.): Solidarität: Begriff und Problem, Frankfurt a. M., 297–318.
Walker, Peter/Maxwell, Daniel 2009: Shaping the Humanitarian World, London/New York.
Weiss, Thomas 2013: Humanitarian Intervention: Ideas in Action, Cambridge.
Weiss, Raquel/Peres Paulo 2014: Beyond the Altruism-Egoism Dichotomy: A New Typology to Capture Morality as a Complex Phenomenon, in: Jeffries, Vincent (Hrsg.): The Palgrave Handbook of Altruism, Morality, and Social Solidarity. Formulating a Field of Study, New York, 71–98.
Westermarck, Edward 1906: The Origin and Development of the Moral Ideas, London.
Wheeler, Nicholas/Bellamy, Alex 2008: Humanitarian Intervention in World Politics, in: Baylis, John/Smith, Steve (Hrsg.): The Globalization of World Politics: An Introduction to International Relations, Oxford, 522–539.
Wieczorek-Zeul, Heidemarie 2002: Entwicklungspolitik nach dem 11. September. Ein umfassender friedens- und sicherheitspolitischer Ansatz, in: Entwicklung und Frieden 1, 8–10.
Wilson, David. S. 2007: Evolution for Everyone: How Darwin's Theory Can Change the Way We Think About Our Lives, New York.
Wright, Robert 2000: Nonzero. The Logic of Human Destiny, New York.
Zeit Online 2016: „Wir können uns nicht von Kinderaugen erpressen lassen", in: http://www.zeit.de/politik/deutschland/2016-02/alexander-gauland-afd-fluechtlingskrise-fluechtlingspolitik-grenzen; 31.08.2016.

Nationalismus

Nationalism is a pre-eminently international phenomenon.
André Gerrits (2016, 2)

Auf kein anderes Kapitel in diesem Buch scheint der Titel, „Kultur in den internationalen Beziehungen", so gut zuzutreffen, wie auf das Folgende. Das liegt daran, dass sich der Fokus der anderen Kapitel, wie auch der Disziplin Internationale Beziehungen, nicht so sehr auf Beziehungen zwischen Nationen als auf Beziehungen zwischen Staaten richtet. Dennoch hat sich der Begriff internationale Beziehungen zur Bezeichnung interstaatlicher Beziehungen durchgesetzt, wie sich etwa an den Vereinten Nationen erkennen lässt, die kein Zusammenschluss von Nationen sondern von Staaten sind.[85] In diesem Kapitel soll es hingegen um internationale Beziehungen im eigentlichen, semantischen Sinne gehen.

Das bedeutet allerdings nicht, dass der Staat in der folgenden Betrachtung zum Nationalismus keine Rolle spielt. Ganz im Gegenteil, Nation und Staat sind eng miteinander verknüpft, wie aus Ernest Gellners (2006, 1) einflussreicher Definition von Nationalismus hervorgeht: „Nationalism (…) holds that the political and the national unit should be congruent." Auf diese Definition trifft man in den verschiedensten Variationen, wobei der Kern der Aussage, dass Nationalismus die Kongruenz von Nation und Staat einfordert, erhalten bleibt.[86] Tatsächlich ist die

---

85 Die faktische Gleichsetzung von internationalen und interstaatlichen Beziehungen mag der Annahme geschuldet sein, dass Nation und Staat synonym seien. Wäre dies der Fall, gäbe es keinen Nationalismus, da dieser die Übereinstimmung von Nation und Staat erst einfordert, wie aus untenstehender Definition hervorgeht.

86 Dabei lässt sich zwischen einer horizontalen und vertikalen Kongruenz von Nation und Staat unterscheiden (Hislope/Mughan 2012, 8–9). Horizontale Kongruenz meint, dass die nationalen und staatlichen Grenzen übereinstimmen. Davon zeugen etwa Hechter, Kuyucu und Sacks (2006, 84) Definition des Nationalismus als „collective action designed to render the boundaries of the nation (…) congruent with those of its

normative Gleichsetzung von Nation und Staat in den Sozialwissenschaften soweit vorangeschritten, dass Kommentatoren wie der Soziologe Ulrich Beck (2006) von „methodologischem Nationalismus" sprechen. Damit meinen sie, dass der Nationalstaat als die normale und notwendige Organisationsform der Gesellschaft angesehen wird, womit alle anderen gesellschaftlichen Organisationsformen *a priori* diskreditiert sind.

Dabei handelt es sich – wie im nächsten Absatz deutlich wird – bei Nation und Staat zunächst einmal um zwei sehr unterschiedliche Gebilde, die zwei sehr unterschiedlichen Welten angehören: „The whole point of the hyphenated term ‚nation-state' is that it aligns the strictly political realm of state with the cultural one of nation, thereby fusing two analytically distinct spheres" (McCrone 2006, 237). Nationalismus, verstanden als Bindeglied zwischen Nation und Staat, zwischen Kultur und Politik im weitesten Sinne, ist somit integraler Bestandteil eines Buches zu „Kultur in den internationalen Beziehungen".

Was aber genau verstehen wir unter Nation und Staat? Die Definition letzteren Begriffes erweist sich als weitaus einfacher, herrscht doch weitgehendes Einvernehmen darüber, dass der Staat „diejenige menschliche Gemeinschaft [ist], welche innerhalb eines bestimmten Gebietes (...) das Monopol legitimer physischer Gewaltsamkeit für sich (mit Erfolg) beansprucht" (Weber 1919, 4).[87] Dagegen wird der Begriff der Nation an sowohl subjektiven als auch objektiven Merkmalen festgemacht. Subjektive Definitionen, nach denen die Nation eine Gruppe von Menschen ist, die sich als eine Gemeinschaft wahrnehmen, sind insofern problematisch, als dass sie andere Gruppen wie Clubs, Teams und Vereine miteinschließen. Objektive Definitionen, die den Versuch unternehmen, die Nation anhand bestimmter Äußerlichkeiten wie Sprache oder Religion zu bestimmen, sehen sich hingegen mit dem Problem konfrontiert, dass die eine Nation bestimmenden Äußerlichkeiten von Nation zu

---

governance unit" und Hobsbawms (1992, 23) Befund, dass Nationalismus ein politisches Programm ist, das besagt, dass „groups defined as ‚nations' have the right to, and therefore ought to, form territorial states". Vertikale Kongruenz meint hingegen, dass Herrscher und Beherrschte die gleiche Nationalität besitzen. Exemplarisch seien hier Wimmers (2013, 1) Formulierung, dass „[nationalism] demands that rulers and ruled hail from the same ethnic background", und Kedouries (1993, 1) Feststellung, dass es sich beim Nationalismus um eine politische Doktrin handelt, die besagt, dass „the only legitimate type of government is national self-government", genannt. Zurückgewiesen wird damit insbesondere Fremdherrschaft (vgl. Hechter 2013; zur Entwicklung des Konzepts im deutschen Sprachraum Koller 2005) – bzw. das, was als solche empfunden wird.

87 Vgl. Jellineks (1900) Drei-Elementen-Lehre, nach der Staat durch ein Staatsvolk, ein Staatsgebiet und eine Staatsgewalt gekennzeichnet ist.

4 Nationalismus

Nation variieren.[88] Eric Hobsbawm (2014, 8) hält dann auch beide Definitionen für unzulänglich und sieht von einer Begriffsbestimmung ab. Neben Agnostizismus bleibt uns aber noch die Möglichkeit einer Kombination von subjektiven und objektiven Merkmalen. Entsprechend definieren wir die Nation als ein soziales Gebilde, das sich aus einem Gemeinschaftsgefühl speist, das wiederum auf gemeinsamen kulturellen (Sprache, Religion, etc.) und oftmals auch physischen (Abstammung, Territorium, etc.) (Arte-)Fakten beruht.[89]

Mit diesen Definitionen ausgerüstet, können wir uns nun den Fragestellungen dieses Kapitels zuwenden. In einem ersten, theoretischen Unterkapitel wird der Frage nachgegangen, ob Nationalismus von den Massen oder Eliten getragen wird. Dabei lassen sich eine traditionelle und eine moderne Sichtweise unterscheiden. In Abschnitt 4.1.1 werden zunächst die traditionellen Ansätze des Primordialismus und Perennialismus vorgestellt. Abschnitt 4.1.2 ist den modernen Ansätzen der politischen, ökonomischen und kulturellen Modernisierung gewidmet. Auf eine Gegenüberstellung der beiden Sichtweisen in Abschnitt 4.1.3 folgt der Versuch einer Synthese in Abschnitt 4.1.4. Die Plausibilität dieser Synthese wird in einem zweiten, empirischen Unterkapitel nachgewiesen, das von der Frage angeleitet wird, ob Nationalismus eine assoziativ/kooperative oder dissoziativ/konfrontative Wirkung hat. Dazu wird zwischen einem staatsbasiertem, vereinigendem, separatistischem und anti-kolonialem Nationalismus unterschieden, deren jeweilige Genese und Wirkung in den Abschnitten 4.2.1 bis 4.2.4 anhand einiger Fallbeispiele aus dem west-, mittel-, ost- und außereuropäischen Raum des 18., 19. und 20. Jahrhunderts untersucht werden. Unterkapitel 4.3 widmet sich schließlich der Frage, warum

---

88 Tamir (1995, 65) schlägt deshalb vor, die Nation als Clusterkonzept zu begreifen: „[I]n order to count as a nation a group has to have a ‚sufficient number' of certain characteristics." Wie viele und welche Merkmale ausreichen, um eine Nation zu begründen, lässt Tamir jedoch bewusst offen.

89 Was die Bestimmung einer Nation anhand rein objektiver Kriterien zusätzlich erschwert, ist die Tatsache, dass diese miteinander konkurrieren können. Ein Beispiel dafür ist der Panslawismus, der sich, auf eine gemeinsame ethnische Abstammung und territoriale Herkunft der slawischen Völker stützend, für einen slawischen Nationalstaat einsetzte – was den westlichen und südlichen Slawen in Form der Tschechoslowakei und Jugoslawiens (wörtlich übersetzt: Südslawien) auch teilweise gelang. Letztendlich waren die sprachlichen und – in Jugoslawien – religiösen Differenzen jedoch zu groß, sodass sich ein vorwiegend aus physischen Merkmalen speisender slawischer Nationalismus in einen auf kulturellen Merkmalen beruhenden slowakischen, kroatischen und serbischen Nationalismus auflöste (wobei die kulturellen Unterschiede oftmals nur tieferliegende politische und ökonomische Spannungen verdeckten). Welche objektiven Merkmale gerade maßgeblich für eine Nation sind, lässt sich also immer nur subjektiv bestimmen. Renan (1939) bezeichnet die Nation treffenderweise als täglichen Plebiszit.

Nationalismus in Ländern, die den Schritt zum Nationalstaat vollzogen haben, eine scheinbar ungebrochene Anziehungskraft besitzt. Das Kapitel schließt mit einem kurzen Resümee.[90]

4.1 Träger von Nationalismus

> *National identities were not constructed from above but consumed from below by an emerging civil society.*
> (Hutchinson 2006, 299)

Das obige Zitat zeugt von der weitläufigen Auffassung, dass es sich bei Nationalismus um ein massengetragenes Phänomen handelt.[91] Entsprechend wurde Nationalismus eingangs hinsichtlich seines Trägers im Feld „breite Bevölkerungskreise" verortet (vgl. Kap. 1 oben). Diese Einordnung soll nun auf den Prüfstand gestellt werden. Dazu werden eine Reihe traditioneller, moderner und neuerer Ansätze vorgestellt und miteinander verglichen.

4.1.1 Traditionelle Ansätze

Die folgenden zwei Ansätze lassen sich im gleich doppelten Sinn als traditionell bezeichnen: Zum einen, weil sie von der traditionellen Sichtweise auf Nationalismus zeugen, wie sie in den klassischen Werken Johann Gottlieb Fichtes und Johann

---

[90] Zum Nationalismus vgl. einführend auf Deutsch Alter 1985 und Wehler 2001; auf Englisch kurz und bündig Grosby 2005; als theoretischer Überblick Özkirimli 2017; als Sammlung einschlägiger theoretischer Text(auszüg)e Hutchinson/Smith 1994; zu seiner historischen Entwicklung in Europa Zimmer 2003 und Gerrits 2016 und, weltweit, Breuilly 2013; zum Nationalismus im 21. Jahrhundert Sutherland 2012; zum Nachschlagen umfassend die enzyklopädischen Werke von Motyl 2001 (2 Bände), Herb/Kaplan 2008 (4 Bände) und jüngst Stone u. a. 2016 (5 Bände); die beiden Letzteren informieren sowohl über theoretisch-begriffliches Instrumentarium zur Analyse von Nationalismus als auch zu seiner Entwicklung in einzelnen Ländern oder Weltregionen (z. B. arabischer Nationalismus).

[91] In der Literatur herrscht große Uneinigkeit darüber, ob es sich bei Nationalismus um ein Gefühl, ein Bewusstsein, eine Doktrin, eine Ideologie oder gar einen Diskurs handelt. Während Traditionalisten Nationalismus mehrheitlich als Gefühl oder Bewusstsein ansehen, betrachten Modernisten Nationalismus überwiegend als Doktrin oder Ideologie. Um eine frühzeitige Positionierung zu vermeiden, bezeichnen wir Nationalismus möglichst begriffsneutral als Phänomen, Prinzip oder Projekt.

4.1 Träger von Nationalismus

Gottfried Herders zum Ausdruck kommt;[92] zum anderen, weil sie die Nation in der Vormoderne verorten.

Der Primordialismus geht davon aus, dass das Zusammenleben in nach außen abgegrenzten Kollektiven in der Natur des Menschen angelegt ist (Geertz 1973; van den Berghe 1981; Connor 1994). Die evolutionsbiologische Erklärung dafür ist, dass der Mensch sein Überleben am besten in der Gruppe sichern kann (vgl. Kap. 3 oben). Die ursprünglichste dieser Gruppen, die Familie, hat sich im Laufe der Menschheitsgeschichte über die bäuerliche Selbstversorgungsgemeinschaft und ethnische Solidargemeinschaft zur Nation erweitert. Pierre van den Berghe (2001, 274) porträtiert Nationen deshalb auch als „super-families of (distant) relatives, real or putative, who tend to intermarry, and who are knit together by vertical ties of descent reinfored by horizontal ties of marriage". Es ist jedoch umstritten – auch unter Primordialisten –, ob nationale Bindungen und Empfindungen tatsächlich auf Verwandtensolidarität zurückgeführt werden können (vgl. Kap. 3 oben). Einig ist man sich hingegen, dass es sich bei der Nation um eine natürliche Ordnungsgröße menschlicher Assoziation handelt, die sich qualitativ von den meisten anderen Assoziationsformen unterscheidet und die es konsequenterweise zu schützen gilt. Vor diesem Hintergrund ist es nur folgerichtig, dass Nationen das Recht auf nationale Selbstbestimmung für sich einforderten, nachdem die Idee der staatlichen Souveränität im 17. Jahrhundert geboren war.

Ihr Studium vormoderner (Id-)Entitäten führt Perennialisten zu dem Ergebnis, dass die Nation zwar keine natürliche, wohl aber eine anzestrale Assoziationsform ist, die weit bis in die Antike zurückreicht (Armstrong 1982; Hastings 1997; Grosby 1999). Adrian Hastings (1997, 11–12) ist der Überzeugung, dass alle Nationen aus Ethnien hervorgegangen sind, wenn auch nicht aus jeder Ethnie eine Nation erwachsen ist.[93] Ohne Ethnien und Ethnizismus, so die Annahme, gäbe es weder Nationen noch Nationalismus, sondern nur Staaten und Statismus. Ethnizität bildet sozusagen die kulturelle Rohmasse, aus der sich Nationen formen lassen. Die Formationen, die wir in der modernen Welt finden, sind also lediglich größere, komplexere und effektivere Versionen kleinerer, rudimentärerer und primitiverer Formationen früherer Perioden. So wurden im Laufe der Zeit aus Dialekten Sprachen, aus Kulten Religionen und aus Gebräuchen Gesetze. Solch historisch gewachsenen und mit Sinn aufgeladenen kulturellen Einheiten lassen sich nur schwerlich auflösen, weshalb Nationen eine nahezu zeitlose Existenz zugesprochen

---

92 Eine umfassende Abhandlung der Ideen Fichtes und Herders findet sich in Kedourie 1993.
93 Zum Begriff der Ethnie siehe Barth 1969, Brubaker 2004 und Fenton 2010.

wird. Einmal mehr erscheint es dann nur logisch, dass Nationen früh oder später politisiert werden und dem Nationalismus verfallen.

Den beiden Ansätzen ist gemein, dass sie die Wurzeln der Nation im Vormodernen, wenn nicht gar im Vorsozialen vermuten, weshalb sie immer wieder zur Rechtfertigung von rassistischen Ideologien genutzt bzw. missbraucht werden. Ein Unterschied lässt sich hinsichtlich ihrer Argumentationsweise ausmachen: Während Primordialisten vorrangig sozio-biologische Argumente anführen, argumentieren Perennialisten überwiegend ethno-historisch.

4.1.2 Moderne Ansätze

Die folgenden drei Ansätze, die allesamt auf die 1970er und 1980er Jahre zurückgehen, sind entstehungsgeschichtlich eher der Postmoderne als der Moderne zuzurechnen. Ihre Bezeichnung rührt daher, dass sie Nationen und Nationalismus als Auswuchs der Moderne betrachten.

Vertreter des politischen Ansatzes zeichnen sich durch eine funktionale Sichtweise auf Nationalismus aus, gemäß derer Nationalismus die Machtposition der Herrschenden nach innen und außen sichert (Tilly 1975; Giddens 1985; Mann 1988; Breuilly 1993). Was die innere Machtposition betrifft, so sahen die Machthaber ihre göttliche und dynastische Legitimation von den säkularen und liberalen Lehren der Aufklärung bedroht. Auf der Suche nach einer neuen Legitimationsquelle stießen sie auf den Nationalismus, der – durch tiefgreifende Veränderungen in Kommunikation und Verwaltung begünstigt, und durch massive Eingriffe in Wirtschaft (einheitliche Währung, Steuern und Zinsen) und Gesellschaft (staatliche Bildungs- und Wohlfahrtsprogramme, Wehrpflicht) genährt – für die nötige Identifikation der Beherrschten mit den Herrschenden sorgte. Um die Machtposition Letzterer zu erhalten, bedurfte es aber nicht nur der inneren Tolerierung durch das Volk, sondern auch der äußeren Abwehr von Feinden. Auch hier kommt dem Nationalismus eine instrumentelle Rolle zu, lässt sich die Bevölkerung für einen Krieg, der im Namen der Nation geführt wird, doch wesentlich leichter mobilisieren, als für einen Krieg, der im Namen des Königs geführt wird.[94] Und auch die Kampfmoral wird steigen, so das Kalkül der Machthaber, wenn das Schicksal einer ganzen Nation und nicht nur das einer kleinen sie beherrschenden Elite auf dem Spiel steht.[95]

---

94 Interessanterweise hat Außenpolitik nach Ansicht der Anhänger der realistischen Schule dann auch dem nationalen (anstatt dem staatlichen) Interesse zu dienen.

95 Auch heute noch wird Desertion als Verrat an der Nation begriffen, wovon der Begriff „Fahnenflucht" zeugt.

In seinem Werk *Nations and Nationalism* untersucht Ernest Gellner (2006) den Einfluss der kapitalistischen Industriegesellschaft auf den Nationalismus. Dazu unterteilt er die Menschheitsgeschichte in eine agrarische, vormoderne und eine industrielle, moderne Gesellschaft. Während die Menschen vor Anbruch der Moderne oftmals an eine berufliche Tätigkeit und einen spezifischen Ort gebunden waren, ist der Übergang zur modernen Gesellschaft von beruflicher und sozialer Mobilität gekennzeichnet. Der Umstand, dass der moderne Arbeiter im Laufe seines Lebens unterschiedlichen Tätigkeiten an unterschiedlichen Orten nachgeht, erfordert eine generische Ausbildung und einheitliche Sprache, um eine schnelle Einarbeitung und kontextfreie Kommunikation zu ermöglichen. Durch die Bereitstellung von massenhafter, zwanghafter und standardisierter Bildung schafft der Staat jedoch nicht nur eine technologisch bewanderte, sprachlich uniforme und letztendlich austauschbare Bevölkerung, ohne die die industrielle Gesellschaft nicht funktionieren kann, sondern kreiert, gewissermaßen als Beiprodukt, eine Einheitskultur, auf der sich der Nationalstaat begründen lässt. Allerdings breitet sich die Industrialisierung nur sehr langsam und ungleichmäßig aus, was dazu führt, dass Arbeitsmigranten aus Regionen mit verspätet einsetzender Industrialisierung, die den staatlichen Bildungsapparat (noch) nicht durchlaufen haben, aufgrund ihrer mangelnden Berufs- und Sprachkenntnisse benachteiligt sind. Neben der Assimilation bleibt diesen Bevölkerungsgruppen nur die Abspaltung, was die rasche Ausbreitung des Nationalismus und den zahlenmäßigen Anstieg von Nationalstaaten erklärt.

Auch Benedict Anderson (2006) fokussiert in seiner Schrift *Imagined Communities* auf eine Spielart des Kapitalismus, den Print-Kapitalismus. Anders als Gellner versteht er die Nation aber als eine subjektiv vorgestellte, eingebildete Gemeinschaft, insofern dass „the members of even the smallest nation will never know most of their fellow-members, meet them, or even hear of them, yet in the minds of each lives the image of their communion" (Anderson 2006, 5–6). Im vormodernen Zeitalter war der Vorstellungsprozess überwiegend visueller und auditiver Natur und damit gezwungenermaßen eingeschränkt. Erst mit Erfindung und Verbreitung des Buchdrucks und der damit einhergehenden Praxis des Roman- und Zeitungslesens war eine zunehmend alphabetisierte Bevölkerung in der Lage, sich die nationale Gemeinschaft vorzustellen, die durch die Herausbildung einer geschriebenen Einheitssprache und die Verdrängung der Gelehrtensprache Latein, einerseits, und lokaler Dialekte, andererseits, im Entstehen war. Das Zeitalter des kapitalistischen Buchdrucks stellte also nicht nur eine einheitliche Printsprache bereit, auf deren Grundlage sich die Nation errichten ließ, sondern ermöglichte den Menschen auch, sich diese Nation durch den alltäglichen und simultanen Konsum von Printmedien vorzustellen.

Alle drei Ansätze konstatieren einen Einfluss der Moderne auf das sozio-kulturelle Umfeld. Sie unterscheiden sich hinsichtlich der bestimmenden Faktoren: Bei Tilly, Giddens, Mann und Breuilly ist es die politische, bei Gellner die ökonomische und bei Anderson die kulturelle Modernisierung, die zu einer kulturellen Homogenisierung führt.

4.1.3 Traditionelle und moderne Ansätze im Vergleich

Wir wollen uns der Frage nach dem Träger von Nationalismus annähern, indem wir die soeben skizzierten traditionellen und modernen Ansätze in Bezug auf die Entstehung von Nationen, Nationalstaaten und Nationalismus miteinander kontrastieren.

Ein erster wesentlicher Unterschied betrifft die Frage, wann die Nation entstanden ist. Traditionalisten sind der Auffassung, dass es sich bei Nationen um kulturelle Kollektive handelt, die nicht *ex nihilo* entstanden sind, sondern auf eine lange Historie zurückblicken können. Demnach hat es nationale Bindungen bereits im vormodernen Zeitalter gegeben. Im modernen Zeitalter wurden diese seit jeher bestehenden Bindungen lediglich aufgeweckt und wiederbelebt, da die Menschen in Zeiten von religiösem Zweifel und sozialer Polarisation nach Sinn und Halt strebten. Da Nationen nichts inhärent modernes an sich haben, werden sie in der Postmoderne auch nicht verschwinden. Während die Nation für Traditionalisten also von großer Dauerhaftigkeit, Kontinuität und Permanenz gekennzeichnet ist, wird sie von den meisten Modernisten als (Neben-)Produkt der Moderne angesehen. Eine frühere Entstehung halten sie für unmöglich, da die Nation ihrerseits von Entwicklungen wie Bürokratisierung, Industrialisierung, Militarisierung, Säkularisierung, Urbanisierung und Zentralisierung abhängig ist, die allesamt erst in der Moderne auftreten. Dabei wird die Formation von Nationen entweder als nicht-intendierte Konsequenz dieser Modernisierungsprozesse angesehen (ökonomischer und kultureller Ansatz), oder aber als gesteuertes Unternehmen jener Kräfte, die sich diese Prozesse zunutze zu machen wussten (politischer Ansatz).

Während Traditionalisten und Modernisten die Anfänge der Nation in unterschiedlichen Epochen verorten, sind sie sich darin einig, dass der Nationalstaat erst in der Moderne auftritt. Der zentrale Streitpunkt entfaltet sich demzufolge nicht hinsichtlich der Frage *wann*, sondern *wie* der Nationalstaat entstanden ist. Ihrer Überzeugung entsprechend, dass Nationen historisch tief verwurzelt sind, gehen Traditionalisten davon aus, dass es Nationen waren, die, vom Nationalismus erfasst, Staaten bildeten. Dagegen gehen Modernisten wie Sinisa Malesevic (2013,

4.1 Träger von Nationalismus

56) davon aus, dass der politische Überbau bereits vorhanden war, sodass es Staaten waren, die, vom Nationalismus erfasst, Nationen bildeten:

> [R]ather than seeing 'national units' as pre-given, it is important to understand that they are the very product of 'political units'. Simply stated, rather than understanding the state as an entity that provides a 'political roof' for the already existing cultural authenticities, it is the process of nation-state formation that creates such 'national units'.[96]

Eng verknüpft mit diesen temporalen und kausalen Fragen ist die Frage nach dem Träger von Nationalismus. Gemäß ihrer Annahme, dass die Nation in temporaler Hinsicht vor dem Nationalismus kommt und in kausaler Hinsicht eine Ursache für selbigen ist, neigen Traditionalisten dazu, Nationalismus als masseninduziertes Phänomen zu betrachten.[97] Dagegen wird Nationalismus von den meisten Modernisten, gemäß ihrer Annahme, dass die Nation in temporaler Hinsicht nach dem Nationalismus kommt und in kausaler Hinsicht eine Folge dessen ist, als elitenverordnetes Phänomen angesehen, wobei Vertreter des politischen Ansatzes auf die politischen Eliten wie Staats- und Regierungschefs und Vertreter des ökonomischen und kulturellen Ansatzes auf die gesellschaftlichen Eliten wie Gelehrte und Intellektuelle fokussieren. Gemein ist ihnen die Ansicht, dass Nationalismus von oben konstruiert und den Massen nach und nach zugänglich gemacht wurde (top-down Ansatz), während Traditionalisten umgekehrt davon ausgehen, dass sich Nationalismus aus der breiten Bevölkerung heraus entwickelte und an die Eliten herangetragen wurde (bottom-up Ansatz).[98]

Der Vergleich von traditionellen und modernen Ansätzen, die sich grob in essentialistische und kontruktivistische Ansätze unterscheiden lassen, hat gezeigt, dass sie sich hinsichtlich der zeitlichen Verortung von Nationen, der Kausalität von

---

96 Von diesem Standpunkt zeugen auch der Ausspruch des ersten italienischen Premierministers, Massimo d'Azeglio: „We have made Italy, now we have to make Italians" (d'Azeglio; zitiert in Hobsbawm 2014, 44) und der Kommentar des Befreier Polens, Jozef Pilsudski: „It is the state which makes the nation and not the nation the state" (Pilsudski; zitiert in Hobsbawm 2014, 44–45).

97 Siehe etwa den vielsagenden Titel von Armstrongs (1982) Buch, *Nations before Nationalism*. Vergleiche dazu die weitaus neutraleren Buchtitel einiger Modernisten: *Nations and Nationalism* (Gellner 2006 [1983]), *Nation-States and Nationalisms* (Malesevic 2013), *Nations and Nationalism since 1780* (Hobsbawm 2014).

98 Eine der wenigen die Regel bestätigenden Ausnahmen stellt der moderne Ansatz Andersons (2006 [1983]) dar, der zwischen einem linguistischen populären und einem offiziellen elitären Nationalismus unterscheidet und ersteren historisch gesehen vor letzterem verortet.

Nation und Staat und – für unsere Zwecke von besonderem Interesse – des Trägers von Nationalismus voneinander abheben. In Anknüpfung an Craig Calhouns (1997, 8) Feststellung, dass „grasping nationalism in its multiplicity of forms requires multiple theories", wollen wir monokausale Theorien verwerfen und im folgenden Abschnitt den Versuch eine Synthese wagen, deren Plausibilität im folgenden Unterkapitel anhand einiger Fallbeispiele verdeutlicht werden soll.

4.1.4 Neuere Ansätze

Die beiden Autoren, die in diesem Abschnitt besprochen werden, entstammen zwar der traditionellen (Smith) und modernen (Hobsbawm) Theorieschule, haben sich aber der jeweils anderen Schule ein Stück weit geöffnet. Gemeinsam ist ihnen, dass sie eindimensionale Theorien zurückweisen und sich vorwiegend mit Mythen und Symbolen anstatt (scheinbaren) Wahrheiten und Wirklichkeiten beschäftigen.

Nachdem Modernisten in den 1980er Jahren zum großen Gegenschlag ausgeholt hatten, bezeichneten sich einige Traditionalisten wie Anthony Smith und sein Schüler John Hutchinson in der Folge als Ethnosymbolisten und näherten sich der modernistischen Position insofern an, als dass sie die Nation als modernes Phänomen anerkannten, wenn auch mit der Einschränkung, dass nation-building in Abwesenheit vormoderner ethnischer Identitäten ein hoffnungsloses Unterfangen wäre. Einige Ethnosymbolisten können sogar Gellners (2006 [1983], 47) Aussage, „[n]ations as a natural, God-given way of classifying men (...) are a myth", vorbehaltslos zustimmen. Entscheidend ist, dass solche Mythen die Realität nachhaltig beeinflussen (können). Sie transportieren nämlich latente ethnische Gefühle die sich jederzeit zum Leben erwecken und für die nationale Sache einspannen lassen. Zwar verweisen auch Modernisten gelegentlich auf die Bedeutung von ethnischen Symbolen, allerdings geschieht dies eher „for decorative rather than substantive purposes" (Hutchinson 2005, 10). Ethnosymbolisten sind dagegen der Auffassung, dass wir weder die moralische Basis, auf der Nationen gründen, noch die Anziehungskraft, die der Nationalismus besitzt, hinreichend erklären können, wenn wir uns nicht mit den ins kollektive Gedächtnis eingebrannten – realen und fiktiven – Geschichten einer gemeinsamen Abstammung, heroischen Vergangenheit, geteilten Gegenwart und vorbestimmten Zukunft auseinandersetzen: „There can be no identity without memory (albeit selective), no collective purpose without myth, and identity and purpose or destiny are necessary elements of the very concept of a nation" (Smith 1986, 2).

Ethnosymbolisten sehen im Nationalismus dann auch weder ein masseninduziertes noch ein elitenverordnetes Phänomen. An Stelle des bottom-up Ansatzes der

Traditionalisten und des top-down Ansatzes der Modernisten tritt ein interaktiver Ansatz, bei dem sich Massen und Eliten gegenseitig beeinflussen und beschränken:

> [A]n account of politics as rational action has to acknowledge that leaders, in order to successfully mobilise populations, must appeal to moral sentiments widely acceptable to the community, and that elites once they appeal to such sentiments are then constrained in their actions, lest they appear to be opportunistic. (…) Once invoked, ethnic memories have an independent force with which they have to negotiate. (Hutchinson 2005, 33)

Zwar bedarf es eines Impulses von außen um die Massen zu mobilisieren, allerdings legen diese zunächst den Rahmen fest (neudeutsch: framing), um sich die extern aktivierten Gefühle dann anzueignen, was sie zu weitaus mehr als „occasional crowds necessary (…) for the execution of the heroes' designs" (Smith 1986, 170–171) macht.

Modernisten sehen sich aber auch der Kritik aus den eigenen Reihen ausgesetzt. Hobsbawm (2014) kritisiert etwa, dass top-down Ansätze die Identifikation breiter Bevölkerungsschichten mit der Nation nicht hinreichend erklären können. So schafft ein von oben errichteter Wirtschafts- und Währungsraum noch lange keine Solidarität, wie sich unlängst am Beispiel der Europäischen Union beobachten lässt (vgl. Kap. 3 oben). Vielmehr bedarf es einer Reihe volkstümlicher Mythen, Sagen und Legenden. Dass ein Großteil dieser Geschichten jeglicher Realität entbehrt, spielt dabei nur eine untergeordnete Rolle solange die Massen – nicht aber die Eliten, denn „no serious historian of nations and nationalism can be a committed political nationalist (…) . Nationalism requires too much belief in what is patently not so" (Hobsbawm 2014 [1990], 12) – diese Narrative verinnerlicht haben.

Folglich glaubt auch Hobsbawm (2014 [1990], 46, 92) nicht an eine Dichotomie, sondern an eine Co-Formation von elitärem und populärem Nationalismus:

> If I have a major criticism of Gellner's work it is that his preferred perspective of modernization from above, makes it difficult to pay adequate attention to the view from below. While governments were plainly engaged in conscious and deliberate ideological engineering, it would be a mistake to see these exercises as pure manipulation from above. They were, indeed, most successful when they could build on already present unofficial nationalist sentiments (…) among the middle and lower middle classes. To the extent that such sentiments were not created but only borrowed and fostered by governments, those who did so became a kind of sorcerer's apprentice. At best they could not entirely control the forces they had released; at worst they became their prisoners.

Auch hier schränken die Massen also den Handlungsspielraum der Eliten ein, um, einmal mobilisiert, ihnen das Heft des Handelns aus der Hand zu nehmen.

Auf Grundlage der moderaten Ansätze Smiths und Hobsbawms lässt sich eine theoretische Sichtweise begründen, die sowohl die Modernität der Nation, als auch die zentrale Rolle von Mythen, Ritualen und Symbolen bei deren Konstituierung anerkennt. In Ermangelung dieser Mythen, Rituale und Symbole erscheint die Nation ebenso undenkbar wie in Abstinenz politischer, ökonomischer und kultureller Modernisierungsprozesse. Tatsächlich ist die Verbreitung und Weitergabe volkstümlicher Geschichten auf eine einheitliche Printsprache angewiesen. Anstatt Nationalismus als masseninduziertes oder elitenverordnetes Phänomen anzusehen, das der einen oder anderen Seite oktroyiert wurde, scheint der Erfolg des Nationalismus gerade darin zu liegen, dass es sich hierbei um ein Tauschgeschäft zwischen Massen und Eliten handelt, bei dem beide Seiten profitieren. In einer umfassenden empirischen Studie zeigt Andreas Wimmer (2013) etwa, wie eine zunehmende staatliche Zentralisierung und militärische Mobilisierung zu einem neuen, auf Konsens beruhenden Gesellschaftsvertrag zwischen Herrschern und Beherrschten führte, im Zuge dessen die Ressourcen der politischen Eliten (politische Mitbestimmung und öffentliche Güter) gegen die Ressourcen der breiten Bevölkerung (militärische Verteidigung und Steuerabgaben) getauscht wurden. Der Nationalismus bildete dabei den ideologischen Bezugsrahmen, der diesen Vertrag zementierte.

4.2 Wirkung von Nationalismus

Nationalism is an infantile disease. It is the measles of mankind.
Albert Einstein (zitiert in Dukas/Hoffmann 1979)

Das obige Zitat zeugt von der weit verbreiteten Annahme, dass es sich bei Nationalismus um ein konfliktförderndes Phänomen handelt. Entsprechend wurde Nationalismus eingangs hinsichtlich seiner Wirkung im Feld „dissoziativ" verortet (vgl. Kap. 1 oben). Diese Einordnung soll im vorliegenden Unterkapitel kritisch hinterfragt werden. Dazu wird zunächst zwischen verschiedenen Formen des Nationalismus unterschieden.

Traditionalisten und Modernisten sind sich einig, dass Nationalismus in der zweiten Hälfte des 18. Jahrhunderts entstanden ist. Betrachtet man die politische Landkarte Europas am Vorabend der Französischen Revolution, so fällt auf, dass es im Westen Europas ausgebildete Staaten gab, die sich in ihrer territorialen Ausprägung bis heute kaum verändert haben. Da in Westeuropa mindestens eine der beiden Voraussetzungen für den Nationalstaat – der Staat – gegeben war, konnte ein staatsbasierter Nationalismus hier relativ leicht Fuß fassen. In der Mitte Europas stößt man hingegen auf einen Flickenteppich kleinerer König-, Fürsten- und

Herzogtümer sowie kleinster Kirchen- und Stadtstaaten, der überwiegend von Menschen gleicher Nationalität bevölkert wurde. Aufgrund der politischen Zersplitterung waren die Voraussetzungen für einen Nationalstaat hier nicht unmittelbar gegeben. Folglich ging Nationalismus in Mitteleuropa mit Vereinigungen entlang nationaler Trennlinien einher, weshalb man auch von vereinigendem Nationalismus spricht. Lässt man seinen Blick weiter gen Osten schweifen, so erkennt man große dynastische Kaiserreiche, die gleich mehrere nationale Gemeinschaften umfassten. Auch im Osten Europas waren die Voraussetzungen für einen Nationalstaat also alles andere als optimal, aber nicht, weil die politischen Einheiten wie in der Mitte Europas subnational organisiert waren, sondern, ganz im Gegenteil, weil sie multinational organisiert waren. Typischerweise ging Nationalismus in Osteuropa dann auch nicht mit Vereinigungen sondern mit Abspaltungen einher, weshalb man von separatistischem Nationalismus spricht. Das gleiche gilt für die europäischen Kolonien, nur dass der nationale Befreiungskampf dort nicht als separatistischer sondern als anti-kolonialer Nationalismus bezeichnet wird. In den folgenden vier Abschnitten soll die Genese und (Langzeit-)Wirkung von staatsbasiertem, vereinigendem, separatistischem und anti-kolonialem Nationalismus im west-, mittel-, ost- und außereuropäischen Raum des 18., 19. und 20. Jahrhunderts anhand einiger ausgewählter Fallbeispiele untersucht werden.[99]

4.2.1 Staatsbasierter Nationalismus in Westeuropa im 18. Jahrhundert

Nicht ohne Grund werden die Anfänge des Nationalismus im westlichen Europa verortet, boten die vorhandenen Staatsstrukturen in Frankreich, Großbritannien, Spanien, Portugal und den Niederlanden doch optimale Voraussetzungen für einen zu errichtenden Nationalstaat. Allerdings sahen die Monarchen in Versailles und Windsor noch vermehrt Gott und nicht das Volk als Legitimationsquelle an. Umgekehrt galten die Loyalitäten der breiten Bevölkerung vornehmlich subnationalen (Familie und Dörfer) und transnationalen (katholische und anglikanische Kirche)

---

99 Da Nationalismus in Europa entstanden ist, ist die folgende Untersuchung zur Genese des Nationalismus zwangsläufig eurozentristisch. In der Literatur wird häufig zwischen einem (liberalen, bürgerlichen und politischen) westeuropäischen Nationalismus und einem (romantischen, ethnischen und kulturellen) osteuropäischen Nationalismus unterschieden. Diese Unterscheidung greift jedoch zu kurz, da sie einerseits zu undifferenziert ist und andererseits die unterschiedlichen Charakterzüge zu stark miteinander kontrastiert (Hutchinson 2005).

Gemeinschaften. So war die westeuropäische Gesellschaft bis ins 18. Jahrhundert zu stratifiziert, um eine Einheit von Nation und Staat zu ermöglichen. Dies änderte sich mit der von Frankreich und Großbritannien (hier vor allem Schottland) ausgehenden Aufklärung, die Wissenschaft anstelle von Religion als Mittel menschlicher Erlösung propagierte. Im Gegensatz zu religiösen Zeugnissen ließen sich ethnische Überlieferungen oftmals durch historische Forschung wissenschaftlich fundieren, was vielerorts zu einer Renaissance (deutsch: Wiedergeburt) nationaler (Ver-)Bindungen führte. Dort, wo die Wissenschaft an ihre Grenzen stieß, wurden nationale Symbole einfach erfunden. So schufen die französischen Revolutionäre, die ihre erlangte Macht dadurch zu festigen suchten, dass sie sich, in bewusster Abgrenzung zum verhassten Ancien Régime, als legitime Vertreter des französischen Volkes präsentierten, mit der Tricolore eine französische Nationalflagge, mit der Marseillaise eine französische Nationalhymne und mit dem Calendrier Républicain einen französischen Revolutionskalender. Schon bald darauf begriffen sich Bauern in der Champagne, Auvergne und Provence als Franzosen, um einen bekannten Buchtitel zu paraphrasieren.[100]

Es wäre jedoch falsch, staatsbasierten Nationalismus einzig und allein auf top-down Prozesse zurückzuführen. Die abermals von Großbritannien (hier vor allem England) ausgehende Industrialisierung brachte eine urbanisierte, säkularisierte und alphabetisierte Mittelschicht aus Unternehmern, Lehrern und Schriftstellern hervor, die ihren moralischen Wegweiser nicht länger in der Religion, sondern in der „zivilen Religion" (Rousseau 2008 [1762]) des Nationalismus fand:

[E]conomic development engendered a crisis of identity as newly educated middle and late working classes entered society in transformation from rural to urban, religious to secular, and oral to literate. Aspiring educated groups found in nationalism an integrative vision of life that trumped attachments of family, class, region and religion as a constructor of meaning (Hutchinson 2006, 299).[101]

Mit seinen Versprechen von Identität und Solidarität bediente der Nationalismus das menschliche Bedürfnis nach Zu(sammen)gehörigkeit, das in Zeiten tiefgreifender Umwälzungsprozesse besonders ausgeprägt zu sein schien.[102] Zwar geht die

---

100 Eugen Weber (1976) Peasants into Frenchmen, Stanford.
101 Dass es sich beim Nationalismus um eine Art Ersatzreligion handelt, bedeutet nicht, dass sich nationale und religiöse Identitäten gegenseitig ausschließen müssen. Im Gegenteil, für viele Nationen wie Indien, Iran, Irland und Israel ist der gemeinsame Glaube ein wesentlicher (wenn nicht ausschließlicher) Bestandteil ihrer nationalen Identität.
102 Zur Psychologie des Nationalismus siehe Cottam et al. 2015. Für eine scharfsinnige Erörterung der psychologischen Grundlagen (in Theorien) des Nationalismus vgl. auch

Parole „Freiheit, Gleichheit, Brüderlichkeit" auf den französischen Revolutionär Maximilien de Robespierre zurück, doch wäre sie nie zum Leitspruch der Französischen Revolution geworden, hätten sie nicht Tausende und Abertausende von Menschen auf den Straßen von Paris paroliert.

Der staatsbasierte Nationalismus beruhte aber nicht nur auf einem Zusammenspiel von Eliten und Massen, sondern auch von Geschichte und Gegenwart. So stellten sich die französischen Revolutionäre ganz bewusst in die Tradition der mittelalterlichen Revolutionärin Jeanne D'Arc, um die in den Revolutionsjahren eine auffällige Mythenbildung stattfand. Dagegen berief sich Napoleon Bonaparte in seinem Versuch, ein französisches Kaiserreich zu begründen, auf Karl den Großen, der im 8. und 9. Jahrhundert über das fränkische Kaiserreich geherrscht hatte. Die Koalitionskriege Napoleons produzierten wiederum neue Heldengeschichten, die dem Sinnlosen Sinn zu geben suchten und das Nationalbewusstsein weiter befeuerten. So erwuchs aus einem politischen Gebilde, dessen territoriale Grenzen das Ergebnis einer Mischung aus Eroberungen, Kompensationen, Heirat und Erbe waren, innerhalb weniger Jahrzehnte eine Solidargemeinschaft. Der Umstand, dass sich Franzosen heute nicht nur als Nation, sondern als „Grande Nation" begreifen, zeugt davon, dass die beschriebenen nation-building-Maßnahmen (mehr als) erfolgreich waren.

Zwar bedurfte es in Großbritannien keiner Revolution um ein nationales Bewusstsein zu schaffen, doch trugen die imperialen und kolonialen Unternehmungen des britischen Empires ganz entscheidend zur Herausbildung einer nationalen Identität bei: „While the empire existed, the peoples of the British Isles were united in a common endeavour of mutual enrichment through global conquest. With the end of the empire, that powerful practical and ideological cohesive force is now lacking" (Rutland 2014, 42). Obwohl von staatsbasiertem Nationalismus also zunächst einmal eine assoziative Wirkung ausgeht, insofern dass Herrscher und Beherrschte auf einem abgerundeten Territorium zu einer nationalen Einheit verschmelzen, kann er nach außen durchaus dissoziativ wirken.

Wie aus obigem Zitat ersichtlich wird, ist die Konstituierung eines politischen Gebildes als Nation keinesfalls „finite business" sondern eine „ongoing necessity" (Bloom 1993, 71). In den 1990er Jahren führte Frankreich etwa eine gesetzliche Quote für französischsprachige Musikstücke ein, die Radiostationen dazu verpflich-

---

Kap. 2 und 3 in Hale 2008; seine eigene überzeugende Theorie resümiert er in den Worten: „The motive behind ethnic identification is uncertainty reduction, whereas the motives behind the behavior of the resulting ethnic groups derive from the various interests people have" (Hale 2008, 55). Insbesondere folgt also Konflikt nicht zwangsläufig aus ethnischen oder nationalen Identitäten.

tet, 40 % der Sendezeit mit Produktionen französischer Künstler zu bespielen. Die Einführung einer solchen Quote wird auch in Deutschland kontrovers diskutiert. Innere Gemeinsamkeiten (Unterschiede) lassen sich aber nicht nur vergrößern (verkleinern), indem man sie maximiert (minimiert), sondern auch dadurch, dass man äußere Gemeinsamkeiten (Unterschiede) minimiert (maximiert), wodurch die inneren Gemeinsamkeiten (Unterschiede) vergleichsweise groß (klein) erscheinen.[103] Während das Differenzierungsbestreben in der Vergangenheit oftmals mit der Abwertung und Ausgrenzung anderer oder als anders wahrgenommener Gruppen, wenn nicht gar – wie oben angedeutet – mit kriegerischen Auseinandersetzungen und ökonomischer Ausbeutung einer ging, scheint die identitätsstiftende Interaktion mit „dem Anderen" heutzutage – etwas plakativ ausgedrückt – weniger auf dem Schlachtfeld als auf dem Sportfeld stattzufinden.[104] So wurden neben dem seit jeher existierenden wirtschaftlichen Wettbewerb (vgl. Kap. 6.1 unten) eine Reihe musikalischer (Eurovision Song Contest) und sportlicher (Olympische Spiele, Fußball Europa- und Weltmeisterschaften, Rugby Sechs Nationen Turnier)[105] Wettbewerbe geschaffen, in denen sich Nationen auf friedliche Weise miteinander messen und voneinander abgrenzen können.

---

103 Tatsächlich ist dies ein dialektischer, sich gegenseitig konstituierender Prozess: Indem sich eine Gruppe als Nation definiert, definiert sie auch die Anderen, die die Kriterien dieser Nation nicht erfüllen. Gleichzeitig definiert eine Gruppe, die die Anderen definiert, immer auch sich selbst. So bezeichneten sich die Germanen zunächst nicht als ebensolche, sondern als Volk zwischen Wenden und Welsche, wobei mit Wenden die slawischen und mit Welsche die romanischen Völker gemeint waren. Auch später sollte sich der Begriff Germanien nicht in der Eigenwahrnehmung – wohl aber in der Fremdwahrnehmung, so etwa in der englischen (Germany), italienischen (Germania) und russischen Sprache (Germanija) – durchsetzen. Stattdessen bezeichneten sich die Germanen als Deutsche, die Theudisch, die Sprache des Volkes (theut), sprechen – wiederum in Abgrenzung zu den Welschen, die Latein (oder eine romanische Nachfolgesprache), die Sprache des Klerus und der Obrigkeit, sprechen.

104 Sport, verstanden als „benign reproduction of war" (Billig 1995, 123) oder, in den Worten George Orwells (1945), als „war minus the shooting", ist zudem in der Lage, nationalistischen Gefühlen ein (zumeist) friedfertiges Ventil zu geben. Tatsächlich erinnern viele im Sport gebräuchlichen Ausdrücke wie schießen, kämpfen, attakieren, angreifen und abwehren an die Sprache des Krieges.

105 Interessanterweise stellen England, Schottland, Wales und Nordirland während der Olympischen Spiele ein gemeinsames Team („Team GB" [Great Britain]; eigentlich Team UK [United Kingdom], da Nordirland Teil des Teams ist), treten in den Fußball- und Rugbyturnieren aber gegeneinander an.

4.2.2 Vereinigender Nationalismus in Mitteleuropa im 19. Jahrhundert

Verfügten die politischen Gebilde im Westen Europas bereits über staatsähnliche Strukturen, wenn auch über kein nationales Bewusstsein, das erst noch geschaffen werden musste, so besaßen die politisch fragmentierten Gebilde in der Mitte Europas trotz ihrer Zersplitterung, oder gerade deshalb, ein relativ ausgeprägtes Nationalbewusstsein. Dieser Flickenteppich aus weitestgehend autonomen Herrschaftshäusern, die über teils erhebliche Streubesitz verfügten, wurde zunächst vom Heiligen Römischen Reich Deutscher Nation und später vom Deutschen und Norddeutschen Bund lose zusammengehalten.[106] Der Nationalismus in Mitteleuropa war also grundverschieden vom Nationalismus in Westeuropa: Während es im westlichen Europa darum ging, eine Nation auf Basis eines mehr oder minder vorhandenen Staates zu errichten (nation-building), ging es im mittleren Europa darum, einen Staat auf Basis einer mehr oder minder vorhandenen Nation zu errichten (state-building).

Zwar war es den verbündeten Truppen Russlands, Schwedens, Österreichs, Preußens, Bayerns und, später, Sachsens in der Völkerschlacht bei Leipzig gelungen, die napoleonischen Truppen aus Mitteleuropa zurückzudrängen, die von den französischen Revolutionären propagierte Idee von Freiheit, Gleichheit und Brüderlichkeit setzte sich jedoch in den Köpfen vieler Menschen fest. Was Preußen, Bayern und Sachsen neben ihrem gemeinsamen Kampf gegen Napoleon verband, war die gemeinsame deutsche Sprache. Beim Versuch, daraus eine Blut- und Schicksalsgemeinschaft abzuleiten, die eines gemeinsamen Staates bedarf, bediente man sich einmal mehr vormoderner Mythen. Ein solcher deutscher Mythos ist die Varusschlacht zwischen germanischen Stämmen unter der Führung von Arminius (Hermann) und römischen Legionen im Jahr 9 n. Chr.. Lange Zeit in Vergessenheit geraten, rief der Dramatiker Heinrich von Kleist die Schlacht 1808 mit seinem Theaterstück „Die Hermannsschlacht" ins kollektive Gedächtnis der Deutschen. Davon inspiriert, errichtete der Bildhauer Ernst von Bandel auf dem Teutberg („Berg der Deutschen") ab 1838 das Hermannsdenkmal, das bei seiner Fertigstellung höchste Denkmal der westlichen Welt. Im sogenannten Vormärz wurde 1841 auch das „Lied der Deutschen", die spätere Nationalhymne Deutschlands, vom Dichter August Heinrich Hoffmann von Fallersleben geschaffen. Künstler wie von Kleist, von Bandel und von Fallersleben zeugen davon, dass vereinigender Nationalismus

---

106 Der Zusatz „Deutscher Nation", der auf das 15. Jahrhundert zurückgeht, zeugt von einem solchen frühen Nationalbewusstsein; dazu jüngst differenziert die Kap. 5 (Identities) und 6 (Nation) in Wilson 2016.

aus der Mitte der Gesellschaft entsprang. So auch die Jugendbewegungen, die sich für Natur- und Heimatschutz einsetzten, Burschenschaften, die an bedeutsamen Orten deutscher Geschichte patriotische Feste wie das Wartburgfest 1817 und das Hambacher Fest 1832 veranstalteten, und Pädagogen wie Friedrich Ludwig Jahn (Turnvater Jahn), der die deutsche Turn- und Nationalbewegung begründete. Jahn war zudem Mitglied der Frankfurter Nationalversammlung, dem ersten gesamtdeutschen Parlament, dessen Volksvertreter 1848 die nationale Einheit Deutschlands forderten.

Aufgrund des innenpolitischen Drucks und der militärischen Erfolge der ersten Nationalstaaten – zwischen 70 und 90 Prozent aller zwischen Nationalstaaten und vorstaatlichen Gebilden geführten Kriege wurden von ersteren gewonnen (Wimmer 2013, 79) – konnten sich auch die deutschen Könige, Fürsten und Herzöge dem französischen Nationalstaatsmodell nicht länger verwehren:

> The early nation-states became attractive models to copy because their leaders could rely on the military loyalty and political support of the masses of the population. This had obvious advantages, as the success of Napoleon's armies demonstrated. (Wimmer 2013, 20)

Insgesamt hielt sich die Begeisterung der politischen Eliten jedoch in Grenzen, bedeutete ein Zusammenschluss ihrer Territorien unter nationalen Vorzeichen nicht nur einen Machtverlust gegenüber dem Volk, sondern unter Umständen auch gegenüber ihresgleichen, da in einem deutschen Einheitsstaat nur eine begrenzte Anzahl staatstragender Ämter zur Verfügung steht. Dies war einer der Gründe dafür, dass die Forderungen der Frankfurter Paulskirchenversammlung nach politischer Partizipation und nationaler Einheit nicht erfüllt wurden.[107] Es zeichnete sich ab, dass Deutschland nur auf kriegerischem Wege von oben zu einen war.

Eine solche Führungsrolle konnte nur einer der beiden Großmächte im 1815 etablierten Deutschen Bund, dem Haus Habsburg oder dem Haus Hohenzollern, zukommen. Das multikulturelle Kaisertum Österreich, in dem die Sprachgruppe der Deutschen nur ein Viertel ausmachte, begriff sich seit jeher als europäische anstatt deutsche Großmacht und verspürte kaum einen Drang zur politischen Vereinigung mit dem Norden. Damit fiel die Rolle Preußen zu, das diese zunächst

---

107 Ziel des 1834 gegründeten Deutschen Zollvereines und der in den 1840er Jahren initiierten Wohlfahrtsprogramme war es demnach nicht, einen ökonomischen Nationalismus zu schüren, was freilich der Fall war, sondern einen wirtschaftlichen Binnenmarkt zu begründen und den Einfluss der Gewerkschaften zurückzudrängen. Anders als Frankreich gab sich Deutschland dann auch erst 1892 eine Nationalflagge und 1918 eine Nationalhymne.

4.2 Wirkung von Nationalismus

nur sehr widerwillig annahm. So war es der preußische König Friedrich Wilhelm IV gewesen, der die ihm von der Frankfurter Nationalversammlung angebotene deutsche Kaiserwürde mit den Worten, es hängt der Ludergeruch der Revolution von 1848 an ihr, ausgeschlagen hatte. Als sich jedoch herauskristallisierte, dass die angestrebte Großmachtrolle in Europa nur durch territoriale Erweiterungen zu wahren war, setzte sich Preußen unter Reichskanzler Bismarck – der kein Nationalist, sondern ein Vertreter preußischer Interessen war – an die Spitze der deutschen Einheitsbewegung. Im Zuge des Deutsch-Dänisches Krieges von 1864 verleibten sich Preußen und Österreich, die zunächst noch Seite an Seite kämpften, das überwiegend deutschsprachige Schleswig-Holstein ein. Zwei Jahre später kam es dann zum innerdeutschen Preußisch-Österreichischen Krieg, in dem sich die kleineren deutschen Herrschaftshäuser auf beide Lager verteilten. Der Sieg Preußens über Österreich in der Schlacht von Königgrätz führte 1866 zur Gründung des Norddeutschen Bundes unter Ausschluss der Donaumonarchie. Damit waren die Konturen eines zukünftigen deutschen Staates gefestigt. Es bedurfte aber noch eines dritten Krieges, des Deutsch-Französischen Krieges von 1870–1871, um die sich im Preußisch-Österreichischen Krieg gegenüberstehenden deutschen Herrschaftshäuser im Kampf gegen einen äußeren Gegner zu einigen. Nach dem Sieg über Frankreich und einigen finanziellen Zugeständnissen, mit denen sich Preußen die Zustimmung der deutschen Herrschaftshäuser zu einem föderalen Staat unter preußischer Vorherrschaft erkaufte, wurde der preußische König schließlich am 18. Januar 1871 in Versailles zum Kaiser eines gesamtdeutschen Reiches gekürt.

Zwar wurde hier nur der vereinigende Nationalismus nördlich der Alpen thematisiert, doch ging er auch südlich der Alpen auf die machtpolitischen Anstrengungen eines Herrschaftshauses (Piemont-Sardinien) zurück. Wie im Norden bedurfte es auch im Süden dreier Einigungskriege bevor das 1861 ausgerufene Königreich Italien seine nationale Einheit 1870 vollenden konnte. Insgesamt lässt sich für den vereinigenden Nationalismus in Mitteleuropa also eine ambivalente Wirkung konstatieren: Auch wenn der Begriff etwas anderes vermuten lässt, wirkt vereinigender Nationalismus nur nach innen assoziativ. Nach außen hat er eine dissoziative Wirkung, wovon die Einigungskriege Deutschlands und Italiens zeugen.

Ebenso wenig dürfen die Langzeitwirkungen außer Acht gelassen werden. War der vereinigende Nationalismus in Deutschland und Italien zunächst eine Reaktion auf den expansiven Nationalismus Frankreichs, so nahm er in der Folge selber expansive Züge an: Zunächst, indem die „verspäteten" Nationalstaaten im kolonialen Wettstreit einen „Platz an der Sonne" für sich einforderten; später, indem sie auch auf dem europäischen Kontinent eine unverblümte Expansionspolitik betrieben (Hutchinson 2017, 185). Dies wird von einigen Historikern auf den im europäischen Kontext eher untypischen Werdungsprozess Deutschlands und Italiens zurückgeführt. Demnach konnten die beiden Nationalstaaten, die das Werk der Monarchen Preußens und Piemonts waren, ihre autoritären Tendenzen nie ganz abstreifen (siehe Breuilly 1993, 28). Andere Historiker verweisen darauf, dass Deutschland in Zeiten der Weimarer Republik nicht nur ein bisweilen undemokratischer, sondern auch ein unvollendeter Nationalstaat war (Kedourie 1993, 111; Hobsbawm 2014, 133). War die kleindeutsche Lösung den Befürwortern eines Großdeutschlands schon immer ein Dorn im Auge gewesen, so stellten die im Versailler Vertrag geregelten Gebietsabtretungen eine weitere Verletzung des Nationalismusprinzips dar. Der Anschluss Österreichs und die Besetzung des Sudetenlandes 1938 – zwei völkerrechtswidrige Annexionen die nur aufgrund der Beschwichtigungspolitik Großbritanniens und Frankreichs ohne größere Gewaltanwendung blieben – sowie die Einverleibung Böhmens, Schlesiens und Pommerns 1939 und Elsass-Lothringens 1940 waren so gesehen die Vollendung des Nationalstaates.[108] Der darauffolgende Holocaust und Vernichtungskrieg im Osten lassen sich dagegen nicht mehr mit einem vereinigenden Nationalismus, sondern höchstens noch mit einem übersteigerten und zügellosen xenophobischen und chauvinistischen Nationalismus umschreiben.[109] Die Langzeitwirkung der NS-Verbrechen besteht wiederum darin, dass offener Nationalismus in Deutschland bis heute verpönt ist. Daran hat auch die deutsche Wiedervereinigung 1990 – trotz anderweitiger Befürchtungen der deutschen Nachbarn und insbesondere Frankreichs – nichts ändern können. Dass die Wiedervereinigung, anders als die vorausgehenden Vereinigungen Deutschlands, friedlicher Natur war, ist neben der Umsicht aller beteiligten Akteure dem historisch äußerst seltenen Umstand geschuldet, dass es sich um einen freiwilligen Zusammenschluss zweier Staaten und nicht um einen einseitig forcierten Anschluss eines (Teil-)Gebietes handelte. In der nahezu vollständig entwickelten Staatenwelt des 21. Jahrhunderts, in der eine Vereinigung fast zwangsläufig mit einer Abspaltung einhergeht, ist letzterer Fall jedoch der Regelfall, wie jüngst die (versuchten) Angliederungen Berg-Karabachs an Armenien, Kashmirs an Pakistan, und der Krim an Russland unter Beweis stellen.

---

108 Die deutsch-sprachigen Teile der Schweiz hatten sich schon frühzeitig von einer Vereinigung mit Deutschland distanziert.
109 Zum Zusammenhang zwischen übersteigertem Nationalismus und Völkermord vgl. Ther 2011 und Schwartz 2013.

4.2.3 Separatistischer Nationalismus in Osteuropa im 20. Jahrhundert

Im Gegensatz zu den subnational organisierten politischen Einheiten Mitteleuropas waren die politischen Einheiten im ost- und außereuropäischen Raum zumeist multinational organisiert. Entsprechend nahm Nationalismus in diesen Teilen der Welt häufig keine vereinigende sondern eine sezessionistische Form an. Dabei lässt sich zwischen drei Ausbrüchen von sezessionistischem Nationalismus im 20. Jahrhundert unterscheiden, die allesamt auf Umbrüche im internationalen System zurückzuführen sind. Ein erster Ausbruch ereignete sich nach dem Ersten Weltkrieg, als die Erbmonarchien der Osmanen, Habsburger und Romanows zerfielen. Ein zweiter Ausbruch fand im Anschluss an den Zweiten Weltkrieg statt, als sich die Imperien Großbritanniens, Frankreichs, Portugals, Belgiens und der Niederlande auflösten. Zu einem dritten Ausbruch kam es nach Ende des Kalten Krieges, als die Vielvölkerstaaten der Sowjetunion, Tschechoslowakei und Jugoslawiens zerbrachen. In diesem Abschnitt sollen zunächst die separatistische erste und dritte Welle thematisiert werden, bevor wir uns im nächsten Abschnitt mit der anti-kolonialen zweiten Welle auseinandersetzen.[110]

Nach der endgültigen Niederlage Napoleons kam es auf dem Wiener Kongress von 1815 zu einer territorialen Neuordnung Europas, im Zuge derer im Osten des Kontinents mit dem Osmanischen Reich im Süden, dem Kaisertum Österreich in der Mitte und dem Kaiserreich Russland im Norden drei Vielvölkerstatten installiert bzw. konsolidiert wurden. Der seit längerem anhaltende Zerfallsprozess des Osmanischen Reiches ließ sich jedoch nur kurzzeitig aufhalten. Bereits 1830 erfüllten sich griechische Nationalisten den Wunsch nach einem eigenen Staat, der durch die französische Erklärung der Menschen- und Bürgerrechte (1789), in der es wortwörtlich übersetzt heißt: „Der Ursprung jeder Souveränität ruht letztendlich in der Nation", entscheidend genährt wurde. Auf dem Berliner Kongress von 1878 wurde dann auch die Unabhängigkeit Serbiens, Montenegros und Rumäniens anerkannt.[111] Von den Unabhängigkeitsbewegungen auf dem osmanischen Süd-

---

110 Da im imperialen und kolonialen Zeitalter des 20. Jahrhunderts die Konstellation „ein Staat, mehrere Nationen" weitaus öfter gegeben war als die Konstellation „eine Nation, mehrere Staaten", es also weitaus häufiger zu sezessionistischem als zu vereinigendem Nationalismus kam, haben die folgenden zwei Abschnitte eher Überblicks- als Fallbeispiel-Charakter.

111 Im ersten Balkankrieg (1912–1913) wurde das Osmanische Reich von Griechenland, Serbien, Montenegro und dem 1908 unabhängig gewordenen Bulgarien dann fast vollständig vom europäischen Kontinent zurückgedrängt. Kurz darauf entbrannte der zweite Balkankrieg (1913) um das europäische Erbe des Osmanischen Reiches, im Zuge

balkan inspiriert, strebten auch die Bosnier, Kroaten, Slowenen und Ungarn auf dem österreichischen Nordbalkan sowie die im Öster-Reich verbliebenen Rumänen und Serben nach größerer Autonomie bzw. Unabhängigkeit. Die Ermordung des österreichischen Thronfolgers Franz Ferdinand durch den serbischen Nationalisten Gavrilo Princip mündete schlussendlich im Ersten Weltkrieg, in dessen Anschluss zahlreiche Nationen ihre Unabhängigkeit erlangen sollten.

In dem Versuch, eine internationale Friedensordnung für die Zeit nach dem Ersten Weltkrieg zu begründen, bezog sich der US-amerikanische Präsident Woodrow Wilson in seinem 14-Punkte-Programm auf das in der französischen Erklärung der Menschen- und Bürgerrechte formulierte Selbstbestimmungsrecht der Völker, womit die Kongruenz von Nation und Staat zum weltweiten Leitbild erhoben wurde.[112] Unmittelbar nach dem Ersten Weltkrieg wurde die Doktrin der nationalen Selbstbestimmung dann konsequent auf den Nahen Osten und Europa – nicht aber auf die koloniale Welt – angewandt. Waren die Unabhängigkeitsversuche der Araber, Ungarn und Polen im 19. Jahrhundert noch kläglich gescheitert, so entstanden nach dem Ersten Weltkrieg auf dem Territorium des untergegangenen Osmanischen Reiches die Staaten Türkei, Saudi Arabien, Nordjemen, Syrien, Irak und Palästina (letztere drei zunächst noch unter französischem bzw. britischem Mandat), auf dem Territorium des kollabierten Österreichisch-Ungarischen Kaiser- und Königreichs die Staaten Österreich, Ungarn, Jugoslawien und Tschechoslowakei (letztere beiden als Teil der panslawistischen Bewegung) und auf dem Territorium des zerfallenen Russischen Kaiserreichs die Staaten Polen, Litauen, Lettland, Estland und Finnland. Der Großteil der Erbmasse des Russischen Kaiserreiches wurde jedoch zur Sowjetunion zusammengeschlossen, einem neuen Vielvölkerstaat, dessen verbindendes Element der Kommunismus war.

Nachdem die Vielvölkerstaaten der Osmanen und Habsburger bereits zu Beginn des 20. Jahrhunderts zerfallen waren, widerfuhr dem kommunistischen Vielvölkerstaat der Sowjets, einem Nachfolger des dynastischen Vielvölkerstaates

---

dessen sich Bulgarien die Provinz Thrakien einverleibte, Griechenland und Serbien die Provinz Mazedonien, und die abtrünnige Provinz Albanien ihre Unabhängigkeit erlangte.

112 In seinen 14 Punkten forderte Wilson (1918) unter anderem, dass „a readjustment of the frontiers of Italy should be effected along clearly recognizable lines of nationality", dass „the peoples of Austria-Hungary should be accorded the freest opportunity of autonomous development", und dass „an independent Polish state (…) be erected which should include the territories inhabited by indisputably Polish populations". Zum Selbstbestimmungsrecht vgl. Manela 2009 und Fisch 2010; zur Nutzung des Konzepts im Rahmen des Völkerbundes durch den beginnenden Nationalismus der „3. Welt" (wie sie später genannt wurde) vgl. Pedersen 2015.

der Romanows, mit Zusammenbruch des Kommunismus gegen Ende des 20. Jahrhunderts das gleiche Schicksal. So gesehen war der Ausbruch von separatistischem Nationalismus nach dem Kalten Krieg „unfinished business of 1918–21" (Hobsbawm 2014, 165). Auf eine friedliche Loslösung der zentralasiatischen (Kasachstan, Kirgisistan, Tadschikistan, Turkmenistan und Usbekistan), kaukasischen (Armenien, Aserbaidschan, Georgien), westlichen (Moldawien, Ukraine, Weißrussland) und im Zweiten Weltkrieg einverleibten baltischen (Estland, Lettland, Litauen) Staaten vom (Sch-)Rumpfstaat Russland folgten blutige Auseinandersetzungen in Tschtschenien (zu Russland gehörend), Transnistrien (zu Moldawien gehörend), Berg-Karabach (zu Aserbaidschan gehörend), Süd Ossetien und Abchasien (zu Georgien gehörend) sowie Donezk, Luhansk und auf der Krim (zur Ukraine gehörend). Zu noch blutigeren Auseinandersetzungen kam es nur auf dem Balkan, wo sich Albaner, Bosnier, Kroaten, Mazedonier, Serben und Slowenen in gleich mehreren Kriegen gegenüberstanden, die mehr als 200.000 Todesopfer forderten.[113]

Angesichts solch gewalttätiger Auseinandersetzungen mögen einige Beobachter dem Ökonomen Maurice Block beipflichten, der separatistischem Nationalismus bereits 1889 jedwede Legitimität absprach: „[T]he principle of nationalities is legitimate when it tends to unite, in a compact whole, scattered groups of population, and illegitimate when it tends to divide a state" (Block; zitiert in Hobsbawm 2014, 339). Dabei verkennen sie, dass vereinigender Nationalismus nicht immer assoziativ und separatistischer Nationalismus nicht immer dissoziativ wirken muss. Die 15 Sowjetrepubliken trennten sich 1991 ebenso einvernehmlich und friedlich wie die Tschechen und Slowaken ein Jahr später, auch wenn dies, zugegebenermaßen, dadurch begünstigt wurde, dass die kommunistischen Regime in Moskau und Prag im Untergang begriffen waren und den Unabhängigkeitsbestrebungen nichts mehr entgegenzusetzen hatten.[114] Hinzu kam, dass nur 1 Prozent der Bevölkerung in der Slowakei tschechisch und nur 3 Prozent der Bevölkerung in Tschechien slowakisch war, was eine territoriale Auflösung wesentlich leichter machte als auf dem ethnisch durchmischten Balkan. In der Regel geht von separatistischem Nationalismus tatsächlich eine dissoziative Wirkung aus, ist territoriale Integrität doch ein essenzieller Bestandteil staatlicher Souveränität.

---

113 Vgl. statt vieler den Überblick von Baker 2015.
114 Weitere (Ab-)Trennungen im 20. Jahrhundert, die auf einem allgemeinen Konsens beruhten, waren die Trennung Schwedens und Norwegens 1905, die Trennung Senegals und Malis 1960 und die Abtrennung Singapurs von Malaysia 1960. Zur Erörterung der Sezessions-Problematik aus Sicht der politischen Philosophie vgl. Buchanan 1991, aus völkerrechtlicher Perspektive die Beiträge in Kohen 2012.

Am Auflösungsprozess der Sowjetunion und Jugoslawiens lässt sich beobachten, dass auf einen ersten Schub von separatistischem Nationalismus, im Zuge dessen sich Nationen für unabhängig erklärten, ein zweiter Schub von separatistischem und vereinigendem Nationalismus folgte, im Zuge dessen sich neu entstandene nationale Minderheiten innerhalb der für unabhängig erklärten Nationen ihrerseits für unabhängig erklärten (Süd Ossetien, Abchasien, Donezk, Luhansk, Transnistrien) oder den Versuch unternehmen, sich der ehemals dominanten Nation anzuschließen (serbische Bosnier, Kroaten und Kosovaren, russische Ukrainer auf der Krim). Deshalb wird separatistischer Nationalismus nach der russischen Matrjoschka-Puppe, die eine Reihe von immer kleiner werdenden Puppen beinhaltet, mitunter auch als Matrjoschka-Nationalismus bezeichnet. Einmal geöffnet, setzt sich eine (Gewalt-) Spirale von „reziprokem Separatismus" in Gang, die kaum noch zu befrieden ist (Horowitz 1985, 278–279).[115] Diese Spirale wird vor allem von politischen Eliten befeuert, die, anders als bei vereinigendem Nationalismus, nicht mit anderen politischen Eliten um staatstragende Ämter in einem Einheitsstaat konkurrieren müssen, sondern, im Gegenteil, ihre Machtansprüche in einem eigenen Staat geltend machen können. Vor diesem Hintergrund wird das Selbstbestimmungsrecht der Völker zunehmend kritisch gesehen, was sich unter anderem daran ablesen lässt, dass der ursprünglich positiv besetzte Begriff „Balkanisierung" im Laufe des letzten Jahrhunderts eine negative Konnotation erhalten hat. Gab es den unterdrückten Völkern in Zeiten des Imperialismus und Kolonialismus ein völkerrechtliches Instrumentarium in ihrem nationalen Befreiungskampf an die Hand, so droht das Selbstbestimmungsrecht der Völker die Stabilität des heutigen Staatensystems bei einer geschätzten Anzahl von weltweit 10.000 Sprachgemeinschaften nachhaltig zu gefährden. Aus Furcht vor Zerfall haben multilinguale Staaten wie Kanada und Italien ihren ethnischen Minoritäten in Quebec und Südtirol dann auch weitreichende Autonomierechte zugestanden. Es ist jedoch fragwürdig, ob die Gewährung größerer Autonomie den Druck von separatistischen Bewegungen nimmt, oder diese erst begünstigt, wie etwa in Schottland und Katalonien, die ihre erhaltenen legislativen und exekutiven Befugnisse 2014 und 2017 dazu nutzten, (gescheiterte) bzw. für illegal erklärte) Referenden über die Abspaltung vom Vereinigten Königreich

---

115 Davon zeugt etwa das Dilemma, mit dem sich das ethnisch heterogene Bosnien zu Beginn der 1990er Jahre konfrontiert sah: „[T]he Bosnian government had only three roads along which it could travel and each led to war. It could have stayed in the rump Yugoslavia and been ruled over by Milosevic and Serbia. It could have accepted the territorial division of Bosnia between Serbia and Croatia, as suggested by Tudjman and Milosevic. Or it could have applied for recognition as an independent state. The Croats and the Moslems considered the first solution unacceptable; the Moslems and the Yugoslavs, the second; and the Serbs, the third" (Glenny 1992, 143).

und Spanien abzuhalten.[116] Eine Einbindung der nationalen Minderheit(en) in die Zentralregierung – wie in den Konkordanzdemokratien Europas seit Jahrzehnten mehr (Schweiz) oder weniger (Belgien) erfolgreich praktiziert – mag da die besserere Lösung ein. Letztendlich lassen sich Nationalisten durch Dezentralisierung und Machtbeteiligung aber immer nur besänftigen und niemals befrieden, weshalb sich weder Minderheits- noch Mehrheitsnationalisten mit diesen Lösungsansätzen zufrieden geben werden (vgl. Mylonas 2012 und Loizides 2015). Letztere werden, sofern sie die Macht im Staat inne haben, was häufig, aber nicht immer (man denke an die Sunniten in Syrien, sofern man diese als Nation begreift) der Fall ist, für eine Assimilation, Vertreibung oder, schlimmstenfalls, Vernichtung der nationalen Minderheit(en) eintreten. Dass Assimilation – und damit kommen wir auf die Wirkung von Nationalismus zurück – auch dissoziativ wirken kann, zeigen die zwanghafte und teils gewaltsame Magyarisierung der slowakischen und deutschen Bevölkerung im 19. Jahrhundert, die Bulgarisierung der türkischen Bevölkerung im 20. Jahrhundert und die Türkisierung der kurdischen Bevölkerung im 21. Jahrhundert. Vertreibung und Vernichtung, wie die der Armenier in der Türkei Anfang des 20. Jahrhunderts, der Juden in Deutschland Mitte des 20. Jahrhunderts und der Albaner im Kosovo Ende des 20. Jahrhunderts, wirken schon per definitionem dissoziativ.[117]

4.2.4 Anti-kolonialer Nationalismus in der Peripherie im 20. Jahrhundert

In diesem Abschnitt soll abschließend die zweite, anti-koloniale Welle des Nationalismus besprochen werden. Was anti-kolonialen und separatistischen Nationalismus verbindet, ist das Ziel, sich aus einer multinational organisierten politischen Einheit zu lösen. Was anti-kolonialen von separatistischem Nationalismus unterscheidet, ist der Umstand, dass es sich hier um räumlich getrennte, mehr (Großbritannien und seine Kolonien) oder minder (Frankreich und seine Kolonien) lose politische Einheiten handelt. Die Grenzen zwischen anti-kolonialem und separatistischem Nationalismus sind jedoch nicht immer klar umrissen. Aufgrund der Tatsache, dass Irland und Algerien in das Vereinigte Königreich Großbritannien und Irland bzw.

---

116 Nachdem das Vereinigte Königreich seinerseits in einem Referendum beschlossen hat, die Europäische Union zu verlassen, rückt die Unabhängigkeit Schottlands wieder näher.
117 Die Vertreibung und Vernichtung einer ethnischen Gruppe wird häufig mit dem Begriff „ethnische Säuberung" umschrieben. Aufgrund der positiven Konnotation des Wortes „Säuberung" sollte man mit diesem Begriff jedoch äußerst vorsichtig umgehen.

die Vierte Französische Republik eingegliedert waren, nahm der Nationalismus in diesen Ländern eine separatistische Form an. Die irischen und algerischen Nationalisten sahen sich jedoch als Teil einer weltweiten anti-kolonialen Bewegung, weshalb der Nationalismus in diesen Ländern häufig als anti-kolonialer Nationalismus bezeichnet wird. Nationalismus kann aber auch anti-kolonial *und* separatistisch sein, wie etwa in Pakistan, das sich gleichzeitig von der Kolonialmacht Großbritannien und vom hinduistisch dominierten Indien lossagte.[118]

Die Anfänge des anti-kolonialen Nationalismus werden oftmals im späten 18. und frühen 19. Jahrhundert verortet, als britische Kolonien in Nordamerika, eine französische Kolonie in Mittelamerika und spanische und portugiesische Kolonien in Südamerika für ihre Unabhängigkeit kämpften. Den amerikanischen und haitianischen Unabhängigkeitskämpfern ging es jedoch weniger um Nationalismus als um Repräsentation und Gleichberechtigung. Zwar mögen die lateinamerikanischen Unabhängigkeitskämpfer von den französischen Revolutionären und ihrer Forderung nach nationaler Selbstbestimmung beeinflusst worden sein, viel wichtiger als die französischen Revolutionäre war jedoch der französische Kaiser, der durch seinen Sieg über Spanien ein Machtvakuum in Lateinamerika geschaffen hatte, das die Unabhängigkeitskämpfer für sich auszunutzen wussten. Die Unabhängigkeitsbewegungen in Amerika sind also, wenn überhaupt, nur mittelbar auf Nationalismus zurückzuführen, auch wenn es nach erlangter Unabhängigkeit häufig zu vereinigendem und staatsbasiertem Nationalismus kam, um die ehemaligen Kolonien, die nicht mehr als Verwaltungseinheiten waren, zu einen und die neu geschaffenen Staaten, denen es an innerstaatlicher Solidarität fehlte, zu festigen.[119] Erst das 1918 von Wilson artikulierte Selbstbestimmungsrecht der Völker legte den Grundstein für dezidiert nationale Unabhängigkeitsbewegungen, wie sich am anti-kolonialen (eigentlich: separatistischen) Nationalismus in Irland beobachten lässt. Auf den Zerfall in ein Großbritannien zugehöriges Nordirland und ein unabhängiges Irland 1920/1921 entbrannte im nordirischen Ulster ein Jahrzehnte andauernder Konflikt zwischen der protestantischen, sich Großbritannien zugehörig fühlenden Mehrheit und der katholischen, sich Irland zugehörig fühlenden Minderheit, der erst mit dem Karfreitagsabkommen von 1998 befriedet werden konnte.

Wie im vorherigen Abschnitt gezeigt, wurde das Selbstbestimmungsrecht der Völker in der Zwischenkriegszeit nur auf die Völker Europas und des Nahen Ostens

---

118 Vgl. zur Nationalstaats-Bildung im indischen und pakistanischen Fall, im Vergleich mit Bosnien, Wieland 2000.

119 Während sich die 13 britischen Kolonien zu den Vereinigten Staaten von Amerika zusammenschlossen, blieben die vom lateinamerikanischen Unabhängigkeitskämpfer Simón Bolívar angestrebten Vereinigten Staaten von Südamerika ein unerfüllter Traum.

4.2 Wirkung von Nationalismus

angewandt. Als dieses Recht nach Ende des Zweiten Weltkrieges in die Charter der Vereinten Nationen aufgenommen wurde,[120] konnten sich die Kolonialmächte den Unabhängigkeitsbestrebungen in Afrika und Asien allerdings nicht länger widersetzen.[121] In Großbritannien, dessen koloniale Bevölkerung sich zwischen 1945 und 1965 von 700 Millionen auf 5 Millionen reduzierte (Lehning 2013, 258), ging der Dekolonisierungsprozess am vergleichsweise zügigsten vonstatten. Dies ist neben innenpolitischen Faktoren vor allem darauf zurückzuführen, dass Großbritannien seit jeher größeres Interesse an einer wirtschaftlichen als an einer politischen Integration seiner Kolonien hatte. Aufgrund der schieren Größe des britischen Empires wurden administrative Tätigkeiten häufig an nationale Eliten übertragen, die das britische Bildungssystem durchlaufen hatten und sich – nicht zuletzt aus Eigeninteresse, erhofften sie sich doch ihre privilegierte Position in einem unabhängigen Staat weiter ausbauen zu können – für eine friedliche Loslösung der Kolonien einsetzten. So kam es in vielen britischen Kolonien – nicht aber in den von weißen Siedlern dominierten Kolonien Ost- und Südafrikas – zu einer zwischen britischen und nationalen Eliten verhandelten „passiven Revolution" (Chatterjee, 1986). Anders verhielt es sich in den französischen und portugiesischen Kolonien, in denen der anti-koloniale Nationalismus aufgrund fehlender nationaler Eliten nur sehr zögerlich Fuß fassen konnte, in seinen Auswirkungen aber umso heftiger war, wie die langjährigen Unabhängigkeitskriege in Indochina und Algerien sowie Angola und Mozambique zeigen.

Die Wirkung von anti-kolonialem Nationalismus hängt also ganz entscheidend davon ab, welche Interessen die Kolonialmächte in den Kolonien verfolgten. Dort, wo das vordergründige Interesse auf die wirtschaftliche Ausbeutung der Kolonien gerichtet war, wie in Britisch-Indien, konnte oftmals eine einvernehmliche Lösung zwischen den westlichen und verwestlichten nationalen Eliten gefunden werden.[122] Dort, wo das primäre Interesse der kulturellen Assimilation und – wie in Algeri-

---

120 So heißt es in Artikel 1 der Charta der Vereinten Nationen: „Die Vereinten Nationen setzen sich folgende Ziele: (…) freundschaftliche, auf der Achtung vor dem Grundsatz der Gleichberechtigung und Selbstbestimmung der Völker beruhende Beziehungen zwischen den Nationen zu entwickeln". Darüber hinaus heißt es in Artikel 15 der Allgemeinen Erklärung der Menschenrechte von 1948: „Jeder Mensch hat Anspruch auf Staatsangehörigkeit [englisch: nationality]" (vgl. Kap. 2.2 oben).
121 Zur Dekolonisation vgl. die einführenden Überblicke von Jansen/Osterhammel 2013 und Kennedy 2016.
122 Das bedeutet nicht, dass es im Laufe des Dekolonisierungsprozesses nicht zu gewalttätigen Auseinandersetzungen kam. In Britisch-Indien wechselten sich gewaltvolle (Großer Aufstand 1857, Massaker von Amritsar 1919) und gewaltlose (Zivile Ungehorsam Kampagnen 1920–1922, 1930 und 1931–1932) Phasen ab.

en – der politischen Assoziation galt, war anti-kolonialer Nationalismus weitaus konfliktträchtiger. Letztendlich gingen die Unabhängigkeitsbewegungen aber nur in den seltensten Fällen auf Nationalismus zurück. Dazu waren die meisten Kolonien in ihrer ethnischen Zusammensetzung zu divers, als dass Nationalismus hier mehr als eine rhetorische Rolle spielen konnte. Ein nationales Bewusstsein entwickelte sich häufig erst im Zuge der Befreiungskämpfe, wie in Kenia während des Mau-Mau-Aufstandes, oder nach erlangter Unabhängigkeit, wie in Ägypten, das sich unter Gamal Abdel Nasser, einem Verfechter des Panarabismus, kurzzeitig mit Syrien zur Vereinigten Arabischen Republik zusammenschloss. Auch im Falle Vietnams, für das ein vor-modernes Nationalbewusstsein plausibel ist, wurde dieses durch den Anti-Kolonialkrieg gegen Frankreich (1946–54) und seine Fortsetzung im Kampf mit den USA – das heißt für Nord-Vietnam: gegen sie, für Süd-Vietnam: aufseiten der USA – verstärkt (vgl. Frey 2016).

Einmal mehr lohnt sich ein Blick auf die Langzeitwirkungen, haben die meisten postkolonialen Konflikte ihren Ursprung doch in der Kolonialzeit. So spiegeln die territorialen Grenzen der in die Unabhängigkeit entlassenen Kolonien zu einem Großteil die willkürlichen Grenzen der Kolonialherren wider, die ethnische Grenzen ignorierten und politische Gebilde schufen, deren Bewohner sich bis heute fremd sind, wenn nicht sogar wie in Nigeria, Somalia oder im Kongo feindlich gegenüberstehen. Aber auch dort, wo der Versuch unternommen wurde, Grenzen entlang ethnischer Linien neu zu ziehen, kam es zu kriegerischen Auseinandersetzungen, wie etwa in Britisch-Indien, dessen Aufteilung in ein hinduistisch dominiertes Indien und ein muslimisch dominiertes Pakistan über eine halbe Million Todesopfer forderte. Nicht selten wurden ethnische Identitäten aber auch erst von den Kolonialmächten erfunden, kultiviert und – in klassischer divide-and-rule Manier – gegeneinander aufgewiegelt. In Ruanda etwa bevorzugten die deutschen und belgischen Kolonialherren über Jahrzehnte hinweg die ethnische Minderheit der Tutsis, was ein entscheidender Grund für den 1994 begangenen Völkermord der Hutu an den Tutsis war, dem ebenfalls weit mehr als eine halbe Million Menschen zum Opfer fielen.[123]

Der italienische Freiheitskämpfer Giuseppe Mazzini und der amerikanische Präsident Woodrow Wilson sahen im Nationalismus den Schlüssel zu einer friedvolleren, gerechteren und stabileren Welt. Dagegen macht der britische Historiker

---

123 Ebenso präferierten die Deutschen die Ewe in Togoland, die Belgier die Kasai Baluba im Kongo, die Franzosen die Moors in Mauretanien und die Briten die Baganda in Uganda. Vgl. dazu Hislope/Mughan 2012, 209–210.

Elie Kedourie (1993, xvi, 133–134) Nationalismus für die größten Menschheitskatastrophen, darunter die beiden Weltkriege,[124] verantwortlich:

> Experience – bitter experience – has shown that contrary to the dreams of Mazzini and President Woodrow Wilson, national self-determination is a principal of disorder, not of order, in international life. (...) The attempts to refashion so much of the world on national lines has not led to greater peace and stability. On the contrary, it has created new conflicts, exacerbated tensions, and brought catastrophe to numberless people innocent of all politics.

Entgegen der liberalen Befürworter des Nationalismus und seiner konservativen Kritiker hat dieses Unterkapitel aufzuzeigen versucht, dass es nicht *den* Nationalismus gibt, dem eine *bestimmte* Wirkung zugeschrieben werden kann, sondern verschiedene Formen des Nationalismus, die an unterschiedlichen Orten, zu unterschiedlichen Zeiten, unterschiedlich wirken: Im westlichen Europa des 18. Jahrhunderts war die Schnittmenge von politischen und nationalen Einheiten relativ groß. Hier nahm Nationalismus eine staatsbasierte Form an, die überwiegend assoziativ wirkte. Im mittleren Europa des 19. Jahrhunderts waren die politischen Einheiten meist kleiner als die nationalen Einheiten, sodass Nationalismus eine vereinigende Form annahm, deren Wirkung als ambivalent zu bezeichnen ist. Im Gegensatz dazu waren die politischen Einheiten im östlichen Europa und in der kolonialen Welt des 20. Jahrhunderts zumeist größer als die nationalen Einheiten. Hier nahm Nationalismus eine sezessionistische Form an, deren Wirkung überwiegend dissoziativ war.[125]

---

124 Genau genommen führt Kedourie (1993, 124, 134) den Ersten Weltkrieg auf separatistischen und den Zweiten Weltkrieg auf vereinigenden Nationalismus zurück: „The First World War broke out over a national question, the South Slav question, and in consequence of Austria's fear that South Slav irredentism based on Serbia might, sooner or later, disrupt the Empire. (...) [I]t was a national question, that of German minorities in the new nation-states, which occasioned the outbreak of the Second World War." Siehe auch Wimmer 2013, der Nationalismus als „war-prone ideology" bezeichnet.

125 Die Begriffe assoziativ und dissoziativ beziehen sich auf die Wirkung von Nationalismus und haben keine normative, (be-)wertende Dimension. Ob assoziativ wirkender Nationalismus etwas „gutes" und dissoziativ wirkender Nationalismus etwas „schlechtes" ist (vgl. Mestrovic 1994), ist eine Frage der politischen Philosophie, die hier nicht beantwortet werden kann und soll. In Anbetracht imperialer Unterdrückung und kolonialer Bevormundung, soviel sei gesagt, erscheint es jedoch fragwürdig, dissoziativ wirkenden Nationalismus wie einige konservative Kritiker als etwas per se Negatives anzusehen.

4.3 Nationalismus in etablierten Nationalstaaten im 21. Jahrhundert

Zu Beginn des Kapitels wurde Nationalismus als Prinzip definiert, das besagt, dass Nation und Staat übereinzustimmen haben. Folglich spielt Nationalismus immer dann eine Rolle, wenn dieses Prinzip verletzt ist. In dem Moment, in dem Nationalismus erfolgreich ist, scheint er sich seiner selbst zu entledigen:

> Nationalism remains distinctive only for so long as it is unsuccessful. Nationalism is one particular response to the distinction (…) between state and society. It seeks to abolish that distinction. In so far as it succeeds in doing so it abolishes its own foundations. (Breuilly 1993 [1982], 390)

Angesichts der Tatsache, dass die Kleinstaaterei – abgesehen von einigen europäischen Stadtstaaten – der Vergangenheit angehört, und dass auch die großen Imperien verschwunden sind, könnte man annehmen, dass Nationalismus den Zenit seiner Zeit überschritten hat.[126] Selbst in den verbliebenen multinationalen Staaten wie dem Vereinigten Königreich, Spanien, Israel und Sri Lanka scheinen die IRA, ETA, PLO und LTTE ihren bewaffneten Unabhängigkeitskampf (vorerst) eingestellt zu haben. Dennoch ist Nationalismus, in den Worten Robert Kennedys (zitiert in Cerny 1980, 230), „the most potent force in the world today."[127] Breuilly (1993, 396) erklärt diesen vermeintlichen Widerspruch damit, dass Nationalismus heutzutage nur noch eine rhetorische Funktion besitzt:

> The state/society distinction provided the map by which nationalists could find their directions. With the ending of the map any route that is taken can be called nationalist. Anyone can, and does, use some sort of nationalist rhetoric in a world where the nation-state is the basic political unit and where it is difficult to locate cultural groups distinct from the public state.

Dieser Erklärungsversuch kann das Nationalismus-Paradox allerdings nur ein Stück weit erklären, weshalb in diesem Unterkapitel drei weitere Erklärungsansätze vorgestellt werden.

---

126 Nachdem die Zahl der Mitgliedstaaten der Vereinten Nationen in den 1990er Jahren sprunghaft angestiegen war, wurden seit der Jahrtausendwende mit dem Inselstaat Tuvalu, der Schweiz, Osttimor, Montenegro und dem Südsudan nur noch fünf Staaten in die Vereinten Nationen aufgenommen.

127 Vgl. auch The Economist 2016, der angesichts von Donald Trumps „America First"-Ideologie bereits von einem „new nationalism" spricht.

4.3 Nationalismus in etablierten Nationalstaaten im 21. Jahrhundert

Die erste und einfachste Erklärung ist, dass das Nationalismusprinzip, entgegen der Annahme Breuillys, in den wenigsten Fällen erfüllt ist. John Kautzky (1962, 35) verweist darauf, dass „[c]ountries including many language and cultural groups, like most African and Asian ones, have not split up, and those taking in only part of a single language group, like the Arab ones and North Africa, have (…) not united."[128] Tatsächlich sind weniger als 10 Prozent der heutigen Staaten reine Nationalstaaten (McCrone 2006, 237). Aber selbst in diesen vermeintlichen Nationalstaaten ist das Nationalismusprinzip nicht zu 100 Prozent erfüllt (Hislope/Mughan 2012, 205). Solange die Welt nicht hundertprozentig aus hundertprozentigen Nationalstaaten besteht, was weder möglich ist, noch erwünscht sein kann, wird Nationalismus immer eine – offene oder verdeckte – Rolle spielen.

Eine zweite Erklärung für die Anziehungskraft des Nationalismus ist, dass insbesondere die europäischen Länder, die als Nationalstaaten gefestigt zu sein schienen, ihre Nationalstaatlichkeit in steigendem Maße bedroht sehen. „[N]ationhood and statehood", so schreiben Gerard Delanty und Krishan Kumar (2006, 2) in ihrer Einführung zum *Handbook of Nations and Nationalism*, „have become more and more disentangled." Die Entflechtung von Nation und Staat ist einerseits darauf zurückzuführen, dass die nationale Einheit immer multikultureller wird. Aufgrund der durch Freizügigkeit und Flüchtlingskrise offen werdenderen inneren und äußeren Grenzen Europas haben sich in den letzten Jahren eine Reihe national gesinnter Parteien formiert, die auf eine größer werdende Anhängerschaft zurückgreifen können.[129] Andererseits lässt sich die „[c]risis of the hyphen" (McCrone 2006, 238) aber auch darauf zurückführen, dass sich die politische Einheit zusehends von der nationalen Einheit entbindet, indem sie mehr und mehr Kompetenzen auf eine höhere, supranationale Ebene verlagert. Je schneller die europäische Integration in den letzten Jahren vorangeschritten ist, desto zahlreicher wurden auch die Anhänger nationalistischer Parteien. Dieser doppelte Entkopplungsprozess von Nation und Staat ist ein entscheidender Grund dafür, dass Nationalismus im Europa des 21. Jahrhunderts mehr als ein Relikt vergangener Zeiten ist.

Eine dritte Erklärung für die fortwährende Relevanz von Nationalismus ist, dass selbst etablierte Nationalstaaten der stetigen Reproduktion bedürfen. Malesevic

---

128 Hinzu kommen einige Nationen wie China und Korea die sich zu Beginn des Kalten Krieges in die Volksrepublik China und Taiwan bzw. Nord- und Südkorea teilten und bis heute nicht wiedervereinigt sind.

129 Darunter die Alternative für Deutschland (AfD) in Deutschland, die Freiheitliche Partei Österreichs (FPÖ) in Österreich, die United Kingdom Indepedence Party (UKIP) im Vereinigten Königreich, die Dansk Folkeparti (DF) in Dänemark, der Front National (FN) in Frankreich, die Partij voor de Vrijheid (PVV) in den Niederlanden, Flaams Belang (FB) in Belgien, und Fidesz und Jobbik in Ungarn.

(2013, 15) weist darauf hin, dass es sich bei Staat und Nation keineswegs um zwei sich gegenseitig anziehende Magnete handelt, sondern um ein höchst bürokratisches Gebilde, einerseits, und ein tiefst emotionales Gebilde, andererseits, die den sozialen Zement des Nationalismus benötigen. Für diese Art von Nationalismus, der es weniger um die Produktion als um die Re-Produktion von Nationalstaaten geht, hat Michael Billig (1995, 6) den Begriff „banaler Nationalismus" in die politikwissenschaftliche Diskussion eingeführt:

> [T]he term banal nationalism is introduced to cover the ideological habits which enable the established nations of the West to be reproduced. It is argued that these habits are not removed from everyday life, as some observers have supposed. (…) Nationalism, far from being an intermittent mood in established nations, is the endemic condition.

Das Wort „banal" deutet dabei auf die routinemäßigen und un(ter)bewussten Formen des Nationalismus hin, die den Nationalstaat konsolidieren und rückversichern. Dazu zählen die Nachrichten, in denen die Anzahl der Staatsbürger genannt wird, die einem Anschlag, Unglück oder einer Naturkatastrophe zum Opfer gefallen sind, die Sportseiten, in denen „wir", die Nation, eingeladen werden „unser" Team zu unterstützen, und die Wetterkarte, die die Konturen des Nationalstaates trägt. Aber auch die Rhetorik von Politikern, Unternehmern und Künstlern, die Namen von Straßen, Plätzen und Gebäuden, und die Abbildungen auf Briefmarken, Geldscheinen und Münzen erinnern uns tagtäglich an unsere Nationalität. Nationale Produkte wie die schweizer Uhr, das irische Guiness und der japanische Toyota, Kleidungsstücke wie der mexikanische Sombrero, der indische Sari und der amerikanische Lederstiefel, und die unverkennbare chinesische, griechische und italienische Küche sind darüber hinaus auch international sichtbar.

> In so many little ways, the citizenry are daily reminded of their national place in a world of nations. However, this reminding is so familiar, so continual, that it is not consciously registered as reminding. The metonymic image of banal nationalism is not a flag which is being consciously waved with fervent passion; it is the flag hanging unnoticed on the public building. (Billig 1995, 8)

Das bedeutet allerdings nicht, dass Nationalismus etwas von seiner Wirkkraft eingebüßt hätte.[130] Im Gegenteil, „nationalism thrives best when it is least hostile and

---

130 Ebenso wenig bedeutet es, dass Nationalismus in etablierten Nationalstaaten nicht in aggressiven Nationalismus umschlagen kann: „Banal nationalism will become ‚hot' in defending national cultural distinctiveness, homeland integrity, economic power and political autonomy" (Hutchinson 2005, 147), wie im letzten Absatz anhand der

visible" (Malesevic 2013, 152). Hier ergeht es dem Nationalismus wie dem Kapitalismus, der in dem Moment hegemonialen Status erreichte, als er normalisiert war.[131]
Wird uns Nationalismus also auch in Zukunft begleiten? In seiner gut 250-jährigen Geschichte wurde der Nationalismus schon mehrmals totgesagt. So etwa nach dem Zweiten Weltkrieg, wie in Edward H. Carrs (1945) *Nationalism and After*, oder nach dem Kalten Krieg, wie in Jürgen Habermas (1998) *Die postnationale Konstellation*. Demnach ist das Schicksal des Nationalismus eng mit dem Schicksal seines Produzenten, dem modernen Zeitalter verknüpft. Im postmodernen Zeitalter, in dem der „kapitalistische Buchdruck" vom „kapitalistischen Bildschirm" verdrängt wird (Shaller 2015), in dem die Fachkraft in Skandinavien mit dem Fischer im Südpazifik über Twitter und Facebook in Echtzeit und auf Englisch, der ersten *globalen* Lingua Franca, kommuniziert, scheint es plötzlich möglich, sich eine Weltgemeinschaft vorzustellen. Kosmopoliten wie Beck (2006) sagen voraus, dass die Globalisierung die „wir-gegen-sie-Mentalität" des Nationalismus schlussendlich aufheben wird. So verheißungsvoll die Vorstellung einer gegensatz- und grenzenlosen Welt auch sein mag, die (politische Ideen-)Geschichte lehrt uns, dass es kein „wir" ohne ein „sie" geben kann: „[A] community can only be imagined by also imagining communities of foreigners" (Billig 1995, 79).

Die Unmöglichkeit einer irdischen Solidargemeinschaft – zumindest solange, bis kein außer-irdisches Leben entdeckt wird – bedeutet allerdings nicht, dass nicht andere sub- und supranationale Gemeinschaften vorstellbar wären. Benjamin Barber (2013) etwa sieht in der Großstadt den Nationalstaat des kommenden Jahrhunderts und Samuel P. Huntington (1996) prophezeit, dass die großen Konfliktlinien der Zukunft nicht länger zwischen Nationen sondern zwischen Kulturräumen (engl. civilizations) verlaufen werden. Aber auch transnationale Gemeinschaften wie der Katholizismus und Islam stellen eine Herausforderung für den Nationalstaat dar (vgl. Kap. 5 unten). In Europa scheint die größte Herausforderung indes von der europäischen Integration auszugehen. Wie oben gezeigt, wurde der Nationalismus in Europa geboren und von dort aus in die Welt getragen. Könnte ein geeintes Europa nicht einmal mehr Vorreiter eines den Nationalismus ablösenden Regionalismus sein? Wie der Nationalismus war auch die Europäische Union zunächst ein elitäres Projekt. Doch während sich die Eliten in ersterem Fall auf alter- und

---

Reaktionen auf die Freizügigkeit in Europa und der Abtretung von Souveränität an europäische Institutionen gezeigt wurde.

131 Demnach ist Nationalismus in den USA, in denen Nationalflagge und Nationalhymne inbrünstig geschwungen und gesungen werden, entgegen allem Anschein nur schwach ausgeprägt, sonst bedürfte es nicht dieser bewusst inszenierten und zelebrierten „reminder".

volkstümliche Mythen, Rituale und Symbole berufen konnten, mussten diese in letzterem Fall erst geschaffen werden. Noch haben die der griechischen Mythologie entliehene Sage von Europa, der am 9. Mai eines jeden Jahres begangene Europatag und die europäische Flagge, Hymne und Währung keine allumfassende europäische Identität hervorgebracht (Copsey 2015). Nur wenn es den denationalisierten Eliten in Zukunft gelingt, der breiten Bevölkerung ein profitables Tauschgeschäft anzubieten, so lehrt uns die Geschichte des Nationalismus, kann diese Geschichte (zumindest für Europa) zu Ende erzählt werden.

4.4 Resümee des Kapitels

In diesem Kapitel haben wir

- die traditionellen Ansätze des Primordialismus und Perennialismus mit den modernen Ansätzen der politischen, ökonomischen und kulturellen Modernisierung hinsichtlich der Entstehung von Nationen, Nationalstaaten und Nationalismus kontrastiert;
- den Versuch einer Synthese unternommen, gemäß derer Nationalismus – verstanden als Forderung nach Kongruenz von Nation und Staat – auf einem Zusammenspiel von Massen und Eliten beruht;
- zwischen staatsbasiertem, vereinigendem und sezessionistischem Nationalismus unterschieden und deren assoziative, ambivalente und dissoziative Wirkung anhand einiger Fallbeispiele nachgewiesen;
- gezeigt, dass aufgrund der Unvollendung der meisten Nationalstaaten, eines zunehmenden Auseinanderdriftens von Nation und Staat sowie eines allgemeinen Bedürfnisses, sich seiner Nationalität tagtäglich rückzuversichern, Nationalismus auch in (scheinbar) etablierten Nationalstaaten eine nachwievor hohe Anziehungskraft besitzt.

Übersicht 4.1 Nationalismus

Ideen
Der zentrale gedankliche Inhalt des Nationalismus ist die Einheit von Nation und Staat. Diese Idee war ursprünglich eine liberale Idee, erfordert absolute Selbstbestimmung eben auch nationale Selbstbestimmung. Im Laufe des 19. und 20. Jahrhunderts haben Politiker am linken und rechten Rand des politischen Spektrums sich diese höchst emotional

4.4 Resümee des Kapitels

besetzte Idee in ihrem Kampf gegen Fremdherrschaft (Mazzini) bzw. für ein Großdeutschland (Hitler) zu eigen gemacht und ihr so zu der Relevanz verholfen, die sie heute über alle politischen Lager hinweg besitzt.

soziales Handeln
Diese Idee wird immer dann auch praktisch relevant, wenn sich 1) die politischen Eliten dadurch einen Vorteil versprechen – sei es um die innere Stabilität und äußere Sicherheit des Staates zu gewährleisten (staatsbasierter Nationalismus), das Staatsgebiet zu erweitern (vereinigender Nationalismus) oder einen eigenen Staat zu gründen (sezessionistischer Nationalismus) – und sich 2) die breite Bevölkerung dafür empfänglich zeigt – was insbesondere in Zeiten des gesellschaftlichen Umbruchs der Fall ist. Je nach Form, die der Nationalismus annimmt, werden Grenzen erhärtet, eingerissen oder errichtet, in jedem Fall aber (neu) gezogen, was in der Regel eine nach innen assoziative und nach außen dissoziative, sprich ambivalente Wirkung entfaltet.

Praktiken
Die (regelmäßigen) Praktiken des Nationalismus zielen auf die (Re-)Produktion der Nation. Dabei muss die Nation zunächst einmal erfunden werden, und zwar im doppelten Wortsinn: Durch Artefakte wie das einer gemeinsamen Sprache und durch Mythen wie den eines gemeinsamen Schicksals. Einmal konstruiert, konsolidiert der Nationalismus die Nation durch Rituale wie das alljährliche Begehen des Nationalfeiertags oder die alle zwei Jahre zur Fußball Europa- und Weltmeisterschaft wiederkehrende Praktik, sich in seine Nationalflagge zu hüllen und sein Nationalteam begeistert anzufeuern.

Institutionen
Die Institution des Nationalismus ist der Nationalstaat (allerdings ist keiner der vorhandenen Nationalstaaten zu hundert Prozent ethnisch homogen, was ein Grund dafür ist, dass Nationalismus nicht verschwindet, wenn er institutionalisiert worden ist). Die Nationalstaaten begründen wiederum das internationale Staatensystem, das auf den Prinzipien der nationalen Selbstbestimmung und staatlichen Souveränität beruht.

Literaturhinweise zu Kapitel 4

Özkirimli, Umut 2017: Theories of Nationalism. A Critical Introduction, London.
Kritisches Einführungs- und Übersichtswerk mit Kapiteln zu Primordialismus/Perennialismus, Modernismus und Ethnosymbolismus. Als ergänzende Lektüre zu Unterkapitel 4.1 empfohlen.

Breuilly, John 2013: The Oxford Handbook of the History of Nationalism, Oxford.
Umfangreicher Sammelband zur Entstehung und Entwicklung des Nationalismus in nahezu allen Weltregionen. Als vertiefende Lektüre zu Unterkapitel 4.2 empfohlen.

Literatur zu Kapitel 4

Alter, Peter 1985: Nationalismus, Frankfurt a. M.
Anderson, Benedict 2006: Imagined Communities. Reflections on the Origin and Spread of Nationalism, London.
Armstrong, John 1982: Nations before Nationalism, Chapel Hill.
Baker, Catherine 2015: The Yugoslav Wars of the 1990s, London/New York.
Barber, Benjamin 2013: If Mayors Ruled the World. Dysfunctional Nations, Rising Cities, New Haven.
Barth, Fredrik 1969: Ethnic Groups and Boundaries. The Social Organization of Culture Difference, London.
Beck, Ulrich 2006: Cosmopolitan Vision, Cambridge.
Billig, Michael 1995: Banal Nationalism, London.
Bloom, William 1993: Personal Identity, National Identity and International Relations, Cambridge.
Breuilly, John 1993: Nationalism and the State, Manchester.
Breuilly, John 2013: The Oxford Handbook of the History of Nationalism, Oxford.
Brubaker, Rogers 2004: Ethnicity Without Groups, Cambridge.
Buchanan, Allen 1991: Secession. The Morality of Political Divorce from Fort Sumter to Lithuania and Quebec, Boulder.
Calhoun, Craig 1997: Nationalism, Buckingham.
Carr, Edward H. 1945: Nationalism and After, London.
Cerny, Philip G. 1980: The Politics of Grandeur. Ideological Aspects of de Gaulle's Foreign Policy, Cambridge.
Chatterjee, Partha 1986: Nationalist Thought and Colonial World, London.
Connor, Walker 1994: Ethno-Nationalism. The Quest for Understanding, Princeton.
Copsey, Nathaniel 2015: Rethinking the European Union, London.
Cottam, Martha L./Mastos, Elena/Preston, Thomas/Dietz, Beth 2015: The Political Psychology of Nationalism = Kap. 10 in: dies. (Hrsg.): Introduction to Political Psychology, 3rd ed., New York/London, 293–327.
Delanty, Gerard/Kumar, Krishan 2006: Introduction, in: Delanty, Gerard/Kumar, Krishan (Hrsg.): The SAGE Handbook of Nations and Nationalism, London, 1–4.
Dukas, Helen/Hoffman, Banesh 1979: Albert Einstein. The Human Side, Princeton.
Erklärung der Menschen- und Bürgerrechte (1789) Déclaration des Droits de l'Homme et du Citoyen de 1789, in: www.conseil-constitutionnel.fr/conseil-constitutionnel/francais/la-constitution/la-constitution-du-4-octobre-1958/declaration-des-droits-de-l-homme-et-du-citoyen-de-1789.5076.html; 30.04.2016.
Fenton, Steve 2010: Ethnicity, Cambridge.
Fisch, Jörg 2010: Das Selbstbestimmungsrecht der Völker. Die Domestizierung einer Illusion, München.
Frey, Marc 2016: Geschichte des Vietnamkriegs. Die Tragödie in Asien und das Ende des amerikanischen Traums, 10. Aufl., München.
Geertz, Clifford 1973: The Interpretation of Cultures, New York.
Gellner, Ernest 2006: Nations and Nationalism, Oxford.
Gerrits, André 2016: Nationalism in Europe since 1945, London/New York.
Giddens, Anthony 1985: The Nation-State and Violence, Cambridge.

Glenny, Misha 1992: The Fall of Yugoslavia. The Third Balkan War, London.
Grosby, Stephen 1999: The Chosen People of Ancient Israel and Occident: Why Does Nationality Exist and Survive?, in: Nations and Nationalism 5: 357–380.
Grosby, Stephen 2005: Nationalism. A very short introduction, Oxford.
Habermas, Jürgen 1998: Die postnationale Konstellation. Politische Essays, Frankfurt a. M.
Hale, Henry E. 2008: The Foundations of Ethnic Politics. Separatism of States and Nations in Eurasia and the World, Cambridge/New York.
Hastings, Adrian 1997: The Construction of Nationhood, Cambridge.
Hechter, Michael 2013: Alien Rule, Cambridge.
Hechter, Michael/Kuyucu, Tuna/Sacks, Audrey 2006: Nationalism and Direct Rule, in: Delanty, Gerard/Kumar, Krishan (Hrsg.): The SAGE Handbook of Nations and Nationalism, London, 84–93.
Herb, Guntram H./Kaplan, David H. 2008: Nations and Nationalism. A Global Historical Overview, Santa Barbara/Denver/Oxford.
Hislope, Robert/Mughan, Anthony 2012: Introduction to Comparative Politics. The State and Its Challenges, Cambridge.
Hobsbawm, Eric J. 1992: Nationalism, in: New Statesman and Society, 24 April 1992.
Hobsbawm, Eric J. 2014: Nations and Nationalism since 1780. Programme, Myth, Reality, Cambridge.
Horowitz, Donald L. 1985: Ethnic Groups in Conflict, Berkeley.
Huntington, Samuel P. 1996: The Clash of Civilizations and the Remaking of World Order, New York.
Hutchinson, John 2005: Nations as Zones of Conflict, London.
Hutchinson, John 2006: Hot and Banal Nationalism: The Nationalization of 'the Masses', in: Delanty, Gerard/Kumar, Krishan (Hrsg.): The SAGE Handbook of Nations and Nationalism, London, 295–306.
Hutchinson, John 2017: Nationalism and War, Oxford.
Hutchinson, John/Smith, Anthony D. 1994: Nationalism, Oxford/New York.
Jansen, Jan C./Osterhammel, Jürgen 2013: Dekolonisation. Das Ende der Imperien, München.
Jellinek, Georg 1900: Allgemeine Staatslehre, Berlin.
Kautsky, John H. 1962: An Essay in the Policies of Development, in: Kautsky, John H. (Hrsg.): Political Change in Underdeveloped Countries. Nationalism and Communism, New York.
Kedourie, Elie 1993: Nationalism, Oxford.
Kennedy, Dane 2016: Decolonization. A Very Short Introduction, Oxford.
Kohen, Marcelo G. 2012: Secession. International Law Perspectives, Cambridge.
Koller, Christian 2005: Fremdherrschaft. Ein politischer Kampfbegriff im Zeitalter des Nationalismus, Frankfurt a. M./New York.
Lehning, James R. 2013: European Colonialism since 1700, Cambridge.
Loizides, Neophytos G. 2015: The Politics of Majority Nationalism. Framing Peace, Stalemate, and Crises, Stanford.
Malesevic, Sinisa 2013: Nation-States and Nationalisms. Organization, Ideology and Solidarity, Cambridge.
Manela, Erez 2009: The Wilsonian Moment. Self-Determination and the International Origins of Anti-Colonial Nationalism, Oxford/New York.
Mann, Michael 1988: States, War and Capitalism. Studies in Political Sociology, Oxford.
McCrone, David 2006: Nations and Regions: In or Out of the State?, in: Delanty, Gerard/Kumar, Krishan (Hrsg.): The SAGE Handbook of Nations and Nationalism, London.

Mestrovic, Stjepan G. 1994: The Balkanization of the West: The Confluence of Postmodernism and Postcommunism, Abingdon.
Motyl, Alexander J. 2001: Encyclopedia of Nationalism, 2 Bd.e, San Diego/London.
Mylonas, Harris 2012: The Politics of Nation-Building. Making Co-Nationals, Refugees, and Minorities, Cambridge.
Orwell, George 1945: The Sporting Spirit, in: Tribune, London.
Özkirimli, Umut 2017: Theories of Nationalism. A Critical Introduction, London.
Pedersen, Susan 2015: The Guardians. The League of Nations and the Crisis of Empire, Oxford.
Renan, Ernest 1939: What is a Nation?, in: Zimmern, Alfred (Hrsg.): Modern Political Doctrines, London, 187–205.
Rousseau, Jean-Jacques 2008: Der Gesellschaftsvertrag oder Prinzipien des Staatsrechts, Wiesbaden.
Rutland, Peter 2014: Britain, in: Kopstein, Jeffrey/Lichbach, Mark/Hanson, Stephen E. (Hrsg.): Comparative Politics. Interests, Identities and Institutions in a Changing Global Order, Cambridge, 37–78.
Schwartz, Michael 2013: Ethnische „Säuberungen" in der Moderne. Globale Wechselwirkungen nationalistischer und rassistischer Gewaltpolitik im 19. Und 20. Jahrhundert, München.
Shaller, Caspar 2015: Alles nur Einbildung? Nachruf Benedict Anderson, in: DIE ZEIT, Nr. 51/2015, 17. Dezember 2015.
Smith, Anthony D. 1986: The Ethnic Origins of Nations, Oxford.
Stone, John/Dennis, Rutledge M./Rizova, Polly/Smith, Anthony D./Hou, Xiaoshuo 2016: The Wiley Blackwell Encyclopedia of Race, Ethnicity and Nationalism, 5 Bd.e, Malden/Oxford.
Sutherland, Claire 2012: Nationalism in the Twenty-First Century. Challenges and REsponses, Basingstoke.
Tamir, Yael 1995: Liberal Nationalism, Princeton.
The Economist 2016: The New Nationalism, 19.11.2016.
Ther, Philipp 2011: Die dunkle Seite der Nationalstaaten. „Ethnische Säuberungen" im modernen Europa, Göttingen.
Tilly, Charles 1975: The Formation of National States in Western Europe, Princeton.
van den Berghe, Pierre 2001: Sociobiological Theory of Nationalism, in: Leoussi, Athena S. (Hrsg.): Encyclopedia of Nationalism, New Brunswick, NJ/London.
van den Berghe, Pierre 1981: The Ethnic Phenomenon, New York.
Weber, Eugen 1976: Peasants into Frenchmen, Stanford.
Weber, Max 1919: Politik als Beruf, München.
Wehler, Hans-Ulrich 2001: Nationalismus. Geschichte, Formen, Folgen, München.
Wieland, Carsten 2000: Nationalstaat wider Willen. Politisierung von Ethnien und Ethnisierung der Politik: Bosnien, Indien, Pakistan, Frankfurt a. M./New York.
Wilson, Peter H. 2016: The Holy Roman Empire. A Thousand Years of European History, London.
Wilson, Woodrow 1918: 14 Points, in: https://www.ourdocuments.gov/doc.php?-flash=true&doc=62; 30.04.2016.
Wimmer, Andreas 2013: Waves of War. Nationalism, State Formation, and Ethnic Exclusion in the Modern World, Cambridge.
Zimmer, Oliver 2003: Nationalism in Europe, 1890–1940, Basingstoke/New York.

Religion 5

> *What happened was less a result of theological difference than of the politics of the time.*
>
> Lesley Hazleton (2009, 208)

> *[I]t is not the interpretation of public life of what we in the West have become accustomed to classify as the 'political' and the 'religious' that needs explaining, but, rather, the novel Western distinction between the two.*
>
> Francis Oakley (2006, 5)

Im bisherigen Verlauf des Buches haben wir uns überwiegend mit kulturellen Phänomenen beschäftigt, die unmittelbar, von ihrem gedanklichen Inhalt her, auf Politik zielten und somit der (trans)nationalen politischen Kultur zuzurechnen sind. Dies gilt für Religionen so nicht. Sie können zwar auch politische Ideen beinhalten, als politische Theologien etwa[132], sie müssen dies jedoch nicht und tun es auch in unterschiedlichem Ausmaß. Im Kern zielen sie eher auf eine transzendente Wirklichkeit, die die rein weltlichen Belange (und also auch Politik) übersteigt. Zugleich jedoch sind religiöse Einstellungen weltweit verbreitet (79 Prozent der globalen Bevölkerung etwa glauben an Gott; Toft/Philpott/Shah 2011, 2), und oft sind sie tief verwurzelt. Sie leiten damit, in unserer Terminologie, das Verhalten zahlreicher Akteure an und prägen *dadurch* Politik mit. Entgegen der lange Zeit in der Religionssoziologie vertretenen Säkularisierungsthese[133], wonach mit zu-

---

132 Diese treten neuerdings etwa in Gestalt des christlichen und islamistischen Fundamentalismus auf (vgl. unten 5.3). Dagegen versucht z. B. de Sousa Santos (2015) eine progressive Theologie zugunsten der Menschenrechte in Stellung zu bringen.

133 Ihr vielleicht prominentester Vertreter, der renommierte (Religions-)Soziologe Peter Berger, hat, bevor er selbst von der Säkularisierungsthese Abstand nahm, diese 1968 einmal plakativ so formuliert, dass im „21st century, religious believers are likely to be

nehmender Verbreitung der modernen Rationalität, Wirtschaft und Politik der Einfluss der Religionen schwinde oder gar diese selbst verschwinden würden, wird zudem in den letzten vierzig Jahren ein wieder zunehmender Einfluss der Religionen konstatiert. Damit ist auch das Verhältnis von Religion und Politik wieder zu einem viel erforschten und debattierten Thema geworden (vgl. stellvertretend Fox 2013, einführend auf Deutsch Hartmann 2014), auch im Bereich der Analyse internationaler Politik.[134]

In diesem Kapitel soll es anhand ausgewählter Beispiele zu zwei großen Weltreligionen: Christentum und Islam darum gehen, in die politikwissenschaftliche Analyse des Verhältnisses von internationaler Politik und Religion einzuführen. Dazu wird

- in Kap. 5.1 zunächst für unsere Zwecke das Phänomen Religion näher bestimmt als ein sozio-kulturelles und die sozialwissenschaftliche Herangehensweise skizziert;
- in Kap. 5.2 wird anhand zeithistorischer Erfahrungen des Christentums im kalten Krieg das Verhältnis Religion-internationale Politik für diese Weltreligion thematisiert; illustrativ werden zwei Fälle behandelt: die instrumentelle Nutzung religiöser Einstellungen zu politischen Zwecken im Rahmen des sog. „Spirituell-Industriellen Komplexes" in den USA im frühen kalten Krieg und die religionsfreundliche Demokratisierung in Italien nach dem Zweiten Weltkrieg, womit zugleich der Wandel innerhalb der katholischen Kirche angesprochen wird – was beides auch im Hinblick auf die gegenwärtige Entwicklung in der muslimischen Welt von Interesse ist;
- in Kap. 5.3 wenden wir uns direkt der islamischen Welt zu und diskutieren wiederum zwei Problemkomplexe: zum einen wird am Beispiel des salafistischen Terrorismus dieser einerseits als politische Strategie interpretiert, aber auch erörtert, inwiefern religiöse Motive dabei eine Rolle spielen; zum andern wird das Verhältnis zwischen Iran und Saudi-Arabien als inter- und transnationaler

---

found only in small sects, huddled together to resist a worldwide secular culture." (New York Times, 25.2.1968, S. 3, zitiert nach Toft/Philpott/Shah 2011, 1). Eine solche globale säkulare (weltliche) Kultur mag es geben, in Gestalt des Völkerrechts (Kap. 2) oder des Konsumerismus und Wachstums-'glaubens' (Kap. 6), jedoch hat diese die Religionen offenbar nicht zum Verschwinden gebracht – for better or for worse, wie immer man dies beurteilen mag. Vgl. religionssoziologisch Pollack/Rosta 2015, für eine religionstheoretische Reflexion Höhn 2015, jüngst auch Joas 2017.

134 Vgl. einführend Haynes 2013, ergänzend Fox/Sandler 2006, Shah/Stepan/Toft 2012; als Reader mit wichtigen Textauszügen Hoover/Johnston 2012; zur theoretischen Erfassung Thomas 2005, Teil I, Snyder 2011 und Toft 2013.

Machtkonflikt interpretiert, dessen Darstellung als Konflikt zwischen Sunniten und Schiiten zu kurz greift.

Insgesamt wird es wieder darum gehen, in die komplexe Thematik einzuführen und zu einem differenzierten und differenzierenden Vorgehen bei der sozialwissenschaftlichen Analyse des Verhältnisses von Religionen und internationaler Politik anzuleiten.

5.1 Religion als soziales Phänomen

Religion ist ein menschheitsgeschichtlich sehr altes[135] und wahrhaft universelles Phänomen. Anders als beim Völkerrecht (vgl. Kap. 2), wo damit ein global (im Unterschied zu regional; vgl. Kap.2.2) gültiges Recht gemeint ist, umfassen jedoch selbst die sogenannten Weltreligionen nicht die ganze Menschheit.[136] Rund ein Drittel (32,8 %) sind Christen, ein gutes Fünftel (22,5 %) Anhänger des Islam, knapp ein Achtel (13,8 %) Hindus, ein gutes Zehntel (11,8 %) Agnostiker und Atheisten. Alle anderen Religionen (wie etwa der Buddhismus mit 7,2 %) haben weniger Anhänger (alle Zahlen nach Singleton 2014, 13). Darüber hinaus weisen gerade die großen Religionen jeweils intern erheblichen Pluralismus auf, hat sich das Christentum in die drei großen Traditionen des Katholizismus, Protestantismus und der orthodoxen Kirchen aufgespalten (die World Christian Database zählt 9.000 christliche Denominationen[137]) und der Islam insbesondere in Schiiten und Sunniten. Sie unterscheiden sich nicht nur in den gedanklichen Inhalten ihrer Lehren und ihren Praktiken, etwa religiösen Ritualen. Auch hinsichtlich ihrer Institutionen, etwa zur Wahrung von Einheitlichkeit, unterscheiden sie sich erheblich. So ist der Katholizismus mit der Institution des Papsttums eine vergleichsweise zentralistisch institutionalisierte Religion – und zugleich eine transnational, tendenziell global institutionalisier-

---

135 Zu den menschheitsgeschichtlichen Ursprüngen der Religion vgl. (ungeachtet des albernen Titels) jüngst Wunn/Urban/Klein 2015; zur historischen Entwicklung Ohlig 2002 und Bellah 2011; zu den psychologischen Grundlagen Beit-Hallahmi 2015 und Paloutzian/Park 2015.
136 Zum Überblick eignen sich religionswissenschaftliche Einführungen, anschaulich etwa Prothero 2010, im Textbook-Format Brodd u. a. 2013. Diese lassen sich durch einzelnen Religionen gewidmete Überblicke ergänzen, zu Christentum und Islam etwa Adair 2008 bzw. Shepard 2014.
137 Vgl. http://www.worldchristiandatabase.org/wcd/, eine nützliche Quelle zu auch quantitativer Information über alle großen Religionen.

te, während im Protestantismus sich neben Staats- und Landeskirchentum (wie etwa in Schweden) auch sehr dezentrale, gemeindebasierte Versionen finden. Im islamischen Bereich vertreten die Schiiten eine eher zentralistische Position, unter Sunniten dagegen herrscht die dezentrale Religionsauslegung vor.

Doch was ist Religion? Zur Beantwortung dieser Frage greift die Politikwissenschaft sinnvoller Weise auf die Religionswissenschaft zurück.[138] Diese erforscht das Phänomen nicht aus der Perspektive der Anhänger einer bestimmten (oder überhaupt einer) Religion, nimmt also nicht selbst zur ‚Richtigkeit' oder Gültigkeit bestimmter Auffassungen Stellung, eine Haltung, die auch die sozial- und politikwissenschaftliche Forschung zum Thema übernimmt. Beide verstehen Religion vielmehr als kulturelles und soziales Phänomen. Auch (und, angesichts ihrer Kenntnis vieler unterschiedlicher Religionen, vielleicht gerade) in der Religionswissenschaft wird fast standardmäßig die Schwierigkeit betont, Religion allgemein zu definieren. Der Umgang mit dieser Problematik reicht vom gänzlichen Verzicht auf eine übergreifende Definition bis hin zu mehr oder minder umfangreichen Merkmals-Katalogen, von denen jedoch dann oft eingeräumt wird, dass konkrete Religionen nicht unbedingt alle dieser Merkmale aufweisen müssen, dass zwischen Religionen vielmehr eine Art ‚Familienähnlichkeit' bestehe. Unter Nutzung unserer Kultur-Definition aus Kapitel 1 wollen wir hier vier Merkmale hervorheben (vgl. Übersicht 5.1).

Inhaltlich bestimmen zentrale Ideen die unterschiedlichen Religionen. Dabei mag es den religionswissenschaftlich nicht Vorgebildeten überraschen, dass nicht einmal die Idee eines Gottes (oder von Göttern) zu den von allen Religionen geteilten Ideen gehört. So wird der Konfuzianismus gelegentlich als gottlose Religion bezeichnet, während andere ihn deshalb eher als eine Art Ethik betrachten. Judentum, Christentum und Islam gehören zu den monotheistischen Religionen, haben untereinander wie intern jedoch sehr unterschiedliche Auffassungen davon (Judentum und insbesondere Islam beharren strikt auf einem, einheitlichen, Gott, das Christentum entwickelte die Vorstellung der Dreieinigkeit [Trinität]). Das war und ist zeitweilig, vor allem für Dogmatiker, von großem Belang. Jedoch unterscheiden sich die Religionen auch darin, welchen Rang sie Fragen der Lehre überhaupt zubilligen. Der Buddhismus etwa ist sehr undogmatisch und setzt den Akzent eher auf Praxis.

Zur Anleitung des sozialen Verhaltens entfalten die meisten Religionen auch ethische Konzeptionen, die vielfach transzendent, etwa als Gebote Gottes, begründet

---

138 Vgl. einführend Singleton 2014; zur Religionswissenschaft auf Deutsch Figl 2003, Hock 2014. Aus anthropologischer Perspektive Eller 2015, aus soziologischer Roberts/Yamane 2011.

5.1 Religion als soziales Phänomen

werden. Dabei lassen sich wiederum rituelle und zeremonielle Praktiken von solchen unterscheiden, die eher allgemein lebensweltlichen Belang haben. Oft werden von Angehörigen eines Glaubens besondere Praktiken verlangt, die mit ‚Kosten' (an Zeit – oder auch Schmerzen) verbunden sind. Aus sozialwissenschaftlicher Perspektive kommt solchen Praktiken eine Kohärenz steigernde Marker-Funktion zu: an bestimmten Praktiken (etwa der Ernährung oder auch Beschneidung) lassen sich Mitglieder der jeweiligen Ingroup *erkennen*; zugleich macht es deren Befolgung ‚kostenträchtig', sich zur jeweiligen Gemeinschaft und ihrer Lehre zu *bekennen*, stellt in der Binnenwirkung mithin eine Bekräftigung der Aufrichtigkeit dar.

Ob und wieweit Religionen bestimmte soziale Praktiken über den religiösen Bereich im engeren Sinne hinaus (eine sozialwissenschaftlich-analytische Unterscheidung, die wiederum Vertreter vieler Religionen so gerade nicht mitmachen: aus ihrer Sicht sind alle Lebensbereiche religiös und *sollten* von der jeweiligen religiösen Auffassung bestimmt sein) anleiten, ist eine empirische Frage. Hierunter fällt auch das Verhältnis zur Politik. Das Christentum hat hierzu die Lehre von den zwei Reichen, dem göttlichen und dem weltlichen, entwickelt, jedoch wurden im Laufe seiner Geschichte sehr unterschiedliche Auffassungen dazu vertreten, wie das Verhältnis beider Reiche auszusehen habe, ob eines dem andern (konkret etwa: der Papst den Kaisern) über- oder untergeordnet sein soll. Auch heute ist umstritten, wie weit und mit welcher Berechtigung sich Christen im Allgemeinen und Vertreter von Kirchen im Besonderen zu politischen Fragen äußern sollten – und wenn ja, mit welcher Autorität sie dies tun (gegenüber Gläubigen, Anders- und Nicht-Gläubigen). Im Islam war die Verbindung zwischen Politik und Religion schon von Beginn an enger, war doch der Religionsbegründer Mohamed zugleich Botschafter einer göttlichen Nachricht und erfolgreicher Feldherr und damit Begründer einer politischen Gemeinschaft (wie übrigens auch erfolgreicher Kaufmann). Ähnlich verhält es sich mit Bezügen der Religion zum (modernen) Wirtschaften (wir werden im Rahmen von Kap. 6 darauf zurückkommen). Viele Religionen – aber keinesfalls alle – beinhalten Regelungen dahingehend, dass insbesondere Armen und Bedürftigen geholfen werden soll. Insbesondere im Christentum spielt diese Vorstellung von der Nächsten- (und neuerdings, im Zeitalter der Globalisierung, auch Fernsten-) Liebe eine wichtige Rolle, aber auch der Islam kennt die Verpflichtung des *zakat*, der Abgabe für Bedürftige, eine der sog. fünf Säulen des Islam.

Schließlich weisen die meisten Religionen auch institutionelle Aspekte auf. Im Zentrum des Christentums etwa stehen einerseits die Gemeinde (als ‚lokaler' Verbund der Gläubigen), andererseits die Kirche als trans-lokale, im Falle der katholischen Kirche sogar transnational-globale Einrichtung. Im Islam sind es Konzepte wie die *umma*, die Gemeinschaft der Gläubigen, die ebenfalls lokal bis translokal-transnational verstanden werden kann, oder die Instanz der *ulema*, der religiös Gelehrten, die vor allem unter Sunniten auch für die dezentrale Auslegung des Rechts, der *sharia*, zuständig ist; dagegen spielen für Schiiten, insbesondere in der im Iran dominierenden Version, herausragende Gelehrte, die *ayatollahs*, eine theokratische Rolle. Durch diese ‚weltlich-institutionellen' Aspekte von Religionen wird quasi automatisch auch der Bezug zur Politik hergestellt, die ja als Aktivität zur Regelung öffentlicher Angelegenheiten mit (erhobenem) Anspruch auf Verbindlichkeit definiert werden kann (so List 2006, 13 f.). Etliche Religionen entwickeln zu diesem Verhältnis, als politische Theologie, dezidierte Konzeptionen, zuweilen der Unterordnung politischer Autorität unter religiöse, zumindest jedoch zum Recht auf Freiheit der Ausübung von Religion im Allgemeinen (oder auch nur der jeweils eigenen: dies kann Konkurrenzvorteile verschaffen auf dem ‚Markt für Religionen'). Umgekehrt stellt für Politik, die immer auch auf Wahrung der Legitimität ihres Herrschaftsanspruchs angewiesen ist, Religion zuweilen eine Quelle stärkender Legitimation dar (was seinen – politischen – Preis haben kann), zuweilen jedoch eine profunde, weil an tief verankerte Einstellungen der Bevölkerung anknüpfende Quelle von De-Legitimation.[139] Schon von daher können Religion und Politik einander kaum egal sein.

Zusammenfassend sollte diese Skizze einer sozial- und damit auch politikwissenschaftlichen Herangehensweise an das Phänomen Religion Folgendes verdeutlicht haben:

- es handelt sich um einen empirisch-analytischen, keinen bekennenden und/oder bewertenden Zugang;
- neben der funktionalen Analyse von Religion und ihren Elementen – welchen Zweck erfüllen sie? – geht es um deren Nutzung durch konkrete Akteure in konkreten (historisch variierenden) Situationen: diese Nutzung gilt es zu erklären;
- dabei ist es im Grunde aufgrund der Heterogenität in und zwischen den Religionen kaum sinnvoll, von *der* Religion zu sprechen – sowohl der Singular als auch die Substantivierung sind irreführend (Letzteres, weil – s. den vorausgehenden Punkt – es um die [Mit-]Prägung sozialen Handelns durch religiöse Elemente geht, Religion selbst ist *kein* Akteur);

---

139 Zu dieser herrschaftssoziologischen Perspektive auf Religionsfreiheit vgl. Gill 2008; für Formen der Unterdrückung von Religion Sarkissian 2015; zu ihren konfliktfördernden Konsequenzen Grim/Finke 2011; für politische Tauschgeschäfte am Beispiel von Russland und China Koesel 2014; zur orthodoxen Kirche in Putins Russland Garrard/Garrard 2008. Zur Philosophie der Antwort, welche liberale Demokratien gefunden haben, vgl. Blackford 2012; für reale historische Entwicklungen im Übergang von religiösen Imperien zu weltlichen Staaten anregend Başkan 2014.

5.1 Religion als soziales Phänomen

- sowohl aufgrund eigener Institutionen und damit auch Macht-Apparate als auch aufgrund ihrer (de)legitimierenden Wirkung für politische Herrschaft hat Religion Auswirkungen auf Politik, sind Religion und Politik eng aufeinander bezogen; die konkrete Ausgestaltung des Verhältnisses variiert jedoch stark.

In diesem Geiste wollen wir uns nun einigen Aspekten des Verhältnisses der beispielhaft ausgewählten christlichen und islamischen Religion zur internationalen Politik zuwenden und dadurch in seine politikwissenschaftliche Analyse einführen.

Übersicht 5.1 Religion (illustriert durch Aspekte aus dem christlichen und islamischen Bereich)

Ideen
Religionen umfassen zentrale gedankliche Inhalte. Überraschender Weise gehört dazu nicht unbedingt eine Vorstellung von Gott, eher schon über Transzendenz, eine die irdische Realität übersteigende Wirklichkeit. Über Gott (oder Götter) gibt es stark divergierende Auffassungen (etwa strikter Monotheismus in Judentum und Islam, christliche Dreieinigkeit). Oft transzendental, als Gebote Gottes, begründete Ethiken gehören ebenfalls zu den Kerngehalten der meisten Religionen. Das Ausmaß, in dem auf Lehre und deren Einhaltung Wert gelegt wird, also die Bedeutung von Dogmatik und von Dogmatismus, variiert.

soziales Handeln
Das Ausmaß, in dem soziales Verhalten durch religiöse Einstellungen bestimmt wird, variiert – selbst unter religiösen Menschen. Fanatiker und Fundamentalisten ragen negativ durch die verhaltensanleitende Wirkung ihres Glaubens heraus; umgekehrt geben ‚Heilige' (explizit als solche im Katholizismus) und exemplarische Gestalten (Gandhi, Martin Luther King) positive Beispiele für die ‚Kraft des Glaubens'. Märtyrer (und vermeintliche solche) sind ein ambivalentes Phänomen. Dagegen sind ‚durchschnittlich Gläubige' in christlicher Sicht ‚Sünder', mit variierender Bereitschaft zu Buße und variierender Bereitschaft zur Vergebung; auch im Islam variiert das Ausmaß der ‚Unterwerfung' (so die wörtliche Bedeutung vom ‚Islam'), sowohl an Intensität (wie strikt Vorschriften einzuhalten sind) als auch an Umfang (was als vorgeschrieben gilt).

Praktiken
Alle Religionen weisen für sie spezifische Rituale und Zeremonien auf. Sie ermöglichen emotionale und spirituelle Erfahrungen und bringen diese zum Ausdruck. Aus sozialwissenschaftlich-funktionaler Sicht stiften sie Gemeinschaft. ‚Kostenträchtige' Rituale (wie dauerhafte körperliche Veränderungen, etwa Beschneidungen, oder Selbstgeißelungen) und Praktiken (wie regelmäßige Gebete) fungieren als Marker zur Abgrenzung der Ingroup nach außen und im Binnenverhältnis zur Bekräftigung der Aufrichtigkeit. Ebenso können religiös motivierte Artefakte (Tempel, Kirchen, Ikonen etc.) und deren Erzeugung und Zur-Schau-Stellung fungieren.

> **Institutionen**
> Durch Institutionalisierung werden die oben angesprochenen funktionalen Mechanismen verstärkt und auf Dauer gestellt. Es kommt z. T. zur Herausbildung intra-religiöser Hierarchien (Gelehrte, Kirchenfürsten) und zugleich dazu, dass religiöse Institutionen (Kirchen, Klöster, ulema) Machtzentren werden, die z. T. mit politischer Herrschaft rivalisieren, sie delegitimieren oder (im Wege politischer Tauschgeschäfte) legitimieren. Im inter-religiösen Konflikt wird, bei zunehmendem religiösen Pluralismus, auch transnational global um ‚Anteile auf dem religiösen Markt' gerungen. Hierbei kann staatliche Unterstützung (Privilegierung) ein religiöse Führungen interessierender Machtfaktor sein.

5.2   Christentum im kalten Krieg

Erich Honecker hatte in einem vielleicht Recht – als er Sozialismus und Kapitalismus für so unvereinbar erklärte „wie Feuer und Wasser".[140] Man muss kein Ideologe sein, um anzuerkennen, dass er damit den gedanklichen Kern des Ost-West-Konflikts auf den Punkt gebracht hatte. Tatsächlich sollte politikwissenschaftliche Analyse nicht ideologisch sein. Ob sie es freilich ist oder ob ihre Ergebnisse auch zu ideologischen Zwecken ge- bzw. missbraucht werden, ist damit natürlich nicht gesagt. Es erscheint jedenfalls zutreffend, den Ost-West-Konflikt nicht nur als unspezifisches Ringen um internationale Macht zwischen zwei Großmächten: der UdSSR und den USA bzw. zwei Staaten-Verbünden: dem Ostblock und dem (zeitgenössisch nie so bezeichneten) ‚West-Block', dem Westen zu verstehen. Jedenfalls ging es nicht nur um Macht bzw. um Macht auch insofern, als mittels ihrer bestimmte Vorstellungen zur Gestaltung der politischen und wirtschaftlichen Verhältnisse in den betroffenen Gesellschaften durchgesetzt werden können.

Diese Vorstellungen lassen sich auf die Nenner des Realsozialismus einerseits, des liberal-demokratischen Kapitalismus andererseits bringen. Ersteres war die zunächst vom östlichen System selbst geprägte Selbstbezeichnung, die später von seinen Kritikern ironisierend aufgegriffen wurde. Kennzeichnend für dieses System war, aus herrschaftssoziologischer Perspektive, die bewusste Nicht-Trennung von Politik und Ökonomie. Letztere war als Zentralverwaltungswirtschaft staatlicher Kontrolle und damit der der einzigen bzw. dominanten Kommunistischen Partei unterstellt. Im Unterschied dazu war (und ist) das westliche System von der formalen Trennung zwischen Politik und Ökonomie geprägt, auch wenn beide realiter

---

140 Die Äußerung Honeckers erfolgte bei seinem Besuch in Bonn am 7. September 1987; vgl. http://www.bpb.de/geschichte/zeitgeschichte/deutschlandarchiv/139631/der-honecker-besuch-in-bonn-1987?p=all.

vielfach verflochten und auf einander bezogen sind. Von daher in der (Selbst-)Bezeichnung die Notwendigkeit, beide Aspekte anzusprechen, den politischen (liberal-demokratisch; die Vorsilbe indiziert die Bindung der Mehrheitsherrschaft an Grundrechte) und den ökonomischen (kapitalistisch; die Selbstbezeichnung präferierte lange Zeit „marktwirtschaftlich", weil „kapitalistisch" negativ konnotiert war, unter anderem durch den polemischen Gebrauch durch den Osten; beide Attribute sind auch sachlich nicht genau gleich, was hier jedoch nicht zu erläutern ist; in der internationalen politikwissenschaftlichen Forschung hat sich die Rede vom Kapitalismus – und seinen Spiel-Arten [varieties] – weitgehend durchgesetzt). Herrschaftssoziologisch bedeutet diese formale Trennung von Politik und Ökonomie eine Vergrößerung der Chance, dass nicht ‚die ganze Macht' in dieselben Hände gerät – um den Preis, dass erhebliche ökonomische Ungleichheit auch zu erheblich unterschiedlichen Einflusschancen auf die Politik führt. Auch das kann hier nicht weiter ausgeführt werden. Wichtig ist festzuhalten, *dass* es einen realen gedanklichen Kern des Ost-West-Konflikts gab (so auch schon Efinger/List 1994). Und dieser war ein herrschaftssoziologisch relevanter, also ein politischer – und nicht ein religiöser. Gleichwohl spielte Religion im Verlauf des Ost-West-Konflikts vielfach eine Rolle (vgl. allgemein Muehlenbeck 2012).

So kam es etwa schon im frühen kalten Krieg zu einer religiösen Deutung und Aufladung des Konflikts – so die von Jonathan Herzog (2011; daraus die Zitate im Folgenden) in seiner einschlägigen Studie zum „sprituell-industriellen Komplex" in den USA der frühen Zeit des kalten Krieges (bis etwa Mitte der 1960er Jahre) dargelegte These. Er greift dabei eine Formulierung auf, die von US-Präsident Eisenhower im Rahmen seiner dafür berühmt gewordenen Abschiedsrede gebraucht wurde. In ihr hatte Eisenhower vor dem politischen Einfluss einer Allianz militärischer und rüstungsökonomischer Interessen, eben dem militärisch-industriellen Komplex, gewarnt:

> we must guard against the acquisition of unwarranted influence, whether sought or unsought, by the military-industrial complex. The potential for the disastrous rise of misplaced power exists and will persist.[141]

Die Bezeichnung MIK wurde auch in der (kritischen) politikwissenschaftlichen Forschung zum Thema übernommen (vgl. Senghaas 1972 für einen ersten westdeutschen ‚Import'-Versuch; zum realen MIK in den USA jüngst Swanson 2013). Was also meint Herzog, wenn er vom „spirituell-industriellen Komplex" spricht? Er bezeichnet damit

---

141 Text der Rede Eisenhowers unter: http://mcadams.posc.mu.edu/ike.htm (29.4.2015).

the deliberate and managed use of societal resources to stimulate a religious revival in the late 1940s and 1950s. (6)

Er selbst räumt ein: „[t]he term is vague" (ebd.), aber dennoch sind seine drei Elemente bedeutsam.

Spirituell bezeichnet eine Art geistig-religiöser Aufladung: „American leaders thought that secular institutions and beliefs alone were insufficient to meet society's Cold War needs." Diese Anforderungen oder Bedürfnisse des Kalten Krieges bestanden zum einen darin, eine ‚realistische' Sicht des Gegners im Ringen um Ideen und Macht zu verbreiten: als Bedrohung nicht nur westlicher und weltlicher Freiheit, sondern der Religion und damit des ‚Seelenfriedens' selbst bzw. des Kommunismus als quasi-religiöse Anti-Religion. Es geht also nicht nur um physisches Überleben und Abwehr von Gefahren für Leib und Leben – sondern um viel mehr. Dass die Sowjetunion – in marxistischer gedanklicher Tradition, die in Religion eine konterrevolutionäre Ideologie und „Opium für das Volk" sah – sich tatsächlich deren Bekämpfung auf die Fahnen geschrieben hatte, konnte diesen Eindruck nur verstärken. Zum andern konnte, an in den USA weit verbreitete religiöse Grundeinstellungen anknüpfend, die spirituell-religiöse Einheit der Nation in den USA beschworen werden. Soweit die funktionale Intention der Akteure, welche den SIK hervorbrachten und trugen. Wer aber waren diese Akteure?

Ein wichtiger Teil dieser Akteure kam aus der Kultur-Industrie, aus der Werbe- und Film-Branche oder, wie Herzog sagt, Madison Avenue und Hollywood. Ganz gezielt, unter Nutzung moderner Techniken und aus einer Mischung kommerzieller und ideologischer Motive heraus, wurde hier daran gearbeitet „to foment a religious revival that was conceived in boardrooms rather than camp meetings" (7; vgl. auch Kruse 2015). Das ‚private' Engagement für das, was später durchaus auch als religiöser Kreuzzug bezeichnet wurde, erfolgte also eigenmotiviert. Es musste nicht, so die immer wieder gegen die Vorstellung von ‚Komplexen' erhobene Verdächtigung, verschwörungstheoretisch von der Politik erzeugt oder orchestriert werden. Vielmehr erfolgte aus eigenen Motiven heraus eine ‚Selbstrekrutierung' gesellschaftlicher Akteure für die Sache.

Erst das Zusammenspiel mit staatlichen Akteuren jedoch erzeugt wirklich einen Komplex. Der Begriff „highlights the effort's interwoven motives, actors, and actions. Leaders formed a series of committees, organizations, and advisory boards that put the resources of American bureaucracy behind religious revival and spiritual rededication." (7)

Wir haben hier einen klassischen Fall von religiös-ideologischer Aufladung eines internationalen Konfliktes, der im Ursprung und Kern kein Religions-Konflikt ist. Es ist wichtig zu sehen, dass in vielen – wenn nicht allen – Konflikten, die vorschnell

5.2 Christentum im kalten Krieg

als (inter)religiöse bezeichnet werden, religiöse Einstellungen und Machtfragen bis zur Unkenntlichkeit miteinander verwoben sind. Dies gilt vor allem dann, wenn innerhalb von Gesellschaften zwischen Gruppen um (Vor-)Macht gerungen wird, welche religiöse Zugehörigkeit als Marker (Abgrenzungsmerkmal) verwenden bzw. sich nach religiöser Zugehörigkeit definieren. Dann nämlich droht, *dass die Eroberung der Macht durch eine Gruppe zu Lasten der Lebenschancen der anderen geht* (ein *politisches*, kein religiöses Faktum!) – und die Chance auf freie Ausübung der eigenen Religion ist dann nur eine dieser bedrohten Chancen. Es erscheint fraglich, ob Konflikte zwischen dogmatischen Trieb- bzw. Überzeugungstätern *allein*, die wohl immer Minderheiten auch im eigenen ‚Lager' sind, je die Dimension (Zahl der Beteiligten, Ausmaß des Schadens) annehmen könnten, die die uns jüngst als Religionskriege vorgestellten (Bürger-)Kriege annehmen. Auf jeden Fall ist es wichtig, die nie rein religiöse, sondern immer auch politische Mechanik (Motivation der Beteiligung, Organisation der Beteiligten etc.) und Logik (Was bringt [Vor-]Herrschaft?) solcher Konflikte klar zu benennen und analysieren (vgl. auch Wilkes 2016).

Angesichts der erwähnten anti-religiösen Politik in der Sowjetunion mag man selbst im Ost-West-Konflikt am Horizont diese Logik des interreligiösen Konflikts erkennen (wobei offizieller Atheismus dann funktional einer Religion gleichzusetzen wäre). Gleichwohl machte dies sicher nicht den Kern des Ost-West-Konflikts aus, eignete sich aber in den USA speziell zur ideologischen Deutung und Aufladung des Konflikts. Und nochmals: es kommt keiner der beteiligten Seiten im spirituell-industriellen Komplex eine orchestrierende Master-Rolle zu. Vielmehr verfolgen beide Seiten, die private wie die staatlich-offizielle ihre eigenen Interessen und Motive, die freilich in der Sache konvergieren. So betont Herzog etwa, dass die Feststellung eines spirituellen Mankos in den USA zunächst durchaus aus Debatten der (elitären) Zivilgesellschaft (über die gefährlich abnehmende Bedeutung von Religion) stammte, dass aber z. B. andererseits militärische Sicherheitsexperten im beginnenden Ost-West-Konflikt zu erkennen glaubten, „that America could not win a war of ‚asymmetric zeal'" (11), dass also quasi eine ost-westliche Asymmetrie des (religiös-ideologischen) Eifers bestand, die es auszubalancieren galt.

Es bedarf mehr Platz, als hier zur Verfügung steht (und insofern sei auf Herzogs Studie verwiesen), um sowohl die einzelnen (Diskussions- und Handlungs-)Stränge, die – unabhängig voneinander, aber in ihm konvergierend – zum SIK führten, zu verfolgen als auch sein Vorgehen im Einzelnen zu schildern (das von der Gestaltung des Schulunterrichts und der militärischen Ausbildung bis zu privaten Werbekampagnen, etwa der ab 1949 von US-business-Leadern zehn Jahre lang finanzierten „Religion in American Life"-Kampagne reichte). Wichtig ist der am konkreten Beispiel etablierte, in seiner Wirkungs-Feinmechanik auf nicht verschwörungstheoretische Weise rekonstruierte Befund, dass und wie Religion zur ideologischen Deutung und Aufladung eines im Kern anders motivierten Konflikts genutzt werden konnte und wurde. Diese Nutzung war, um es analytisch-abstrahierend zu formulieren, instrumentell und intentional, sie erfolgte also absichtlich, wobei jedoch die Beteiligten aus den drei Sektoren Politik (Staat), Militär und Wirtschaft nicht durch eine geheime Verschwörung orchestriert wurden, sondern sich im Austausch in Beziehungsnetzwerken aufgrund konvergierender Sichtweisen und Interessen selbst koordinierten und konvergent handelten.

Ein anderes Beispiel der Wechselwirkung zwischen (internationaler) Politik und (christlicher) Religion aus der Zeit des kalten Krieges, das ebenfalls für heute aktuelle Fragestellungen (sowohl der Politik als auch der Politikwissenschaft) von Belang ist, betrifft die Einbindung des (politischen) Katholizismus in westlich-liberaldemokratische Zusammenhänge, was hier auf Basis der einschlägigen Studie von Michael D. Driessen (2014; Zitate im Folgenden hieraus) erörtert werden soll. In ihr geht es primär aus der Perspektive der vergleichenden Politikwissenschaft um die Frage, ob es Wege der, wie er es nennt, religions-freundlichen Demokratisierung (religiously friendly democratization) gibt und wenn ja, wie deren (innen) politische Mechanik aussieht. Er untersucht dies am Falle Italiens in der Zeit nach dem zweiten Weltkrieg und des heutigen Algerien. Über letzteres Land hinaus wird aktuell politisch und politikwissenschaftlich über ‚die Vereinbarkeit von Islam und Demokratie' diskutiert, wie es gerne (etwas zu) plakativ formuliert wird. Demgegenüber ist Driessens Frage-Formulierung nicht nur analytisch wesentlich differenzierter; durch Rückgriff auf den historischen Fall des Nachkriegs-Italien macht er auch deutlich, dass die Frage sich nicht nur in Bezug auf *eine* Weltreligion stellt. Wir greifen daher diesen Fall hier kurz auf.

Der Fall des politischen Katholizismus in Italien ist auch deshalb interessant, weil er eine Problematik vor unser geistiges Auge rückt, die unserem historischen Bewusstsein vielfach entgangen scheint. Dabei handelt es sich im Rahmen der europäischen Geschichte um einen fast tausend Jahre zurückreichenden Grundkonflikt im Spannungsverhältnis von Politik und Religion. Denn es geht um das Verhältnis von transnationalem, mit religiösem und z. T. auch politischem Autoritätsanspruch auftretendem Papsttum und der werdenden Staatlichkeit in Europa. Dies führt uns maximal zurück bis in die Zeit des Investiturstreits im 11. Jahrhundert, in dem zwischen Kaiser und Papst um das Recht der Einsetzung (Investitur) von Bischöfen gerungen wurde – und damit letztlich auch darum, wer von beiden die höhere Autorität sei. Im Gefolge der Französischen Revolution, der auch etliche katholische Geistliche zum Opfer fielen, kam es dann zu einer erneuten Entfremdung zwischen katholischer Kirche und moderner Staatlichkeit. Dies gipfelte im

5.2 Christentum im kalten Krieg

Jahre 1864 im sog. Syllabus Errorum (Sammlung von Irrtümern) Papst Pius des IX. Darin wurde als 80. Irrtum formuliert:

> Der Römische Papst kann und soll sich mit dem Fortschritt, dem Liberalismus und der gegenwärtigen Zivilisation versöhnen und vergleichen.[142]

Mit dieser sehr weitgehenden Formulierung wurde also letztlich die Moderne in all ihren Facetten abgelehnt. Selbst in dem von einem gestandenen Konservativen wie Reichskanzler Bismarck geführten, aber vom protestantischen Preußen dominierten Deutschen Reich kam es im Ringen mit dem ultramontanen (jenseits der Berge, d. h. der Alpen, angesiedelten) Papsttum zu einem regelrechten Kulturkampf. Das Verhältnis zwischen Papsttum und weltlichen Staaten, zwischen Katholizismus und Moderne, war also lange Zeit von wechselseitigem Misstrauen geprägt. Auch die Ablehnung der Demokratie war Teil dieses katholischen Vorbehalts gegen die Moderne. Nur vor diesem Hintergrund ist die Bedeutung der Einbindung des politischen Katholizismus in die Demokratisierung Nachkriegsitaliens in Gestalt der lange Zeit, von 1945 bis 1993, dominanten Partei der Democrazia Cristiana (DC) zu verstehen.

Driessen hebt in seiner Erklärung der religionsfreundlichen Demokratisierung zwei zentrale Elemente heraus: eine gegenüber der Religion ‚freundliche' institutionelle Politik, welche der Religion einen institutionellen Platz einräumt und ihr damit das Gefühl der Bedrohung nimmt[143], und der Parteienwettbewerb. Das Zusammenspiel beider Mechanismen „ensures a future public and political voice for religious authorities in the nation, but (…) it also modifies the political goals and social relationships of those religious authorities to their faithful." (63) Das Eliten-‚Spiel' der parteipolitischen Konkurrenz und der Wandel des religionsinternen Verhältnisses von Führung und Gläubigen wirken bei der religionsfreundlichen Demokratisierung also zusammen.

Konkret war es in Italien die aus den Wahlen 1946 hervorgegangene Mitte-Links-Koalition aus Sozialisten, Kommunisten und DC, die im Rahmen der neuen Verfassung 1947 die Lateran-Verträge zwischen Kirchenstaat und italienischem Staat mit aufnahm. Beide Seiten erkannten in diesem 1929 zwischen dem Heiligen Stuhl und dem Königreich Italien abgeschlossenen Vertrag sich wechselseitig als unabhängig und in ihren territorialen Ansprüchen an. Auf dieser Grundlage begann

---

142 Text des Syllabus unter: http://www.kathpedia.com/index.php?title=Syllabus_errorum_(Wortlaut) (30.4.2015)

143 Was wiederum innergesellschaftliche ‚Religions'-Konflikte befrieden hilft, so Grim/Finke 2011. Die Anführungszeichen, weil – s. o. S.164, Marginalie „alternative Deutungen" – es eigentlich in religiösen Kategorien ausgetragene Herrschaftskonflikte sind.

sich die katholische Kirche massiv dafür einzusetzen, dass sich die Wähler an den Wahlen beteiligten – und dabei für die DC stimmten: „Pius XII launched a veritable crusade to combat the Catholic tradition of electoral abstention and get Catholics to vote for ‚Christian' candidates." (106) Zugleich führte dies jedoch dazu, dass die Religion unter den DC-Eliten und auch ihren Wählern als weniger bedeutsam erschien: sie war nicht mehr ‚bedroht', und andere politische Aspekte gewannen an Bedeutung für Taktik und Wahlentscheidung. Die DC-Führung strebte nach Unabhängigkeit von der Kirche, was sich schließlich 1963 in der Koalitionsbildung mit der Sozialistischen Partei zeigte (die sog. Öffnung nach links, *apertura a sinistra*). Umgekehrt nahm unter katholischen Wählern die Stimmabgabe für linke Parteien im Lauf der Jahre zu. Die katholische Kirche, und auch die Katholiken, hatten ihren Frieden mit der Demokratie (und der Moderne) gemacht. Und, wie Driessen resümierend feststellt: „without the initial support that the Church helped garner for democratic elections, it is doubtful that Italian democracy would have survived the immediate postwar period." (117) Innerkirchlich wurde dies schließlich im Zweiten Vatikanischen Konzil (Oktober 1962-Dezember 1965) bekräftigt, in dem die Kirche ihr „*aggionamento*" vornahm, sich pastoral und ökumenisch erneuerte.[144] Die damit erfolgte Akzeptanz auch der Demokratie sollte in der späteren sog. Dritten Welle der Demokratisierung (S. Huntington) eine bedeutende Rolle für weitere Demokratisierung in Ländern wie Spanien, in Lateinamerika und später auch Polen spielen.

Freilich hat diese (auch im Hinblick auf die aktuelle Frage nach den Bedingungen von Demokratie in islamischen Gesellschaften) zunächst erfreulich-aufmunternde Entwicklung auch eine internationale Seite, die Driessen nur kurz erwähnt (S. 106). Es war dies der Kontext des beginnenden kalten Krieges, in dem vor allem vonseiten der USA ein möglicher Wahlsieg der Kommunisten in Italien als ausgesprochene Bedrohung wahrgenommen wurde.[145] Dies ließ den Papst als einflussreichen Bundesgenossen im Kampf gegen eine solche Entwicklung erscheinen. Umgekehrt hatte sich der Vatikan seit geraumer Zeit auf den *dopo-fascismo*, die Zeit nach dem Faschismus, vorbereitet. Bereits 1936 besuchte Kardinal Pacelli, der spätere Pius XII, die USA und warnte vor der UdSSR als größter kommender Gefahr. Er beeindruckte dabei insbesondere den ehemaligen US-Steel-Präsidenten Myron C. Taylor, der später persönlicher Vertreter beim Papst der US-Präsidenten Roosevelt und Truman werden sollte. Er wiederum beeinflusste Trumans Sicht: „The Vatican's worldwide moral and spiritual authority helped endorse US leadership of the free world while deminishing Soviet influence, mobilized Catholics to defeat communists

---

144 Zur Bedeutung des Vatikanum II vgl. Linden 2012, Kap. 3 und 4 und O'Malley 2010.
145 Vgl. dazu insgesamt Mistry 2014.

in electoral contests, and provided intelligence material at a time when US intelligence services were in their infancy." (Kirby 2006, 288f.) Italien und insbesondere die Wahlen von 1948 wurden zum Testfall dieser neuen transatlantischen Allianz. „The treasury provided $30 million, most of which was distributed clandestinely by the US embassy, for the financing of all parties ‚opposed to Stalin'." (ebd. 289) Die machtpolitischen Motive in diesem transatlantischen Spiel werden beidseitig deutlich. Um einem Missverständnis vorzubeugen: Dies wird hier nicht festgestellt, um die katholische Kirche zu verunglimpfen. Aus ihrer Perspektive ging es darum, in schwierigen politischen Zeiten zu überleben (vgl. auch Pollard 2014). Primäre Aufgabe der Politikwissenschaft ist es nicht, dies zu bewerten, sondern in der politischen Mechanik zu erklären. Dennoch wirft die Berücksichtigung dieses internationalen Kontexts doch noch ein etwas anderes Licht auf die von Driessen überzeugend rekonstruierte Erfolgsgeschichte. Ihre inter- und transnationalen Bedingungen gilt es zu berücksichtigen, und zu diesen gehört auch die transatlantisch-antikommunistische Kooperation mit der Mafia (worüber fachlich saubere Forschung schwer erreichbar ist; vgl. daher mit leichtem Vorbehalt die Darstellung des Journalisten Williams 2015). Und was die Folgen anbelangt, so nahm die DC über viele politische Skandale und verwickelte Korruption hinweg 1994 ein eher unrühmliches Ende. Auch dies sei nicht zur Verunglimpfung angefügt, sondern als Hinweis darauf, dass auch erfreuliche Entwicklungen (wie die religionsfreundliche Demokratisierung Italiens) zuweilen unerfreuliche Begleiterscheinungen haben. Das zu verstehen ist für ein angemessenes Bild der (internationalen) Politik und ihrer Mechanik, vielleicht auch ihrer Tragik, wichtig.

Für unser übergeordnetes Thema des Verhältnisses von Religion und internationaler Politik lässt sich also zwischen-resümieren, dass deren Wechselwirkung nicht nur unter dem Gesichtspunkt der Inhalte religiöser Lehren zu analysieren ist. Diese Inhalte und ihre Entwicklung, das verdeutlicht das katholische *aggionamento* im Vatikanum II (mit Rückwirkungen bis hin zum heutigen Papst; vgl. Ivereigh 2014), sind nicht unerheblich. Das konkrete politische Verhalten religiöser politischer Akteure, wozu Führung und ‚Fußvolk' in Kirchen, religiösen Bewegungen und Parteien gehören, die auch in ihrer jeweils internen Wechselwirkung zu untersuchen sind, wird jedoch auch von politischen Erwägungen des Selbst- und Machterhalts mitbestimmt. Dies zu übersehen sollte gerade der politikwissenschaftlichen Analyse nicht passieren.[146] Beim folgenden Blick auf die islamische Welt wird sich dies bestätigen.

---

146 Und auch nicht der religionswissenschaftlichen bzw. welthistorischen Betrachtung des Verhältnisses von Politik und Religion, vgl. dazu die einleitend kritischen Bemerkungen sowie die Darstellung bei Laine 2014.

5.3 Islam und gegenwärtige internationale Politik

Das Jahr 1979 war in vielfacher Hinsicht ein folgenreiches für die internationale Politik mit Wirkungen bis heute (vgl. Caryl 2013). Es war unter anderem das Jahr, in dem im Iran das alte Regime des Schahs gestürzt und durch die Herrschaft des revolutionären Islam unter Führung des Ayatollah Khomeini ersetzt wurde. Dies, aber auch das Wiedererstarken evangelikal-protestantischer Gruppierungen in den USA, brachten die – politisierte – Religion zurück auf die Agenda der (internationalen) Politik – und damit auch der politikwissenschaftlichen Forschung. Der am Beispiel des US-Protestantismus gewonnene Begriff des Fundamentalismus, der für eine wörtliche Auslegung der Bibel und eine Hinwendung zu den grundlegenden Schriften zur Anleitung der Bewältigung aktueller Probleme steht, wurde geprägt und in interreligiös vergleichender Perspektive angewandt, so im Rahmen des berühmten, von der (US-)American Academy of Arts and Sciences geförderten, unter multinationaler Beteiligung durchgeführten Fundamentalismus-Projektes (1987–1995).[147] Zwar wurde, gerade wegen des ursprünglich protestantischen Anwendungsbereichs, die Übertragung des Begriffs auf Phänomene im Bereich anderer Religionen auch vielfach kritisiert. Doch dieser Einwand greift nicht durch: vergleichen heißt erstens nicht gleichsetzen, und zweitens sind Behauptungen der absoluten Besonderheit und Unvergleichbarkeit prinzipiell eher Erkenntnis behindernd (ganz abgesehen davon, dass die Behauptung der Einzigartigkeit ja nur durch erfolgten Vergleich legitimiert werden kann). Die Frage der sinnvollen Übertragbarkeit abstrahierender Begriffe stellt sich für die vergleichende Forschung immer; sie prinzipiell mit Nein zu beantworten liefe auf die Verweigerung des Vergleichs als Erkenntnismethode hinaus. Ein sinnvoll abstrahierter Fundamentalismus-Begriff lässt sich also aufrechterhalten.

Über die phänomenologische, das jeweilige Erscheinungsbild fundamentalistischer Bewegungen betreffende Forschung hinausgehend lässt sich nach den Ursachen dieser Wiederbelebung politisierter Religion fragen. Ein gemeinsames Kennzeichen dieser Bewegungen war ihre Abwendung von traditionellen religiösen Autoritäten und die Herstellung eines direkten Bezugs der Gläubigen zu den grundlegenden Schriften (daher Fundamentalismus), aus denen direkt die Antworten auf aktuelle, auch politische Fragen zu entnehmen seien. Insofern war die Position des politischen Islam im Iran, der eine neue Autorität, in Gestalt des Ayatollah Khomeini und seiner speziellen Lehre von der Statthalterschaft der Rechtsgelehrten (*velāyat-e faqīh*), die der Geistlichkeit auch die höchste politische Autorität zuweist, sogar eher

---

147 Zu den Ergebnissen des Projekts vgl. seine Hauptpublikationen unter: http://www.press.uchicago.edu/ucp/books/series/FP.html.

5.3 Islam und gegenwärtige internationale Politik

eine Ausnahme, auch wenn natürlich auch in anderen fundamentalistischen Bewegungen Wortführer jeweils ihre Auslegung der Schriften propagierten. Wichtig ist (vgl. Brekke 2012), dass der so verstandene Fundamentalismus zwar inhaltlich die Rückwendung zu den alten Schriften fordert, zugleich selbst jedoch in mehrfacher Hinsicht ein modernes, zeitgenössisches Phänomen ist:

- Er reagiert, wie vielfach argumentiert wurde, auf soziale Verwerfungen, welche die Globalisierung und der durch sie mitbedingte verstärkte interkulturelle Kontakt mit sich bringt, ohne das daraus, wie von einem der prominenten Beiträger zur Debatte, dem US-Politikwissenschaftler Samuel Huntington (1993; 1997) behauptet, zwangsläufig inter-kulturelle Konflikte als *die* dominanten des 21. Jahrhunderts folgen würden – die analytischen Mängel dieses starke Kulturalismus aufzuzeigen ist nicht zuletzt Anliegen des vorliegenden Buches;
- er bedient sich zu seiner Verbreitung durchaus der jeweils modernsten Technik, im Falle des aus dem Pariser Exil in den Iran zurückkehrenden Khomeini noch der damals aktuellen Compact-Cassette, heute gerne des Internets;
- und er verfährt durch die gegenwarts-bezogene Auslegung der Schriften unter Umgehung traditioneller Auslegungen und ihrer Hierarchien auf geradezu kulturell dekontextualisierende Weise, macht religiöse Anschauungen jenseits ihres traditionellen Kontexts politisch anwendbar (fungibel) (vgl. Roy 2010).

Man kann den Islamismus (vgl. Seidensticker 2014) als die islamische Variante des so verstandenen Fundamentalismus ansehen. Und natürlich weist er gegenüber anderen Formen des Fundamentalismus auch Spezifika auf. Zugleich ist er intern vielfältig, reicht von Formen des politischen Islam[148], die sich friedliche politisch beteiligen (etwa an Wahlen, so z. B. die AKP in der Türkei) bis hin zu national und transnational gewaltbereiten Formen, wie sie die GIA in Algerien darstellte oder Al Qaida – oder heute der Islamische Staat. Diese auch als salfistischer Dschihadismus (nach dem arabischen Begriff *salaf [salih]*, gemeinhin mit „[rechtschaffene] Altvordere" übersetzt) bezeichnete transnationale Terrorismus soll uns zunächst beschäftigen.

Wenn hier im Rahmen des Religionskapitels und darin im Teilkapitel über den politischen Islam auch transnationaler Terrorismus behandelt wird, so entspricht dies zwar einerseits vermutlich Erwartungen, da es dieser islamistische Terrorismus ist, der in den letzten Jahren die Hauptaufmerksamkeit auf sich gezogen hat. Es versteht sich jedoch auch von selbst, dass dies nicht in denunziatorischer, sondern

---

148 Zur Vielfalt islamischen politischen Denkens vgl. enzyklopädisch Bowering 2013; speziell zum Salafismus Lohlker 2017.

in analytischer Absicht geschieht. Dies beginnt beim Begriff des Terrorismus selbst (vgl. Richards 2015). Er ist, analytisch, als eine Form asymmetrischen, meist politisch motivierten Gewalteinsatzes zu verstehen (hiervon auszunehmen wären rein destruktive, nihilistische Formen, die keine erkennbaren Ziele verfolgen; der Giftgasanschlag der japanischen Aum Shinrikyo 1995 in der U-Bahn von Tokio kommt hier in den Sinn). Anders als oft in der politischen Diskussion wird der Begriff analytisch nicht abwertend gebraucht. Terrorismus bezeichnet eine Art des (gewaltsamen) Vorgehens, nicht eine bestimmte Ideologie (einer der Gründe, warum der von US-Präsident Bush jr. erklärte „war on terror" als unsinniges Unterfangen erscheint). Terrorismus in diesem Verständnis findet sich sowohl unter im engeren Sinne politisch motivierten Tätern (wie etwa der westdeutschen Roten Armee Fraktion der 1970er und 80er Jahre) als auch unter Anhängern politischer Religion. Da er selbst also ein vielfältiges Phänomen darstellt, sind seine Ursachen allgemeingültig schwer zu bestimmen.[149] Wir wollen uns hier in drei Schritten vom Terrorismus im Allgemeinen zur Spezifik des salafistischen Dschihadismus vorarbeiten.

Terrorismus wird hier wie gesagt allgemein als eine Form des politisch motivierten Gewalteinsatzes verstanden. Dies verweist, unter den (Groß-)Theorien der Analyse internationaler Politik, zunächst auf den Realismus, zu dessen Kernthemen ja die Analyse der Drohung mit und Anwendung von Gewalt gehört – allerdings zumeist im *zwischenstaatlichen* Verhältnis. Es wäre freilich ein Missverständnis, die Anwendbarkeit seiner Grundkategorien auf (im formellen Sinne) zwischen-staatliche Verhältnisse begrenzt zu sehen. Versteht man mit dem Soziologen Max Weber Staaten (im formellen Sinne) als *eine* Art von Herrschaftsverbänden, so ist leicht ersichtlich, dass sich realistische Überlegungen auch auf Beziehungen zwischen anderen Herrschaftsverbänden übertragen lassen. Dazu können etwa Bürgerkriegsparteien gerechnet werden, und in der Tat illustriert Bürgerkrieg oft auf besonders grausame Weise die Folgen dessen, was in realistischer Sicht ein zentrales Problem ausmacht: die An-Archie, die Abwesenheit einer übergeordneten, Frieden stiftenden (oder erzwingenden) Gewalt. Tatsächlich war es die Erfahrung eines solchen Bürgerkriegs, des englischen des frühen 17. Jahrhunderts, die einen der geistigen Ahnen des Realismus, den politischen Philosophen Thomas Hobbes, für die Notwendigkeit des neuzeitlichen Staates plädieren ließ, zur Überwindung des gewaltträchtigen ‚Urzustandes' (wie seine geistige Argumentationsfigur lautet). Von den Verhältnissen zwischen (formal nicht-staatlichen) Bürgerkriegsparteien lässt sich die realistische Logik dann weiter übertragen auf ‚asymmetrische' Ver-

---

149 Aus der nahezu unerschöpflichen Literatur sei nur verwiesen auf den Standard-Überblick von Hoffman 1997 sowie jüngst und umfassend Law 2015.

5.3 Islam und gegenwärtige internationale Politik

hältnisse. Damit sind nicht primär solche Verhältnisse gemeint, in denen Akteure über ungleich viel Waffen verfügen; vielmehr geht es um gewaltträchtige Verhältnisse zwischen unterschiedlichen Akteurs-*Typen*: Staaten im Verhältnis zu Aufständischen – oder eben auch zu Terroristen. Hier besteht in mehrfacher Hinsicht Asymmetrie: Staaten haben im Rahmen der neuzeitlichen politischen Ordnung (zumindest ihrem Selbstanspruch nach) das Prä der Legitimität auf ihrer Seite (von daher der oft abwertende Gebrauch der Begriffe „Aufständische" bzw. „Terroristen"). Sie verfügen in der Regel über quantitativ und qualitativ überlegene Gewaltmittel – weshalb es für nichtstaatliche Gegner nicht sinnvoll ist, die ‚offene Feldschlacht' als Form des Gewalteinsatzes zu wählen (vgl. Ganor 2015). Vielmehr bieten sich aus deren Sicht eben asymmetrische Kampfformen an (die dann von staatlicher Seite gerne wiederum als ‚heimtückisch' oder ‚feige' verunglimpft werden; es fragt sich freilich, ob das nicht ebenso berechtigt für den Einsatz von Drohnen behauptet werden könnte, bis dato noch ein Monopol einiger Staaten, der USA zumal[150]).

Bereits diese Bemerkungen verweisen auf eine der zahlreichen symbolischen Dimensionen des Terrorimus (vgl. Matusitz 2015) – und diese verweisen theoretisch auf den Konstruktivismus als jenes Forschungsprogramm, das sich um die Wirksamkeit von Wahrnehmungen und Sichtweisen zur Erklärung inter- und transnationaler Politik kümmert. Genau genommen handelt es sich beim Terrorismus um ein Dreiecksverhältnis, nicht nur zwischen Staaten und nichtstaatlichen Akteuren, sondern auch vor einem Publikum, das womöglich analytisch mehrfach zu untergliedern ist, in heimisches Publikum, darunter eigene Anhänger, Sympathisanten, und alle, die beides nicht sind, und transnationales Publikum. Und wie die gemachten Bemerkungen schon erkennen lassen, wird beidseitig, von Staaten und Terroristen, vor diesen Publika um Legitimität (des jeweils eigenen Vorgehens und/oder der eigenen Position) gerungen. Das ist *eine* der analytisch zu unterscheidenden symbolischen Wirkdimensionen des Terrorismus. Seine Hauptwirkung insofern, das deutet die Bezeichnung selbst (lat. Terror = Schrecken) schon an, besteht jedoch in der symbolischen (nicht primär: materiellen) Wirkung des Schadens, den der Terrorismus anrichtet: er *soll* Schrecken verbreiten (ebenso wie in zwischenstaatlichen Gewaltandrohungen Ab*schreckung* mit der Schreckenswirkung zu arbeiten versucht, von sog. Terror-Bombardements ganz zu schweigen). Und wenn den Terroristen dies gelingt, Schrecken (und also Angst) zu verbreiten, so erhoffen sie sich davon weitere symbolische Wirkungen: Delegitimation des Staates, der – offenkundig – für die Sicherheit seiner Bürger nicht mehr zu sorgen in der Lage ist; Provokation des Staates zu unverhältnismäßigen Gegenreaktionen

---

150 Zur Problematik des Drohnen-Einsatzes vgl. exzellent Ahmed 2013 sowie Bergen/Rothenberg 2015.

(die wiederum seine Legitimität unterminieren und Sympathisanten aktivieren); schließlich gar Wandelung des Staates zu jenem Repressionssystem, als das die Terroristen ihn von Beginn an gesehen bzw. dargestellt hatten („die Maske vom Gesicht reißen'). Diese hier nur andeutbaren symbolischen Wirkungsdimensionen gelten also für Terrorismus im Allgemeinen.

Zu den Spezifika des religiös-politischen Terrorismus gehört, dass er aufgrund seiner transzendentalen Bezüge *auf Ebene der konkret Ausführenden* mit einer besonders weit gehenden Motivation rechnen (und arbeiten) kann, was ihm das Mittel des Selbstmordattentäters in die Hand gibt (vgl. Martin 2015), der sich selbst als Märtyrer sieht und als solcher in weiten Kreisen seines Publikums dargestellt und gesehen wird. Damit wird eine spezifisch religiöse, tief sitzende und weit reichende Motivationsquelle mobilisiert (vgl. Mitchell 2012 und Janes/Houen 2014). Sie ist wiederum, auch wegen ihrer symbolischen Wirkung, ein probates Mittel im asymmetrischen Gewaltkonflikt. Nicht nur wirkt das Selbstmordattentat, zumal wenn es auch noch von Frauen ausgeübt wird, besonders erschreckend. Es ist auch schwer kontrollier- und abschreckbar – und damit auch schwer zu verhindern, wodurch es die staatliche Verwundbarkeit besonders sinnfällig macht. Wie auch etwa Israel in seinem Abwehrkampf feststellen musste, sind transzendental, durch Ausrichtung auf ein Leben im Jenseits, motivierte Attentäter nämlich durch Androhung irdischer Konsequenzen, selbst wenn sie die Zerstörung des Hauses der hinterbliebenen Familie beinhalten, kaum abschreckbar. Die realistische Machtstrategie der Abschreckung konkreter Täter(innen) läuft weitgehend leer (vgl. jedoch Wilner 2015), was Israel letztlich zur physischen Trennung durch Mauer und Stacheldraht motiviert hat – mit den erwartbaren symbolischen Konsequenzen für sein internationales Ansehen.

Kommen wir damit zu den spezifischen Motiven des salafistischen Dschihadismus. Sie hat m. E. John A. Turner (2014; vgl. auch Byman 2015) in seiner einschlägigen Studie bisher am überzeugendsten herausgearbeitet – und sie führen mitten hinein in (konfligierende) Auffassungen über internationale Ordnung, also den Zuständigkeitsbereich der Internationalen Beziehungen als akademische (Teil-)Disziplin. Diese Deutung und Erklärung des salafistischen Dschihadismus vermeidet zweierlei Unzulänglichkeiten: sie schreibt den islamistischen Terrorismus weder einfach *dem* Islam zu, noch behauptet sie, dass er „mit dem Islam nichts zu tun habe" (wie es, wie gleich gezeigt wird, gerne analytisch etwas unzulänglich in der öffentlichen Diskussion formuliert wird). Zunächst wäre es doppelt inadäquat, hier *den* Islam in Anschlag zu bringen. Zum einen gibt es nicht *den* Islam, sondern – wie eigentlich bei jeder Religion und Weltanschauung – unterschiedliche Lesarten davon. Zum andern ist der Islam selbst kein Akteur. Nicht einmal das Verhalten aller tatsächlichen Akteure, die sich von ihrer jeweiligen Lesart des Islam anleiten lassen (um

5.3 Islam und gegenwärtige internationale Politik

unsere in Kap. 1 eingeführte Terminologie zu verwenden), führt zwangsläufig zum Terrorismus. Dieser wird als religiös-politisches Verhalten vielmehr dann ausgelöst, wenn eine bestimmte Situation auf eine bestimmte Weise gedeutet wird. Welche Situation wie gedeutet das Spezifikum des salafistischen Dschihadismus ausmacht, wird sogleich, Turner folgend, dargelegt. Zuvor ist jedoch eine auch methodische Bemerkung zum Begriff des Dschihadismus bzw. Dschihad angebracht.

Gerade mit dem oft als „heiliger Krieg" übersetzen Konzept des Dschihad (vgl. Kelsay 2013 zum Konzept, Kendall/Stein 2015 zur Praxis) wird in vielen populären Deutungen des islamistischen Terrorismus gearbeitet. Gerne wird hierbei unter Bezug auf ein, zwei Suren des Koran ‚demonstriert', dass die Verpflichtung oder zumindest Erlaubnis zum heiligen Krieg zum ‚Wesen' ‚des' Islam gehöre. Und damit erscheint der islamistische Terrorismus erklärt. Hier liegen jedoch mehrere analytische Kurzschlüsse in Serie vor. Zwar ist es nicht Aufgabe des Politikwissenschaftlers, Kerngehalte von Religionen zu bestimmen (eine Aufgabe, die auch für die dafür zuständige Religionswissenschaft aufgrund der Pluralität aller Traditionen nicht einfach ist). Diese hermeneutische Aufgabe mündet, selbst wenn sie adäquat durchgeführt wird, jedenfalls nicht in der Bestimmung eines überzeitlich-unwandelbaren Wesens einer Religion oder Weltanschauung. Bestenfalls etabliert sie zeitweilig vorherrschende Deutungen dieser. Und zwar einerseits unter Würdigung nicht nur selektiver Zitate, sondern des gesamten einschlägigen Schrifttums (s. z. B. für das Gewaltverhältnis führender Religionen den profunden Überblick von Reichberg/Syse 2014; vgl. auch Juergensmeyer/Kitts/Jerryson 2013). Und andererseits, und das wäre eher mit sozialwissenschaftlichen Verfahren der Erhebung von (verbreiteten) Einstellungen zu ermitteln, hinsichtlich der tatsächlichen Reichweite solcher Einstellungen über den Kreis der Gelehrten hinaus (vgl. Tessler 2015). Was offensichtlich etwas aufwendiger ist als die Anfertigung kulturalistischer Holzschnitte zum politischen (statt analytischen) Gebrauch. Womit jedoch zweierlei *nicht* gesagt sein soll: 1. dass die Frage nach historisch weit zurückreichenden, Gewalteinsatz fördernden gedanklichen Inhalten per se unsinnig sei[151]; und 2. soll hier nicht die (politische gerne gebrauchte) Ausrede angeführt werden, dass Dschihad doch nicht (oder nicht eigentlich) religiös motiviere Kriegführung, sondern ein inneres Streben nach Aufrichtigkeit des Glaubens bezeichne. Offenbar hat der Begriff beide Bedeutungen. Die eigentliche Motivfrage des salafistischen Dschihadismus lässt sich so jedoch nicht klären.

Dies gelingt am ehesten John Turner (2014) in seiner deutenden Erklärung. Zu Recht weist er essentialistische, dem Islam ein (Gewalt hervorbringendes) Wesen

---

151 Vgl. Cook 2014 für einen gebührend aufwendigen komparativen Versuch in diese Richtung; vgl. auch Fine 2015; evolutionspsychologisch Teehan 2010; zu religiösen Strategien der Rechtfertigung von Gewalt Clark 2014.

zuschreibende Deutungen ebenso zurück wie die von Präsident Bush in (gespielter?) politischer Naivität gestellte Frage „Why do they hate us?" (mit der Antwort, „sie" hassten „unsere Freiheit"). Richtig ist vielmehr, dass der islamistische Terrorismus seine Wurzel in einer weit zurückreichenden religiös-politischen Grundproblematik der islamischen Welt hat, vor deren Hintergrund der gewaltsame Kampf gegen die heutige Weltordnung den salafistischen Dschihadisten legitim oder gar geboten erscheint. Das alte Problem ist die im Grunde seit dem Streit um die Nachfolge des Propheten anhaltende Problematik, wie die Einheit der Muslime realisiert werden kann. Mit der Gemeindeverfassung von Medina von 622 war es Mohamed selbst gelungen, unter seiner politisch-religiösen Führung diese Einheit (weitgehend; auch zu seinen Lebzeiten blieben Unüberzeugte außen vor) herzustellen. Mit seinem Tod jedoch entbrannte nicht nur das Ringen zwischen Schiiten und Sunniten (das uns anschließend noch beschäftigen wird), sondern durch die nachfolgenden islamischen Reiche und das Kalifat konnte die Frage der legitimen Herrschaft in der muslimischen Welt nicht mehr konsensual geklärt werden. Mit Beendigung des Kalifats des Osmanischen Reiches im Jahre 1924 erfolgte dann die politische Neuformatierung des nahöstlichen muslimischen Raums zunächst durch Einfluss- und Mandatsgebiete der westlichen Kolonial-Metropolen (Frankreich und England insbesondere), nach erfolgter Dekolonialisierung rangen pan-arabistischer Nationalismus und einzelstaatlicher Nationalismus miteinander, und nach dem Scheitern des Ersteren setzte sich die meist autoritäre Variante des Letzteren durch, oft (wie im Falle Ägyptens und Saudi Arabiens bis heute) mit westlicher Unterstützung. Die politische Zersplitterung in Einzelstaaten, noch dazu vom Westen oktroyiert bzw. heute durch die einzige westliche Supermacht aufrecht erhalten, läuft den Einheitsbestrebungen des salafistischen Dschihadismus konträr entgegen. Er orientiert sich am alten Traum des einheitlich-transnationalen Kalifats (zu dessen Geschichte Kennedy 2016), das die Einheit der Muslime so herzustellen wünscht, wie der Prophet die Zersplitterung der arabischen Stämme durch den Islam zu überwinden versuchte (vgl. zur politischen Mehrdeutigkeit des Kalifats-Konzepts jedoch Al-Rasheed/Kersten/Shterin 2013). Dem steht die heutige ‚moderne' Formatierung des politischen Raums in Einzelstaaten prinzipiell und stehen deren oft autoritäre Machthaber als naher Feind und ihr Verbündeter, die westliche Supermacht, als ferner Feind entgegen (vgl. Steinberg 2005). Viererlei wird in dieser Deutung deutlich:

- es handelt sich um einen alten und prinzipiellen Konflikt
- zwischen zwei nicht ‚rein' religiösen, sondern zwei im Kern eminent (religiös-) politischen (Ordnungs-)Prinzipien: transnationale umma (Gemeinde der Gläubigen) im Kalifat versus einzelstaatliche Zersplitterung;

5.3 Islam und gegenwärtige internationale Politik

- dabei ist es nicht per se die autoritäre Form der einzelstaatlichen Herrschaft, welche aus salafistischer Sicht kritisiert wird (zumal diese selbst autoritär bis totalitär durchgesetzt wird, wo sich die Gelegenheit bietet, etwa im Einflussbereich des Islamischen Staates (IS; vgl. Reuter 2015; Said 2015; Schirra 2015);
- schließlich ist es auch nicht (nur) spezifisch US-amerikanisches Verhalten, weder die Stützung arabischer Autokraten noch die Unterstützung Israels, die die Feindschaft der Salafisten auf die USA lenkt, sondern ihre hegemoniale Rolle bei der Aufrechterhaltung der gegenwärtigen internationalen Ordnung. Sollten andere Akteure hierfür wichtiger werden (etwa China), gerieten auch sie ins Fadenkreuz des Dschihadismus.

Da es letztlich die heutige internationale Ordnung ist, welche dem Salafismus ein Dorn im Auge ist, ist er auch insofern, in seiner politisch-religiösen Sicht, in fundamentaler Opposition zur auf der einzelstaatlichen Souveränität aufbauenden modernen Weltordnung (während aus seiner Sicht keiner weltlichen Instanz Souveränität zukommt). Ähnlich wie im Falle des Ost-West-Konflikts liegt hier also ein in weltanschaulichen Kategorien ausgetragener Machtkonflikt um die Prinzipien, die Grundsätze, der Organisation des (welt-)gesellschaftlichen Zusammenlebens vor, und analytisch ist beides wichtig: die Berücksichtigung der gedanklichen Inhalte und Sichtweisen (und ihrer tatsächlichen Verbreitung) ebenso wie die der z. T. herben, materiellen wie symbolischen Wirkung der Logik des politisch motivierten Gewalteinsatzes. Das wird sich auch beim abschließenden Blick auf die Zweier-Beziehung zwischen Iran und Saudi Arabien zeigen.

Wie alle großen Religionen ist auch der Islam kein einheitliches Phänomen. Eine der großen, historisch bis zur Frage der Nachfolge des Propheten Mohamed zurückreichenden Teilungen, ist die zwischen Sunniten und Schiiten. Auch dieser alte Streit ist also nicht ein rein ‚dogmatischer', sondern untrennbar von der politischen Frage, wer in Nachfolge des Propheten auch die politische Herrschaft ausüben sollte (vgl. Hazleton 2009 für eine anschauliche Darstellung der historischen Umstände des Konflikts). Die Sunniten, heute rund 90 Prozent aller Anhänger des Islam, so genannt nach ihrer Anerkennung des beispielhaften Verhaltens und der Lehren des Propheten (*sunna*), stellen sich auch auf die Seite der ersten drei Kalifen in seiner Nachfolge. Nicht zum Zuge kam also zunächst der Neffe, Adoptiv- und Schwiegersohn des Propheten Ali. Seine Anhänger, die Partei Alis (*Shi'at Ali*, daher die Bezeichnung dieser Auslegung des Islam; vgl. Haider 2014), sahen und sehen sich nach dessen Ermordung im Jahre 661 und insbesondere seines Sohnes und Nachfolgers Hussein in der Schlacht von Kerbala 680 als die Unterdrückten und Entrechteten. Die Ursprünge des Konflikts in der (Großfamilien-)Politik im Rahmen einer Stammesgesellschaft werden also deutlich, ebenso die mit ihm verbundene und seither auch unter Bezugnahme auf beide Versionen des Islam gerechtfertigte bzw. angezweifelte Legitimität politischer Herrschaft, etwa in und zwischen Iran und Saudi Arabien.

Der Schiismus ist heute die dominante – nicht einzige – Religion im Iran, und zwar in der Spielart der sogenannten Zwölfer-Schia (da das Warten auf die Wiederkehr des zwölften, verborgenen Imam, auch Mahdi genannt, ein zentrales Glaubenselement ist). Bereits unter der Dynastie der Safawiden (1501–1722) wurde die Schia zur offiziellen Staatsreligion, eine bewusste Entscheidung, um die Abgrenzung vom sunnitisch geprägten Osmanischen Reich zu markieren (vgl. Abisaab 2004). Unter der zunehmend autoritären Herrschaft Schah Mohammad Reza Pahlavis (1941–79) entwickelte sich eine revolutionär-antiimperialistische schiitische ‚Befreiungstheologie' und „religion could become the umbrella language of protest and resistance". (Hazleton 2009, 197). Unter Führung des aus dem Exil zurückkehrenden Ayatollah Khomeini wurde der Schah gestürzt, das Herrschaftssystem freilich kippte rasch zurück in einen Autoritarismus, diesmal freilich nicht mehr mit säkular-modernisierender, sondern theokratischer Ambition, ein Zustand, der ungeachtet stattfindender Wahlen bis heute anhält. Anfangs beschränkte sich diese theokratische Ambition jedoch nicht auf den Iran. Vielmehr sollte die Revolution ‚exportiert' werden – oder zumindest fürchteten dies die Nachbarstaaten, darunter prominent Saudi-Arabien. Durch die tolerierte Geiselnahme in der US-Botschaft (November 1979 bis Januar 1981) in Teheran erwarb sich das Regime auch die tiefe Feindschaft der USA, die ihrerseits schon seit der CIA-Unterstützung des Coups gegen den frei gewählten Premierminister Mossadegh 1953 und aufgrund ihres Bündnisses mit dem Schah in Verruf standen. Erst unter dem Eindruck des gemeinsamen Feindes in Gestalt des (sunnitischen) Islamischen Staates und seiner Ausbreitung in Syrien und Irak kam es, gar in Überwindung der Krise um das iranische Nuklearprogramm, hier jüngst zu einer gewissen Annäherung.

Dem steht – getrennt durch den Persischen (bzw. Arabischen – schon die Bezeichnung ist streitig) Golf – seit 1932 der dritte saudische Staat, eben Saudi-Arabien gegenüber. Dort ist seit dem 18. Jahrhundert das Haus Saud ein wiederum seiner Legitimation dienendes, dennoch nie unkompliziertes Bündnis mit der islamistischen Bewegung des Ibn Abd al-Wahhab (1703–92; vgl. Crawford 2014) eingegangen, die einer streng fundamentalistischen Auslegung des (sunnitischen) Islam folgt, eben dem Wahhabismus. Neben seiner Hüterschaft für die heiligen Stätten von Mekka und Medina bezieht das Haus Saud hieraus eine der Quellen seiner religiösen Legitimation, und um diese zu unterstützen (und heimisches religiöses Unruhepotenzial umzulenken) hat das Haus Saud bzw. haben Mitglieder des Hauses seit den 1970er Jahren, durch Öleinnahmen gestützt, den weltweiten Export dieser Version des Islam gefördert. Dies hat jedoch auch ihrerseits islamistisch begründete Kritik

5.3 Islam und gegenwärtige internationale Politik

an seiner Herrschaft, etwa durch die Anhänger Al Qaidas, nicht verhindert (vgl. Commins 2009). Zugleich sah sich das Haus Saud, auch angesichts schiitischer Minderheiten in seinen ölreichen Ostprovinzen, durch den ‚Revolutionsexport' des schiitischen Iran bedroht (vgl. Matthiesen 2015). Es liegt also nahe, den Konflikt zwischen Iran und Saudi-Arabien in religiösen Kategorien, als ‚Religionskonflikt' zu interpretieren. Es sollte nun nicht mehr verwundern, wenn dies hier als analytisch zu kurz gegriffen bezeichnet wird.

Das Ringen zwischen Iran und Saudi-Arabien lässt sich vielmehr als Machtkonflikt auf mehreren Ebenen bzw. Spielfeldern verstehen (vgl. Mabon 2013):

- Zunächst einmal machen die bisherigen Ausführungen schon deutlich, dass beidseitig, im Iran und in Saudi-Arabien, eine offiziell Herrschaft legitimierende und inoffiziell phasenweise auch in Frage stellende, also ambivalente Wirkung der Religion zu verzeichnen ist. Analytisch besser formuliert: in unterschiedlichen Situationen bedienen sich unterschiedliche Akteure unterschiedlicher verbreiteter Lesarten des Islam, um jeweils ihre politische Agenda zu fördern. Schon auf dieser innenpolitischen Ebene geht es also nicht ‚nur' um Religion und die Wahrheit der Lehre – sondern um Macht, die religiös (de)legitimiert werden soll.
- Dass in der iranisch-saudischen Dyade diese (De-)Legitimationswirkung auch grenzüberschreitend genutzt werden kann und wird, verleiht diesem politisch-religiösen Ringen eine transnationale Dimension: Förderung schiitischer Gruppen durch den Iran ist eine seiner Einflussstrategien gegenüber Saudi-Arabien und darüber hinaus in der Golfregion und im Nahen Osten (etwa: Unterstützung der Hisbollah im Libanon). Was wiederum nicht bedeutet, dass sich die transnationale schiitische Politik in der Gängelung und Finanzierung durch Teheran erschöpft (vgl. Louër 2008).
- Diese ‚fünfte Kolonnen-Strategie' der grenzüberschreitenden Destabilisierung des Gegners ist Teil des Ringens beider Mächte um die Vorherrschaft in der Golfregion (aus dem der Irak nach Sturz Saddam Husseins als dritter Mitstreiter ausgeschieden ist). Es wird durch (Wett-)Rüsten, schlimmstenfalls bis in den nuklearen Bereich (vgl. Kamrava 2012; zur Golfregion insgesamt auch List 2014, Kap. 3.2), ausgetragen, aber ebenso auch durch Stellvertreterkriegsführung (wie jüngst im Ringen um die Herrschaft in Syrien und im Jemen).
- Beide Staaten sind darüber hinaus ökonomisch als die beiden größten Ölproduzenten der Region Konkurrenten, was Saudi-Arabien, dem als größtem Exporteur die Rolle des sog. swing producers zukommt, der durch Regulierung seiner Förder- und Exportmenge den Weltmarktpreis entscheidend mitbestimmen kann, zumindest zeitweilig gegen Iran zu nutzen versucht hat, um dessen Einkünfte

zu mindern (und dabei jedoch an die Grenzen der eigenen Abhängigkeit von den Öleinnahmen stieß; vgl. Mason 2015).
- Schließlich ließe sich, als extra-regionaler Faktor, noch das Ringen beider Regionalmächte um die Manipulation ihrer jeweiligen Beziehungen zum extra-regionalen Hegemon USA anführen: hatte zunächst der Iran unter dem Schah ein (von wechselseitiger Ausbeutung gekennzeichnetes) Bündnis mit den USA, wandelte sich dies nach 1979 wie gesagt in offene Feindschaft; zugleich näherten sich Saudi-Arabien und die USA einander an, was jedoch für Saudi-Arabien (wegen der westlichen Truppenpräsenz) auch innenpolitisch zum Problem wurde; nach 9/11, dem überwiegend von saudisch-stämmigen Terroristen verübten Anschlag in den USA 2001, kühlte sich diese Beziehung zwar ab, blieb aber auch nach dem sog. arabischen Frühling, an dessen Bekämpfung sich Saudi-Arabien (etwa in Bahrein) aktiv beteiligte, weiter auf realpolitischer Grundlage bestehen. Allerdings löst die jüngste Verständigung zwischen USA und Iran im Konflikt um dessen Nuklearprogramm schon wieder saudische Besorgnis aus, dass dadurch seine Position geschwächt werden könnte.

Alles in allem verdeutlicht auch diese Analyse des iranisch-saudischen Konfliktes, dass seine Interpretation als Religionskonflikt im Sinne eines Dogmenstreites zu kurz greift; vielmehr sind Religion und Politik in einem mehrere Ebenen und Spielfelder umfassenden Machtringen miteinander verwoben (vgl. auch Wehrey 2016). Dabei, das sei wiederholt, bedienen sich unterschiedliche Akteure unterschiedlicher verbreiteter Lesarten des Islam, um jeweils ihre politische Agenda zu fördern. Schon allein daraus ergibt sich die Ambivalenz der Wirkung von Religion als kulturellem Faktor in der internationalen Politik.

Tatsächlich, und damit kommen wir zum Schluss dieses Kapitels, ist die Ambivalenz der Wirkung von Religion in der internationalen Politik noch weit größer, als es in diesem Kapitel aufgezeigt wurde. Hier wurde auf die Herrschaft (de-)legitimierende Wirkung religiöser Einstellungen abgestellt. Das ist freilich nur *eine* der möglichen Wirkungen, und zudem eine, die oft – aber nicht zwangsläufig – Gewalteinsatz legitimiert. Darüber sollte jedoch nicht das friedensstiftende Potenzial von Religionen vergessen werden. Im Grunde alle bekennen sich zu ihm als hehres Ziel. Und vielfach sind es auch religiös motivierte konkrete Akteure, die, insbesondere in bzw. nach innergesellschaftlichen Gewaltkonflikten, an der Versöhnung aktiv mitwirken (vgl. den Teil II in Appleby 2000, der schon im Titel die Ambivalenz der Religion betont, sowie Brocker/Hildebrandt 2008 und Appleby/Little/Omer 2015). Freilich ist auch hierbei vor allzu naiven, Macht- und Herrschaftsaspekte ausblendenden Erwartungen, zumal im internationalen Bereich, zu warnen (vgl. Steen-Johnsen 2016). Die Forderung (und Förderung) religiöser Toleranz etwa, zu der Religionen

5.3 Islam und gegenwärtige internationale Politik

(und ihre AnhängerInnen) berufen wären, steht doch oft in Abhängigkeit von der konkreten Situation (ob nämlich die eigene Religion in der Minder- oder Mehrheit ist). Gleichwohl ist die, auch internationale, Förderung von Religionsfreiheit (vgl. Breitmeier/Badri 2015) auch wegen ihrer Herrschaft zügelnden Wirkung ein wichtiges Thema (und gerade wegen dieser Wirkung gegen Auto- und Theokraten schwer durchsetzbar). Darüber hinaus haben religiös motivierte Einstellungen in vielen Politikfeldern auch der internationalen Politik Auswirkungen: in der Militär- und Sicherheitspolitik (Hassner 2014), bei der Förderung von und Forderung nach internationaler Entwicklungspolitik (vgl. ter Haar 2011 und Tomalin 2015 sowie Kap. 3 des vorliegenden Buches) ebenso wie bei der Kritik am Ökonomismus und der ‚Ersatzreligion' des Wachstums bzw. des Marktes im Bereich der (internationalen) politischen Ökonomie und der Verwirklichung von dauerhafter Tragfähigkeit (sustainability; vgl. Johnston 2013 und das nachfolgende Kap. 6).[152]

Das Themenspektrum von ‚Religion und internationale Politik' ist also breiter, als es hier ausführbar war. Dennoch seien abschließend einige theoretische und pragmatische Schlussfolgerungen erlaubt. Zu den theoretischen gehört, dass ein Pluralismus der IB-Theorien auch hier sich als sinnvoll erweist. Es ist nicht nur ein Ausweis von Bildung, über die Grundgehalte der Weltreligionen Bescheid zu wissen. Diese Gehalte sind vielmehr wichtig, nicht weil sie als solche inter- oder transnationales Agieren bestimmen (determinieren), wohl aber, weil unterschiedliche Akteure in unterschiedlichen Situationen (wie sie sie jeweils verstehen – und dieses Verständnis kann seinerseits religiös mitgeprägt sein, wie hier am Beispiel des salafistischen Dschihadismus und seiner Ablehnung der auf einzelstaatlicher Souveränität basierenden Weltordnung gezeigt wurde) sich unterschiedliche Lesarten von Religion zu eigen machen und sich in ihrem Verhalten dadurch anleiten lassen. Auch dann sind sie – darauf muss und darf nicht nur analytisch, sondern auch normativ-ethisch beharrt werden – immer noch verantwortliche Urheber ihres Handelns, nicht von religiösen Ideen gesteuerte Roboter. Dies gilt auch für die religiös-motivierte Bereitschaft, sich notfalls auch unter Dreingabe des eigenen Lebens für (politische) Anliegen einzusetzen. Auch dieses Helden- oder Märtyrertum ist ambivalent, seine Bewertung steht und fällt mit der der verfolgten Anliegen. Diese Ambivalenz, die vielfache Deut- und Einsetzbarkeit religiöser Ideen, ist im Bereich des Politischen, wo um die Gestaltung der (Über-)Lebensbedingungen und der Bedingungen des gesellschaftlichen Zusammenlebens gerungen wird, immer auch mit Fragen der Macht und Herrschaft verbunden. Es braucht also zur Analyse der Wirksamkeit von Religionen in der internationalen Politik einerseits

---

152 Zum international variierenden Einfluss von Kirchen auf die Politik vgl. Grzymala-Busse 2015.

solche theoretischen Ansätze, die sich um – religiöse – Ideen, Sichtweisen, Selbst- und Fremdwahrnehmungen kümmern: das sind konstruktivistische Ansätze; zum andern jedoch solche Ansätze, welche die Logik von Machtkonflikten zwischen Gruppen und Staaten thematisieren, also einerseits realistische Ansätze, andererseits gesellschaftskritische Ansätze wie den Neo-Gramscianismus, der inner- und transnationale gesellschaftliche (Vor-)Herrschaft thematisiert. Der (internationale) Institutionalismus dagegen erweist sich aufgrund der im interreligiösen wie im religiös-politischen Wechselwirkungsbereich schwachen Ausprägung internationaler Institutionen[153] als wenig erklärungskräftig.

Politisch-pragmatisch ist mit der Ambivalenz des Religiösen – und mit dem Religiösen überhaupt – zu rechnen. Fanatische Auslegungen werden weiterhin schlimme Auswirkungen zeitigen – und ihnen gilt es entgegenzutreten (vgl. auch Owen 2014). Dies geschieht am klügsten jedoch nicht durch pauschale Be- und Verurteilungen, die nur falsche, kontraproduktive Solidarisierung auslösen. Sondern durch Differenzierung – religionswissenschaftlich zwischen verschiedenen Lesarten aller Religionen, sozialwissenschaftlich-analytisch zwischen religiösen Ideen und ihrer Aktivierung in (macht-)politischen Kontexten. Zu dieser Differenzierung wollte das vorliegende Kapitel beitragen, indem es auf die enge Verknüpfung religiöser mit politischen Machtfragen hingewiesen hat, aber auch auf die durchaus schwierige westlich-christliche Vorgeschichte, die in Sachen Religionsfreiheit und Demokratie oft auch erst aus Schaden klug geworden ist. Auch insofern also verbietet sich interreligiöse Überheblichkeit.

5.4 Resümee des Kapitels

In diesem Kapitel wurde

- Religion mittels unserer vier Kultur-Elemente als sozio-kulturelles Phänomen bestimmt, dessen Bedeutung, entgegen der lange Zeit vertretenen Säkularisierungsthese, in jüngerer Zeit nicht ab-, sondern wieder zugenommen hat;

---

153 Zu denken wäre an die die Religionsfreiheit betreffenden Bestimmungen internationaler Menschenrechtspakte (vgl. Evans/Petkoff/Rivers 2015): sie entfalten Wirkung v. a. in politischen Systemen, in denen dieser Gedanke schon selbst innenpolitisch-institutionelle ‚Bodenhaftung' hat, eher nicht dagegen gegenüber autoritären oder gar totalitären Regimen. Daneben sind inter- und transnationale Einrichtungen religiöser Akteure von Belang, vgl. Marshall 2013.

- sodann anhand zweier Beispiele die Rolle des Christentums im kalten Krieg analysiert: es wurde im Rahmen eines spirituell-industriellen Komplexes in den USA der 1950 bis 60er Jahre zur geistigen Aufrüstung instrumentalisiert und legte aufgrund des aggionamento des römischen Katholizismus im Zweiten Vatikanum dessen Skepsis gegenüber Moderne und Demokratie ab und ermöglichte dadurch die religionsfreundliche Demokratisierung Italiens, wenn auch um den Preis der jahrelangen Dominanz der Democrazia Cristiana und deren transatlantischer Unterstützung durch US-Geheimdienste im Kampf gegen westeuropäischen Kommunismus;
- schließlich für die muslimisch-arabische Welt der salafistische Dschihadismus als gewaltsame Form islamischen Fundamentalismus ausgemacht, die Terrorismus als asymmetrischen Gewalteinsatz legitimiert, und der saudisch-iranische Konflikt als transnationaler Machtkonflikt auf vier Ebenen analysiert, der weit mehr ist als ein simpler Religionskonflikt zwischen schiitischem und wahabitisch-sunnitischem Islam.
- Im christlichen wie im muslimischen Bereich sind internationale Politik und Religion also eng verbunden, zum Schlechten (Gewalt fördernd) wie auch potenziell zum Guten (sie mindernd und z. B. Entwicklung fördernd). Die konkrete Wirkung religiöser Vorstellungen hängt davon ab, welche Akteure sie sich mit welchen Absichten zu eigen machen, ergibt sich nicht aus einer simplen Lektüre heiliger Texte.

Literaturhinweise zu Kapitel 5

Haynes, Jeffrey 2013: An Introduction to International Relations and Religion, 2nd ed., Harlow u. a.

Die Einführung in die hier behandelte Thematik des britischen Kollegen Haynes ist die wohl beste, nicht nur, weil sie nahezu allein dasteht, sondern auch aufgrund der Breite der behandelten Themen und der Vielfalt der behandelten Weltregionen.

Jenkins, Philip 2014: The Great Holy War. How World War I Changed Religion For Ever, Oxford.

Die Studie des britischen Historikers Jenkins zur religiösen Aufladung im Ersten Weltkrieg ist nicht nur als Ergänzung zur im Kapitel behandelten Fallstudie über die Instrumentalisierung des Christentums im kalten Krieg interessant; sie macht auch deutlich, dass Ideen von der ‚Heiligkeit' von Kriegsführung keinesfalls auf die muslimische Kultur begrenzt sind, und der Erste Weltkrieg hat die Bedingungen mit geschaffen, unter denen es heute zur Re-Aktivierung solcher Ideen kommt.

Shaw, Jeffrey M./Demy, Timothy J. (Hrsg.) 2017: War and Religion. An Encyclopedia of Faith and Conflict, 3 Bände, Santa Barbara/Denver.
Die rund 500 alphabetisch angeordneten, aber in einer Themen-Übersicht auch inhaltlich geordneten kurzen Einträge dieser dreibändigen Enzyklopädie geben grundlegende Information über religiöse Vorstellungen zum und über Krieg, einschlägige Persönlichkeiten und konkretes Konfliktgeschehen, bei dem religiöse Motive eine Rolle gespielt haben (vom Altertum bis zum 21. Jahrhundert). Zum Einstieg in die Thematik wie als Anregung für eigene, ausführlichere Arbeiten kann das Werk in Bibliotheken konsultiert werden.

Literatur zu Kapitel 5

Abisaab, Rula Jurdi 2004: Converting Persia. Religion and Power in the Safavid Empire, London.
Adair, James R. 2008: Introducing Christianity, New York/London.
Ahmed, Akbar 2013: The Thistle and the Drone. How America's War on Terror Became a Global War on Tribal Islam, Washington, DC.
Al-Rasheed, Madawi/Kersten, Carool/Shterin, Marat (Hrsg.) 2013: Demystifying the Caliphate, London.
Appleby, R. Scott 2000: The Ambivalence of the Sacred. Religion, Violence, and Reconciliation, Lanham u. a.
Appleby, R. Scott/Little, David/Omer, Atalia (Hrsg.) 2015: The Oxford Handbook of Religion, Conflict, and Peacebuilding, Oxford/New York.
Başkan, Birol 2014: From Religious Empires to Secular States. State Secularization in Turkey, Iran, and Russia, London/New York.
Beit-Hallahmi, Benjamin 2015: Psychological Perspectives on Religion and Religiosity, Hove/New York.
Bellah, Robert N. 2011: Religion in Human Evolution. From the Paleolithic to the Axial Age, Mambridge, Mass./London.
Bergen, Peter L./Rothenberg, Daniel (Hrsg.) 2015: Drone Wars. Transforming Conflict, Law, and Policy, Cambridge.
Blackford, Russell 2012: Freedom of Religion and the Secular State, Malden/Oxford.
Bowering, Gerhard (Hrsg.) 2013: The Princeton Encyclopedia of Islamic Political Thought, Princeton/Oxford.
Breitmeier, Helmut/Badri, Farhood 2015: Der transnationale interreligiöse Dialog und die Einhaltung der globalen Norm der Religionsfreiheit, in: Ines-Jacqueline Werkner/Oliver Hidalgo (Hrsg.): Religionen – Global Player in der internationalen Politik? Wiesbaden, 57–86.
Brekke, Torkel 2012: Fundamentalism. Prophecy and Protest in an Age of Globalization, Cambridge.
Brocker, Manfred/Hildebrandt, Mathias (Hrsg.) 2008: Friedensstiftende Religionen? Religion und die Deeskalation politischer Konflikte, Wiesbaden.
Brodd, Jeffrey u. a. 2013: Invitation to World Religions, Oxford/New York.
Byman, Daniel 2015: Al Qaeda, the Islamic State, and the Global Jihadist Movement, Oxford.

Caryl, Christian 2013: Strange Rebels. 1979 and the Birth of the 21st Century, New York.
Clark, Steve 2014: The Justification of Religious Violence, Malden/Oxford.
Commins, David 2006: The Wahhabi Mission and Saudi Arabia, London.
Cook, Michael 2014: Ancient Religions, Modern Politics. The Islamic Case in Comparative Perspective, Princeton/Oxford.
Crawford, Michael 2014: Ibn ʿAbd al-Wahhab, London.
Driessen, Michael D. 2014: Religion and Democratization. Framing Religious and Political Identities in Muslim and Catholic Societies, Oxford/New York.
Efinger, Manfred/List, Martin 1994: Stichwort „Ost-West-Beziehungen", in: Andreas Boeckh (Hrsg.), Lexikon der Politik, Bd.6: Internationale Beziehungen, München, 381–396.
Eller, Jack David 2015: Introducing Anthropology of Religion, 2nd ed., London/New York.
Evans, Malcolm/Petkoff, Peter/Rivers, Julian (Hrsg.) 2015: The Changing Nature of Religious Rights under International Law, Oxford.
Figl, Johann (Hrsg.) 2003: Handbuch Religionswissenschaft. Religionen und ihre zentralen Themen, Innsbruck.
Fine, Jonathan 2015: Political Violence in Judaism, Christianity, and Islam. From Holy War to Modern Terror, Lanham u. a.
Fox, Jonathan 2013: An Introduction to Religion and Politics. Theory and practice, London/New York.
Fox, Jonathan/Sandler, Shmuel 2006: Bringing Religion Into International Relations, New York/Basingstoke.
Ganor, Boaz 2015: Global Alert. The Rationality of Modern Islamist Terrorism and the Challenge to the Liberal Democratic World, New York/Chichester.
Garrard, John/Garrard, Carol 2008: Russian Orthodoxy Resurgent. Faith and Power in the New Russia, Princeton.
Gill, Anthony 2008: The Political Origins of Religious Liberty, Cambridge.
Grim, Brian J./Finke, Roger 2011: The Price of Freedom Denied. Religious Persecution and Conflict in the Twenty-First Century, Cambridge.
Grzymala-Busse, Anna 2015: Nations Under God. How Churches Use Moral Authority to Influence Policy, Princeton.
Haider, Najam 2014: Shi'i Islam. An Introduction, Cambridge.
Hartmann, Jürgen 2014: Religion in der Politik. Judentum, Christentum, Islam, Wiesbaden.
Hassner, Ron E. 2014: Religion in the Military Worldwide, Cambridge.
Haynes, Jeffrey 2013: An Introduction to International Relations and Religion, 2nd ed., Harlow u. a.
Hazleton, Lesley 2009: After the Prophet. The Epic Story of the Shia-Sunni Split, New York.
Herzog, Jonathan P. 2011: The Spiritual-Industrial Complex. America's Religious Battle Against Communism in the Early Cold War, Oxford/New York.
Hock, Klaus 2014: Einführung in die Religionswissenschaft, 5. Aufl., Darmstadt.
Höhn, Hans-Joachim 2015: Gewinnwarnung. Religion – nach ihrer Wiederkehr, Paderborn.
Hoffman, Bruce 2007: Terrorismus – Der unerklärte Krieg. Neue Gefahren politischer Gewalt, Frankfurt a. M.
Hoover, Dennis R./Johnston, Douglas M. (Hrsg.) 2012: Religion and Foreign Affairs. Essential Readings, Waco/TX.
Huntington, Samuel P. 1993: The Clash of Civilizations? in: Foreign Affairs 72, No.3, 22–49.
Huntington, Samuel P. 1997: The Clash of Civilizations and the Remaking of World Order, New York (zahlreiche Ausgaben, auch auf Deutsch und im Taschenbuch-Format).

Ivereigh, Austen 2014: The Great Reformator. Francis and the Making of a Radical Pope, New York.
Janes, Dominic/Houen, Alex (Hrsg.) 2014: Martyrdom and Terrorism. Pre-Modern to Contemporary Perspectives, Oxford/New York.
Joas, Hans 2017: Die Macht des Heiligen. Eine Alternative zur Geschichte von der Entzauberung, Berlin.
Johnston, Lucas F. 2013: Religion and Sustainability. Social Movements and the Politics of the Environment, Abingdon/New York.
Juergensmeyer, Mark/Kitts, Margo/Jerryson, Michael (Hrsg.) 2013: The Oxford Handbook of Religion and Violence, Oxford/New York.
Kamrava, Mehran (Hrsg.) 2012: The Nuclear Question in the Middle East, London.
Kelsay, John 2013: „Jihad", in: Gerhard Bowering (Hrsg.): The Princeton Enyclopedia of Islamic Political Thought, Princeton/Oxford, 273–282.
Kendall, Elisabeth/Stein, Ewan (Hrsg.) 2015: Twenty-First Century Jihad. Law, Society and Military Action, London/New York.
Kennedy, Hugh 2016: The Caliphate, London.
Kirby, Dianne 2006: The Cold War, the hegemony of the United States and the golden age of Christian Democracy, in: Hugh McLeod (Hrsg.): The Cambridge History of Christianity, Vol. 9: World Christianities c. 1914 – c. 2000, New York, 285–303.
Koesel, Karrie J. 2014: Religion and Authoritarianism. Cooperation, Conflict and the Consequences, Cambridge.
Kruse, Kevin M. 2015: One Nation Under God. How Corporate America Invented Christian America, New York.
Laine, James W. 2014: Meta-Religion. Religion and Power in World History, Oakland, Cal.
Law, Randall D. (Hrsg.) 2015: The Routledge History of Terrorism, Abingdon/New York.
Linden, Ian 2012: Global Catholicism. Towards a Networked Church, 2nd ed., London.
List, Martin 2006: Internationale Politik studieren. Eine Einführung, Wiesbaden.
List, Martin 2014: Weltregionen im globalen Zeitalter, Fernstudienkurs der FernUniversität in Hagen, Hagen (überarb. Buchversion unter demselben Titel Wiesbaden 2016).
Lohlker, Rüdiger: Die Salafisten. Der Aufstand der Frommen, Saudi-Arabien und der Islam, München.
Louër, Laurence 2008: Transnational Shia Politics. Religious and Political Networks in the Gulf, London.
Mabon, Simon 2013: Saudi Arabia and Iran. Soft Power Rivalry in the Middle East, London.
Marshall, Katherine 2013: Global Institutions of Religion. Ancient Movers, Modern Shakers, Abingdon/New York.
Martin, Susanne 2015: Suicide Terrorism, in: Randall D. Law (Hrsg.) 2015: The Routledge History of Terrorism, Abingdon/New York, 397–410.
Mason, Robert 2015: Foreign Policy in Iran and Saudi Arabia. Economics and Diplomacy in the Middle East, London.
Matthiesen, Toby 2015: The Other Saudis. Shiism, Dissent and Sectarianism, Cambridge.
Matusitz, Jonathan 2015: Symbolism in Terrorism. Motivation, Communication, and Behavior, Lanham u. a.
Mistry, Kaeten 2014: The United States, Italy and the Origins of the Cold War. Waging Political Warfare, 1945–1950, Cambridge.
Mitchell, Jolyon 2012: Martyrdom. A Very Short Introduction, Oxford.

Muehlenbeck, Philip E. (Hrsg.) 2012: Religion and the Cold War. A Global Perspective, Nashville.
Oakley, Francis 2006: Kingship. The Politics of Enchantment, Malden/Oxford.
Ohlig, Karl-Heinz 2002: Religion in der Geschichte der Menschheit. Die Entwicklung des religiösen Bewusstseins, Darmstadt.
O'Malley, John W. 2010: What Happened at Vatican II? Cambridge, Mass.
Owen, John M. 2014: Confronting Political Islam. Six Lessons from the West's Past, Princeton.
Paloutzian, Raymond F./Park, Crystal L. (Hrsg.) 2015: Handbook of Psychology of Religion and Spirituality, 2nd ed., New York.
Pollack, Detlef/Rosta, Gergely 2015: Religion in der Moderne. Ein internationaler Vergleich, Frankfurt a. M.
Pollard, John 2014: The Papacy in the Age of Totalitarianism, 1914–1958, Oxford.
Prothero, Stephen 2010: God Is Not One. The Eight Rival Religions that Run the World, New York.
Reichberg, Gregory M./Syse, Henrik (Hrsg.) 2014: Religion, War, and Ethics. A Sourcebook of Textual Traditions, New York.
Reuter, Christoph 2015: Die Schwarze Macht. Der „Islamische Staat" und die Strategie des Terrors, München.
Richards, Anthony 2015: Conceptualizing Terrorism, Oxford.
Roberts, Keith A./Yamane, David 2011: Religion in Sociological Perspective, 5th ed., Thousand Oaks.
Roy, Olivier 2010: Holy Ignorance. When Religion and Culture Part Ways, London.
Said, Behnam T. 2015: Islamischer Staat. IS-Miliz, al-Qaida und die deutschen Brigaden, München.
Santos, Boaventura de Sousa 2015: If God Were a Human Rights Activist, Stanford.
Sarkissian, Ani 2015: The Varieties of Religious Repression. Why Governments Restrict Religion, Oxford/New York.
Schirra, Bruno 2015: ISIS – Der globale Dschihad. Wie der „Islamische Staat" den Terror nach Europa trägt, Berlin.
Seidensticker, Tilman 2014: Islamismus. Geschichte, Vordenker, Organisationen, München.
Senghaas, Dieter 1972: Rüstung und Militarismus, Frankfurt a. M.
Shah, Timothy Samuel/Stepan, Alfred/Toft, Monica Duffy (Hrsg.) 2012: Rethinking Religion and World Affairs, Oxford/New York.
Shepard, William E. 2014: Introducing Islam, 2nd ed., London/New York.
Singleton, Andrew 2014: Religion, Culture and Society. A Global Approach, Los Angeles u. a.
Snyder, Jack (Hrsg.) 2011: Religion and International Relations Theory, New York.
Steen-Johnsen, Tale 2016: State and Politics in Religious Peacebuilding, Basingstoke/New York.
Steinberg, Guido 2005: Der nahe und der ferne Feind. Das Netzwerk des islamistischen Terrorismus, München.
Swanson, Michael 2013: The War State. The Cold War Origins of the Military-Industrial Complex and the Power Elite, 1945–1963, North Charleston.
Teehan, John 2010: In the Name of God. The Evolutionary Origins of Religious Ethics and Violence, Malden/Oxford.
ter Haar, Gerrie (Hrsg.) 2011: Religion and Development. Ways of Transforming the World, New York.
Tessler, Mark 2015: Islam and Politics in the Middle East. Explaining the Views of Ordinary Citizens, Bloomington/Indianapolis.

Thomas, Scott M. 2005: The Global Resurgence of Religion and the Transformation of International Relations. The Struggle for the Soul of the Twenty-First Century, New York/Basingstoke.
Toft, Monica Duffy 2013: Religion and International Relations Theory, in: Walter Carlsnaes/Thomas Risse/Beth Simmons (Hrsg.): Handbook of International Relations, 2. Aufl., Los Angeles u. a., 673–691.
Toft, Monica Duffy/Philpot, Daniel/Shah, Timothy Samuel 2011: God's Century. Resurgent Religion and Global Politics, New York/London.
Tomalin, Emma (Hrsg.) 2015: The Routledge Handbook of Religions and Global Development, Abingdon/New York.
Turner, John A. 2014: Religious Ideology and the Roots of the Global Jihad. Salafi Jihadism and International Order, Basingstoke/New York.
Wehrey, Frederic M. 2016: Sectarian Politics in the Gulf. From the Iraq War to the Arab Uprisings, New York/Chichester.
Williams, Paul L. 2015: Operation Gladio. The Unholy Alliance between the Vatican, the CIA, and the Mafia, Amherst.
Wilkes, George R. 2016: Wars of Religion, in: John M. MacKenzie (Hrsg.): The Encyclopedia of Empire, Bd. 4, Malden/Oxford, 2220–2230.
Wilner, Alex S. 2015: Deterring Rational Fanatics, Philadelphia.
Wunn, Ina/Urban, Patrick/Klein, Constantin 2015: Götter, Gene, Genesis. Die Biologie der Religionsentstehung, Berlin/Heidelberg.

Wachstums-Ideologie, Neoliberalismus und Konsumerismus

> *Whoever has the power to project a vision of the good life and make it prevail has the most decisive power of all.*
>
> William Leach (1993, xiii)

> *A consumer lifestyle – consumerism – that initially emerged in Europe, in England, in the seventeenth century, developed and achieved maturity in America, has subsequently become in the course of the twentieth century the most persuasive and pervasive globally extensive form of cultural life (...).*
>
> Barry Smart (2010, 3/4)

> *The promotion of consumerism, the market, and transnational capital is expressed in the diversity of images, stories, and ideas disseminated and repeated through transnational media: images, stories, and ideas that leave little for democratic imagination or application.*
>
> Lee Artz (2015, 6)

In diesem Kapitel geht es um die kulturelle Dimension dessen, was als politische Ökonomie bezeichnet wird. Damit ist die Wechselwirkung zwischen Politik und Ökonomie gemeint – und deren (politik-)wissenschaftliche Analyse. Als Internationale Politische Ökonomie (IPÖ) bezeichnet man die Analyse dieser Zusammenhänge auf inter- und trans-nationaler Ebene, also grenzüberschreitend zwischen Staaten und zwischen nicht-staatlichen Akteuren (wie Firmen, aber auch [Gruppen von] Individuen). Im Folgenden wird es um die kulturelle Dimension dieser polit-ökonomischen Zusammenhänge im heute globalen kapitalistischen System gehen.

Hierzu werden wir in vier Schritten vorgehen:

- Nach ein paar einleitenden Bemerkungen zum Kapitalismus als polit-ökonomisches System wird seine kulturelle Seite, seine kulturelle Konstitution verdeutlicht.
- Sodann wird auf Wachstum als zentrales ideologisches Konzept des globalen Kapitalismus nach 1945 eingegangen und damit auch auf Ideologie(kritik) sowie an diesem Beispiel auf Anspruch und Probleme kritischer Sozialwissenschaft.
- Mit diesem Instrumentarium ausgerüstet wird die Bedeutung des Neoliberalismus als seit den 1970er Jahren dominante Ideologie rekonstruiert.
- Schließlich wird der Konsumerismus als globale Kultur in seiner Bedeutung erörtert.

Insgesamt soll damit die Rolle weicher, kultureller Faktoren bei der Konstitution und Aufrechterhaltung globaler materieller Strukturen – des wachstumsorientierten, auf Massenkaufkraft basierten Kapitalismus – aus einer kritischen Perspektive verdeutlicht werden.

6.1 Kapitalismus – Phänomen und kulturelle Aspekte

Kapitalismus als heute globales polit-ökonomische System ist zunächst einmal eine materielle Struktur. Er ist materiell, insofern er letztlich die materielle Grundversorgung der Menschheit bzw. des überwiegenden Teils von ihr betrifft und dabei zugleich ihr gesellschaftliches Naturverhältnis. Er berührt damit die materielle Existenz der Mehrheit der Menschheit und auch ihre kollektive Existenz. Ersteres, indem er marktvermittelt, also nicht auf Bedarf an sich, sondern auf Nachfrage, also mit Kaufkraft verbundenen Bedarf, reagiert; Letzteres, weil die ökologischen Konsequenzen dieser Wirtschaftsweise etwa in Gestalt des Klimaproblems heute global so gewichtig sind, dass der Fortbestand der Menschheit insgesamt erstmals von ihrem eigenen Tun abhängt, ein Zustand, der neuerdings auf den Begriff des Anthropozäns, des Menschen-, von Menschen und ihrem Tun abhängigen Erdzeitalters, gebracht wird.

Der Kapitalismus ist eine – durch gesellschaftliches Handeln reproduzierte – Struktur, insofern die ihn aufrechterhaltenden Akteure dies nicht, zumindest nicht alle – denn einige erhalten das System durchaus bewusst und gewollt aufrecht –, ‚aus freien Stücken' tun, wie einer seiner prominentesten Kritiker, Karl Marx, formuliert hat. Dies ist zunächst einmal ein Befund, der für viele soziale Strukturen gilt. Auch Sprachen etwa sind zwar nicht unveränderbar, aber nicht beliebig schnell

6.1 Kapitalismus – Phänomen und kulturelle Aspekte

und einfach zu ändern und geben daher zunächst einmal für ihre Sprecher einen Rahmen vor – Wortbedeutungen etwa oder Regeln der Grammatik –, an den sie sich halten müssen, wollen sie verstanden werden. So kennt auch der Kapitalismus seine Regeln – und seine Handlungszwänge. Unter letzteren sind entscheidend: der systemische Zwang zur Vermehrung des Kapitals und der Zwang zur Lohnarbeit. Ersterer betrifft den spezifischen Kern des kapitalistischen Wirtschaftssystems, insofern Investitionen genau in dem Maße und in jene Bereiche erfolgen, wie sich Investoren, also Akteure, die über anlagefähiges Kapital verfügen, Gewinnerwartungen, also am Ende mehr Kapital, versprechen. Kapitalvermehrung ist also das vergleichsweise schnöde Zentralmotiv der einen für das Funktionieren dieses Systems wesentlichen Akteursgruppe. Selbsterhalt durch Erwerbsarbeit ist das der mehrheitlichen anderen Gruppe, insofern außerhalb des dominanten ökonomischen ‚Spiels' nur Subsistenzwirtschaft (Selbstversorgung) möglich ist (bzw. in den entwickelteren Spiel-Arten des Kapitalismus die Versorgung durch wohlfahrtsstaatliche Transferleistungen).

Damit ist bereits eine dritte grundlegende strukturelle Eigenschaft des polit-ökonomischen Systems des Kapitalismus benannt: die formale Trennung einer Sphäre privater, hier privatökonomischer Autonomie von der Sphäre der öffentlichen Politik, die einerseits in Gestalt einzelstaatlicher Herrschaftskomplexe erscheint und andererseits als ein heute zunehmend grenzüberschreitend organisiertes Staaten-System. Diese Trennung von Privatwirtschaft und staatlich-politischer Sphäre erst macht es erforderlich, von *politischer* Ökonomie, der Verbundenheit und Auf-einander-Bezogenheit beider Sphären zu sprechen, und die im Prinzip grenzüberschreitende, transnationale Natur des Kapitalismus im Rahmen eines Staatensystems bzw., als Formulierung genauso angemessen und berechtigt, eines Staatensystems im Rahmen des heute globalen Kapitalismus macht Internationale Politische Ökonomie zu einem zentralen Bestandteil der politikwissenschaftlichen Beschäftigung mit internationalen Beziehungen.

Diese zwangsläufig knappen, zweifellos weiter erläuterungsbedürftigen und erläuterungsfähigen Bemerkungen müssen und können an dieser Stelle zur Bestimmung des Begriffs „Kapitalismus" genügen. Denn hier geht es im nächsten Schritt um seine *kulturellen* Aspekte. Diese hervorzuheben und theoretisch zu erfassen hat zwar eine lange Tradition, wird andererseits erst in jüngster Zeit auch wieder aufgenommen (vgl. als frühen und verständlichen Beitrag Claessens/Claessens 1979, jüngst, sprachlich weit aufwendiger, Sum/Jessop 2015). Bereits das Nachdenken über die Entstehung des modernen Kapitalismus, ein Kernthema der Gründer-Generation auch der modernen Sozialwissenschaften, hob, prominent in der These des Soziologen Max Weber (2013, ursprünglich 1904/05) über den Zusammenhang zwischen Entstehung des Kapitalismus und einer protestantisch-kalvinistischen Ethik, auf kulturelle Ursprünge des Systems ab.[154] Auch wenn die These nicht unbestritten geblieben ist und heute wohl mehrheitlich so nicht mehr geteilt wird, macht sie doch auf einen interessanten Punkt aufmerksam: Wenn, wie oben formuliert wurde, das schnöde Zentralmotiv des Kapitalismus die Vermehrung des Kapitals quasi um ihrer selbst willen ist, warum sollten Menschen dieses in sich eher sinn-lose Spiel begonnen haben? Um die Schärfe der Frage zu verstehen, ist es nötig, Kapital-Vermehrung von Streben nach Gewinn und dessen privatem Genuss zu unterscheiden. Der lehrbuchhafte (Familien-)Unternehmer strebt nach Gewinn, um davon sich und seine Familie gut (oder besser) zu versorgen. Diese Motivation scheint plausibel und verständlich. Aber warum sollte er dies immer weiter tun, und zuweilen ohne erkennbaren materiellen Mehr-Genuss (Weber sprach gar von unternehmerischer Askese)? Was treibt ihn (an)? Und wie verhält sich das bei Unternehmensformen mit weniger persönlichem Bezug wie etwa Aktiengesellschaften? *Eine* Antwort wäre der Rekurs auf die oben als strukturell angelegt bezeichnete Handlungslogik: Strebe ich nicht nach mehr an Gewinn, gerate ich womöglich gegenüber Konkurrenten, die das tun, ins Hintertreffen – und werde am Ende von ihnen aus dem Markt verdrängt (oder aufgekauft – aber was wäre daran so schrecklich, wenn der Preis stimmt und ich und meine Erben davon gut leben können?). Webers Antwort war, dass die ersten kapitalistischen Unternehmer tatsächlich von mehr als materiellen Motiven (an)getrieben waren, nämlich durch die Suche nach ihrem Seelenheil. In der kalvinistischen Variante des Protestantismus, so die These, stelle ökonomischer Erfolg nämlich ein Anzeichen für die Auserwähltheit durch Gott dar – und damit ein, das einzig zuverlässige, Indiz für ewiges Seelenheil. Eine solche, quasi transzendentale, Motivation könnte immerhin rastloses Streben nach Kapitalvermehrung selbst bei ‚asketischem' Lebensstil erklären.

Da der Kapitalismus jedoch nicht ausschließlich in protestantischen Regionen entstanden ist und Fuß gefasst hat, müssen entweder auch andere (religiöse) Weltbilder eine solche Motivation tragen (was in Weber'scher Tradition – und gegen seine eigenen Auffassungen von der entwicklungshemmenden Natur des Konfuzianismus – etwa für die ökonomisch erfolgreichen Gesellschaften Ostasiens behauptet worden ist) – oder sie speist sich aus anderen Quellen. Hier kommt zum einen der erläuterte systemische Zwang zum Gewinnstreben in Betracht. Er resultiert in heute meist als Aktiengesellschaften organisierten Großfirmen auch aus den Gewinnerwartungen der Anleger. Und darunter befinden sich auch sog. institutionelle Anleger wie Kapitalbeteiligungsgesellschaften, die ihrerseits von

---

154 Zum Zusammenhang von Ökonomie und christlicher Religion jüngst handbuchartig Oslington 2014; darin zu Webers These Stackhouse 2014, auch mit einem Blick auf die mit anderen Religionen vergleichende Forschung.

den Gewinnerwartungen ihrer privaten Geldgeber getrieben werden, aber auch Rentenversicherungen und Pensionsfonds, deren Gewinne breiteren Bevölkerungsschichten, etwa für ihre Altersversorgung, zu Gute kommen sollen (und sie damit ‚ins System der Kapitalverwertung' einbinden: sie haben, wieder frei nach Marx, nicht mehr nur ihre Ketten zu verlieren – sondern auch ihre Rentenansprüche).

Neben dem transzendentalen Heilsstreben und den systemischen Handlungszwängen kommt als potenziell unbegrenztes Motiv für unendliches Streben nach Kapitalvermehrung Machtstreben in Betracht, in zwei allerdings recht unterschiedlichen Lesarten. Die ‚egoistische' Lesart erkennt zu Recht, dass Verfügung über (mehr) Kapital zugleich auch Verfügung über (mehr) gesellschaftliche Macht erbringt: Kapital ist sehr fungibel, kann private Güter ebenso erkaufen wie Einfluss und harte Machtmittel (wie etwa Waffen). Für einige Akteure im kapitalistischen System ist Macht in diesem Sinne ein quasi-transzendentales, jedenfalls prinzipiell unbeschränktes Motiv. Und dies auch, weil es, das zeigt etwa das Stiftungswesen des ‚reichsten Mannes der Welt', Bill Gates (und das einiger seiner ‚Kollegen'[155]), gesellschaftliche Einwirkungs- und Gestaltungsmöglichkeit erbringt. Wir nähern uns damit der zweiten Lesart des Machtmotivs: Macht verstanden als der Gesellschaft als Ganze zukommendes Gestaltungspotenzial. Man mag, angesichts der Annehmlichkeiten, die individuelle Verfügung über Kapital dann doch erbringt, zögern, die so verstandene Macht altruistisch zu nennen. Dass aus schnöden Motiven jedoch kollektiver Nutzen erwachsen kann, wurde bereits von den Zeitgenossen des entstehenden Kapitalismus ganz nüchtern benannt, etwa von Bernard Mandeville (in seiner berühmten „Bienenfabel" [1980/1714]): er (und ähnlich argumentiert Adam Smith) sprach von „private vices, public benefits", also vom öffentlichen, für die Allgemeinheit anfallenden Nutzen des privaten ‚Lasters' des Gewinnstrebens. Wenn und soweit die kapitalistische Wirtschaftsweise einen Beitrag leistet zur

---

155 Ein prominenter Vorgänger von Gates, Andrew Carnegie, brachte die moralische Verpflichtung des erfolgreichen Unternehmers in seiner Schrift „The Gospel of Wealth" (1889; zitiert nach Meacham 2015, 8) wie folgt zum Ausdruck: „This, then, is held to be the duty of the man of wealth: To set an example of modest, unostentatious living, shunning the display or extravagance; to provide moderately for the legitimate wants of those dependent upon him; and, after doing so, to consider all surplus revenues which come to him simply as trust funds, which he is called upon to administer, and strictly bound as a matter of duty to administer in the same manner which, in his judgement, is best calculated to produce the most beneficial results for the community – the man of wealth thus becoming the mere trustee and agent for his poorer brethren, bringing to their service his superior wisdom, experience, and ability to administer, doing for them better than they would or could do for themselves." So störend der darin zum Ausdruck kommende Paternalismus sein mag, so positiv unterscheidet sich diese Maxime doch vom frivolen Konsum auch heutiger Neureicher.

Steigerung des allgemeinen Lebensstandards – und dass sie dies zumindest in den entwickelten Gesellschaften getan hat, lässt sich kaum bestreiten –, dann kann sich das ‚schnöde Kernmotiv' der Kapitalvermehrung um seiner selbst willen vor sich selbst und der Öffentlichkeit genau mit den auch für diese Allgemeinheit heilsamen Effekten rechtfertigen. Was im Kern auch in jedem Lehrbuch der Marktwirtschaft getan wird und durch historische Erfahrungen wie nicht funktionierende realsozialistische Planwirtschaft auch veranschaulicht wird. Selbst der Kapitalismuskritiker Marx setzte für die Verwirklichung einer Gesellschaftsform jenseits des Kapitalismus bekanntlich auf die von diesem vorangetriebene Leistungsfähigkeit der Produktivkräfte.

Die sozialwissenschaftliche Analyse der (Erfolgs-)Bedingungen des Kapitalismus ist freilich in den vergangenen 200 Jahren nicht bei der (Individual-)Motivation für Gewinnstreben und Kapitalvermehrung stehen geblieben. Sie hat sich, vor allem im Lauf der vergangenen 50 Jahre, auch vermehrt seinen *institutionellen* Bedingungen zugewandt. Und wie im einleitenden Theoriekapitel des vorliegenden Buches entfaltet wurde, dürfen diese u. a. von der sog. Institutionen-Ökonomik hervorgehobenen Faktoren im weiteren Sinne (wie alle Institutionen) insofern auch als kulturelle angesehen werden, als sie nicht naturgegeben sind, sondern aufgrund gesellschaftlicher Verhältnisse und Praktiken ‚eingespielte', geronnene Kultur darstellen. Zwei dieser institutionellen Faktoren seien hier zur Abrundung unserer Ausführungen zur kulturellen Dimension des Kapitalismus noch kurz angesprochen, bevor ein dritter, wieder im engeren Sinne kulturell-motivationaler Faktor uns als Brücke zum Rest des Kapitels dienen kann.

Eigentumsrechte (property rights, oft auch als Verfügungsrechte übersetzt) sind eine der Institutionen, die im Rahmen der Institutionen-Ökonomik in den vergangenen Jahren als von zentraler Bedeutung für das Funktionieren des Kapitalismus herausgearbeitet wurden. Dabei verwundert es fast etwas, dass dies nötig war. Denn wie gesagt gehört die Trennung von privater, auch ökonomischer Autonomie und staatlicher Sphäre doch zu den Grundelementen dieses polit-ökonomischen Systems. Aber es verlangt schon etwas vertieftes Verständnis dieses Systems, die spezifische Bedeutung dieses Elementes zu erkennen. In vielen vormodernen (und einigen nicht-kapitalistisch modernen) Systemen gibt es diese Trennung nicht. Gewinn wird dann oft nicht aus der Effizienz steigernden Organisation von Produktion gezogen, sondern aus in unterschiedlichem Umfang und in unterschiedlicher Form zwangsweise, notfalls gewaltsam erfolgender Aneignung. In Sklavenhalter-Gesellschaften wird die Arbeitsleistung – und Lebensenergie – der Sklaven gnadenlos ausgebeutet; in Raubökonomien wird Macht und Gewinn durch kriegerische Eroberung angestrebt. In all diesen Systemen sind die politischen Herren zugleich auch die ökonomischen, findet also machtsoziologisch betrachtet eine ungute Ballung von

Machtressourcen statt. Dementsprechend wird nicht zwischen privater Wirtschaft (außer häuslicher Ökonomie – oikonomia leitet sich vom griechischen Wort oikos = Haus ab) und politischer (Macht-)Sphäre unterschieden, was auch den Anreiz für private Kapitalbildung und Investitionen mindert. Letztere sind vielmehr auf gewährleistete private Eigentumsrechte angewiesen: Wer jederzeit mit willkürlicher Enteignung durch die politisch Herrschenden rechnen muss, hat keinen Anreiz zur Bildung und Anlage von Kapital.

Gerade dieser Bedarf an Eigentumsrechten lässt sich jedoch nicht durch private Anbieter allein stillen. Private Söldner (oder Sicherheitsdienste) mögen individuelles Eigentum schützen – sie können nicht ein *System* von Eigentumsrechten gewährleisten. Dies vermag allein die (dann auch sichtbare) öffentliche Hand, der Staat (im Unterschied zur gemäß Adam Smith ja unsichtbaren Hand der privaten Allokationsentscheidungen, die – indirekt – den Nutzen erhöhter Produktivität stiftet). Es bedurfte einer historisch voraussetzungsvollen Austarierung dieser gesellschaftlichen (auch Macht-)Sphären, zwischen Staat und Privatökonomie, um daraus die in den heute entwickelten Ländern erreichte Steigerung der Produktivität und damit – wenngleich nicht automatisch – auch des Massenwohlstandes zu erreichen. Wobei der Einschub wichtig ist: nicht automatisch. Zwar gibt es auch private Motive für die Gewährung gewisser materieller Vorteile für die eigenen Arbeiter. Das erkannte in Deutschland früh etwa Krupp, der ‚seine' Arbeiter an sein Haus band – durch Wohnrecht in Werkshäusern. Und in den USA erkannte Henry Ford als Begründer der nach ihm benannten kapitalistischen Spiel-Art des Fordismus, dass nur ausreichende Entlohnung seiner Arbeiter ihnen auch Kaufkraft zukommen und damit einen Massen(absatz)markt entstehen ließ. Freilich gibt es hierbei (wie so oft in komplexen sozialen Systemen) ein Problem kollektiven Handelns: alle Firmen profitieren von kaufkräftigen Kunden – aber jede von ihnen könnte noch mehr profitieren, wenn alle *anderen* Firmen durch hohe Löhne für Kaufkraft sorgten, sie selbst diese jedoch bei Zahlung geringer Löhne abschöpfen könnte. Und ähnlich: alle Firmen profitieren von einer gut ausgebildeten Arbeitnehmerschaft – aber man selbst will die Kosten dieser Ausbildung oft gerne vermeiden. Die gewerkschaftliche und parteipolitische Selbstorganisation der Arbeitnehmer half hier, vermittelt über den regulationsfähigen Staat, der Lernfähigkeit des Kapitalismus aufgrund *aufgeklärten* Eigeninteresses auf die Sprünge, durch Arbeitsschutzgesetzgebung, Ausbildungsförderung u. v. a. m. Nicht nur als Garant essentieller Eigentumsrechte, sondern auch als Forum der Vermittlung und Durchsetzung gesellschaftlicher Ansprüche ist die politische Sphäre und ist der Staat mithin unverzichtbar.

Um diese Rolle spielen zu können, bedarf der Staat massenhafter Folgebereitschaft oder, wie man in der politischen Philosophie sagt, der Legitimität. Seine Herrschaft muss er letztlich durch sein gemeinwohl-orientiertes Tun rechtfertigen können, soll er nicht reine Gewalt- und Willkürherrschaft sein. Aber auch die strukturelle Herrschaft des Kapitals, seine strukturelle Macht, bedarf letztlich solcher Rechtfertigung. Auch dies kommt bereits in einem Gründungsdokument der bürgerlichen Gesellschaft, der französischen Erklärung der Menschenrechte von 1789, zum Ausdruck, wenn es in deren Art. 1 heißt: „Les distinctions sociales ne peuvent être fondées que sur l'utilité commune". Soziale Unterschiede, etwa an Stand und Klasse, seien also nur soweit gerechtfertigt, wie es dem Gemeinwohl dienlich ist. Auch die zeitgenössische politische Philosophie hat diesen Gedanken verfeinernd ausgearbeitet, etwa in Gestalt von John Rawls' (1971) Überlegungen zur Gerechtigkeit (die eine Organisation der Gesellschaft fordere, in der Ungleichheit an wesentlichen Grundgütern nur durch den Nutzen für die Schwächsten gerechtfertigt erscheint). Gleichwohl war und ist es immer ein Politikum, diese Philosophie, die etwa auch im Art. 14 des deutschen Grundgesetzes zum Ausdruck kommt, wenn er kurz und bündig feststellt: „Eigentum verpflichtet.", gesellschaftlich einzufordern und durchzusetzen. Im Erfolgsfall ist dies *ein* Weg, auf Dauer fortbestehende strukturelle Macht zu rechtfertigen und so zu stabilisieren.

Die soziale Praxis kennt jedoch noch zwei weitere Mechanismen der Einbindung in das polit-ökonomische System des Kapitalismus. Der eine wird bei Marx als der stumme Zwang der Verhältnisse angesprochen und resultiert, wie gesagt, aus dem Zwang zur Erwerbsarbeit, anfangs (und in Teilen der Welt bis heute) auch unter menschenunwürdigen Bedingungen. In der gesamten frühen Neuzeit war denn auch das Eintrichtern einer Produzenten-Kultur von „Ordnung, Fleiß und Sparsamkeit" (Münch 1984) ein zentrales Element dessen, was auch als Sozialdisziplinierung bezeichnet wird, also des Gefügig-Machens der breiten Bevölkerung, eine wesentliche kulturelle Grundlage des Kapitalismus. Dies beinhaltete etwa das Leben nach der (Uhr- statt Jahres-)Zeit – und im Betrieb das Arbeiten nach der Stechuhr und den Kommandos des Vorarbeiters.

In seinen entwickelten, (post-)fordistischen und wohlfahrtsstaatlich abgefederten Spiel-Arten umfasst der Kapitalismus jedoch nicht nur diese Produzenten-Kultur, sondern, beginnend im ersten Drittel des 20. Jahrhunderts in den USA, nach der Mitte des Jahrhunderts auf die gesamte westliche Welt ausgedehnt und heute weite (nicht alle) Teile der Weltgesellschaft umfassend, auch eine Kultur des Konsums, kritisch auch als Konsumerismus bezeichnet. Sie ist ein zentrales kulturelles Element des heutigen globalen Kapitalismus und Gegenstand des vierten Teilkapitels. Bevor wir uns ihm widmen, müssen jedoch, ausgehend von den einführenden Bemerkungen zum Kapitalismus als – wie nun klar geworden sein sollte – materielles, aber auch kulturell konstituiertes System, zwei weitere Schritte unternommen werden: die kritische, auch in Grundanliegen kritischer Sozialwissenschaft einführende Diskussion der Wachstums-Ideologie und die der Bedeutung des Neoliberalismus.

6.2 Wachstums-Ideologie

Kaum ein Begriff wird so viel im Munde geführt wie der des (Wirtschafts-)Wachstums. Die Wirtschaftswissenschaft ringt noch immer um eine genaue Erklärung des Phänomens, betont jüngst den Anteil von Institutionen einerseits, von Bildung, Forschung und technischer Entwicklung andererseits.[156] Und operiert mit dem Bruttoinlandsprodukt (BIP, engl. Gross Domestic Product, GDP, evtl. pro Kopf/per capita, p. c.) als Maßzahl, obwohl die Begrenztheit dessen Aussagekraft bekannt ist, etwa weil Schadwirkungen (wie viele Verkehrsunfälle) durchaus als BIP-steigend registriert werden.[157] Parteiübergreifend wird Wirtschaftswachstum in der Politik als entscheidender Zielwert angeführt, mit dem scheinbar fast jede Maßnahme gerechtfertigt werden kann. Zugleich macht Wachstum das Geschäft der Politik leichter: wo Erträge des Wachstums zu verteilen sind (fachlich spricht man von distributiver Politik), bleibt ihr die politisch mühsamere Umverteilung (redistributive Politik) erspart. Zugleich ‚hebt es die Stimmung': allen geht es dank Wachstum – angeblich – immer besser. Und wenn andere wachsen und wir nicht, oder weniger, dann machen sie etwas richtig – und wir etwas falsch. Völlig selbstverständlich scheint uns die (optimistische) Haltung geworden zu sein, dass Wachstum immer weiter gehen könne und durch richtige (Wirtschafts-)Politik auch herbeiführbar sei (gesetzlich zementiert etwa im deutschen „Stabilitäts- und Wachstumsgesetz" von 1967, das in seinem Paragraph 1 Bund und Länder verpflichtet, zu „stetigem und angemessenem Wachstum" beizutragen). Nicht nur ist diese Erwartungshaltung historisch keinesfalls selbstverständlich: vormoderne Gesellschaften hatten weder die Erwartung von Wachstum, noch glaubten sie an die menschliche oder gesellschaftliche Gestaltungsfähigkeit insofern. Der Glaube an Letztere ist angesichts der inzwischen deutlich werdenden „Grenzen des Wachstums" (so der gleichnamige Bericht des Club of Rome, einer transnationalen Vor-Denker-Vereinigung, aus dem Jahr 1972) inzwischen manch einem auch wieder abhandengekommen[158], über qualitatives statt nur quantitatives Wachstum wird seither diskutiert, neuerdings auch über ‚grünes Wachstum' (green growth) bzw. auf Dauer tragfähige oder nachhaltige Entwicklung (sustainable development) – aber immer noch über Wachstum. Angesichts spektakulärer Erfolge von Entwicklung

---

156 Instruktiv und historisch eingebettet, vorindustrielles (Kap. 4) und industrielles Wachstum vergleichend etwa die Darstellung zur europäischen Wirtschaftsgeschichte von Persson/Sharp 2015.

157 Zur jüngst wieder vermehrt diskutierten Frage der sinnvollen Erfassung und Meßbarmachung von Wohlstand vgl. Allin/Hand 2014.

158 Vgl. jüngst als wachstumskritischen Überblick Higgs 2014.

auch im Süden, die, wenig überraschend, etwa an den Wachstumsraten Chinas (von 10 Prozent jährlich über eine Dekade hinweg) gemessen werden, ist auch klar, dass die Wachstums-Ideologie nicht auf den entwickelten Norden beschränkt ist: weite Teile des Südens hätten gerne auch solche Wachstumsraten. Warum aber war soeben von Wachstums-*Ideologie* die Rede? Der Ideologie-Begriff muss geklärt werden – und an seinem Beispiel auch das Anliegen kritischer Sozialwissenschaft (vgl. auch, am Beispiel der Soziologie, Buechler 2014).

Als Ideologie in einem neutralen Sinne werden Bilder der sozialen Welt oder Weltanschauungen (wie Konservatismus, Liberalismus, Sozialismus) bezeichnet, und seit der Neuzeit sind wir es gewohnt, sie im Plural und als miteinander konkurrierend zu verstehen.[159] Was es relativ schwierig macht, sie wirklich neutral zu sehen – und die Behauptung, dies zu können, könnte selbst eine ideologische sein. Wenn aber alle Meinungen standortbedingt und insofern relativ sind – was rettet uns dann vor Relativismus? Und vor Beliebigkeit? Doch ist dieses neutrale Verständnis von Ideologie, gerade wegen ihrer politischen Wirkung, schon das zweite Stadium des Nachdenkens über das Phänomen. Ihm voraus geht ein wertender Ideologiebegriff, meist ein ab-wertender. Danach sind die Einstellungen der jeweils Anderen – nie die eigenen – ideologisch. Und zwar entweder, so die klassische Priestertrugs-These, als strategisch von jeweils Herrschenden eingesetzte oder propagierte Vorstellungen, die ihre Interessen oder (Vor-)Herrschaft legitimieren sollen. Oder als Theorie des falschen Bewusstseins als die Annahme, dass auch ohne aktiven Priestertrug sich bei den Beherrschten eine Sichtweise einstellt, welche die jeweilige (z. B. Klassen-) Herrschaft verschleiert, etwa als natürlich und/oder unveränderlich erscheinen lässt. Dieser wertende Ideologiebegriff hat im marxistischen Theoriekontext eine wichtige Rolle gespielt, musste sich jedoch auch die – kritische – Anfrage gefallen lassen, weshalb gerade seine Sicht über den Ideologieverdacht erhaben sein sollte bzw. aus wessen Sicht denn (und mit welcher Begründung) ein Bewusstsein „falsch" sei.

Seit in Gestalt der modernen Sozialwissenschaften neben die alltäglich verbreiteten Gesellschaftsbilder auch professionell erzeugte getreten sind, ist die Diskussion um das Ideologie-Phänomen und die soziale Bedingtheit von Wissen nicht mehr abgerissen – und sollte es vielleicht auch nicht. Denn, das könnte schon eine erste Quintessenz dieser anhaltenden Diskussion sein: sie markiert eine Problematik, über die immer wieder neu nachgedacht werden kann – und sollte, die also auch hier

---

159 Als Klassiker zur Ideologie-Forschung vgl. Lenk 1978; jüngst handbuchartig zu politischen Ideologien und ihrer Analyse Freeden/Sargent/Stears 2013; zu unterschiedlichen Perspektiven der Sozialpsychologie auf das Phänomen Ideologie, das sie als „its most difficult, but greatest, challenge" bezeichnen, vgl. Augustinos/Walker/Donaghue 2014, Kap. 8 (259–284, Zitat: 284).

keiner schlichten und kurzen ‚Lösung' zugeführt werden kann. Gleichwohl wollen wir ein paar differenzierende Schritte unternehmen. Unbestreitbar ist jedes Bild, das sich Menschen von was auch immer machen, *standortbedingt* in dem Sinne, dass die natürliche Erkenntnisausstattung (z. B. mit Denkvermögen und Sinnen) die Erkenntnis ebenso mit prägt wie die historische Zeit (insofern sich Erkenntnisweisen und -methoden entwickeln oder, vorsichtiger formuliert, wandeln) und auch die soziale Situation (die u.a mitbestimmt, was uns fragens-wert erscheint und welchen Aufwand wir treiben können, um den Fragen nachzugehen). Soweit es sich bei diesen Erkenntnisprozessen um wissenschaftliche handelt, ist es wenig sinnvoll, den wissenschaftlichen Diskurs, die fachliche Auseinandersetzung, durch (wechselseitige) Ideologie-Unterstellungen zu blockieren. Und dies gerade nicht, weil wissenschaftliche Erkenntnis ‚objektiv' sein könnte im Sinne von un-kritisierbar; sondern weil sie von permanenter Kritik und also Kritikfähigkeit und -bereitschaft lebt. Dazu bedarf es der *intersubjektiven* Verständigung – und deren Abbruch unter Verweis auf den ideologischen Charakter von Behauptungen ist dabei keine probate Vorgehensweise. Ebenso wenig sinnvoll wäre es jedoch, standortbedingte Begrenzungen etwa sozialwissenschaftlicher Forschung zu übersehen. Jede Disziplin sollte ihre dadurch bedingten blinden Flecke im Auge behalten.

Hierin liegt übrigens eine erste Strukturähnlichkeit zwischen Wissenschaft und Demokratie als politischem System: beide leben von der *prinzipiellen* Offenheit des Diskurses, des Ringens um vorgetragene Anschauungen. Allerdings, und darin sollten gerade auch die Sozialwissenschaften nicht naiv sein, wird im gesellschaftlichen Bereich nicht nur *um* Anschauungen gerungen – sondern auch *mittels* ihnen. Fest, beharrlich, im Brustton der Überzeugung und zahlreich vertretene Auffassungen sind in der Politik durchaus ein Machtinstrument – ganz ungeachtet ihrer Gültigkeit oder Tragfähigkeit. Und da es in der Politik um etwas (Wichtiges) geht, besteht eine verbreitete Neigung, argumentativ auch mal ‚fünf gerade sein zu lassen' (ganz abgesehen von der Neigung, die eigene Meinung für richtig zu halten, weil sie die eigene Meinung ist [denn man hätte sie doch nicht als die eigene akzeptiert, wenn sie nicht die Richtige wäre ...]). Und in der Tat: Nicht nur kann Politik Entscheidungen nicht beliebig lange aufschieben mit der Begründung, die Sache sei noch nicht ausdiskutiert (oder sachlich geklärt; verfahrensmäßiges Hinziehen von Debatten ist, etwa als Filibuster im US-Senat, tatsächlich nur ein weiteres zuweilen eingesetztes Machtinstrument). Politik hat also weniger als die Wissenschaft, die gerne (und zum Leidwesen von auf Politikberatung durch die Wissenschaft hoffenden Entscheidungsträgern) für die Notwendigkeit weiterer Forschung plädiert, einen offenen Zeithorizont. Am Ende stellt das Aufschieben – oder die Verweigerung – einer politischen Entscheidung selbst eine Entscheidung dar!

Es besteht also in den Sozialwissenschaften Bedarf für einen Ideologiebegriff, der in seinem analytischen Gebrauch sowohl neutral unterschiedliche, auch einander widersprechende und unvereinbare Anschauungen *beschreibbar* macht, als auch deren soziale Wirkungen zu *erklären* vermag, von denen einige (wie etwa Borniertheit oder Rechtfertigung von normativ gesehen Unhaltbarem oder gar Verwerflichem) auch Kritik verdienen, was zumindest die Fragerichtung der Analyse mitbestimmt (im Sinne von: Wie lässt sich vermeiden, dass …?).[160] Dies gilt etwa zentral für die Rechtfertigung von struktureller Macht *über das vertretbare Ausmaß hinaus* (denn eine Rechtfertigung, die darüber hinausginge, würde Freiheit über Gebühr einschränken, eine vertretbare und erfolgreiche Rechtfertigung dagegen vermag Legitimität zu verleihen). Genau darum, *was* das *vertretbare* Ausmaß ist, wird jedoch immer kritisch gerungen – und sollte gerungen werden.[161] Die dabei mit einfließenden normativen Wertungen sind wohl nicht im selben Sinne aufgrund wissenschaftlichen Diskurses allein, quasi methodisch objektiv, begründbar – sondern ihrerseits nur wieder intersubjektiv. Professionell mag dies im Rahmen etwa von Sozial- und politischer Philosophie geschehen, gesamtgesellschaftlich wiederum nur durch Diskurse (wechselseitigen öffentlichen Austausch). Für diesen demokratischen Austausch kann normative Theorie (der politischen und Sozialphilosophie) bestenfalls die Rolle des *Vor-Denkens* übernehmen, im doppelten Sinne von Voraus-denken und vor-legendem Unterbreiten seiner Resultate.[162]

Nach diesen Vorklärungen können wir die oben gebrauchte Formulierung von der Wachstums-Ideologie dahingehend auflösen, dass damit kritisch nach den (welt-)

---

160 In diesem Sinne ‚kritisiert' Medizin Krankheit, indem sie nach deren Ursachen bzw. Möglichkeiten ihrer Vermeidung (präventiv) bzw. Überwindung (kurativ) sucht; Politikwissenschaft steht autoritären Systemen kritisch gegenüber, insofern sie nach den Bedingungen von Demokratisierung und Demokratie fragt (aber mit gleicher Berechtigung auch nach den Ursachen von Autoritarismus), und Internationale Politik fragt nach den Bedingungen von Krieg (zu dessen Vermeidung sie beizutragen hofft) und Frieden (den sie zu fördern sucht).

161 In seinem jüngsten Beitrag zur Philosophie der Normativität, also von Normen allgemein, hat Möllers (2015, 15) diese interessanter Weise „als soziale Praktiken verstanden, in denen sich eine Gemeinschaft von der eigenen Realität distanziert, nicht notwendig, aber unter bestimmten Umständen, um diese zu verändern". Er betont damit, das ist innovativ, die non-konformistische, potentiell de-stabilisierende Wirkung von Normen, im Unterschied zur meist in sozialwissenschaftlichen Überlegungen zu Normen allgemein betonten konformistisch-integrativen Wirkung.

162 Für ein instruktives Beispiel zeitgenössischer politischer Philosophie zu einer aktuellen polit-ökonomischen Fragestellung, die ganz in diesem Geiste (und zudem sehr verständlich) verfasst ist, vgl. die normative Untersuchung der Regulierung internationalen Steuerwettbewerbs von Dietsch 2015.

gesellschaftlichen Wirkungen der weiten Verbreitung von Wirtschaftswachstum als zentralem propagiertem und weithin auch akzeptiertem Ziel gefragt werden soll. Und diese Wirkungen sind in der Tat zahlreich – und ambivalent. Festgestellt wurde bereits, dass ökonomisches Wachstum, basierend eben nicht nur auf Ausbeutung von Menschen (zu der der Natur kommen wir sogleich), sondern auch auf Findigkeit in der Organisation von Produktion wie im technischen Bereich, eine breitenwirksame Steigerung von Wohlstand ermöglicht hat (vgl. etwa Ridley 2011; schon deutlich skeptischer Deaton 2015). Kritisch einwenden lässt sich dennoch: aber um welchen Preis? Wo dieser nicht gesehen wird, droht, dass Verhältnisse verschleiert oder gerechtfertigt werden, die nicht zu rechtfertigen sind. Und der Preis des Wachstums umfasst nicht nur die Verdrängung bis hin zu Ausrottung vor-moderner Kulturen, die dem Wachstumspfad im Wege standen und stehen (vgl. Bodley 2015). Er umfasst auch den Preis, den die Sozialdisziplinierung uns als der Produzenten-Kultur Unterworfene abverlangt (Stress etc.). Er umfasst schließlich die Verdrängung anderer Werte, wenn etwa Bildung nicht mehr als Persönlichkeitsreifung verstanden wird, sondern nur mehr als Investition in Humankapital.[163] Und der Preis des Wachstums umfasst schließlich, solange und soweit es nicht auf Dauer tragfähig ist (und das ist es bisher insgesamt nicht), die Zerstörung der Natur, bis hin zu jenen Zusammenhängen (etwa des globalen Klimas), von denen wir selbst – alle – abhängig sind. Wird darauf mit einem Plädoyer reagiert für weiteres Wachstum, das Geo-Engineering, die menschliche Gestaltung auch noch der gesamten Erdsysteme, als einzig noch verbleibenden Ausweg sieht, bestätigt sich der *Zwangscharakter* der Wachstums-Ideologie, den ihre Kritiker hervorheben wollen: es *muss* immer weiter gehen (mit dem Wachstum) – weil es sonst (für uns alle) nicht weiter geht! Schlimmstenfalls ist es so, denn noch wächst ja auch die Erdbevölkerung, und den heute Armen jegliche Verbesserung ihrer materiellen Lage vorzuenthalten, ist normativ wohl kein gangbarer Weg. Dennoch sollte eine weise Politik solche Zwänge zu minimieren versuchen.[164] Zweierlei (mindestens) macht dies jedoch schwierig, und das soll uns im Rest dieses Teilkapitels bzw. im

---

163 Umgekehrt darf aber auf den Finanzierungsbedarf von Bildung hingewiesen werden – und dass dieser *erbracht* werden muss. Auch dieser Gedanke kann zu mehr Achtung des Gutes Bildung(szugangschancen) führen als ihr insbesondere in entwickelten Gesellschaften von manchen Lernenden entgegen gebracht wird („Null Bock auf Schule!"). Vgl. zur Bildung in Zeiten des Neoliberalismus Ward 2012, speziell zu den Universitäten Münch 2011.

164 Was wohl bedeuten müsste: nachzudenken über die Sinnhaftigkeit und Möglichkeit von Nullwachstum bzw., wie es in der angelsächsischen Debatte auch heißt, von degrowth – was recht hübsch formuliert ist: es gilt, der Wachstums-Ideologie zu ent-wachsen, zumindest in den am weitesten industrialisierten Gesellschaften, vgl. etwa Jackson

übernächsten beschäftigen: die internationale Orientierung an den Vorreitern des Wachstums zum einen; unsere Verstrickung in die Konsumkultur zum andern (vgl. unten 6.4).

Beginnen wir mit Ersterer – und schlagen damit auch endlich explizit den Bogen zur internationalen politischen Ökonomie. Diese ist seit Beginn des modernen Weltsystems (Immanuel Wallerstein [1982]), wie eingangs gesagt, geprägt vom Wechselverhältnis zwischen einer im Prinzip grenzüberschreitenden kapitalistischen Ökonomie und einem pluralen, eben aus mehreren Herrschaftsverbänden, vulgo Staaten, bestehenden internationalen System. Und dieses System wiederum ist bis in die Gegenwart geprägt von Zweierlei: von geopolitischer Konkurrenz und der Orientierung an den jeweils als am weitesten fortgeschritten angesehenen Vorreitern. Die geopolitische Konkurrenz, das Ringen um Macht zwischen Staaten, wird in der Analyse internationaler Politik traditionell vom realistischen Forschungsprogramm (in all seinen Spielarten) thematisiert – und als unaufhebbar dargestellt, solange das internationale System von An-Archie, formaler Herrschaftsfreiheit gekennzeichnet ist. Man mag dies unter Hinweis auf Teilsysteme der zwischenstaatlichen Friedlichkeit (in Skandinavien seit 200, in [zunächst nur West-]Europa seit nunmehr gut 50 Jahren) in seiner Allgemeingültigkeit bestreiten, wird die fortbestehende Relevanz der Problematik der Befriedung zwischenstaatlicher Beziehungen jedoch nicht leugnen können. Was auch heißt, dass einige Staaten sich nach wie vor als Konkurrenten sehen, um Macht – aber, z. T. davon abgeleitet, auch um ökonomischen Erfolg (der wiederum eine größere Macht-Basis erbringt).

Dies ist insbesondere so, seit sich National-Staaten auch als National-Ökonomien verstehen (also als – relativ geschlossene – Volkswirtschaften; vgl. Kap.4.1 oben). Allerdings sahen sich auch schon die vor-nationalen Monarchien z. T. in geoökonomischer Konkurrenz und setzten gerade deshalb wirtschaftspolitisch auf Merkantilismus, Maßnahmen zur Förderung der *eigenen* Wirtschaft, darunter oft Handelsbeschränkungen (Export strategischer Güter wurde – und wird – begrenzt; Importe behindert, da sie ‚abhängig' machen oder zumindest ‚teures Geld' kosten). Dem versucht seit jeher die liberale Freihandelslehre das Argument des Nutzens von Freihandel für alle, des Gesamtgewinns durch Interdependenz (wechselseitige Verknüpfung), entgegenzustellen, mittlerweile auch mit erheblichem Erfolg (EU-Binnenmarkt; globales Freihandelsregime auf Basis des Allgemeinen Zoll- und Handelsabkommens/GATT, bis hin zur Verflechtung zwischen China und den USA). Ein Gutteil des Wachstums der entwickelten Volkswirtschaften resultiert also gerade daraus, dass sie *nicht* mehr geschlossen, sondern transnational (in

---

2011, Welzer/Wiegandt 2013, D'Alisa/Demaria/Kallis 2014, Ekardt 2014 und 2016 sowie Washington 2015.

6.2 Wachstums-Ideologie

die Weltwirtschaft) eingebunden und miteinander verflochten sind. Gleichwohl bleibt eine inter-nationale ökonomische Konkurrenz – und auch ein sich laufend wechselseitiges Beobachten im Hinblick darauf, wer warum zum Vorreiter zu werden scheint.

In einem anregenden Beitrag hat Fred Halliday (1994), einer der Vor-Denker einer gehaltvoll-kritischen Herangehensweise an die Analyse internationaler Beziehungen, darauf aufmerksam gemacht, dass „as a result of international pressures, states are compelled more and more to conform to each other in their internal arrangements." (ebd., 95) Der Gedanke war einerseits von der sog. Englischen Schule (vgl. Kap. 2.1.2 oben) schon anvisiert worden, welche Staatengruppen aufgrund geteilter Normen als *society of state* bezeichnet; zum andern ist jüngst aus konstruktivistischer Perspektive oft von der Sozialisation von Staaten die Rede, also ihrer Hinführung zu bestimmten geteilten Annahmen. Ersteres benennt jedoch eher ein mögliches Ergebnis als dass es sein Zustandekommen erklärt; Letzteres legt eine zu ausschließlich psychologische Erklärung nahe (denn Sozialisation ist ursprünglich ja der Vorgang der Einführung von Individuen in bestimmte Denkweisen und Wertemuster, welche sie zu deren Übernahme veranlasst). Wie so oft, wenn mit (individual)psychologischen Metaphern in den Internationalen Beziehungen argumentiert wird, hat dies jedoch eine Neigung, die gesellschaftliche Machtdimension des Phänomens auszublenden.

Wir müssen etwas genauer auf die *politische* Mechanik solcher Vorgänge schauen, dann lässt sich verstehen, dass Internationalität als Angleichung durch Vergleich quasi eine zweite Dimension von Internationalität ist, neben dem grenzüberschreitenden Agieren, das seine erste Dimension ausmacht (also internationaler Handel, Drohpolitik, Eroberung u. v. a. m.). Seit Beginn des Staatensystems erfolgt, zunächst primär zwischen den jeweils herrschenden Eliten, mit zunehmender Bildung und Demokratisierung auch zwischen weiteren Kreisen der jeweiligen Bevölkerungen, ein wechselseitiges sich Beobachten hinsichtlich bestimmter, *für wichtig gehaltener Aspekte* von Leistungsfähigkeit (und es ist ein Politikum, *welche* Aspekte für wichtig gehalten werden!). Im realistischen Kern geht es dabei um militärische Leistungsfähigkeit – und deren jeweilige Ursachen. Hierüber etwas herauszubekommen war stets ein zentrales Anliegen aller Herrschenden – um nicht von anderen, externen Herrschenden ‚geschluckt' zu werden. Das Spektrum reicht von zugelassener Militärbeobachtung (bei der Stärke auch gerne demonstriert, vorgeführt, wird) bis hin zu Spionage. Schon früh – wie oben erwähnt im neuzeitlichen Merkantilismus – wird dies erweitert auf den internationalen Vergleich des ökonomischen Erfolgs: Wie schaffen es die anderen, mehr zu exportieren als zu importieren (und damit Goldvorräte anzuhäufen)? Das wollen herrschende Eliten verstehen – und leiten daraus gegebenenfalls Programme ‚nachholender Modernisierung' ab, die sie, zumal in vordemokratischen Systemen, dann drastisch, autoritär durchsetzen und umzusetzen versuchen: stehende Heere breiten sich aus, sie werden nach internationalen Maßstäben gedrillt; zunächst die Rüstungs-, später die Hochtechnologie insgesamt wird gefördert; als deren Voraussetzung Bildung (als Anhäufung von Humankapital, anfangs auch zur Vermittlung von Sozialdisziplin – der preußische Schulmeister, oft ein ehemaliger Soldat, verbindet all diese Funktionen beispielhaft); und später, zumal heute, (Natur-)Wissenschaften und technologische Entwicklung. In Zeiten des Nationalismus wird eine (international *anerkannte*) Führungsposition, die national preeminence (so die Nationalismus-Forscherin Liah Greenfield [2012]) in diesen Bereichen zudem zu einem Element von Nationalstolz (und damit wiederum interner Herrschafts-Legitimation).

Neben den internen Wirkungen dieser durch internationalen Vergleich angetriebenen, oft autoritären Politiken der Selbstmodernisierung ist die inter- und transnationale Wirkung von Belang. Sie besteht darin, dass zwischenstaatlich (international) und darüber hinaus auch oft zwischengesellschaftlich (transnational), implizit oder explizit, Rangordnungen mit anerkannten Status entstehen, etwa die aus dem realistischen Forschungsprogramm vertraute Machtrang-Skala Groß- (oder gar Super-)Mächte, mittlere Mächte und Kleinstaaten. Oder, im 19. Jahrhundert: zivilisierte Staaten und bestenfalls noch zu zivilisierende (was historische Vorläufer in ethnischen Selbstbezeichnungen findet, die der eigenen Gruppe zuweilen schlicht den Namen ‚Menschen' geben, während die anderen entweder dies gar nicht sind oder, so im antiken Griechenland, Barbaren, eine lautmalerische Bezeichnung für diejenigen, die ‚nicht richtig' – nämlich griechisch – sprechen können). Im ausgehenden 19. Jahrhundert wurde dies im Zeichen des aufkommenden Sozialdarwinismus gerne rassistisch gefasst und überlegene von unterlegenen Rassen unterschieden, grosso modo nach dem Motto: je dunkler die Hautfarbe, desto geringer der Status. Und solche Status sind nun wiederum deshalb von Belang, weil sie einerseits zur Rechtfertigung internationaler Vorherrschaft bis hin zu Imperialismus herangezogen werden. Und andererseits, weil oft selbst Teile der Eliten der Gruppen geringeren Status die Rangskala internalisieren, sich zu eigen machen, zumindest in dem Sinne, dass sie die Kriterien übernehmen, gemessen an denen sie eine Statusverbesserung anstreben, also nachholende Entwicklung. Dies findet sich seit der britischen Industriellen Revolution etwa in Deutschlands Verhältnis dazu: nachdem man militärisch so stark wie Frankreich geworden war, galt es nun, in der sog. zweiten Industrialisierung ausgangs des 19. Jahrhunderts, ökonomisch so stark wie – oder stärker als – Großbritannien zu werden. Wachstumsraten, etwa an Output von Kohle und Stahl – oder Energieverbrauch, wurden zum Maßstab dieser (ökonomischen) Entwicklung. Im Zeitalter des Neoliberalismus (s. 6.3) wurde diese international vergleichende Skalierung in Gestalt sog.

rankings zu einer ‚internationalen Marotte' – oder weniger spöttisch formuliert, zu einem wesentlichen Instrument internationaler Governance (in Gestalt etwa von Pisa-Rankings u. v. a. m.; vgl. Cooley/Snyder 2015).

Für unser auf *ökonomische* Entwicklungen fokussiertes Thema ist ein letzter Gedanke von Bedeutung: Wer ist der Trendsetter dieser internationalen Skalierung, wer läuft vorne weg und wird damit zum nachahmenswerten Vorbild für andere? Es ist die jeweils am meisten entwickelte kapitalistische Gesellschaft, die in diese Rolle gekommen ist, historisch seit der Industrialisierung wie erwähnt zunächst Großbritannien, später, zumal nach Ende des 2. Weltkriegs, die USA (die etwa für Deutschland schon seit dem ausgehenden 19. Jahrhundert vielfach Modell-Charakter erlangten, vgl. Schmidt 1997). Und zwar sowohl im Verhältnis zu ihren realsozialistischen Konkurrenten, die – so Chruschtschow – nicht nur im militärischen Wettlauf bestehen wollten, sondern gerade im ökonomischen Bereich durch Wachstumsraten und technischen Fortschritt obsiegen wollten (versinnbildlicht in der berühmten Küchen-Debatte zwischen ihm und US-Vizepräsident Nixon aus Anlass der Eröffnung der American National Exhibition in Moskau 1959; vgl. Hamilton/Phillips 2014). Im – kapitalistisch definierten – ‚Weltniveau' suchte der Realsozialismus sein zu überbietendes Referenzniveau an technologischer und ökonomischer Fortschrittlichkeit. Auch in folgendem Stalin-Zitat kommt dies deutlich zum Ausdruck:

> Wir werden zu einem Land des Metalls, einem Land der Automobilisierung, einem Land der Traktorisierung. Und wenn wir die UdSSR aufs Automobil, den Bauern auf den Traktor gesetzt haben – mögen dann die ehrenwerten Kapitalisten im Westen, die sich ihrer ‚Zivilisation' brüsten, uns einzuholen versuchen.[165]

Und, wie Ayşe Zarakol (2011) herausgearbeitet hat, auch in den außerwestlichen Gesellschaften ganz allgemein wurde das von den westlich-kapitalistischen Vorreitern gesetzte Modell zum Maßstab nachholender autoritärer Selbstmodernisierung – erfolgreich zunächst in Japan, beginnend mit der sog. Meiji-Reform, später, bedingt durch die und nach der Auflösung des Osmanischen Reichs, in der Türkei, und in den vergangenen 50 Jahren etwa in Ostasien (Süd-Korea; die VR China unter Mischung von nominalem Kommunismus mit z. T. noch staatskapitalistischer, jedoch weltmarktintegrativer Orientierung). Dabei sind die von Zarakol behandelten Fälle Japans, Russlands und der Türkei auch deshalb interessant, weil „their position of inferiority was not overtly forced on them, as it was in the case of colonized peo-

---

165 Josef W. Stalin, Werke, Bd.12, Berlin 1954, S.73, zitiert nach Blom 2014, 291; vgl. auch Josephson 2010.

ples – they came to an awareness about their inferiority, i. e. in the sense of a lack or deficit of modernity, through their own internal discussion" (Zarakol 2011, 10). Während aber etwa die vom Westen propagierten Werte der Modernität wie Demokratie und Menschenrechte nur bedingt Übernahme fanden (vgl. Kap. 2.2 oben), wurden militärische Stärke und, nicht immer erfolgreich, wirtschaftliches Wachstum nicht nur zum rund um den Globus von Eliten übernommenen Ziel; sie wurden, auch aufgrund der (z. B. Marktzugangs-)Interessen der führenden kapitalistischen Staaten, nach 1945 also der USA, auch in das Kernprogramm internationaler Entwicklungsinstitutionen und -programmatik aufgenommen (vgl. Easterley 2013): development through (wenn nicht as) growth; neuerdings sustainable growth; zuweilen auch poverty reducing growth – auf jeden Fall aber Wachstum. Im Sinne des Eingangszitates haben die Propagatoren der Wachstums-Ideologie also ihre „power to project a vision of good life" bewiesen – und damit „the most decisive power of all." Was, um einem sich vielleicht aufdrängenden Einwand zu begegnen, nicht verschwörungstheoretisch misszuverstehen ist: die kritische Analyse der Rolle der Wachstums-Ideologie behauptet nicht – im Stil der Priestertrugs-Theorie –, dass ein kleiner Kreis ‚kapitalistischer Hohepriester' die Menschheit am Nasenring von Wachstumsstreben herumführt. Und zwar aus zwei Gründen nicht: erstens ist die Gruppe der von der kapitalistischen Wachstumsorientierung überproportional profitierenden Eliten nur *relativ*, im Verhältnis zur gesamten Weltbevölkerung klein; faktisch hat sie sich durchaus transnational ausgedehnt (China hat heute nach den USA die meisten Milliardäre: 152 bzw. 492 nach Angaben des Wirtschaftsmagazins „Forbes", s. West 2014, Anhang, 215) – und sie *hat* ein *besonderes* Interesse an der Propagierung dieser Ideologie (6.3). Zweitens jedoch sind nicht nur die Eliten, sondern auch die kaufkräftigen Massen ins Wachstumssystem eingebunden, weil es, wie es scheint, zur Wahrung von Arbeitsplätzen unverzichtbar ist – und insbesondere auch in ihrer Konsumentenrolle (6.4). Bevor wir darauf näher eingehen, resümiert Übersicht 6.1 zentrale hier getroffene Feststellungen zur Wachstumsideologie und deren kritisch-sozialwissenschaftlicher Untersuchung.

Übersicht 6.1 Wachstumsideologie

Ideen
Die Kerngedanken der Wachstum-Ideologie sind 1. die Bedeutung des *ökonomisch* verstandenen Wachstums (Indikator BIP) für die gesellschaftliche Entwicklung (mit der es im Extremfall gleichgesetzt wird), 2. dass es ‚herstellbar' sei (geschichts-optimistische Einstellung) und 3. dass dies unbegrenzt (etwa durch natürliche Gegebenheiten wie ökologische, aber auch psychologische Tragfähigkeit) möglich sei. Die Bedeutung der Idee und damit erfolgte Wachstumsgewinne sind kaum zu bestreiten; der Optimismus der Herstellbarkeit

6.2 Wachstums-Ideologie

ist inspirierend, neigt jedoch zur Selbstüberschätzung; auch, weil – sinnvollerweise zu respektierende – Grenzen dabei überschritten werden. Modernisierungseliten nahezu aller heutigen Gesellschaften und unter ihrem Einfluss auch weite Bevölkerungskreise hängen dieser Ideologie an, die jedoch in unterschiedlichen Spielarten (s. u. Praktiken) umgesetzt wird. Nicht zuletzt daraus resultiert die Notwendigkeit, diese für selbstverständlich gehaltenen bzw. ausgegebenen Einstellungen ideologie*kritisch* zu betrachten. Denn: Es ist Aufgabe (ideologie-)kritischer Sozialwissenschaft, die Gesellschaft auf mögliche blinde Flecke aufmerksam zu machen. Sie fungiert insofern nicht als ‚Besserwisserin' gegenüber der Gesellschaft, sondern als Vor-Denkerin, die – im günstigen Fall – voraus-denkt und die der Gesellschaft vor-denkt in dem Sinne, dass sie ihr Aspekte ihrer selbst diagnostisch unterbreitet, also vor-legt, die der Gesellschaft unvertraut sind. Zur Rechtfertigung von Handlungsanleitungen ist sie jedoch, wie die Gesellschaft insgesamt, auf explizit (ausdrücklich) normatives Argumentieren angewiesen. Weder eine vermeintlich überlegene Geschichtsphilosophie noch angeblich naturgegebene Fakten können die Stichhaltigkeit normativer Argumente allein verbürgen.

soziales Handeln

Die systemspezifischen (kapitalistischen oder nicht-kapitalistisch modernen) wachstumsbegründenden Verhaltensweisen werden als eingespielte Praktiken unten aufgeführt. Als soziales Handeln in Bezug auf Wachstum wurde sein Gebrauch zur Legitimation (unterschiedlicher) politischer Systeme hervorgehoben. Er beruht auf dem Versprechen steigender Erträge, die allen zugutekämen, obwohl gerade Wachstumsphasen oft soziale Ungleichheit vermehren und gerechte Verteilung keine automatische Wachstumsfolge, sondern ein eigenes politisches Projekt ist. Die (politische) Durchsetzung wachstums-orientierter Modernisierung nimmt oft wenig Rücksicht auf Befindlichkeit (oder gar Leben) solchen Programmen unterworfener Menschen (Anfänge des Manchester-Kapitalismus, nachholende autoritäre Modernisierung). Kapitalistische Vorreiter (s. Praktiken) werden weltweit zum Bezugspunkt nachholender Modernisierung/Industrialisierung, woraus eine bedeutsame transnationale Rangskala (und damit der jeweilige transnationale Status von Gesellschaften) resultiert.

Praktiken

Im Rahmen des Kapitalismus wird Wachstum durch privatwirtschaftlich organisierte Produktion erstrebt, auf der Grundlage auch öffentlich (staatlich) erzeugter Inputs wie Infrastruktur und Bildung. Wachstumsförderung ist parteiübergreifend deklariertes Projekt. Aufgrund der Konkurrenz Privater um Marktanteile (zur Realisierung von Gewinnen, also Kapitalvermehrung, als ‚schnödem' Kernmotiv) erzeugt der Kapitalismus in besonderem Maße eine Innovationsdynamik (der Technologie und Produktionsorganisation), so dass Wachstum intensiv, durch steigende Effizienz, und nicht mehr nur extensiv, durch vermehrten Einsatz von Produktionsfaktoren, erzeugt wird (und auch nicht mehr nur – vormodern – durch Eroberung und Raub). Die realsozialistische Umsetzung der wachstumsideologischen Praxis hing weit mehr und länger extensiver Wachstumssteigerung an (die sog. Tonnenideologie) und konnte beim effizienzsteigernden intensiven Wachstum nicht mithalten.

Institutionen
Kerninstitution des Kapitalismus und damit auch seiner wachstumsideologischen Praxis sind (staatlich gewährleistetes) Privateigentum an Produktionsmitteln und der privatrechtliche Vertrag (dessen Einhaltung durch staatliche Gerichte unterstützt wird). Realsozialistisches Eigentum an Produktionsmitteln war nominell Volks- bzw. staatliches Eigentum, faktisch unter Kontrolle der kommunistischen Nomenklatura (herrschenden Elite). Ökonomische Privatautonomie wurde allenfalls in kleinem, häuslichem Umfang gewährt (mit erheblich ertragssteigernder Wirkung etwa privater landwirtschaftlicher Kleinproduktion im Verhältnis zu Kollektivproduktion). In beiden Systemen wird die Wachstumsideologie spezifisch institutionalisiert, z. T. in Gesetzesform (etwa [west-]deutsches Stabilitäts- und Wachstumsgesetz), z. T. in Gestalt von Parteiprogrammatik (nahezu aller konkurrierenden Parteien bzw. der einen dominanten Partei). Ebenfalls institutionalisiert ist die statistische Erhebung des Konstrukts und zentralen Indikators BIP – sowie oft in universitärer und Schullehre die Orientierung an Wachstum als zentralem gesellschaftlichen Ziel. Auch private Medien sind an Erhalt und Verbreitung der Wachstumsideologie vielfach beteiligt. U. a. durch Propagierung von neoliberalem Gedankengut (vgl. 6.3 und zugehörige Übersicht) und Konsumerismus (6.4 und zugehörige Übersicht).

6.3 Neoliberalismus

Die Geschichte vom Aufstieg und Fall des Neoliberalismus ist in den letzten Jahren vielfach rekonstruiert worden.[166] Sie erscheint, und das ist auch der Grund, warum das Thema hier aufgegriffen wird, als paradigmatischer Fall einer politisch einflussreichen Ideologie. Freilich ist die Geschichte dabei oft aus (quasi gegen-)ideologischer Perspektive erzählt worden, ganz entsprechend unserer obigen Feststellung, dass in der Politik nicht nur um, sondern auch mittels Anschauungen gerungen wird. Dem fiel auch die Darstellung des Ahnherrn und Vor-Denkers des Neoliberalismus, des aus Österreich stammenden Ökonomen Friedrich August von Hayek (1899–1992), zum Opfer. Dieser Fehler sei hier nicht wiederholt, vielmehr soll es um eine wissenschaftlich haltbare, wenngleich nicht unkritische Rekonstruktion der Wirksamkeit neoliberalen Denkens gehen. Und sei es auch nur, weil, wie oft gesagt wird, jede Ideologie einen wahren Kern hat.

Hayeks Denken ist in vielfacher Hinsicht für jeden an allgemeiner Sozialtheorie Interessierten hoch anregend.[167] So war er zwar Ökonom, hat sich jedoch immer

---

166 Einführend zum Neoliberalismus auf Deutsch: Biebricher 2012; auf Englisch: Steger 2010; anhand zentraler Begriffe Eagleton-Pierce 2016; zur Geschichte Mirowski 2015 und Kotz 2015.

167 Vgl. die in diesem Geiste verfasste Einleitung von Viktor J. Vanberg (2011) zu der von ihm herausgegebenen Text(auszugs)sammlung wichtiger Schriften Hayeks. Vgl. auch

6.3 Neoliberalismus

für eine breite Fundierung ökonomischen Denkens im Kontext benachbarter Wissenschaften interessiert und die rein formal vorgehende Ökonomie eher abgelehnt. Zugleich war er ein Liberaler, insofern es ihm zentral um menschliche Freiheit ging. Und wir verdanken ihm als zentrale Einsicht den Hinweis auf die Bedeutung von Wissen, genauer gesagt unseres immer begrenzten Wissens, für die Gestaltung von Gesellschaften. Beide Gedanken, Freiheit und immer begrenztes Wissen verbindend, formulierte er daher in seinem 1960 erschienenen Werk „The Constitution of Liberty": „Das Argument für die Freiheit gründet auf die Erkenntnis unserer Unwissenheit." (zitiert nach dem Textauszug bei Vanberg 2011, dort S. 11) Das (immer begrenzte) Wissen der Menschheit ist auf viele Köpfe dezentral verteilt. Das machte Hayek einerseits skeptisch gegen alle Ansprüche gesamtgesellschaftlicher Planung. Und ließ ihn den Markt als paradigmatisches Beispiel für das ansehen, was er spontane (im Unterschied zu geplanter) soziale Ordnung nannte. Wettbewerb wird aus dieser Perspektive vor allem zu einem zentralen, aber de-zentral funktionierenden Mechanismus, um (durch Versuch und Irrtum) Lösungen für soziale Probleme zu finden, die ‚am grünen Tisch' auch beim besten Willen durch Denken allein nicht zu finden sind. Der Staat kann und sollte daher für diese marktbasierte und wettbewerbsorientierte Wirtschaftsweise nur allgemeine Regeln als Rahmenbedingung setzen, zumal er, auch und gerade in Demokratien, zum Opfer gesellschaftlicher Sonderinteressen zu werden drohe, die ihn für ihre Anliegen zu vereinnahmen suchen, ein durchaus relevantes Phänomen, das in der angelsächsischen politikwissenschaftlichen Fachsprache als capture, quasi ‚Gefangennahme' des Staates durch Sonderinteressen, bezeichnet wird.

Schon diese ultra-kurze Schilderung der Hayek'schen Kerngedanken lässt wohl erkennen, dass sie einerseits hohes Anregungspotenzial für die weitere sozialwissenschaftliche Reflexion über das zentrale Problem bergen, wie soziale Ordnungen entstehen. Zugleich machen sie deutlich, wo durch Vereinseitigung der Akzente Möglichkeiten zum ideologischen Ge- bzw. Missbrauch bestehen. Sie liegen zum einen in der (im Prinzip nicht unberechtigten) Kritik am planenden Staat; zum andern im markierten Konflikt zwischen spontaner Ordnung, insbesondere Markt, und Demokratie. Und nochmals: beide Probleme *sind* real. Dass ein Staat, der gesamtwirtschaftliche Planung zum Programm erhebt, ökonomisch (und darüber hinaus im Hinblick auf die Freiheit) zu scheitern droht, haben die realsozialistischen Experimente mit Zentralverwaltungswirtschaft hinreichend belegt.[168] Die in den 1960er Jahren noch gehegte Hoffnung, dass (kommender) Computer-Einsatz die

---

Gamble 1996, Caldwell 2005 und Jones 2012.

168 Für eine empirisch gehaltvolle sozialwissenschaftliche Analyse der Funktionsweise und Funktionsprobleme der Planwirtschaft vgl. Ellman 2014.

ökonomischen Planungsprobleme im Sinne der ‚Bewältigung der Datenmasse' zu lösen vermöchte, zerplatzte genau daran, dass das nötige Wissen – wer wann was kaufen mögen wird – nicht bzw. nur dezentral (bei den potenziellen Käufern) vorhanden ist. Vor allem auf der produktionsseitigen Bedarfsplanung besteht in Zentralverwaltungswirtschaften kein Anreiz, den tatsächlichen Bedarf (etwa an Ausrüstungsgütern und Material) ‚nach oben' zu melden (unterstellt, er sei bekannt), denn womöglich wird selbst eine ‚ehrliche' Meldung als ‚künstlich aufgeblasen' gekürzt – oder, wenn trotzdem das Plan-Soll erfüllt wird, in der nächsten Runde eben tatsächlich, ‚vorsichtshalber', die Bedarfsmeldung künstlich erhöht. Es besteht kein Anreiz, von solchen taktischen Spielchen abzulassen, das Problem der zentralen Planer besteht also nicht in der Bewältigung von Datenmassen – sondern in der mangelnden Qualität der Daten (im Beispiel: Bedarfsmeldungen). Dass Märkte insofern besser funktionieren (und zwar u. a. aus den von Hayek erkannten Gründen heraus), macht also den einen (realen) Kern neoliberalen Denkens aus, um den sich im Laufe der 1970er Jahre die wirkmächtige polit-ökonomische Ideologie des Neoliberalismus herauskristallisieren konnte.

Das andere reale Problem, das Hayek durchaus zu Recht erkennt, ist die Missbrauchbarkeit demokratischer Verfahren, die, statt (nur) Rahmenbedingungen für freie, spontane Gesellschafts- und Markt-Entwicklung zu setzen, von interessierten Gruppen zur Erwirkung von Sonderbegünstigungen genutzt werden. Das, wie erwähnt, als capture durch Lobby-Gruppen bezeichnete Phänomen wurde in der weiteren Entwicklung der politischen Ökonomie auch als rent seeking bezeichnet. Dabei bezeichnet Rente nicht eine (Alters-)Pension, sondern einen Gewinn, der nicht am Markt erzielt wird, sondern eben nicht-marktförmig durch Manipulation der Politik. Gesetzlicher Schutz vor (lästigen) Konkurrenten, etwa aus dem Ausland durch Zollmauern, wäre ein Beispiel hierfür. Und darin, in der Forderung nach solchem Schutz (durch den Staat), sind sich Arbeitgeber und Arbeitnehmer der Schutz fordernden Branche schnell einig – zu Lasten der Konsumenten, die (im Vergleich zu billigeren Importen) die höheren heimischen Preise zahlen müssen. Die klassische liberale Begründung für Freihandel. Und wiederum gilt: die Gefahr (und auch der politische Mechanismus ihrer Entstehung) wird korrekt gesehen.

In der Nachfolge Hayeks war es dann v. a. der (wie auch Hayek zeitweilig) 30 Jahre lang an der US-Universität von Chicago[169] lehrende Milton Friedman (1912–2006), der zum zweiten großen Vordenker der neoliberalen Ideologie wurde. Noch stärker betonte er die Überlegenheit des Marktes (gegenüber zentraler Planung), und in der Geldpolitik sah er langfristig die Möglichkeit, trotz bzw. gerade durch strikte

---

169 Zur dortigen Entwicklung des ökonomischen Denkens und der ökonomischen Denker vgl. Ebenstein 2015.

Kontrolle der Geldmenge Arbeitslosigkeit zu beseitigen. Diese als Monetarismus bezeichnete Lehre wandte sich vor allem gegen die (etwa auch dem westdeutschen Stabilitäts- und Wachstumsgesetz noch zugrundeliegende) ökonomische ‚Philosophie' des Keynesianismus (nach deren Vordenker John Maynard Keynes, 1883–1946), der u. a. auch zur Bekämpfung von Arbeitslosigkeit zeitweilige Staatsverschuldung akzeptierte und legitimierte. Solche Konjunktur- und Beschäftigungspolitik hatte sich durchaus (seit der großen Krise des Kapitalismus 1929 ff.) als wirksam erwiesen; freilich führte sie, aufgrund des erwähnten rent seeking von Interessensgruppen im demokratischen Kapitalismus, aber auch aufgrund einer Reihe weiterer Faktoren, in den 1970er Jahren zu einem Phänomen, das zeitgenössisch als „Stagflation" bezeichnet wurde: das Preisniveau (und damit die Inflation) schien in vielen westlich-kapitalistischen Gesellschaften ständig weiter zu steigen, während zugleich das Wachstum (sic!) ausblieb (Stagnation). Anhänger der neoliberalen Problemdiagnose begannen nun, diese im politischen Raum zu propagieren, wozu die angelegten Keime des ideologischen Missbrauchs der Vor-Denker politisch-taktisch motiviert verstärkt wurden. Friedman selbst etwa beriet in Chile den Diktator Pinochet, wie eigentlich immer verflachten Popularisierer die durchaus triftigen Überlegungen der Vor-Denker, und – ebenfalls wie immer – die neoliberale Ideologie und ihre Verbreitung wurde von gesellschaftlichen Gruppen unterstützt, deren Interessen die propagierte Politik entsprach.

Worin bestand nun die ideologische Verabsolutierung der beiden oben herausgestellten realen Kerne des Neoliberalismus? Aus der gewissermaßen wissenssoziologisch begründeten Erklärung für die Sinnhaftigkeit von Marktsteuerung und von Wettbewerb als (Er-)Findungsmechanismus resultierte deren schlichte Überhöhung: Märkte und Wettbewerb wurden nicht mehr nur als ökonomisch überlegene Steuerungsmechanismen gegenüber zentraler Planung propagiert, sondern als allein selig machende Vorgehensweise in tendenziell allen Lebensbereichen. Dies mündete in ein Zurückdrängen nahezu jeglicher Staatstätigkeit, außer dem liberalen Nachtwächter-Staat, der dann auch schon mal zur neoliberalen Law-and-order-Diktatur werden konnte. Der ordo-liberale Gedanke, der etwa in Westdeutschland von der sog. Freiburger Schule betont worden war und im Grunde der westdeutschen sozialen Marktwirtschaft – als Spiel-Art des Kapitalismus im Unterschied zum angelsächsischen Kapitalismus – zugrunde lag, wurde ‚vergessen' (verdrängt). Diese ordo-liberale Sicht war sich bewusst, dass jede funktionierende Marktwirtschaft eines ordnenden Rahmens bedarf (daher die Bezeichnung: ordo = lat. Ordnung), an Eigentumsrechten, aber etwa auch an Wettbewerbs-Aufsicht und Kartellkontrolle. Dagegen setzte die neoliberale Ideologie auf den Wegfall staatlicher Regeln – De-Regulierung –, auch auf den zunehmend umfangreichen transnationalen Kapitalmärkten – was dann 2008 zur globalen Finanzkrise mit beitrug. Auch andere Regulierungen, etwa aus sozialstaatlichen, umwelt- oder verbraucherpolitischen Überlegungen heraus, gerieten unter Beschuss.

Entsprach schon dies den Interessen von sich staatlich gefesselt fühlenden Produzenten und Kapitaleignern, so galt dies erst recht für die zweite zentrale neoliberale Forderung, der nach Privatisierung. Auch hierdurch sollte der Einfluss des vermeintlich grundsätzlich ineffizienteren Staates in seiner Eigenschaft als Besitzer und Betreiber nicht nur ‚gewöhnlicher' Firmen – wie im [west-]deutschen Falle mit hohem Anteil etwa des Autokonzerns VW –, sondern auch von Infrastruktur-Einrichtungen wie Post, Bahn, Straßen- und Schienenwege, Elektrizitäts- und Wasserversorgung, ja am Ende auch von Gefängnissen und als Garant öffentlicher Sicherheit zurückgedrängt werden. In Verbindung mit Deregulierung entstanden hier große Möglichkeiten des Missbrauchs ökonomischer Macht, zumindest wurde rasch deutlich, dass – im Sinne des Allgemeinwohls statt nur des privaten Investorenwohls – funktionierende Privatisierung ein Mehr an – kompetenter! – Regulation erforderte. Der Zusammenbruch des Realsozialismus ließ zudem Privatisierung oft unter raubritter-haften Bedingungen geschehen, mit Gewinnen für gut vernetzte Angehörige der ehemaligen Nomenklatura.

Und dieser Zusammenbruch in Verbindung mit sinkenden gewerkschaftlichen Organisationsgraden, ihrerseits bedingt durch neoliberale Verunglimpfung von Arbeitnehmerorganisation als verwerfliche ‚(Arbeits-)Markt-Restriktion' wie auch durch Vermachtungs- und Korruptionsprobleme innerhalb von Gewerkschaften (wie etwa das Scheitern der gewerkschaftseigenen Gemeinwirtschaft in Westdeutschlands Wohnungsbau), schwächte insgesamt die gesellschaftliche (Verhandlungs-)Macht der Arbeitnehmerschaft, die sich in der – auch das Teil der neoliberalen Politik – Welt zunehmender grenzüberschreitender Mobilität des Kapitals und abgebauter Handelsschranken vermehrt transnationaler Konkurrenz und der (Drohung mit der) Verlagerung von Arbeitsplätzen ausgesetzt sah.

Tatsächlich wurden, und damit kommen wir zur internationalen politischen Ökonomie[170], die neoliberalen Kernforderungen der Deregulierung, Privatisierung

---

170 Eigentlich waren wir auch bei Betrachtung der innergesellschaftlichen Anliegen und Wirkungen des Neoliberalismus bereits – implizit – im Bereich des Internationalen, da doch, ganz im Sinne der Bemerkungen zur Internationalität als Vergleich (6.2 oben), die Durchsetzung des Neoliberalismus auch erfolgte durch stetige Propagierung einschlägiger internationaler Vergleiche, etwa mit dem „rascher (als die ‚lahmende EU-Wirtschaft') wachsenden" US-Kapitalismus nach seiner neoliberalen Umgestaltung; das zweite Kernland des Neoliberalismus, Großbritannien seit Margaret Thatcher, bot sich aufgrund dortiger Funktionsprobleme der Privatisierung und der mit den neoliberalen Reformen verbundenen sozialen Härten schon frühzeitig weit weniger als (Erfolgs-)Modell an – zumindest aus der Perspektive des konsens-gewohnten Westdeutschland.

6.3 Neoliberalismus

und (Handels-)Liberalisierung im Laufe der 1980er Jahre von den meisten internationalen Institutionen aufgenommen, beginnend bei der zeitweilig von diesem Denken mit- (wenn auch nicht ausschließlich) geprägten EU(-Kommission), vor allem aber der geradezu zur Förderung der Handelsliberalisierung eingerichteten Welthandelsorganisation (WTO, 1995[171]). Nicht nur unterwarfen sich in ihrem Rahmen die Mitgliedstaaten einer tendenziell freihandels-orientierten überstaatlichen Auslegung der Vertragsbestimmungen; auch weit in den innerstaatlichen Gestaltungsbereich ausgreifende Maßnahmen wie Subventionen, qualitative Marktzulassungsbedingungen und Sozialschutzklauseln wurden dem anhand des Kriteriums der Marktöffnung und dadurch erstrebter Effizienz orientierten transnationalen Urteil unterworfen. Schließlich nahmen internationale Finanzinstitutionen (wie der IWF, stärker und länger) und solche der globalen Entwicklungspolitik (wie die Weltbank, weniger stark und nicht ganz so anhaltend) neoliberale Konditionen als sog. Washingtoner Konsens (Washington Consensus) in die Bedingungen für ihre Beistandsprogramme auf, in Gestalt der sog. Strukturanpassungs-Programme (structural adjustment), wodurch neben die transnationale Diffusion neoliberalen Denkens durch die Ausbildung vieler Angehöriger der ökonomischen (Entscheidungsträger-)Eliten in Staaten des Südens etwa an der neoliberalen Hochburg der Universität von Chicago ein weiterer Mechanismus der Verbreitung neoliberaler Umgestaltung zu greifen begann: eben der auf (finanzieller) Abhängigkeit basierende der (neoliberalen) Konditionalität von Hilfsprogrammen.

Trotz dieser unterschiedlichen Kanäle und Mechanismen der transnationalen Propagierung und Durchsetzung neoliberaler Gestaltungsvorstellungen gelangten diese kaum unangefochten zum Tragen, vergleichsweise am weitesten noch im Bereich des angelsächsischen Kapitalismus (USA seit Reagan; Großbritannien seit Thatcher; Australien, dort, wie auch in Großbritannien – und teilweise unter Kanzler Schröder in Deutschland – auch unter sozialdemokratischer Ägide), und erhielten durch die z. T. durch Deregulierung und Liberalisierung (im Finanzbereich) mitbedingte globale Wirtschaftskrise 2008 ff. zudem einen Dämpfer. Die ‚Gunst der Stunde', in der der Neoliberalismus blamiert schien, konnte jedoch nicht für sein umfassendes Zurückdrängen genutzt werden. Die Reformen des Finanzmarktes (ganz abgesehen von der eigentlich anti-liberalen Sozialisierung der Verluste im Bankensektor) verblieben weitgehend in dem Rahmen, den die anhaltende Prägung durch neoliberales Denken vorgab – und die (welt-)gesellschaftliche Macht des transnational mobilen Kapitals (vgl. Cahill 2014).

---

171 Zur Durchsetzung der neoliberalen Freihandelspolitik in den USA, wesentlich für deren globale Durchsetzung, vgl. aus kritisch-neogramscianischer Perspektive Scherrer 1999.

Beides schlug sich denn auch, und damit kommen wir abschließend zum zweiten oben angesprochenen Kristallisationspunkt neoliberal-ideologischer Übertreibung, der Sicht von Demokratie, noch im Laufe der Finanzkrise im von Kanzlerin Merkel geprägten Unwort des Jahres 2011 von der „marktkonformen Demokratie" nieder. Bereits bei Hayek wird, wie oben ausgeführt, die Möglichkeit des Missbrauchs von Demokratie durch Interessengruppen angesprochen, die, wie ebenfalls schon festgestellt, durchaus real ist. Die neoliberal-vereinseitigende Ideologisierung begann jedoch dort, wo diese Gefahr vorwiegend oder einzig auf Seiten der „hoi polloi" (gr. die Vielen = Mehrzahl der Bevölkerung) gesehen wurde. Nicht nur reaktivierte dies alte konservative Vorurteile und Befürchtungen darüber, was nach Einführung der Demokratie (= Mehrheitsherrschaft) mit den Besitzenden geschehen würde (Einschränkung und Entrechtung nämlich), dabei übersehend, dass alle westlichen Staaten *liberale* Demokratien sind, die der Mehrheitsherrschaft grundrechtliche Schranken setzen, auch im Bereich des Schutzes von Eigentum (wie die dazu hoch entwickelte Verfassungsrechtsprechung etwa auch in Deutschland zeigt; zugleich sei jedoch auch an die Verpflichtung durch Eigentum [Art. 14 (2) GG] erinnert). Es ließ auch manchen Vertreter des ideologischen Neoliberalismus durchaus Diktaturen zuneigen – solange es keine ‚linken' waren, sondern solche, die transnationalem Kapital freien Spielraum gewährten. Auch wurde dabei übersehen, dass in den Jahren der neoliberalen Dominanz in den entwickelten westlichen Staaten die ohnehin besser Gestellten überproportional von Zugewinnen profitiert haben, in einem Ausmaß, das etliche Beobachter von einer neuen Oligarchie, also der Herrschaft der Besitzenden, als eigentliche Bedrohung von Demokratie sprechen lässt (vgl. Winters 2011, Dye 2014).

Schließlich, und das kommt im Merkel-Zitat zum Ausdruck, führte es gleichsam zu einer Umkehr von Wertungen: nicht mehr hat sich die Wirtschaft den demokratisch ermittelten Gestaltungsvorstellungen zu fügen, sondern umgekehrt muss sich die Demokratie den (vermeintlichen) Zwängen der Ökonomie anpassen. In einer Zeit, in der wirtschaftspolitische Alternativlosigkeit von Vertretern aller führenden Parteien bereits gepredigt wurde, setzte dies dem ideologischen Fass gleichsam die Krone auf. Wieso *ideologisch*? Nun, es sei an die Ausführungen (in 6.1) zu diesem Begriff erinnert: wenn gesellschaftlich, von einschlägig interessierten Kreisen, Sichtweisen propagiert werden, welche *über Gebühr* gesellschaftliche Gestaltungsmöglichkeiten und damit auch Freiheit einschränken – dann drängt sich der Ideologieverdacht auf. Wann liegt aber der Fall *über Gebühr* vor? Das kann letztlich nur eine politisch auch experimentierfreudige Praxis zeigen.[172] Und

---

172 Vgl. Hayeks Argument für dezentrale Findungsmechanismen wie z. B., auch politischen, Wettbewerb; was sich interessanter Weise von jüngsten Versuchen zur sinnvollen

6.3 Neoliberalismus

diese setzt nicht nur die gesellschaftliche Freiheit dazu voraus – sondern auch die gedankliche. Ideologisch motivierte Denk- und Experimentierverbote sind der Feind gesellschaftlicher (Weiter-)Entwicklung. Die Behauptung, dass es ein solches Weiter nicht gebe, in Zeiten des noch (vor)herrschenden Neoliberalismus prominent (und durchaus nicht nur auf-, sondern anregend, wenn auch prinzipiell nicht überzeugend) von Francis Fukuyama (1992) vorgetragen[173], darüber nachzudenken also müßig und gesellschaftliches Erproben nur gefährlich sei, wirkt im schlechten Sinne konservierend. Es besteht dann der Verdacht, dass es sich doch nur um die Ideologie derer handelt, die vom gegenwärtigen Zustand – und auch noch von seinen Mängeln – profitieren. Also der transnationalen Kapitaleigner – oder vielleicht darüber hinaus doch auch von uns allen, soweit wir zahlungskräftige Konsumenten sind? Der politisches Engagement entmutigenden Wirkung des neoliberalen TINA-Syndroms (There is no alternative!) gesellte sich dann die anästhesierende Wirkung des Konsumerismus hinzu. Und es drängt sich ein weiterer Ideologieverdacht auf, im Sinne auch einer ganz alten Herrschaftsstrategie: Brot und Spiele.

Übersicht 6.2 Neoliberalismus

Ideen
Im auf F.A. Hayek zurückgehenden gedanklichen Kern des NL stecken hoch anregende Gedanken zur spontanen Entstehung gesellschaftlicher Ordnung und zur Bedeutung des Unwissens als Argument für Markt- und gegen Planwirtschaft. Der Markt wird als Musterbeispiel solch spontaner Ordnung gesehen, Staatseingriffe tendenziell skeptisch. Bereits im Denken (und auch politischen Agieren) der Vor-Denker Hayek und v.a. M. Friedman werden diese Kerngedanken einseitig zugespitzt und verabsolutiert. Dies liefert den Ausgangspunkt für ihre Ideologisierung. Als politisches Projekt umfasste der NL als Kernforderungen Deregulierung, Privatisierung und (Handels-)Liberalisierung. Die Ideologie des

---

zeitgenössischen Deutungen von Sozialismus gar nicht so sehr unterscheidet (vgl. etwa Honneth 2015 und sein Plädoyer für „historischen Experimentalismus").
173 Nicht zufällig in Hegelianischem Geist argumentierend setzt Fukuyama (ebenso wie linke Autoren wie Immanuel Wallerstein [1982], dessen Leitaufsatz zum modernen Weltsystem den plakativen Titel trägt: „Aufstieg und künftiger Niedergang des kapitalistischen Weltsystems") voraus, was man prinzipiell nicht haben kann: die Kenntnis der Zukunft. Wie Karl Popper schlagend argumentiert hat, hängt unsere Zukunft zweifellos, heute mehr denn je, von *künftigem* Wissen ab; und das können wir *prinzipiell* heute nicht kennen (denn sonst wäre es eben heutiges, nicht künftiges Wissen). Auch erinnern solche geschichtsphilosophischen Aussagen oft an religiös-heilsgeschichtliche Rhetorik, vgl. Dellwing 2008.

NL greift über die Wirtschaft in andere Lebensbereiche aus, die sie marktförmiger Steuerung und ‚Effizienz'-Denken unterwirft, bis hin zur Propagierung (wirtschafts-)politischer Alternativlosigkeit (TINA) und ‚marktkonformer Demokratie'.

soziales Handeln
Der NL wurde entwickelt und propagiert in transnational verknüpften Denkfabriken (wie der von Hayek begründeten Mont Pelerin Gesellschaft), die die Vor-Denker mit weiteren Mitgliedern der neoliberalen epistemic community (Wissensgemeinschaft), Akademikern und Journalisten, zusammenbrachte. Über Lehrtätigkeit an renommierten Universitäten wie Chicago wurde weiterer intellektueller Einfluss ausgeübt.
Die ‚Stagflation' des westlichen Kapitalismus der 1970er Jahre war v. a. in angelsächsischen Ländern (USA, GB), aber auch in der EU der Anlass, dass der NL zum politischen Projekt wurde. Die Durch- und Umsetzung seiner Kernforderungen diente der Zurückdrängung nicht nur des Staates, sondern tendenziell der öffentlicher Entscheidung unterliegenden Sphäre zugunsten privater Entscheidungen sowie der Zurückdrängung gewerkschaftlichen Einflusses.
In westlich kapitalistischen Gesellschaften förderte dies Vermögensungleichheit und damit die Gefahr der Unterminierung von Demokratie durch Oligarchie; auch die Raubritter-Privatisierung im einstigen Ostblock förderte die Entstehung einer Gruppe Neureicher, z. T. aus der alten Nomenklatura hervorgehend, die oft als Oligarchen bezeichnet wurden.

Praktiken
Abbau staatlicher Vorschriften (Deregulierung), Verkauf von Staatseigentum (Privatisierung) und (Handels-)Liberalisierung förderten die Praxis der grenzüberschreitend-transnationalen Mobilität des Kapitals, z. T. außerhalb staatlicher Finanzaufsicht (Steueroasen). Neben der realwirtschaftlichen wuchs damit (weit stärker) die globale finanzwirtschaftliche Verflechtung. Die genannten Praktiken wurden nicht nur von und in einzelnen Staaten durchgeführt, sondern durch permanenten internationalen (Rang-)Vergleich und Aufnahme in die Programmatik zentraler internationaler Institutionen (IWF, Weltbank) als Washingtoner Konsens grenzüberschreitend vermittelt bis oktroyiert (im Rahmen sog. Strukturanpassungs-Programme).

Institutionen
Transnational zusammengesetzte Denkfabriken (Mont Pelerin Gesellschaft) und Netzwerke (von Akademikern, Journalisten) sorgen für die Diffusion des ursprünglichen NL. Aufnahme in Parteiprogrammatik (US-Republikaner unter Reagan, britische Konservative unter Thatcher) lässt daraus ein politisches Projekt werden. Dies und seine Verbreitung finden (auch finanzielle) Unterstützung in von der Politik des vorherrschenden NL profitierenden Kreisen: privaten Medien, gesponserter Forschung, Tagungen, Publikationen. Renommierte Universitäten (wie die ökonomische Fakultät in Chicago) verbreiten das Gedankengut des NL unter ihren Schülern, die oft Elitepositionen in ihren Heimatländern einnehmen. Sie sind aufnahmebereit für die im Rahmen des Washington Consensus von internationalen Institutionen auferlegten Politiken im Sinne des NL.

6.4 Konsumerismus

> *Oh Lord, won't you buy me, a Mercedes Benz,*
> *My friends all drive Porsches, I must make amends.*
> Janis Joplin (US-Sängerin, 1943–1970, „Mercedes Benz", 1970)[174]
>
> *Protect me from what I want.*
> Jenny Holzer (US-Konzeptkünstlerin, 1950-, Leuchtinstallation)

Als Kernidee des Konsumerismus könnte man anführen, dass Glück aus dem Ge- oder Verbrauch marktvermittelt erworbener Waren resultiert – oder, im Extremfall auch nur aus deren Erwerb. Damit sind zugleich zwei begriffliche Abgrenzungen markiert, die hier vorgenommen seien. Jegliche menschliche Existenz setzt Verbrauch von Gütern voraus. Während Verbrauch mithin eine anthropologische Konstante ist, gilt dies nicht für Konsumerismus.[175] Der setzt Warenmärkte voraus, und, im Zeitalter des Massenkonsums, auch massenhafte Kaufkraft. Konsumerismus als Ideologie und Praxis sei hier – dies wird nicht allenthalben so gehandhabt – außerdem von Konsumkultur unterschieden, welcher Begriff hier im diesem Buch zugrundeliegenden sozialanthropologischen Sinne wertneutral verstanden werden soll: konsumieren, der Umgang mit Waren, kann auch Ausdruck menschlicher Kreativität und authentischer Bedürfnisse sein. Ob diese sich jedoch, um eine weitere begriffliche Unterscheidung einzuführen, in Bedarfen konkretisieren[176], und wenn ja, in welchen, ist stark von gesellschaftlichen Bedingungen geprägt.

Und wie eingangs dieses Kapitels schon festgestellt reagiert der Kapitalismus ohnehin erst auf Kaufkraft, nicht auf Bedürfnisse als solche. Umgekehrt ist er zur Realisierung seiner Gewinne letztlich auf ausreichenden Konsum angewiesen. Was ihn am Anfang begrenzte, als Konsum nur etwas für eine kleine begüterte

---

174 Leicht ironische Anmerkung: Das zuletzt von der im Alter von 27 Jahren verstorbenen Sängerin gefahrene Porsche-Cabrio mit Bemalung im Hippie-Stil wurde jüngst in New York versteigert – und erzielte weit über die Erwartungen hinaus einen Preis von 1,76 Millionen US-Dollar (FAZ 12.12.2015, S. 8).

175 Zur sozialwissenschaftlichen Einführung vgl. Smart 2010, Lury 2011 und Stillerman 2015; zum Nachschlagen Cook/Ryan 2015 sowie enzyklopädisch umfassend Southerton 2011; als eine der wenigen Arbeiten, die die Brücke zwischen Konsumerismus und Internationaler Politischer Ökonomie schlagen, vgl. Comor 2008.

176 Um den Unterschied (Bedürfnisse/Bedarf; englisch: needs/wants) zu verdeutlichen: Menschen bedürfen der Behausung und, in kalten Gegenden, auch der Wärme (um zwei grundlegende Bedürfnisse anzuführen). Ob sich dies im Bedarf an Höhlen oder Häusern niederschlägt, und ob in letzteren erträgliche Temperatur durch Heizung oder Wärmedämmung erstrebt wird – das macht unterschiedliche Bedarfe aus, die die Bedürfnisse auf unterschiedliche Weise stillen (können).

Bürgerschicht (und eventuell reiche Bauern) war, die denn auch als Anfangsträgerschichten der Konsumkultur identifiziert werden (s. das Eingangszitat von Smart zu diesem Kapitel) und was später auch zum imperialistischen Ringen um (begrenzte) Absatzmärkte beitrug. Erst das rückblickend als Fordismus bezeichnete Produktionsregime des Kapitalismus koppelte dieses erfolgreich an sich ausbreitende Massenkaufkraft und damit auch erweiterte Binnennachfrage, zunächst in den 1920er und 30er Jahren in den USA, später, vor allem nach dem Zweiten Weltkrieg, sich ausbreitend auf die westliche entwickelte Welt; heute auch in den entstehenden Mittelschichts-Enklaven etwa in China oder Afrika.[177] Die Stimulierung deren Nachfrage ist zentrale Praxis des Zeitalters des Konsumerismus. Dieser verbindet somit auf scheinbar angenehme Weise das Glück der Einzelnen mit dem Erhalt und Funktionieren des kapitalistischen Wirtschaftssystems – und bedient dabei heute, auf der Grundlage global arbeitsteiliger Produktion, transnationale Massenmärkte, womit der Konsumerismus im Sinne des zweiten Eingangszitats zu diesem Kapitel zur Kern-Kultur des globalen polit-ökonomischen Systems geworden ist.

Die Geschichte der Entwicklung dieser Konsumgesellschaft ist in den vergangenen Jahren Gegenstand umfangreicher historischer und kulturanthropologischer Forschung gewesen.[178] Sie kann hier nicht im Einzelnen rekapituliert werden, auf ihr aufbauend seien aber einige zentrale Institutionen und Praktiken des Konsumerismus herausgearbeitet. Zu den Institutionen gehört seit dem letzten Drittel des 19. Jahrhunderts etwa das Kaufhaus. Nicht nur bündelt es zahlreiche Waren. In diesen Konsum-‚Tempeln' wird shoping selbst zum Erlebnis stilisiert. Gegenwärtig gerät nicht nur der traditionelle Einzelhandel, sondern auch das Erfolgsmodell Kaufhaus unter Druck durch die Vermarktung via Internet, die ihrerseits teilweise die Funktion des traditionellen Versandhaus-Katalogs mit übernimmt.

Schon früh dient die Präsentation von Waren in diesen Kontexten nicht mehr der reinen Information über Existenz und (objektive) Eigenschaften von Gütern. Deren stetiger Betonung (von gleichbleibender Qualität, „da weiß man, was man hat") und der Bindung der Kunden an bestimmte Hersteller dient zunächst die Etablierung von Marken (‚Markenqualität'). Wie auch die Reklame versucht sie, die Kaufbereitschaft anzuregen durch den Erlebnischarakter der Warenauswahl bzw. dadurch, dass Erlebnisse beim Konsum der Ware versprochen werden. Die seit den 1920er Jahren aufkommende Werbe-Branche[179] sieht in dieser Kopplung

---

177 Zur entstehenden Konsumgesellschaft in China vgl. Gerth 2010, Wang 2010 und Yu 2014, zu Afrika Mahajan 2009.
178 Zur Geschichte von Konsumgesellschaft, -kultur und Konsumerismus vgl. knapp Stearns 2006, ausführlicher König 2000, Trentmann 2016 und handbuchartig Trentmann 2012.
179 Zu deren Entwicklung vgl. Marchand 1986, Schudson 1986 und Ewen 2001.

6.4 Konsumerismus

des Konsums an (versprochene) Erlebnisse frühzeitig einen psychologischen Weg, die physischen Grenzen, die dem Konsum gesetzt sind – man kann nur eine Hose zu jeder Zeit tragen, man braucht nur eine, am besten haltbare, Waschmaschine – auszuweiten. Bedürfnisse wie die, Status zu demonstrieren oder sich – z. B. modisch – von anderen abzuheben, sind praktisch unbegrenzt in (weiteren) Konsum umlenkbar. Dadurch wird aus allgemeinmenschlichen Bedürfnissen Bedarf nach bestimmten (beworbenen) Waren geweckt – und, gekoppelt an Kaufkraft, Nachfrage erzeugt. Im Zeitalter des Neoliberalismus hat sich diese (Eigen-)Werbung zu einer alle Lebensbereiche erfassenden „promotional culture" (Davis 2013) entwickelt, in der gilt: tue Gutes und rede darüber; Selbstdarstellung ist Trumph; und: Hauptsache die Verpackung stimmt – und Letzteres gilt nicht mehr nur für Pralinen, sondern auch für universitäre Bildungsangebote.

Umstritten ist dabei seit der frühen Konsumkritik bis heute zwischen dieser Kritik und den Vertretern der Werbebranche, welchen Einfluss diese Branche denn nun auf Kaufentscheidungen hat (vgl. Blythe 2013). Zwei Extreme lassen sich nicht halten: Bedürfnisse lassen sich nicht beliebig erzeugen; selbst ihre Ummünzung in konkrete Bedarfe gelingt nicht immer (sonst wäre erfolgreiche Werbung keine Kunst). Auch sind die Konsumenten nicht einfach die dummen Opfer einer Manipulations-Industrie. Andererseits würden wohl nicht weltweit Milliarden für Werbung ausgegeben, hätte sie keinen Effekt auf das Kaufverhalten. Zumindest die Vergrößerung des jeweils eigenen Anteils am Konsumenten-Kuchen wird angestrebt – aber auch die Verschiebung der Konsumfront nach ‚außen-oben'. Der angeblich ‚rationale' Konsument wird hierzu systematisch mit *selektiver* Information versorgt, teilweise (realer Fett- und Zuckergehalt etwa) wird sie verschleiert, teilweise werden Versprechen gemacht, die der Konsum bestimmter Waren oder auch der von Waren ganz generell nicht einlösen kann. Letzteres gilt wohl, darin ist sich die neuere Glücks-Forschung (Layard 2011) einig mit der traditionellen Philosophie (Höffe 2009), für das eingangs dieses Teilkapitels erwähnte Glücksversprechen, das mit Warenkonsum verknüpft wird.

Gegen die Fehl- und Falsch-Information von Verbrauchern entsteht im Laufe des 20. Jahrhunderts in den entwickelten Konsumgesellschaften auch der quasi politische Ast des Konsumerismus, wie es im Angelsächsischen genannt wird (vgl. Cohen 2003), also die Verbraucherschutz-Bewegung, wie es im Deutschen heißt. Sie versucht einerseits die Interessen der Verbraucher an Gefahrlosigkeit und Haltbarkeit von Gütern durchzusetzen, vertritt damit andererseits aber primär die Interessen derer, die am Konsum-Spiel schon beteiligt sind. Dies verleiht ihr vor allem beim Versuch, sich transnational zu vernetzen, eine gewisse Ambivalenz, sind doch weite Kreise der nicht-westlichen Bevölkerung lange Zeit davon mangels Kaufkraft ausgeschlossen.[180]

Neben dem leeren Glücksversprechen ergeben sich zwei weitere Probleme des Konsumerismus, also jener kulturellen Form des Kapitalismus, die Absatz an Massenkaufkraft und deren Umsetzung in Warenverbrauch bindet und damit, wie am Ende sogar in Ansprachen deutscher Kanzler und amerikanischer Präsidenten betont wird, letztlich auch den eigenen Arbeitsplatz (und den sozialen Status, der an ihm hängt) davon abhängig macht. Das eine ist die Unvermehrbarkeit der (Lebens-)Zeit, die für was auch immer, also auch Konsum, zur Verfügung steht. Tatsächlich kommt bereits in den 1920er Jahren die Diskussion darum auf, ob die gesteigerte Produktivität des Kapitalismus in mehr Geld (Lohn – und damit Kaufkraft) oder mehr (Frei-)Zeit umgesetzt werden soll – und ggf. wie diese zu gestalten sei, als Verkürzung der täglichen oder wöchentlichen Arbeitszeit und/oder als Jahresurlaub (vgl. Cross 1993). Unter dem Eindruck des revolutionären Klimas der unmittelbaren Zeit nach Ende des Ersten Weltkriegs gelingt es, im Rahmen der Internationalen Arbeitsorganisation (ILO) als deren erstes Projekt 1919 den 8-Stunden-Tag (an 6 Tagen, mithin die 48-Stunden-Arbeitswoche) international durchzusetzen. Weitere Landgewinne an arbeitsfreier Zeit lassen sich jedoch nicht mehr *international vereinbart* durchsetzen, sondern *unter den Bedingungen internationaler Konkurrenz* allenfalls national (so meist gesetzlich geregelt in Europa), z. T. bis heute auch nur tarifvertraglich (so oft in den USA). Der dabei eingeschlagene Weg führt zu Freizeit(gestaltungs-)Formen, die wiederum eher konsum-kompatibel sind – und die Freizeit wird konsumeristisch zum Absatz neuer Waren (und Dienstleistungen: Reise- und Freizeitindustrie) genutzt. Selbst die eigene Kreativität der Konsumenten ermöglichende Do-it-yourself-Branche profitiert vom Absatz von für die Freizeit bestimmten Waren, von der eskalierenden Sportartikel-Industrie ganz zu schweigen (kein Sport ohne eigenes Schuhwerk; vgl. Wheaton 2016; zum erweiterten Hintergrund Collins 2013).

Ebenso profitiert von der kommerziell genutzten Freizeit die seit den 1920er Jahren über Radio, Kino, dann Fernsehen und diverse Tonträger bis zum heutigen Multimedia-Angebot sich ausweitende Unterhaltungsindustrie.[181] Wo diese privatwirtschaftlich-gewinnorientiert betrieben wird, wird die Produktion von Inhalten

---

180 Zur Geschichte des internationalen Verbraucherschutzes vgl. Hilton 2009, zu seinen internationalen Organisationsformen Ronit 2015, zum Nachschlagen Brobeck/Mayer 2015.

181 Vgl. Artz 2015, Lewis 2015; zur kritischen Medien-Analyse allgemein Fuchs 2012; speziell zur Entwicklung sog. sozialer Medien (social media) van Dijck 2013, die zutreffend feststellt, dass „connective media" eine weniger ideologische und insofern angemessenere Bezeichnung des Phänomens wäre (ebd., 13).

6.4 Konsumerismus

(content) oft gleichsam zum Nebenzweck für die eigentliche Finanzierungsquelle: das Anziehen (und Vermarkten gegenüber der Werbebranche) von Sehern bzw. Hörern, also eines in eher passiver Haltung werbe-berieselten Publikums. Das dann mehr denn je mit den Versprechungen dieser Branche (s. o.) konfrontiert wird. Auch wenn vor zu simpler Konsum(ersismus)-Kritik nochmals gewarnt sei, die schlicht nach eigenem Geschmack bestimmt, was wertvolle Inhalte und wertloser Reklamemüll ist oder Konsumenten jegliche aktive Rolle bei der Nutzung von Waren und auch Medieninhalten abspricht, so ist doch gleichwohl die kritische Anfrage berechtigt, ob, wie es oben in 4.1 bei Erläuterung der kritischen Funktion von Sozialwissenschaft erläutert wurde, hierbei der Konsum nicht *über das vertretbare Maß hinaus* propagiert wird.

Dies lässt sich insbesondere fragen, nachdem im Zeichen des Konsumerismus nicht nur die Freizeit möglichst mit Warenkonsum zu verknüpfen versucht wird, sondern dessen Grenzen auch durch das hinauszuschieben versucht werden, was als geplanter Verschleiß (Obsoleszenz) bezeichnet wird. Damit sind nicht nur die von Verbraucherschützern kritisierten ‚Sollbruchstellen' in Produkten und die bewusste Begrenzung ihrer ‚Lebenszeit' (was Ersatz-Käufe erzwingt) gemeint, sondern auch die psychologische Obsoleszenz, die daraus resultiert, dass in immer schnellerem Takt kleinste Variationen auf den Markt gebracht und als jeweils „neu" und „must have" beworben werden. Mode (fashion) ist ein zentraler Mechanismus solcher Obsoleszenz.[182] War früher eine Armbanduhr ein Geschenk für's Leben (oder gar über die Generation hinaus, womit heute nur noch Anbieter im Luxus-Segment werben), so werden heute Verträge verkauft, die „jedes Jahr ein neues Handy" in Aussicht stellen. Während der sich akkumulierende Elektronikschrott zum globalen Problem wird[183] – von den Abbau-Bedingungen der in diesen Geräten verbauten Rohstoffen ganz zu schweigen (vgl. am Beispiel von Coltan Nest 2014), die gerne

---

182 Und nochmals: Dies ist nur die *eine*, konsumerismus-kritische Seite der Medaille. Denn Mode (vgl. zur Theorie Lehnert 2015; zur Geschichte English 2013; philosophisch Svendsen 2006; psychologisch Lennon/Johnson/Rudd 2017; kulturwissenschaftlich Eicher/Evenson 2015 und Entwistle 2015) ist auch Ausdrucksmedium sozialer Distinktion, erfüllt also durchaus ein anthropologisches Bedürfnis – was beim Übergang von waren- und mode-knappen ökonomischen Systemen (etwa des Realsozialismus) zu eher kapitalistischen Produktions- (und Konsum-)Weisen regelmäßig als – auch designerische Kreativität – befreiend empfunden wird. Vgl. auch Penz 2010 über konsum-basierte Schönheitspraktiken sowie Lipovetsky 2002 zum Zusammenhang von Mode und Demokratie.

183 Vgl. Kap. 17 über E-Waste in: Robbins/Hintz/Moore 2014 sowie Bisschop 2015; zum internationalen Abfall-Handel vgl. Clapp 2001, journalistisch Minter 2015; zu unserer Abfall-Gesellschaft insgesamt soziologisch O'Brien 2011.

hinter den langen Lieferketten und dem Outsourcing global-arbeitsteiliger Produktion versteckt werden.

Weder die ökologischen Grenzen der Belastbarkeit (vgl. Wijkman/Rockström 2012) werden durch diese Formen des Konsumerismus gewahrt, noch hat das sozialethische Nachdenken über eine Fernsten-Ethik – oder ihre praktische Umsetzung – mit dieser Entwicklung globaler Produktionsketten (commodity bzw. supply chains; vgl. Macdonald 2013) wirklich Schritt gehalten.[184] Im Zeichen der – nicht zuletzt neoliberal unterfütterten – Dominanz marktförmiger und marktkonformer Problembearbeitungsformen wird seit den 1990er Jahren vermehrt versucht, diese Probleme in den Griff zu bekommen durch Zertifizierung und Produkt-Label (wie Fairtrade, Rugmark für Teppiche oder das FSC-Label für Holzwaren[185]) und dadurch gesteuertes politisch bewusstes Konsumentenverhalten (vgl. Heidbrink/Schmidt/Ahaus 2011 und Stolle/Micheletti 2013). Ergänzt wird dies durch Bestrebungen, das Interesse insbesondere großer (Marken-)Firmen an ihrem Ruf zu nutzen, die an propagierten Standards sog. corporate social responsibility (CSR) gemessen werden.[186] Was freilich mündige – und in ihrem Kaufverhalten konsequente – VerbraucherInnen ebenso voraussetzt wie ernsthaftes Firmeninteresse an der Übernahme von Verantwortung, auch unter Bedingungen globaler Konkurrenz.

Übersicht 6.3 Konsumerismus

Ideen
Kernidee des Konsumerismus ist nicht die anthropologische Konstante, dass Menschen zum Selbsterhalt Energie und Güter verbrauchen; sondern dass (im Extremfall nur) Erwerb, der an Kaufkraft gebunden ist, und Gebrauch von über Massenmärkte vermittelten Gütern in irgendeinem Sinne Glück stiftet, (echte) Bedürfnisse befriedigt. Dies kann der Fall sein, und dann realisiert sich Konsumkultur. Der kritische Impetus des Begriffs Konsumerismus richtet sich darauf, ob, wieweit und zu welchem – psychischen, sozialen und ökologischen – Preis dies der Fall ist.

---

184 Sie wird jedoch sowohl in unterschiedlichen religiösen Kreisen weltweit entwickelt, eine Schnittstelle des vorliegenden Kapitels zum Religions-Kapitel 5 oben (vgl. vom Standpunkt einer christlichen Ethik exzellent Barrera 2011), als auch philosophisch (z. B. Young 2011), auch mit Bezug auf die Menschenrechte (vgl. Kap. 2.2 oben), s. Pogge 2011; zur versuchten Umsetzung in die Praxis vgl. Johnston 2013, Reynolds 2014.

185 Vgl. zum Labeling allgemein Bartley u. a. 2015, zur Fairtrade-Bewegung umfassend Raynolds/Bennett 2015 sowie zur Holz-Problematik Dauvergne/Lister 2011.

186 Zur CSR als inter- bzw. transnationalem Steuerungsmechanismus vgl. einführend kurz Moon 2014, ausführlicher Crane/Matten/Spence 2014 und aus kritischer IB/IPÖ-Perspektive die Beiträge in Utting/Marques 2013. Zur CSR im Bereich Medien und Kommunikationsindustrie Sandoval 2014.

6.4 Konsumerismus

soziales Handeln
Die meisten dem Konsumerismus zuzurechnenden Handlungsformen sind routinisiert, werden immer wieder ausgeführt, und fallen somit in den Bereich der Praktiken (s. u.). Aus dem Blickwinkel der (internationalen) Politik ist interessant, dass (größerer) Konsum sowohl in der Ost-West-Systemkonkurrenz als Indikator für Überlegenheit galt (vgl. die kitchen debate) als auch national zur politischen Legitimation genutzt wird. Auch in Zeiten des Terrors wird von Regierungen nicht (nur) politischer Zusammenhalt beschworen, sondern zu fortgesetztem Konsum aufgefordert („business as usual"), was die dem Konsum zugeschriebene Normalitäts-Bedeutung unterstreicht.

Praktiken
Das Kaufen von Waren, das träumerische/wünschende Schwelgen von ihnen, unter Einfluss einer Milliarden-(Werbe-)Industrie, die Wünsche stimuliert und Bedarf formatiert (indem sie – nicht immer zu Recht – suggeriert, dass menschliche Bedürfnisse durch Warenerwerb und -gebrauch befriedigt werden), sind die Kernpraktiken des Konsumerismus. Werbung wird auch zu einem zentralen Medieninhalt und einem zentralen Ausdruck zeitgenössischer Kultur (Werbegrafik, ironisiert in der Popkunst etwa durch Andy Warhol, dessen „Dosensuppen" inzwischen selbst zur vermarktbaren Ikone geworden sind). Sonstige Medieninhalte werden im privaten Verwertungskontext vorwiegend zur Bindung von Werbepublikum erzeugt. Der verführbare Konsument bzw. seine Aufmerksamkeit wird selbst zur Ware.

Institutionen
Beginnend bei Kaufhäusern als Warentempel über den Versand- und heute Internet-Handel nimmt Warenpräsentation zunehmend Erlebnischarakter an; ebenso versucht die Werbeindustrie, Waren über den Gebrauchswert hinaus symbolische Bedeutung zu verleihen. Verbraucherverbände sind ein Ausdruck der politischen Seite der Konsumgesellschaft, organisieren jedoch vor allem die Interessen der Kaufkräftigen.

Was über weite Strecken zunächst als rein persönliches, allenfalls nationales Phänomen erscheint, eben der Konsumerismus als kulturelle Dimension des heute globalen Kapitalismus, weist also mindestens vier inter- bzw. transnationale Schnittstellen auf:

- neben der global-internationalen Durchsetzung von Produzenten-Interessen (an geregelter Arbeitszeit und -formen) etwa im Rahmen der ILO, die zugleich Voraussetzungen des Konsumerismus schaffen, und
- der schwierigen transnationalen Organisation von Verbraucher-Interessen
- liegt in jüngsten Versuchen der Nutzung transnationaler Verbraucher-Marktmacht (über Zertifizierung und Produkt-Label sowie den Appell an corporate social responsibility) ein weiterer, marktvermittelter Mechanismus, den Kon-

sumerismus zum Gegenstand inter- und transnationaler Politik zu machen. Freilich erfolgen all diese Versuche
- im Rahmen fortbestehender transnational-globaler Konkurrenz um Markt- und Wachstumsanteile, was grenzüberschreitend-langfristige oft hinter national-kurzfristige Interessen (an Gewinn und Arbeitsplätzen) zurücktreten lässt.

Ob das jüngst in Paris geschlossene Klimaschutzabkommen, das auf ein unleugbar grenzüberschreitend-globales Folgeproblem des fortgeschrittenen Konsumerismus und Wachstumsdenkens reagiert, diese Begrenzungen wirklich zu überwinden vermag, bleibt fraglich.

6.5 Resümee des Kapitels

In diesem Kapitel haben wir

- nach einer seine kulturellen Aspekte hervorhebenden Bestimmung des Begriffs „Kapitalismus" am Beispiel der kritischen Betrachtung der weltgesellschaftlich weit verbreiteten Wachstums-Ideologie die Perspektive kritischer Sozialwissenschaft zu verdeutlichen versucht;
- den Neoliberalismus als transnational propagiertes politisches Projekt analysiert, dessen ideologischer Kern freilich, Bedingung seiner Wirksamkeit, durchaus Wahrheiten enthält, die erst durch (macht-)politisch motivierte Übertreibung und Vereinseitigung kritikwürdig werden;
- und schließlich mit dem Konsumerismus das Augenmerk auf ein im Verhältnis zur sonst im Bereich der Internationalen Politischen Ökonomie im Vordergrund stehenden transnationalen Organisation von Produktion vernachlässigtes, für die weltgesellschaftliche Legitimation des westlich inspirierten Wirtschaftsmodells jedoch zentrales Einstellungs- und Verhaltenssyndrom gelenkt, dessen ökologische Nicht-Tragfähigkeit zwar offen zu Tage liegt, was jedoch (noch) nicht zu hinreichenden verhaltensändernden Konsequenzen geführt hat.

Literaturhinweise zu Kapitel 6

Higgs, Kerryn 2014: Collision Course. Endless Growth on a Finite Planet, Cambridge, Mass./London.

Die australische Autorin, ausgebildete Geographin und Ökologin, bringt schon im Titel den Kern-Widerspruch der herrschenden Wachstumsideologie zum Ausdruck und analysiert diese ebenso sachkundig wie kritisch.

Kotz, David M. 2015: The Rise and Fall of Neoliberal Capitalism, Cambridge, Mass./London.

Der US-amerikanische Ökonom Kotz untersucht kritisch und kundig Aufstieg und Folgeprobleme des Neoliberalismus.

Brand, Ulrich/Wissen, Markus 2017: Imperiale Lebensweise. Zur Ausbeutung von Mensch und Natur in Zeiten des globalen Kapitalismus, München.

Aus einer ebenfalls kritischen sozialwissenschaftlichen Perspektive legen Brand und Wissen eine die im vorliegenden Kapitel gebotene Perspektive ergänzende kritische Sichtweise des Konsumerismus vor, welchen sie als „imperiale Lebensweise" verstehen, der öko-soziale Folgekosten auf die weltgesellschaftlich Schwachen abwälzt.

Literatur zu Kapitel 6

Allin, Paul/Hand, David J. 2014: The Wellbeing of Nations. Meaning, Motive and Measurement, Chichester.
Artz, Lee 2015: Global Entertainment Media. A Critical Introduction, Chichester.
Augoustinos, Martha/Walker, Iain/Donaghue, Ngaire 2014: Social Cognition. An Integrated Introduction, 3rd ed., London u. a.
Barrera, Albino 2011: Market Complicity and Christian Ethics, Cambridge.
Bartley, Tim u. a. 2015: Looking Behind the Label. Global Industries and the Conscientious Consumer, Bloomington.
Biebricher, Thomas 2012: Neoliberalismus zur Einführung, Hamburg.
Bisschop, Lieselot 2015: Governance of the Illegal Trade in E-Waste and Tropical Timber. Case Studies in Transnational Environmental Crime, Farnham/Burlington.
Blom, Philipp 2014: Die zerrissenen Jahre 1918–1938, München.
Blythe, Jim 2013: Consumer Behaviour, 2nd ed., London u. a.
Bodley, John H. 2015: Victims of Progress, 6th ed., Lanham u. a.
Brobeck, Stephan/Mayer, Robert N. (Hrsg.) 2015: Watchdogs and Whistleblowers. A Reference Guide to Consumer Activism, Santa Barbara.
Buechler, Steven M. 2014: Critical Sociology, 2nd ed., Boulder.
Cahill, Damien 2014: The End of Laissez-Faire? On the Durability of Embedded Neoliberalism, Cheltenham/Northampton.
Caldwell, Bruce 2005: Hayek's Challenge. An Intellectual Biography of F. A. Hayek, Chicago/London.

Claessens, Dieter/Claessens, Karin 1979: Kapitalismus als Kultur. Entstehung und Grundlagen der bürgerlichen Gesellschaft, Frankfurt a. M.
Clapp, Jennifer 2001: Toxic Exports. The Transfer of Hazardous Wastes from Rich to Poor Countries, Ithaca.
Cohen, Lizabeth 2003: A Consumers' Republic. The Politics of Mass Consumption in Postwar America, New York.
Collins, Tony 2013: Sport in Capitalist Society. A Short History, Abingdon/New York.
Comor, Edward A. 2008: Consumption and the Globalization Project. International Hegemony and the Annihilation of Time, Basingstoke/New York.
Cook, Daniel Thomas/Ryan, J. Michael (Hrsg.) 2015: The Wiley Blackwell Encyclopedia of Consumption and Consumer Studies, Malden/Oxford.
Cooley, Alexander/Snyder, Jack (Hrsg.) 2015: Ranking the World. Grading States as a Tool of Global Governance, Cambridge.
Crane, Anrew/Matten, Dirk/Spence, Laura J. (Hrsg.) 2014: Corporate Social Responsibility. Readings and Cases in a Global Context, 2nd ed., Abingdon/New York.
Cross, Gary 1993: Time and Money. The Making of Consumer Culture, London/New York.
D'Alisa, Giacomo/Demaria, Federico/Kallis, Giorgos (Hrsg.) 2014: Degrowth. A Vocabulary for a New Era, Abingdon/New York.
Dauvergne, Peter/Lister, Jane 2011: Timber, Cambridge/Malden.
Davis, Aeron 2013: Promotional Cultures, Cambridge/Malden.
Deaton, Angus 2015: The Great Escape. Health, Wealth, and the Origins of Inequality, Princeton.
Dellwing, Michael 2008: Globalisierung und religiöse Rhetorik. Heilsgeschichtliche Aspekte in der Globalisierungsdebatte, Frankfurt a. M./New York.
Dietsch, Peter 2015: Catching Capital. The Ethics of Tax Competition, New York.
Dijck, José van 2013: The Culture of Connectivity. A Critical History of Social Media, Oxford/New York.
Dye, Thomas R. 2014: Who Is Running America? The Obama Reign, Abingdon/New York.
Eagleton-Pierce, Matthew 2016: Neoliberalism. The Key Concepts, Abingdon/New York.
Easterley, William 2013: The Tyranny of Experts. Economists, Dictators, and the Forgotten Rights of the Poor, New York.
Ebenstein, Lanny 2015: Chicagonomics. The Evolution of Chicago Free Market Economics, New York.
Eicher, Joanne B./Evenson, Sandra Lee 2015: The Visible Self. Global Perspectives on Dress, Culture, and Society, New York/London.
Ekardt, Felix 2016: Theorie der Nachhaltigkeit. Rechtliche, ethische und politische Zugänge – am Beispiel von Klimawandel, Ressourcenknappheit und Welthandel, 2. Aufl., Baden-Baden.
Ekardt, Felix 2014: Jahrhundertaufgabe Energiewende. Ein Handbuch, Berlin.
Ellman, Michael 2014: Socialist Planning, 3rd ed., Cambridge.
English, Bonnie 2013: A Cultural History of Fashion in the 20th and 21st Centuries. From Catwalk to Sidewalk, 2nd ed., New York/London.
Entwistle, Joanne 2015: The Fashioned Body. Fashion, Dress and Modern Social Theory, Cambridge/Malden.
Ewen, Stuart 2001: Captains of Consciousness. Advertising and the Social Roots of Consumer Culture, Reprint, New York.

Freeden, Michael/Sargent, Lyman Tower/Stears, Marc (Hrsg.): 2013: The Oxford Handbook of Political Ideologies, Oxford.
Fuchs, Christian 2012: Foundations of Critical Media and Information Studies, Abingdon/New York.
Fukuyama, Francis 1992: The End of History and the Last Man, New York (dt.: Das Ende der Geschichte. Wo stehen wir? München).
Gamble, Andrew 1996: Hayek. The Iron Cage of Liberty, Cambridge/Malden.
Gerth, Karl 2010: As China Goes, So Goes the World. How Chinese Consumers Are Transforming Everything, New York.
Greenfield, Liah 2012: National Preeminence, in: William Sims Bainbridge (Hrsg.): Leadership in Science and Technology. A Reference Handbook, Thousand Oaks, 157–164.
Halliday, Fred 1994: International Society as Homogeneity, in: ders.: Rethinking International Relations, Basingstoke/London.
Hamilton, Shane/Phillips, Sarah 2014: The Kitchen Debate and Cold War Consumer Politics. A Brief History with Documents, New York.
Heidbrink, Ludger/Schmidt, Imke/Ahaus, Björn (Hrsg.) 2011: Die Verantwortung des Konsumenten. Über das Verhältnis von Markt, Moral und Konsum, Frankfurt a. M./New York.
Higgs, Kerryn 2014: Collision Course. Endless Growth on a Finite Planet, Cambridge, Mass./London.
Hilton, Matthew 2009: Prosperity for All. Consumer Activism in an Era of Globalization, Ithaca/London.
Höffe, Otfried 2009: Lebenskunst und Moral oder Macht Tugend glücklich? München.
Honneth, Axel 2015: Die Idee des Sozialismus, Berlin.
Jackson, Tim 2011: Prosperity Without Growth. Economics for a Finite Planet, Abingdon/New York (dt.: Wohlstand ohne Wachsum, München).
Johnston, Lucas F. 2013: Religion and Sustainability. Social Movements and the Politics of the Environment, London/New York.
Jones, Daniel Stedman 2012: Masters of the Universe. Hayek, Friedman, and the Birth of Neoliberal Politics, Princeton.
Josephson, Paul R. 2010: Would Trotsky Wear a Bluetooth? Technological Utopianism Under Socialism, 1917–1989, Baltimore.
König, Wolfgang 2000: Geschichte der Konsumgesellschaft, Stuttgart.
Kotz, David M. 2015: The Rise and Fall of Neoliberal Capitalism, Cambridge, Mass./London.
Layard, Richard 2011: Happiness. Lessons from a New Science, London/New York.
Leach, William 1993: Land of Desire. Merchants, Power and the Rise of a New American Culture, New York.
Lehnert, Gertrud 2015: Mode. Theorie, Geschichte und Ästhetik einer kulturellen Praxis, 2., korrig. Aufl., Bielefeld.
Lenk, Kurt (Hrsg.) 1978: Ideologie. Ideologiekritik und Wissenssoziologie, 8. Aufl., Darmstadt/Neuwied.
Lennon, Sharron J./Johnson, Kim K. P./Rudd, Nancy A. 2017: Social Psychology of Dress, New York/London.
Lewis, Justin 2015: Beyond Consumer Capitalism. Media and the Limits to Imagination, Cambridge/Malden.
Lipovetsky, Gilles 2002: The Empire of Fashion. Dressing Modern Democracy, Princeton/Oxford.
Lury, Celia 2011: Consumer Culture, 2nd ed., Cambridge/Malden.

Macdonald, Kate 2013: The Politics of Global Supply Chains, Cambridge.
Mahajan, Vijay 2009: Africa Rising. How 900 Million African Consumers Offer More Than You Think, Upper Saddle River.
Mandeville, Bernard 1980 (Original 1714): Die Bienenfabel oder Private Laster, öffentliche Vorteile, Frankfurt a. M.
Marchand, Roland 1986: Advertising the American Dream. Making Way for Modernity, 1920–1940, Berkeley/Los Angeles/London.
Meacham, Jon 2015: Destiny and Power. The American Odyssey of George Herbert Walker Bush, New York.
Minter, Adam 2015: Junkyard Planet. Travels in the Billion-Dollar Trash Trade, New York.
Mirowski, Philip 2015: The Road from Mont Pelerin. The Making of the Neoliberal Thought Collective, Cambridge, Mass./London.
Möllers, Christoph 2015: Die Möglichkeit der Normen, Berlin.
Moon, Jeremy 2014: Corporate Social Responsibility. A Very Short Introduction, Oxford.
Münch, Paul (Hrsg.) 1984: Ordnung, Fleiß und Sparsamkeit. Texte und Dokumente zur Entstehung der „bürgerlichen Tugenden", München.
Münch, Richard 2011: Akademischer Kapitalismus. Über die politische Ökonomie der Hochschulreform, Berlin.
Nest, Michael 2014: Coltan, Cambridge/Malden.
O'Brien, Martin 2011: A Crisis of Waste? Understanding the Rubbish Society, New York/Abingdon.
Oslington, Paul (Hrsg.) 2014: The Oxford Handbook of Christianity and Economics, Oxford/New York.
Penz, Otto 2010: Schönheit als Praxis. Über klassen- und geschlechtsspezifische Körperlichkeit, Frankfurt a. M./New York.
Persson, Karl Gunnar/Sharp, Paul 2015: An Economic History of Europe. Knowledge, Institutions and Growth, 600 to the Present, 2nd ed., Cambridge.
Pogge, Thomas 2011: Weltarmut und Menschenrechte. Kosmopolitische Verantwortung und Reformen, Berlin/New York.
Rawls, John (2005/1971): A Theory of Justice, Cambridge, Mass. (dt.: Eine Theorie der Gerechtigkeit, Frankfurt a. M. 1979).
Raynolds, Laura T./Bennett, Elizabeth A. (Hrsg.) 2015: Handbook of Research on Fair Trade, Cheltenham/Northampton, Mass.
Reynolds, Amy 2014: Free Trade and Faithful Globalization. Saving the Market, Cambridge.
Ridley, Matt 2011: The Rational Optimist. How Prospertiy Evolves, London.
Robbins, Paul/Hintz, John/Moore, Sarah A. 2014: Environment and Society. A Critical Introduction, 2nd ed., Malden/Oxford.
Ronit, Kartsen 2015: Global Consumer Organizations, London/New York.
Sandoval, Marisol 2014: From Corporate to Social Media. Critical Perspectives on Corporate Social Responsibility in Media and Communications Industries, Abingdon/New York.
Scherrer, Christoph 1999: Globalisierung wider Willen? Die Durchsetzung liberaler Außenwirtschaftspolitik in den USA, Berlin.
Schmidt, Alexander 1997: Reisen in die Moderne. Der Amerika-Diskurs des deutschen Bürgertums vor dem Ersten Weltkrieg im europäischen Vergleich, Berlin.
Schudson, Michael 1986: Advertising, The Uneasy Persuasion. Its Dubious Impact on American Society, New York.

Smart, Barry 2010: Consumer Society. Critical Issues and Environmental Consequences, Los Angeles u. a.
Southerton, Dale (Hrsg.) 2011: Encyclopedia of Consumer Culture, 3 Bd.e, Thousand Oaks u. a.
Stackhouse, Max L. 2014: Weber, Theology, and Economics, in: Paul Oslington (Hrsg.): The Oxford Handbook of Christianity and Economics, Oxford/New York, 307–336.
Stearns, Peter N. 2006: Consumerism in World History. The Global Transformation of Desire, 2nd ed., New York/Abingdon.
Steger, Manfred 2010: Neoliberalism. A Very Short Introduction, Oxford.
Stillerman, Joel 2015: The Sociology of Consumption. A Global Approach, Cambridge/Malden.
Stolle, Dietlind/Micheletti, Michele 2013: Political Consumerism. Global Responsibility in Action, Cambridge.
Sum, Ngai-Ling/Jessop, Bob 2013: Towards a Cultural Political Economy. Putting Culture in its Place in Political Economy, Cheltenham, UK/Northampton, MA, USA.
Svendsen, Lars 2006: Fashion. A Philosophy, London.
Trentmann, Frank 2016: Empire of Things. How we became a world of consumers, from the fifteenth century to the twenty-first, London.
Trentmann, Frank (Hrsg.) 2012: The Oxford Handbook of the History of Consumption, Oxford.
Utting, Peter/Marques, José Carlos (Hrsg.) 2013: Corporate Social Responsibility and Regulatory Governance. Towards Inclusive Development? Basingstoke/New York.
Vanberg, Viktor J. (Hrsg.) 2011: Hayek Lesebuch, Tübingen.
Wallerstein, Immanuel 1982: Aufstieg und künftiger Niedergang des kapitalistischen Weltsystems. Zur Grundlegung vergleichender Analyse, in: Dieter Senghaas (Hrsg.): Kapitalistische Weltökonomie, 2. Aufl., Frankfurt a. M., 31–67.
Wang, Jing 2010: Brand New China. Advertising, Media and Commercial Culture, Cambridge, Mass.
Ward, Steven C. 2012: Neoliberalism and the Global Restructuring of Knowledge and Education, New York/Abingdon.
Washington, Haydn 2015: Demystifying Sustainability. Towards Real Solutions, Abingdon/New York.
Weber, Max 2013: Die protestantische Ethik und der Geist des Kapitalismus, vollst. Ausgabe herausgeg. u. eingel. von Dirk Käsler, München.
Welzer, Harald/Wiegandt, Klaus (Hrsg.) 2013: Wege aus der Wachstumsgesellschaft, Frankfurt a. M.
West, Darell M. 2014: Billionaires. Reflections on the Upper Crust, Washington.
Wheaton, Belinda 2016: Lifestyle Sport, in: Barrie Houlihan/Dominic Malcolm (Hrsg.): Sport and Society. A Student Introduction, 3rd ed., London/Thousand Oaks, 109–133.
Wijkman, Anders/Rockström, Johan 2012: Bankrupting Nature. Denying our planetary boundaries, rev. ed., Abingdon/New York.
Winters, Jeffrey A. 2011: Oligarchy, Cambridge.
Young, Iris Marion 2011: Responsibility for Justice, Oxford/New York.
Yu, LiAnne 2014: Consumption in China. How China's New Consumer Ideology is Shaping the Nation, Cambridge/Malden.
Zarakol, Ayşe 2011: After Defeat. How the East Learned to Live with the West, Cambridge.

Schluss 7

> [C]ulture offers a repertoire of behaviour, experience and attitudes allowing individuals to select what is meaningful or useful in their own context. Interactions depend on circumstances. Boundaries are blurred by negotiation, exchange and integration, and contact is rarely exclusively either benign or violent.
>
> Peter H. Wilson (2016, 78)

> Mourir pour des idées, l'idée est excellente,
> Moi j'ai failli mourir de ne l'avoir pas eue.
> (…)
> Mourir pour des idées c'est bien beau
> mais lesquelles?
> (…)
> Encore s'il suffisait de quelques
> hécatombes
> Pour qu'enfin tout changeât
> (…)
> Au paradis sur terre on y serait
> déjà[187] (…)
>
> Georges Brassens (französischer Dichter und Chansonnier, 1921–81), „Mourir pour des idées"

> The key is to provide or somehow create among people stronger clues of trust and common values than might otherwise be suggested by the highly imprecise markers of ethnicity or cultural differences that we have used throughout our history, and then to encourage the conditions that give people a sense of shared purpose and shared outcomes.
>
> Mark Pagel (2012, 369)

---

187 Übersetzung (ML): Für Ideen sterben, prima Idee; Ich bin fast daran gestorben, sie nicht gehabt zu haben; Für Ideen sterben, schöne Sache, fragt sich nur: für welche?; und wenn es nur des Massenschlachtens bedürfte, damit sich alles ändert, hätten wir schon das Paradies auf Erden.

In seiner (auch wegen solcher Nebenbemerkungen) brillanten strukturgeschichtlichen Darstellung des Heiligen Römischen Reiches fasst der Historiker Peter Wilson im Kapitel über Christentum und Christianisierung wie eingangs zitiert auf exzellente Weise auch den analytischen Ertrag des vorliegenden Buches zusammen. Sein Ziel war es, eine sozialwissenschaftlich adäquate Herangehensweise an die Analyse der Wirksamkeit kultureller Faktoren in der internationalen Politik vorzustellen. Wir werden dazu in diesem Schluss-Kapitel als erstes ein Resümee ziehen. Zweites Ziel des Buches war es, gleichsam didaktisch aufblätternd, dies anhand einer Reihe prominenter Kultur-Phänomene exemplarisch vorzuführen. Daraus sich ergebende Lehren werden als Zweites resümiert. Abschließend kommen wir auf Fragen der wertenden, normativen Stellungnahme zu Fragen der inter- und transnationalen Kultur zu sprechen, die sich mehr oder weniger verdeckt durch das ganze Buch bereits angedeutet haben.

7.1   Mechanismen der Wirksamkeit kultureller Faktoren in der internationalen Politik

Eine erste analytische Feststellung betrifft die Handlungsfähigkeit (englisch: agency). Ideen, die in Kapitel 1 als Kern von Kultur ausgemacht wurden, aber auch die anderen kulturellen Elemente, die dort unterschieden wurden, handeln nicht.[188] Auch *die* Kultur als Ganze oder Kulture*n* (im Plural) handeln nicht. Jedenfalls nicht im analytischen Sinne, auch wenn wir im übertragenen Sinne (metaphorisch) zuweilen so formulieren, etwa wenn wir sagen: „Der Westen tut dies oder jenes." Oder „Das Abendland hat XYZ hervorgebracht." Oder auch „Der Islam breitet sich aus." Der letzte Satz müsste, analytisch korrekt formuliert, etwa lauten: „[Zu benennende] Akteure verbreiten islamisches Gedankengut [und finden dabei *aufgrund zu erläuternder Mechanismen* Anklang/Aufnahmebereitschaft]".[189]

Analytisch gesehen, daher die allgemeine Bezeichnung, handeln nur *Akteure* (zugegeben eine tautologische, weil allein aufgrund begrifflicher Festlegung zutreffende

---

[188] Aufmerksame LeserInnen könnten hier einwenden, dass unter den Elementen von Kultur in Kapitel 1 auch Institutionen aufgeführt wurden; und dass unter den Institutionen als ein besonderer Typ Organisationen ausgemacht wurden, deren Besonderheit gerade darin liegt, dass ihnen Handlungen analytisch sinnvoll zugeschrieben werden können. So ist es, und darauf wird sogleich eingegangen.

[189] Das Beispiel macht auch klar, warum kultur- und auch sozialwissenschaftlich gelegentlich anzutreffende Behauptungen über *kulturelle Diffusion* weniger eine Erklärung sind als vielmehr nach einer – durchaus komplexen – Erklärung verlangen.

Aussage). In den Sozialwissenschaften fallen hierunter sowohl Einzelne (natürliche Personen) als auch ‚Viele'. Diese Vielen können entweder *spontan* handeln (wofür in der klassischen Sozialwissenschaft Begriffe wie Menge, englisch crowd, oder auch Masse gängig waren; als lokale Phänomene mit konkretem [Versammlungs-] Ort spielen sie in der inter- und transnationalen Politik eine untergeordnete Rolle). Oder viele Menschen handeln (auch transnational) *vernetzt*. Wir sprechen dann von *vernetztem kollektivem Handeln* (collective action; davon abgeleitet: connective action, vgl. Bennett/Segerberg 2013, Margetts u. a. 2016). Beispiele aus dem Bereich inter- bzw. transnationaler Politik wären die Anti-Sklaverei-Bewegung des 19. Jahrhunderts oder die heute globale transnationale Zivilgesellschaft mit ihren zahlreichen Elementen, die von vernetzten Menschenrechtsaktivisten bis hin zu transnational vernetzten Neo-Nazis reichen (letzteres Beispiel als Hinweis darauf, dass das „Zivil" in Zivilgesellschaft nicht normativ verengt verstanden werden sollte, in dem Sinne, dass zivilgesellschaftliche Kräfte nur zivilisierte Ziele verfolgen könnten[190]). Schließlich können viele Menschen auch körperschaftlich vereinigt, d. h. *organisiert* handeln; wir sprechen dann von *Organisationen als Kollektiv-Akteuren* (im Unterschied zu natürlichen Personen als Individualakteuren).

Wir hatten in Kapitel 1 auch bereits eingeräumt, dass die Frage, wie Ideen auf Einzelne (oder in Einzelnen?) wirken, im Sinne von: how ideas move the mind, bis dato unbeantwortbar ist.[191] Wir haben als Formulierung vorgeschlagen, davon zu sprechen, dass Handeln von Ideen angeleitet wird. Wir könnten auch von ideell motiviertem oder kurz *ideellem Handeln* sprechen. Auch dies ist nicht mit einer Wertung zu verwechseln. Von uns positiv bewertete Handlungen nennen wir prinzipientreu. Manchmal sagen wir das auch über Akteure selbst. Als Degenerationsform kennen wir freilich auch den Prinzipienreiter, der nie ‚fünfe gerade sein lassen kann'. Besonders positive Beispiele der Prinzipientreue erscheinen uns vorbildhaft (man denke an Nelson Mandelas Rolle im Anti-Apartheids-Kampf in Südafrika: er ertrug 25 Jahre Einzelhaft für seine – unbeugsame – Haltung; vgl. Kane 2001, Kap. 5 und Broun 2015). Eine andere Form der Auszeichnung ist die als Heilige/r. Schließlich kennen wir den aufgrund seiner Einstellung zum Selbst-Opfer bereiten Märtyrer. Diese Zuschreibung jedoch, zumal als Selbst-Zuschreibung, führt uns auch in den Bereich, wo wir negativ zu bewerten geneigt sind. Wir sprechen dann (aus *unserer* jeweiligen wertenden Perspektive) von Fanatikern (etwa im Hinblick auf

---

190 Ein weiterer Grund für die kritische Betrachtung zivilgesellschaftlicher NGOs ist ihre Vereinnahmung durch internationale Organisationen, Staaten und Private, vgl. Choudry/Kapoor 2013.

191 Aber nicht notwendiger Weise unbeantwortbar bleiben muss; vgl. jüngst anregend Pauen 2016.

terroristische Selbstmord-Attentäter) und Überzeugungstätern (etwa im Hinblick auf Nazi-Führer wie Hitler, Himmler und Heydrich). In der sozialen Realität sind dies freilich – im Hinblick auf die negativen Ausprägungen könnte man sagen: zum Glück – Ausnahmen. Das Gros des sozialen Handelns ist ein mixed-motive game, resultiert aus einer Mischung ideeller und materieller Motive (wie Streben nach Macht, Status, Gewinn, Selbsterhalt).[192] Und wir folgen weit öfter situativen Bedingungen als dass wir derer ungeachtet ‚charakterstark' sind und prinzipientreu handeln.[193] Was also sind die *sozio-kulturellen Bedingungen* international wirksamen politischen Handelns, welche die Wirksamkeit kultureller Faktoren in der inter- und transnationalen Politik erklären können?

Betrachten wir zunächst das Handeln Einzelner, konkreter natürlicher Personen. Ihre Wirkung auf so große und komplexe Zusammenhänge wie die der internationalen Politik ist meist begrenzt – es sei denn, es gelten besondere sozio-kulturelle Bedingungen. Der Einfluss Einzelner hängt davon ab, dass sie *mit großen Handlungsressourcen (HR) ausgestattet* sind (verfügen sie nur über geringe Handlungsressourcen, etwa physische Stärke, mag das in kleineren Zusammenhängen, etwa in Familien, durchaus von Belang sein; solche Zusammenhänge sind jedoch nicht unser Thema – sondern z. B. eines der Familiensoziologie). Solche großen HR ergeben sich z. B. aus *privaten oder öffentlichen Verfügungsrechten*. Erstere finden sich etwa

---

192 Die Beispiele für materielle Motive lassen auch bereits erkennen, dass deren Verfolgung natürlich auch im Lichte bestimmter Überzeugungen geschieht, etwa darüber, was Macht oder Gewinn bringt. Auch dieses Wissen ist ein kulturelles Phänomen. Geteiltes, übereinstimmendes Wissen etwa erleichtert (auch internationale) Kooperation – man denke etwa an die internationale Klimaschutz-Politik und die Bedeutung des wissenschaftlichen Konsenses über die menschengemachten (anthropogenen) Anteile des Klimawandels für sie.

193 Die in ihren Ergebnissen schockierenden Milgram-Experimente der 1960er Jahre, benannt nach ihrem Urheber, dem Sozialpsychologen Stanley Milgram (jedes Lehrbuch der Sozialpsychologie oder Aggressionsforschung informiert darüber; ein YouTube-Filmausschnitt dazu findet sich unter: https://www.youtube.com/watch?v=0MzkVP2N9rw), etwa zeigten, dass – damals – ein durch wenig mehr als einen weißen Kittel als Wissenschaftler ausgewiesener Versuchsleiter auch *ganz normale* Versuchspersonen durch bloßes nachdrückliches Auffordern dazu bringen konnte, andere Menschen (im Versuch mit dem Versuchsleiter kooperierenden Schauspielern, was den ausführenden Versuchspersonen jedoch unbekannt war) auch mit vermeintlich schwer schädigenden Stromstößen für Fehler in Lernaufgaben zu bestrafen. Anders als oft fälschlich suggeriert belegten diese (mit heutiger psychologischer Berufsethik nicht mehr vereinbaren) Versuche nicht eine allgemein-menschliche Aggressionsneigung, sondern eine – womöglich auf eine bestimmte Phase (großer Autoritäts-Gläubigkeit) begrenzte, also kulturell variable – Neigung zur Autoritäts-Hörigkeit. Die organisationssoziologische Normalität der Bedingungen des Holocaust hat Kühl 2014 herausgearbeitet.

7.1 Mechanismen der Wirksamkeit kultureller Faktoren

in privatem Eigentum an sehr großem Vermögen; dieses versetzt super-empowered individuals, wie sie genannt wurden, in die Lage, weitreichend gestalterisch in großen Zusammenhängen wirksam zu sein, etwa durch Spenden und Stiftungen. Man denke an das Ehepaar Gates und seine Stiftung oder auch an George Soros und die von ihm gesponserte Universitätslandschaft in Osteuropa (etwa in Gestalt der Central European University in Budapest). Öffentliche Verfügungsrechte sind typischerweise mit (politischen) Ämtern verbunden und rechtlich als deren (formale) Kompetenzen geregelt. Dieselbe Handlung, vom US-Präsidenten oder der deutschen Kanzlerin ausgeführt im Vergleich zur Ausführung durch irgendeine/n Durchschnitts-(Welt-)Bürger/in, hat sofort deutlich mehr (Aus-)Wirkungen. Dies vor allem und solange, wie solche politischen (An-)Führer über die HR des Gehorsams oder der Gefolgschaft, *Folge-Bereitschaft*, verfügen.

Alle soeben genannten HR Einzelner sind jedoch nicht rein individuelle Faktoren, sondern ergeben sich *aus sozialen, also auch kulturell geprägten Verhältnissen*. Was als Privateigentum anerkannt wird (oder gar: wieweit es überhaupt anerkannt wird) und wieweit der – legale – Verfügungsspielraum reicht, ist durch und durch sozio-kulturell bestimmt. Eigentum ist ein soziales Verhältnis (zwischen denen, die die Eigentumsrechte innehaben, und denjenigen, die sie anerkennen – oder auch nicht). Analog gilt: Ämter und politische Folgebereitschaft hängen in ihrer Wirksamkeit davon ab, dass sie *anerkannt* werden. Sie sind nicht im individuellen ‚Besitz' der Mächtigen – sondern hängen von *kulturell konstituierter und legitimierter Folgebereitschaft* ab.

Eine weniger formalisierte Situations-Bedingung als private oder öffentliche Verfügungsrechte stellen Situationen dar, die aufgrund einer komplexen Faktoren-Konstellation quasi ‚auf der Kippe' stehen (im Englischen spricht man von *tipping points*; vgl. Gladwell 2000). In solchen Lagen können auch kleinste Akte Einzelner Ereignisketten mit großen internationalen bis globalen Auswirkungen *auslösen* – auch wenn wir dies, analytisch, *von Verursachung* im gehaltvollen Sinne *unterscheiden*. Das paradigmatische Beispiel ist natürlich das Attentat des bosnisch-serbischen Nationalisten Gavrilo Princip auf den österreichischen Thronfolger Erzherzog Franz Ferdinand am 28. Juni 1914, Auslöser – nicht Ursache – des Ersten Weltkriegs. Ähnliches, wenn auch mit weit mehr Anschlagsopfern verbunden, lässt sich wohl in Bezug auf die terroristischen Anschläge des 11. September 2001 in den USA und den darauf folgenden ‚Global War On Terror' sagen. In beiden Fällen *löst* die ideell motivierte Einzeltat extrem große Handlungsketten *aus*, die jedoch in sich keiner Automatik oder Zwangsläufigkeit folgen, sondern unter anderem daraus resultieren, dass (zu benennende) politische Akteure Ereignisse auf eine bestimmte Weise *deuten* – eine kulturelle Konstruktion – und als Gelegenheit für eigenes politisches Handeln *nutzen*.

Womit wir bereits bei der dritten sozio-kulturellen Wirkungsbedingung ideeller Faktoren sind: dem Ausmaß ihrer (welt-)gesellschaftlichen Verbreitung. Ist diese Verbreitung groß, stellt dies für (auch inter- und transnationales) politisches Handeln eine Gelegenheitsstruktur (*opportunity structure*) dar, also quasi ‚Rohmaterial', mit dem sich politisch arbeiten, ein politisches Ticket zimmern lässt oder eben Massen mobilisieren lassen. Dies geschieht durch sog. *politische Unternehmer* (political entrepreneurs), die sowohl aus dem Kreis der (bereits etablierten) politischen Eliten kommen können (man denke an Slobodan Milosevic und seine Rolle bei der Re-Aktivierung des serbischen Nationalismus im Gefolge der Auflösung Jugoslawiens) als auch aus dem Kreis der Zivilgesellschaft (man denke, vertraut aus dem Kapitel 2.2 zum internationalen Menschenrechtsschutz, an Raphael Lemkins Rolle bei der Etablierung von Genozid als völkerstrafrechtlichem Tatbestand oder im Bereich der transnationalen Ökologie-Bewegung an Ernst Fritz Schumachers Rolle bei der Propagierung des auf seinen Lehrer, Leopold Kohr, zurückgehenden Grundgedankens und Slogans „small is beautiful"). Da weite Verbreitung von Ideen eine politische Wirksamkeit ermöglichende Bedingung ist, bestehen weite Teile politischer Aktivität konsequenter Weise auch darin, die *Verbreitung eigener, bevorzugter, Ideen zu befördern* – womit die gesamte Klaviatur von politischer Werbung und *public relations* bis hin zu *Propaganda* (vgl. Jowett/O'Donnell 2015) angesprochen ist, das ganze Spektrum von politischer Überzeugung bis Überredung.

Wobei wir bisher nur, aus quasi pro-aktiver (wie es neudeutsch genannt wird) Perspektive die positive Seite verbreiteter Ideen (Einstellungen) angesprochen haben. Verbreitete Einstellungen (etwa der Fremdenfeindlichkeit) können natürlich genauso einem politischen Gestaltungsimpuls (etwa einer offenen Migrations- und Integrationspolitik) entgegenstehen – und dann auch politischen Widerstand motivieren (vgl. Bloomfield/Scott 2016, Courpasson/Vallas 2016). In beidem Fällen, der pro-aktiven oder ‚contra-aktiven' (Widerstands-)Wirkung verbreiteter Ideen und Einstellungen, beruht die Wirksamkeit auf der *Kraft der (großen) Zahl*. Sie hinter sich zu vereinen ist daher Anliegen vieler, auch transnational-weltpolitischer Kampagnen.

Sie ist freilich nur *eine* der politischen Strategien und zumindest in ihrer Wirkung eine öffentliche, denn die große Zahl wirkt ja gerade aufgrund ihrer heute auch medial präsentierten *Sichtbarkeit*, ja als vernetztes kollektives Handeln wird sie z. T. über sog. soziale Medien mit konstituiert. Dem stehen andere politische Strategien gegenüber, die nicht aufgrund massenhafter Verbreitung von Ideen und großer Zahl, sondern durch *gezielte und eher im Verborgenen erstrebte Vermittlung von Ideen und Sichtweisen* funktionieren, und zwar Vermittlung an jeweilige politische Entscheidungsträger. Womit das weite Feld des politischen Lobbying und des Einflüsterns ins Ohr ‚der Könige' angesprochen ist, ein alter Traum auch schon manch antiken Philosophen (man denke an Aristoteles' Rolle als Lehrer des makedonischen Thronfolgers Alexander – der später der Große genannt werden sollte; aber auch an alle Formen heutiger Eliten-Schulung). Beide, die Strategie der großen Zahl wie die der kleinen, aber ‚feinen' Zahl (der aktuell oder künftig mit elitären HR Ausgestatteten) ringen um *zwei zentrale knappe Güter der* (auch internationalen) *Politik: Zugang* zu Entscheidungsträgern (access) *und Aufmerksamkeit* dieser (wie auch ggf. breiterer Kreise der Bevölkerung).

Aus diesen zunächst bewusst möglichst abstrakt-allgemein gehaltenen Bemerkungen zu den Akteuren inter- und transnationaler Politik und zur Wirksamkeit ideell-kultureller Faktoren auf und für ihr Agieren wird neben den getroffenen Unterscheidungen und angesprochenen Mechanismen ein letzter zentraler Punkt von allgemeiner Bedeutung deutlich: *die strategische Natur* (auch inter- und transnationalen) *politischen Handelns*. Wie groß auch immer der Einfluss kultureller Faktoren auf Politik sein mag und wie immer dabei die genaue Wirkmechanik aussieht – stets ist Politik nur *auch* eine kulturelle Aktivität (in dem schwachen Sinne, dass sie eben nicht durch biologische Faktoren allein bestimmt wird); sie ist es jedoch nicht unbedingt in einem hehren, erbaulichen Sinne von Kultur. Vielmehr geht es in der Politik immer auch *strategisch um die Durchsetzung von – divergierenden! – Gestaltungs-Vorstellungen*; es geht so gut wie nie um einen herrschaftsfreien, allein wahrheitsorientierten Diskurs (was immer das sein mag; auch im akademischen Bereich, soviel sei schon verraten, wird er bestenfalls *angenähert*; wir kommen abschließend noch darauf zurück).

7.2 Lehren aus den Fallbeispielen

Dies zeigt auch, wir kommen damit zum zweiten Teil dieses Schluss-Kapitels, ein kurzer Blick auf ausgewählte Befunde aus den vorangegangenen empirischen Kapiteln zu den unterschiedlichen behandelten kulturellen Faktoren.

In Kapitel 2 wurde die Konstituierung des – heute globalen – modernen westfälischen Staatensystems in Form des (Völker-)Rechts herausgearbeitet. Nicht alle das System aufrechterhalten grenzüberschreitenden Beziehungen sind rechtsförmig (etwa nicht die Zusage politischer Unterstützung u. v. a. m.); und nicht alle sind rechts-konform (nach wie vor praktizierte Drohpolitik ist es etwa gemäß Art. 2 Nr. 4 der UN-Charta nicht). Viele grenzüberschreitende Handlungsformen erfolgen jedoch in Rechtsform oder auf Basis völkerrechtlicher Bestimmungen (globaler Handel; diplomatische Anerkennung etc.). Die formalen (im Unterschied zu materiellen, wie etwa die Machtverteilung) Strukturen des heutigen internationalen

Systems sind also weitgehend (völker-)rechtliche (und nicht mehr rein zeremonielle, wie es etwa im auf das Kaiserreich China fokussierten ostasiatischen Staatensystem lange Zeit der Fall war; vgl. Zhang 2015; vgl. auch List 2016, Kap. 5.1). Dies entspricht dem Prozess der formalen Rationalisierung, den der Soziologe Max Weber für die Moderne insgesamt für charakteristisch hielt. Allerdings ist dies, so wurde argumentiert, mehr als eine reine Formalie. Mit dem Anspruch, nicht reine Macht-Beziehungen zu unterhalten, sondern rechtliche, ist wie immer im Falle von Herrschaft (im Unterschied zu rein faktischer Machtausübung) auch der Bedarf an Anerkennung durch breite Kreise der Betroffenen verbunden – selbst wenn er nicht immer eingelöst wird. Auf diese Anerkennung ist Herrschaft angewiesen, und mit ihr geht wiederum die normative Forderung einher, dass nicht nur das Recht der Stärkeren, sondern *verfahrensmäßig und inhaltlich gerechtes Recht* herrschen soll (rule of law). Im Fall des internationalen Menschenrechtsschutzes wurde diese Forderung, in Reaktion auf reale Probleme wie Folter und Völkermord, zunächst gegen die sich etablierenden neuzeitlichen Staaten erhoben und durchgesetzt; später auch international gegen koloniale Vor-Macht als Forderung und mittlerweile anerkanntes Recht auf politische und neuerdings auch kulturelle Selbstbestimmung. Faktische Macht-Asymmetrien können hierdurch im Bereich des allgemeinen Völkerrechts nicht völlig ausgeglichen werden – die Drohnenkriegsführung der USA mit ihrer Folgeproblematik der sog. Kollateralschäden, der unilateral ohne richterliches Gehör beschlossenen Tötung Unschuldiger (vgl. Rosen 2016), zeigt dies ebenso wie die Annexion der Krim durch Russland oder Chinas jüngste Zurückweisung des Spruchs des Den Haager Ständigen Schiedshofs zur Frage der Gebietsansprüche im südchinesischen Meer.[194] Freilich zahlen alle drei Genannten dafür mit weltgesellschaftlichem Ansehensverlust. Auch im MR-Bereich weist sowohl die Bereitschaft zur Unterstellung unter überstaatliche Urteile wie die Fähigkeit zu sog. humanitärer Intervention als auch die Wahrscheinlichkeit, dass Fälle zur Anklage vor dem Internationalen Strafgerichtshof kommen, große (machtbedingte) Unterschiede auf. Andererseits sind fast alle Staaten funktional bedingt, also durch (aufgeklärte) Eigeninteressen motiviert, darauf angewiesen, internationale Kooperation in völkerrechtlicher Form einzugehen. Und der friedenspolitische Zweck des Völkerrechts, nicht nur zwischen Staaten, sondern auch zwischen unterschiedlichen Kulturen minimale Umgangsformen bereitzustellen

---

194 Der Schiedshof urteilte auf Antrag der Philippinen, dass die von China erhobenen Gebietsansprüche keine rechtliche Grundlage haben; China hatte nicht nur die Beteiligung am Verfahren verweigert; es verlautbarte auch, dass es die Entscheidung nicht akzeptieren werde, die „eine politische Farce unter dem Vorwand des Rechts" sei (FAZ 13.7.2016, S.1 und 2).

7.2 Lehren aus den Fallbeispielen

(wie das Vertrags- und diplomatische Recht), bleibt gerade deshalb auch im beginnenden 21. Jahrhundert wichtiger denn je.

Mit aufgeklärtem Eigeninteresse, das hat die Untersuchung zu den Ursachen von grenzüberschreitender Solidarität in Kapitel 3 gezeigt, lässt sich nicht nur kooperatives, sondern auch solidarisches Verhalten erklären. Insbesondere langfristige Hilfe, wie sie im Rahmen des europäischen Regional- und Kohäsionsfonds und der bi- und multilateralen Entwicklungszusammenarbeit geleistet wird, wäre ohne das Vorhandensein von ökonomischen und (sicherheits-)politischen Interessen kaum denkbar. Kurzfristige Hilfe, etwa Not- und Katastrophenhilfe, wird dagegen meist von einem empathischen Affekt angeleitet. Gleichwohl hat die Natur dem Menschen die kognitive Fähigkeit gegeben, über seine ursprüngliche Instinktausstattung hinauszugehen und sein Handeln nach ethischen Prinzipien auszurichten. Diese Prinzipien kommen etwa dann zur Anwendung, wenn ein Staat in einen anderen zum Wohle der dortigen Bevölkerung interveniert, weil er eine systematische Verletzung fundamentaler Menschen*rechte* feststellt, oder dann, wenn er seine Grenzen für Flüchtlinge öffnet, weil er zu der Erkenntnis gelangt, dass eine solche Handlung den Gesamt*nutzen* maximiert. Zweifellos wird grenzüberschreitende Solidarität immer dann am größten sein, wenn eigeninteressierte, affektive und vernunftbasierte Motive zusammenfallen. Fortschritte in der Transport- und Kommunikationstechnologie lassen vermuten, dass dies in Zukunft vermehrt der Fall sein wird. Noch aber markieren nationalstaatliche Grenzen allzu oft die Grenzen solidarischen Handelns.

Eine europäische oder gar globale Solidargemeinschaft wird sich nur dann herausbilden können, wenn es den „Davos men" (Huntington 2004) – einer elitären, jetsettenden und denationalisierten Gruppe von Politikern, Unternehmern und Akademikern – gelingt, die breite Bevölkerung hinter sich zu bringen. Eine solche Allianz von Eliten und Massen, das hat die Untersuchung zu den Trägern von Nationalismus in Kapitel 4 gezeigt, war einst dafür verantwortlich, dass so etwas wie eine nationale Solidargemeinschaft entstehen konnte (man denke an den Sozialstaat, der – zugegebenermaßen wie interessanterweise – in Einwanderungsgesellschaften wie den USA weniger stark ausgeprägt ist). Die Kehrseite der Medaille, auch das hat Kapitel 4 gezeigt, ist, dass Nationalismus, verstanden als Forderung nach einer (Neu-)Ziehung politischer Grenzen entlang kultureller Trennlinien, fast zwangsläufig zu Konflikten führt; der nach innen assoziativen Wirkung also meist eine nach außen dissoziative Wirkung gegenübersteht. Angesichts dieses Konfliktpotenzials hegen Kosmopoliten die Hoffnung, dass nationale Identitäten mit fortschreitender Globalisierung aufgelöst und von einer weltbürgerlichen Identität abgelöst werden. Ist die Nation also nur eine „transitional unit between traditional localism and planetary interdependence" (Hutchinson 2005, 2)?

Plausibler erscheint da der Gedanke, dass wir – ähnlich wie die aus Kapitel 4 bekannte Matrjoschka-Puppe – multiple (lokale, nationale, regionale und vielleicht irgendwann auch einmal globale) Identitäten besitzen, die je nach Umfeld, in dem wir uns bewegen, salient werden.

Kapitel 5 war den Religionen als kultureller Einflussfaktor auf internationale Politik gewidmet. Weder konnten alle denkbaren Anwendungsfelder (etwa Fragen der Nuklearrüstung oder der Entwicklungspolitik) behandelt werden, noch alle Religionen, die, das war eine wichtige Feststellung, noch dazu allesamt große inhaltliche Heterogenität auch in zentralen Fragen aufweisen. Schon daraus ergibt sich, dass von einer einheitlichen Auswirkung *der* Religion keine Rede sein kann. Vielmehr machen sich unterschiedliche Akteure unterschiedliche Lesarten von Religionen zu eigen, und dadurch bzw. durch die faktische Verbreitung solcher Einstellung in weiten Kreisen der (Welt-)Bevölkerung wird das ‚Spiel' der internationalen Politik mit beeinflusst. Zwei große Mechanismen wurden angesprochen: Zum einen folgen aus religiösen Einstellungen oft auch solche zu Fragen der inhaltlichen Gestaltung von Politik (etwa im Falle christlich motivierter Umweltpolitik zur Bewahrung der Schöpfung). Dies gilt insbesondere auch für Fragen der Legitimität von Herrschaft. Weltliche, gerade auch demokratische Herrschaft wurde einst auch im Katholizismus abgelehnt; doch fand sich schließlich, dies wurde am Beispielfall Nachkriegsitaliens gezeigt, ein Weg für religionsfreundliche Demokratisierung. Dies rechtfertigt auch auf die Gegenwart bezogen eine Hoffnung, dass dergleichen auch in islamisch geprägten Gesellschaften möglich ist (und deren größte, Indonesien, scheint das zu bestätigen). Aber auch, der zweite Wirkmechanismus, in taktischer Absicht wird auf religiöse Einstellungen zur (De-)Legitimierung von Herrschaft Bezug genommen. Dies galt in Gestalt des spirituell-industriellen Komplexes in den USA des frühen Kalten Krieges ebenso wie im Verhältnis zwischen Iran und Saudi-Arabien, einem inter- und transnational auf mehreren Feldern ausgetragenen Machtkonflikt, der sich jedoch nicht auf einen Religionskonflikt zwischen Schia und Sunna reduzieren lässt. Der gegenwärtig oft islamistisch-fundamentalistisch motivierte transnationale Terrorismus verbindet beide Mechanismen: Im ideellen Kern hat er mit dem Kalifat eine von der gegenwärtigen, einzelstaatlich organisierten Weltordnung abweichende politische Gestaltungsvorstellung. Insofern ist er originär mindestens so sehr ein politisches wie ein religiöses Phänomen. Doch nutzen seine Anführer auch gezielt taktisch Einstellungen unter seinen Ausführern: deren religiös motivierte Bereitschaft zur Dreingabe auch des eigenen Lebens (vgl. auch den Vorspruch von Georges Brassens zu diesem Kapitel). Zum Glück sind auch weit progressivere und sozial verträglichere Lesarten aller Religionen möglich – und können ihren Beitrag zur Befriedung einzelner Gesellschaften wie auch der Weltgesellschaft insgesamt leisten sowie dazu, dass in Letzterer rein monetäre Verwertbarkeit nicht zum Maß aller Dinge wird.

Um Letzteres ging es in Kapitel 6, das in die Perspektive (ideologie-)kritischer Sozialwissenschaft einführen wollte, am Beispiel der kulturellen Seite des heute globalen polit-ökonomischen Systems des Kapitalismus. Dabei ist mit dem Attribut „kritisch" nicht nur gemeint, dass eine möglichst (formal-logisch) widerspruchsfreie Argumentation angestrebt wird – die erste Bedeutung, die es im Bereich der Wissenschaft hat. Und auch nicht nur, dass bei der Forschung methodisch bewusst, also auch intersubjektiv kritisier-*bar* vorgegangen werden soll – die zweite Bedeutung des Attributs, die für die Wissenschaft geradezu konstitutiv ist, insofern Wissenschaft zwar, wie man sagt, nach Wahrheit strebt, gerade deshalb jedoch immer auch in ihrem Vorgehen kritisierbar bleiben muss. Vielmehr meint kritische Sozialwissenschaft eine wertbezogene Herangehensweise.[195] Was von einigen VertreterInnen dieser Disziplinen abgelehnt wird: es gehe um ‚objektive' (oder zumindest intersubjektive) Erkenntnis von Fakten, nicht um Wertungen. Daran ist zumindest so viel richtig: Wissenschaft sollte, insbesondere in der Lehre, sich von weltanschaulicher Indoktrination unterscheiden. Andererseits kommt auch empirische Sozialwissenschaft nicht ohne wertende Bezüge aus: die Entwicklungsbedingungen etwa von Demokratie zu erforschen ist kaum ohne eine gehaltvolle Vorstellung davon möglich, was Demokratie ist, sein *soll*. Die Antworten darauf wurden über Jahrhunderte hinweg im Rahmen der politischen Philosophie entwickelt – und es sind in der Tat Antwort*en* (geblieben), insofern zwar im Kernbereich wohl Einigkeit erzielt werden kann, insbesondere darüber, was nicht demokratische Systeme sind, als aber zugleich eine Pluralität unterschiedlicher Demokratie-Theorien erhalten geblieben ist. Und, so wurde gesagt, das ist wohl auch gut so. Aufgabe der kritischen Sozialwissenschaft ist es nämlich nicht, von einer Position der (vermeintlichen) normativen Wahrheit aus anderen (Menschen) Vorschriften zu machen. Es ist jedoch wohl ihre Aufgabe, ihre Abnehmer auch mit kritischen, wertbezogenen Anfragen zu konfrontieren (und gegebenenfalls zu Selbstkritik zu veranlassen), was die Realisierung zentraler deklarierter (und auf Nachfrage auch normativ begründbarer und zu begründender) Maßstäbe und Wertungen anbelangt: Fördern die (welt-)gesellschaftlichen Verhältnisse wirklich Demokratie und Frieden? Oder legitimieren sie *über Gebühr* Herrschaft (wie formuliert wurde)? Fiele in ersterem Falle die Kritik positiv aus, so wäre das gleichwohl nicht mit plumper Selbstzufriedenheit oder gar Triumphalismus zu verwechseln; sollte sie in letzterem Falle negativ ausfallen, so sollte das – allen – zu denken geben (und ggf. zu Handeln Anlass geben, das nach Verbesserung strebt).

---

195 Vgl. z. B. auch als vorzügliche Einführung in die kritische Soziologie Buechler 2014.

Eine der wichtigsten Aufgaben in diesem Sinne kritischer Sozialwissenschaft, die gerade auch im *interkulturellen* Bereich der inter- und transnationalen Beziehungen angesagt ist, ist die Hinterfragung für selbstverständlich gehaltener *eigener* Annahmen und Ansichten. Im Religions-Kapitel geschah dies mit der populär vielfach propagierten Annahme, *der* Islam sei *als solcher* nicht demokratie-fähig. Und zwar erfolgte dies über den Umweg der historischen Rekonstruktion christlicher Probleme auf dem Weg in die demokratische Moderne – die es erstens gab (was oft vergessen wird) und die zweitens überwunden werden konnten. Im selben kritischen Geist wurde in Kapitel 6 die weithin unhinterfragte und fast allenthalben propagierte Annahme und Zielvorstellung stetigen (wirtschaftlichen) Wachstums ideologiekritisch thematisiert. Es wurde aufgezeigt, welche politischen Mechanismen diese Orientierung stützen (z. B. die Tatsache, dass distributive Politik einfacher ist als redistributive; oder auch, dass gesellschaftlich mächtige Akteure überproportional von dieser Orientierung profitieren; dass es nicht sie allein sind, die profitieren, wurde eingeräumt, aber auch festgestellt, dass sich breitenwirksame Besserstellung nicht automatisch einstellt). In einem zweiten Schritt wurde aufgezeigt, wie ausgehend von der Zuspitzung innovativer Gedanken der Vor-Denker des Neoliberalismus dieser in der Krise des Keynesianismus in den 1970er Jahren zu einem politischen Projekt gemacht wurde, dessen Stoßrichtung (Deregulierung, Privatisierung, Handelsliberalisierung) auch zu einer Umverteilung gesellschaftlicher Gestaltungsmacht geführt hat, zu einer Überhöhung des Markt-Mechanismus bis hin zum Slogan von der ‚marktkonformen Demokratie'. Schließlich wurde mit einer kritischen Perspektive auf den Konsumerismus vor unserer aller[196] Tür gekehrt: Wie erwachsen sind die Erwachsenen der globalen kapitalistischen Weltgesellschaft in ihrem Streben nach immer mehr Konsum und ihrem Glauben, dass dadurch Glück erreicht wird? Und welches Rollenmodell geben sie ab für nachwachsende Generationen, deren Lebenschancen durch die auf Dauer nicht tragfähigen Konsequenzen dieses Konsums geschmälert werden? Was alles nicht nur individuell zu beantwortende Anfragen sind, sondern auch solche an ein (Wirtschafts-)System und daran hängende Politik, die sich unbegrenzten Konsum und unbegrenztes Wachstum auf die Fahnen geschrieben haben.[197]

---

196 Die Formulierung erscheint angemessen, da unter den LeserInnen dieser Zeilen kaum jemand sein dürfte, der nicht am globalen Konsum-Spiel des Kapitalismus teilnimmt – obwohl es natürlich Millionen Menschen gibt, für die das nicht gilt.

197 Neuere ökonomische Forschung legt ohnehin nahe, dass die über die vergangenen gut 200 Jahre dauernde Phase anhaltenden Wachstums (und sich vermindernder sozialer Ungleichheit) u. a. aufgrund der demografischen Entwicklung zu Ende gehen könnte: die Aufgabe, eine Post-Wachstumsgesellschaft zu errichten, stellt sich also auch auf weniger

Die in diesen, hier bewusst verschärften, Wertungen zum Ausdruck kommenden normativen Bezüge bedürf(t)en zweifellos der ausführlicheren argumentativen Unterfütterung. Ein Teil der in Kapitel 6 genannten Literatur liefert genau das. Hier soll es abschließend noch einmal allgemein um die Problematik von (Selbst-)Kritik, Wertung und die Rolle der Universität bei der Vermittlung der Fähigkeit zu kritischem Denken gehen.

7.3 (Selbst-)Kritik, normative politische Theorie der IB und die Rolle der Universität

Aus dem Gesagten geht hervor, dass bei der Analyse internationaler Politik ein (selbst-)kritischer Umgang mit kulturellen Elementen gefragt ist (wie an der These der ‚Unvereinbarkeit von Islam und Demokratie' gezeigt wurde; Kapitel 5). (Vor-)Annahmen über die eigene Kultur wie über andere Kulturen sind kritisch zu hinterfragen. Gerne sähe man dies auch in der praktizierten internationalen Politik selbst. Dort erweist sich dies jedoch, im Unterschied zur neuerdings vermehrt für wichtig gehaltenen kulturellen Diplomatie (auch public diplomacy genannt; vgl. Ostrowski 2010 und Löffelholz u. a. 2016) als schwierig. Im besten Falle, etwa bei manchen Angeboten deutscher Goethe-Institute, vermittelt sie tatsächlich ein nicht unkritisches Bild der ‚Heimat'. Öffentliche Selbstkritik dagegen ist in den internationalen Beziehungen eher selten (die neuere Politik der Entschuldigung für historische Untaten wäre ein Beispiel, vgl. Daase u. a. 2016). Als Fremdkritik kann sie vehemente Reaktionen hervorrufen (wie das Beispiel der türkischen Reaktion auf die Feststellung des Bundestags eines 1915 an den Armeniern begangenen Völkermords belegt[198]). Aber natürlich gehört, neben der strategischen (Außen-)Vertretung nationaler Interessen, die inter-kulturelle Vermittlung auch zu den klassischen Aufgaben der Diplomatie (vgl. Siracusa 2010, Constantinou/Kerr/Sharp 2016), die selbst eine internationale kulturelle Praxis ist (Dittmer/McConnell 2016).

Verstehen – nicht im Sinne von billigen, sondern im Sinne von sinnhaft nachvollziehen – ist also eine zentrale Operation sowohl bei der Analyse internationaler Politik wie bei ihrer Praxis. Jedoch, auch das wurde herausgearbeitet, kommt die sozialwissenschaftliche, zumal die kritisch-sozialwissenschaftliche, Analyse auch nicht ohne Wertbezüge und auch Bewertungen aus (etwa der Demokratie als –

---

kritischer Grundlage, vgl. Uwe Sunde: Vom Anfang und Ende des Wirtschaftswachstums, FAZ 15.7.2016, S. 18.
198 Vgl. https://www.bundestag.de/dokumente/textarchiv/2016/kw22-de-armenier/423826

auch mittels internationaler Demokratisierungspolitik – förderungswürdig, oder auch zur Frage, ob konkrete humanitäre Interventionen bzw. die Anwendung der Schutzverantwortung zu Recht erfolgt[199]). Mit rascher Einigkeit, oder auch überhaupt mit Einigkeit, ist gerade in den schwierigen Fällen dabei nicht zu rechnen – nur über einfache Fragen lässt sich rasch Einigkeit erzielen. Was schon wieder eine Lehre birgt: Gerade weil das so ist, sollten alle Seiten in normativen Debatten akzeptieren, dass man in schwierigen politischen (Be-)Wertungsfragen *mit guten Gründen* (und nicht nur aus Borniertheit oder ideologischer Verblendung, wie es in der strategischen politischen Interaktion oft dargestellt wird) unterschiedliche Auffassungen vertreten kann. Aber, das ist der Punkt: Man muss auch, zumindest im Bedarfsfall und auf Nachfrage, *in der Lage sein*, eine solche wertbezogene Argumentation vorzulegen. Genau hierfür bietet im Bereich der (internationalen) Politik die politische Philosophie – auch als (normative) politische Theorie bezeichnet – einen Schatz an erprobten Argumentationsweisen (wiederum: auch dies ein Element politischer Kultur). Dies betrifft zunächst und primär Fragen der Ausgestaltung einzelstaatlicher politischer Systeme, etwa in Gestalt klassischer und zeitgenössischer Demokratietheorie oder, noch grundlegender, der staats-begründenden neuzeitlichen Vertragstheorie. Es betrifft im Zeitalter der Globalisierung und Transnationalisierung jedoch, neben den klassischen Fragen der Ethik der Außenpolitik (vgl. Smith/Light 2001) und wiederum der – womöglich gar gewaltsam unternommenen – Demokratisierungspolitik (Kutz 2016), auch vermehrt Strukturfragen des internationalen Systems (vgl. neben der im Autoren-Vorwort, Anm. 3, genannte Literatur auch Felice 2016). Und es betrifft schließlich Fragen der Legitimität national(istisch)er Innen-Außen-Differenzierung (vgl. Miller 1995 und 2007), von Minderheiten- (Kymlicka 1995), aber ggf. auch von Mehrheitsrechten (Orgad 2015). In all diesen Fragen wird Politik praktiziert – und muss sich ggf. der argumentativen Auseinandersetzung über ihre Legitimität stellen. Die politische Theorie bietet hierfür einen kulturellen Schatz, der gehoben – und gepflegt – sein will. Wir können hier abschließend nur dazu einladen.

Für all diese Praktiken: die des kritischen Analysierens z. B. internationaler Politik und der Rolle von Kultur in ihr wie die der (auch selbst-)kritischen normativen Argumentation im Sinne der politischen Philosophie und Theorie stellte traditionell die Universität einen der – inzwischen immer seltener werdenden – gesellschaftlichen Orte dar, an denen dies geübt und praktiziert werden kann, und aus unserer Sicht *sollte* sie auch ein solcher Ort sein und bleiben. Allerdings ist auch diese kulturelle Praktik an Voraussetzungen gebunden, die nicht selbstverständlich sind, etwa an

---

199 Vgl. etwa, vom Standpunkt der katholischen Friedensethik, die sorgfältige Bewertung der Libyen-Intervention 2011 von Schrage 2016.

das, was man akademische Freiheit nennt. Sie ist nicht etwas, was man ein für alle Mal hat; sondern etwas, was ständig praktiziert – und ggf. auch verteidigt – werden muss und sollte. Sie ist im Zeitalter des Neoliberalismus durch ökonomische Funktionalisierung von außen bedroht (vgl. Münch 2009 und 2011), aber im Zeitalter der durch Karriereüberlegungen und solche der politischen Korrektheit bedingten Konformität auch von innen (Williams 2016). Wir hoffen, dass mit dem vorliegenden Buch nicht nur ein kleiner Schritt gegen solche Entwicklungen erreicht werden konnte, sondern dass auch die intellektuelle Freude vermittelt werden konnte, welche der Gebrauch akademischer Freiheit zu vermitteln vermag. Auf dass uns dieses Kulturgut der akademischen Freiheit erhalten bleibe – wir, die Weltgesellschaft mit all ihren Problemen, brauchen sie!

Literatur zu Kapitel 7

Bennett, W. Lance/Segerberg, Alexandra 2013: The Logic of Connective Action. Digital Media and the Personalization of Contentious Politics, Cambridge.
Bloomfield, Alan/Scott, Shirley V. (Hrsg.) 2016: Norm Antipreneurs and the Politics of Resistance to Global Normative Change, Abingdon/New York.
Broun, Kenneth S. 2015: Saving Nelson Mandela. The Rivonia Trial and the Fate of South Africa, Oxford/New York.
Buechler, Steven M. 2014: Critical Sociology, 2nd ed., Boulder.
Choudry, Aziz/Kapoor, Dip (Hrsg.) 2013: NGOization. Complicity, Contradictions and Prospects, London/New York.
Constantinou, Costas M./Kerr, Pauline/Sharp, Paul (Hrsg.) 2016: The SAGE Handbook of Diplomacy, London u. a.
Courpasson, David/Vallas, Steven (Hrsg.) 2016: The SAGE Handbook of Resistence, Thousand Oaks/London.
Daase, Christopher u. a. (Hrsg.) 2016: Apology and Reconciliation in International Relations. The importance of being sorry, Abingdon/New York.
Dittmer, Jason/McConnell, Fiona (Hrsg.) 2016: Diplomatic Cultures and International Politics. Translations, spaces and alternatives, Abingdon/New York.
Felice, William F. 2016: The Ethics of Interdependence, Lanham.
Gladwell, Malcolm 2000: The Tipping Point. How Little Things Can Make a Bid Difference, London (dt.: Tipping Point, 2002 u. öfter).
Huntington, Samuel P. 2004: Dead Souls: The Denationalization of the American Elite, in: The National Interest 75: 5–18.
Hutchinson, John 2005: Nations as Zones of Conflict, London.
Jowett, Garth S./O'Donnell, Victoria 2015: Propaganda and Persuasion, 6th ed., Los Angeles u. a.
Kane, John 2001: The Politics of Moral Capital, Cambridge.
Kühl, Stefan 2014: Ganz normale Organisationen. Zur Soziologie des Holocaust, Berlin.
Kutz, Christopher 2016: On War and Democracy, Princeton.
Kymlicka, Will 1995: Multicultural Citizenship. A Liberal Theory of Minority Rights, Oxford.

List, Martin 2016: Weltregionen im globalen Zeitalter, Wiesbaden.
Löffelholz, Martin u. a. 2016: Public Diplomacy, Wiesbaden.
Margetts, Helen/John, Peter/Hale, Scott/Yasseri, Taha 2016: Political Turbulence. How Social Media Shape Collective Action, Princeton.
Miller, David 1995: On Nationality, Oxford.
Miller, David 2007: National Responsibility and Global Justice, Oxford.
Münch, Richard 2009: Globale Eliten, lokale Autoritäten. Bildung und Wissenschaft unter dem Regime von PISA, McKinsey & Co., Frankfurt a. M.
Münch, Richard 2011: Akademischer Kapitalismus. Über die politische Ökonomie der Hochschulreform, Berlin.
Orgad, Liav 2015: The Cultural Defense of Nations. A Liberal Theory of Majority Rights, Oxford.
Pagel, Mark 2012: Wired for Culture. The Natural History of Human Cooperation, New York.
Pauen, Michael 2016: Die Natur des Geistes, Frankfurt a. M.
Rosen, Frederik 2016: Collateral Damage. A Candid History of a Peculiar Form of Death, London.
Schrage, Marco 2016: Intervention in Libyen. Eine Bewertung der multilateralen militärischen Intervention zu humanitären Zwecken aus Sicht katholischer Friedensethik, Baden-Baden.
Siracusa, Joseph M. 2010: Diplomacy. A Very Short Introduction, Oxford/New York.
Smith, Karen E./Light, Margot (Hrsg.) 2001: Ethics and Foreign Policy, Cambridge.
Teichert, Jeannine Hélène 2012: Public Diplomacy. Öffentlichkeitsarbeit im Rahmen der Auswärtigen Kulturpolitik am Beispiel des Auswärtigen Amtes, Saarbrücken.
Williams, Joanna 2016: Academic Freedom in an Age of Conformity. Confronting the Fear of Knowledge, Basingstoke/New York.
Wilson, Peter H. 2016: The Holy Roman Empire. A Thousand Years of Europe's History, London.
Zhang, Feng 2015: Chinese Hegemony. Grand Strategy and International Institutions in East Asian History, Stanford.